NOUVEAU PROGRAMME 2020

Impulse

Allemand A2+ → B2

1re Term

CYCLE TERMINAL

Direction pédagogique :

Nicole THIERY-CHASTEL
Professeure agrégée
Formatrice, Académie de Versailles

Catherine TORRES-SPARTALIS
Inspectrice Pédagogique Régionale honoraire

Emmanuelle CORBIÈRE
Professeure agrégée
Lycée Janson de Sailly, Paris
Académie de Paris

Volker KUHN
Professeur agrégé
Lycée François Ier,
Fontainebleau (77)
Académie de Créteil

Étienne LAPALUS
Professeur agrégé
Lycée Galilée, Gennevilliers (92)
Académie de Versailles

Caroline MORINIAUX
Professeure agrégée
Lycée du Parc des Loges, Evry (91)
Académie de Versailles

Simone PRÜCKL
Professeure agrégée
Lycée du Parc de Vilgénis, Massy (91)
Académie de Versailles

Ariane STEINER
Professeure agrégée
Lycée Germaine Tillion, Le Bourget (93)
Académie de Créteil

Nathan

Focus sur… le cycle terminal

Au cycle terminal, vous allez passer trois séries d'épreuves communes de contrôle continu (deux en Première et une en Terminale). Votre objectif va être d'atteindre en Terminale le niveau B2 si vous êtes en LVA et le niveau B1 si vous êtes en LVB.
Du point de vue culturel, les programmes de Terminale s'organisent autour de la même thématique qu'en Première : « Gestes fondateurs et mondes en mouvement ». Elle est déclinée en 8 axes :

1. Identités et échanges
2. Espace privé et espace public
3. Art et pouvoir
4. Citoyenneté et mondes virtuels
5. Fictions et réalités
6. Innovations scientifiques et responsabilité
7. Diversité et inclusion
8. Territoire et mémoire

	B1	B2
Écouter	• Je peux comprendre les points essentiels quand un langage clair et standard est utilisé et s'il s'agit de sujets familiers concernant le travail, l'école, les loisirs, etc. • Je peux comprendre l'essentiel de nombreuses émissions de radio ou de télévision sur l'actualité ou sur des sujets qui m'intéressent à titre personnel ou professionnel si l'on parle d'une façon relativement lente et distincte.	• Je peux comprendre des conférences et des discours assez longs et même suivre une argumentation complexe si le sujet m'en est relativement familier. • Je peux comprendre la plupart des émissions de télévision sur l'actualité et les informations. Je peux comprendre la plupart des films en langue standard.
Lire	• Je peux comprendre des textes rédigés essentiellement dans une langue courante ou relative à mon travail. • Je peux comprendre la description d'événements, l'expression de sentiments et de souhaits dans des lettres personnelles.	• Je peux lire des articles et des rapports sur des questions contemporaines dans lesquels les auteurs adoptent une attitude particulière ou un certain point de vue. • Je peux comprendre un texte littéraire contemporain en prose.
Interagir à l'oral	• Je peux faire face à la majorité des situations que l'on peut rencontrer au cours d'un voyage dans une région où la langue est parlée. • Je peux prendre part sans préparation à une conversation sur des sujets familiers ou d'intérêt personnel ou qui concernent la vie quotidienne (par exemple famille, loisirs, travail, voyage et actualité).	• Je peux communiquer avec un degré de spontanéité et d'aisance qui permet une interaction normale avec un locuteur compétent dans la langue cible. • Je peux participer activement à une conversation dans des situations familières, présenter et défendre mes opinions.
Interagir à l'écrit	• Je peux interagir à propos d'expériences, d'événements, d'impressions et d'émotions à condition de pouvoir préparer. • Je peux demander ou donner des éclaircissements simples et répondre aux commentaires et aux questions en donnant quelques détails. • Je peux participer à un projet avec un groupe de travail, à condition qu'il y ait des aides visuelles, comme des images, des statistiques et des graphiques pour clarifier les notions compliquées.	• Je peux interagir avec plusieurs personnes, relier mes contributions aux leurs et gérer les malentendus ou les désagréments, à condition que les autres évitent un langage compliqué, me laissent du temps et soient coopératifs. • Je peux mettre en valeur la signification de faits, d'événements et d'expériences, justifier des idées et coopérer efficacement.
Parler en continu	• Je peux m'exprimer de manière simple afin de raconter des expériences et des événements, mes rêves, mes espoirs ou mes buts. • Je peux brièvement donner les raisons et explications de mes opinions ou projets. Je peux raconter une histoire ou l'intrigue d'un livre ou d'un film et exprimer mes réactions.	• Je peux faire des descriptions claires et détaillées sur une grande gamme de sujets relatifs à mes centres d'intérêt. • Je peux développer un point de vue sur un sujet d'actualité et expliquer les avantages et les inconvénients de différentes possibilités.
Écrire	• Je peux écrire un texte simple et cohérent sur des sujets familiers ou qui m'intéressent personnellement.	• Je peux écrire des textes clairs et détaillés sur une grande gamme de sujets relatifs à mes intérêts. • Je peux écrire un essai ou un rapport en transmettant une information ou en exposant des raisons pour ou contre une opinion donnée.
Médiation	• Je peux transmettre les informations données dans des textes informatifs clairs et bien structurés, sur des sujets familiers ou d'ordre personnel. • Je peux aider à définir une tâche en termes simples et demander aux participants d'apporter leur expertise. • Je peux inviter les gens à parler, à expliquer leurs points de vue ou à préciser certains points qu'ils ont évoqués. • Je peux poser des questions appropriées pour vérifier la compréhension de notions et je peux répéter en partie ce qui a été dit pour confirmer une compréhension mutuelle. • Je peux aider à la création d'une culture commune en présentant les gens, en échangeant des informations sur les priorités et poser de simples questions pour avoir une confirmation et/ou une clarification. • Je peux donner l'essentiel de ce qui est dit si les interlocuteurs parlent clairement et m'accordent des pauses pour réfléchir à la façon de présenter les choses.	• Je peux transmettre de façon fiable des informations détaillées et des arguments, par ex. les points importants de textes complexes mais bien structurés, dans mes domaines d'intérêt professionnel, académique et personnel. • Je peux encourager la participation et poser des questions qui invitent les participants à réagir aux idées des uns et des autres ou demander aux gens de développer leur pensée et de préciser leurs opinions. • Je peux développer les idées des autres et les relier à un raisonnement cohérent, en considérant les deux côtés d'un problème. • Je peux contribuer à la création d'une culture communicative commune en adaptant ma façon de procéder, apprécier différentes idées, impressions et points de vue, et inviter les participants à réagir aux idées des uns et des autres. • Je peux donner la signification de propos et de points de vue importants sur des sujets de mon domaine d'intérêt, à condition que les participants clarifient si besoin est.

Source : Grille pour l'auto-évaluation (incluant l'interaction en ligne et la médiation), CECRL : Volume complémentaire avec de nouveaux descripteurs du CECRL, février 2018

ISBN 978.2.09.178161.7

Impulse Allemand A2+ → B2 1re Term CYCLE TERMINAL vous permet de vous préparer progressivement aux épreuves du baccalauréat et de progresser dans votre parcours de germaniste.

Vous développez vos compétences culturelles

Au fil des **21 unités proposées** ancrées dans **les huit axes du programme**, vous découvrez les réalités du monde germanophone, en partant d'hier pour comprendre aujourd'hui et envisager demain. Vous interrogez des documents authentiques variés, vous explorez un large éventail de thématiques, vous construisez **une image actuelle et diversifiée des pays de langue allemande**.

Vous vous initiez au débat citoyen

En vous informant à partir de documents, puis en prenant en compte les différents points de vue et en échangeant avec vos camarades vous apprenez à **exercer votre esprit critique** et à **formaliser vos opinions**. Ainsi, vous préparez également les deux parties de l'**oral d'allemand du baccalauréat** (la présentation et l'entretien) ainsi que le **Grand oral**.

Vous travaillez de façon collaborative

Vous travaillez en groupes, en classe ou à la maison, pour échanger des informations, mutualiser des stratégies d'apprentissage, confronter vos points de vue et réaliser des projets. L'interaction en présentiel ou à distance vous permet de **développer vos compétences sociales** et de **renforcer vos compétences personnelles et numériques**. Les rubriques ***Zwischen den Kulturen*** et ***Über die Grenzen hinaus*** vous invitent à engager un dialogue riche avec votre classe partenaire, et à faire des parallèles avec toutes les cultures qui vous sont familières.

Vous progressez à votre rythme vers les épreuves du Bac

En partant de vos réussites, vous déterminez vos axes de progrès. Quel que soit votre niveau de départ, pour chaque document, des **activités accessibles et différenciées** vous permettent de **renforcer vos compétences langagières et culturelles**. Des dossiers ***Horizont Bac*** vous permettent également de vous entraîner progressivement aux différentes épreuves.

Vous améliorez progressivement votre niveau de langue

Dans chaque unité, vous entraînez les cinq activités langagières. Vous **rendez compte de documents audio et vidéo, d'articles ou d'extraits littéraires**, vous **exprimez votre point de vue**, vous **argumentez** et vous **prenez position**, vous **échangez**. Des bilans réguliers à la maison, en groupes, avec votre professeur vous permettent de faire le point sur le lexique et les structures et de les enrichir. À la fin du manuel, vous trouvez des **récapitulatifs lexicaux** pour chacun des axes et des **repères grammaticaux** auxquels vous référer.

Vous construisez des stratégies d'apprentissage personnelles

Grâce aux ***Tipps*** au fil des pages, aux exemples didactisés et aux pages ***Méthodologie*** en fin de manuel, vous élaborez vos propres démarches pour améliorer vos compétences générales (organiser, mémoriser, structurer, etc.) et vos compétences langagières (comprendre, écrire, parler, etc.), transférables à toutes les disciplines.

Impulse a été conçu pour vous,
il ne tient qu'à vous de le faire vivre !

Les auteur(e)s

À la découverte de votre manuel

Les pictos de votre manuel

- Compréhension de l'oral
- Compréhension de l'écrit
- Expression orale en continu
- Expression orale en interaction
- Expression écrite
- Expression écrite en interaction
- Médiation écrite ou orale
- Interlangues
- Gruppenarbeit

REPÈRES GRAMMATICAUX P. 243 Renvoi aux repères grammaticaux en fin de manuel

Vidéo **MP3** Document vidéo ou audio disponible

Fichier PDF Document téléchargeable

Pour découvrir et comprendre

Votre manuel propose 16 *Kapitel* et 5 *Kurzkapitel*, soit 37 problématiques pour explorer les huit axes du programme.

À quoi sert la page d'ouverture ?

- Elle vous permet de découvrir la **problématique** de l'unité à travers un grand visuel et une activité d'expression orale qui servent d'entrée en matière.

Comment fonctionnent les pages *Blick auf...* ?

- Chaque double page traite d'un des aspects de la problématique à travers plusieurs **documents authentiques**. Elle propose des **activités de réception et de production** adossées au niveaux du CECRL.
- Des boîtes ***Wortschatz*** et ***Tipp!*** sont à disposition pour vous donner des outils linguistiques afin de vous exprimer sur les documents.
- La rubrique ***Recherchieren*** vous donne des pistes pour approfondir le sujet par des lectures ou des recherches complémentaires dont vous rendez ensuite compte à la classe.

Comment fonctionnent les *Kurzkapitel* ?

- Ces cinq chapitres **plus courts** vous font découvrir une thématique culturelle à travers une suite de documents et **une tâche filée** à réaliser au fur et à mesure de leur étude.

Pour maîtriser la langue et préparer la tâche finale

Quels outils sont à votre disposition pour progresser en grammaire, vocabulaire et phonologie ?

Dans chaque unité, deux pages permettent un travail systématique sur les outils linguistiques découverts dans les documents et utiles à la réalisation de la tâche finale.

- La page ***Grammatik macht Sinn*** vous propose une pause réflexive sur la construction de la langue allemande, suivie d'activités de difficulté graduée.
- La page ***Wortschatz macht Sinn*** est divisée en trois parties : une **carte mentale** lexicale pour faciliter la mémorisation, des activités de manipulation du lexique et une rubrique ***Prosodie und Phonetik*** pour vous faire progresser en prononciation.

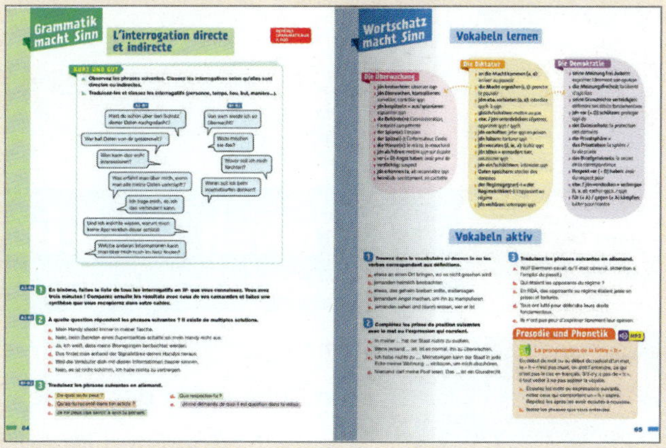

Pour progresser et vous évaluer

À quoi sert la page *Finale* ?

Cette page est l'aboutissement de votre travail sur l'ensemble de l'unité.

La rubrique ***Schritt für Schritt*** est un guide précieux pour vous accompagner dans la réalisation de votre projet.

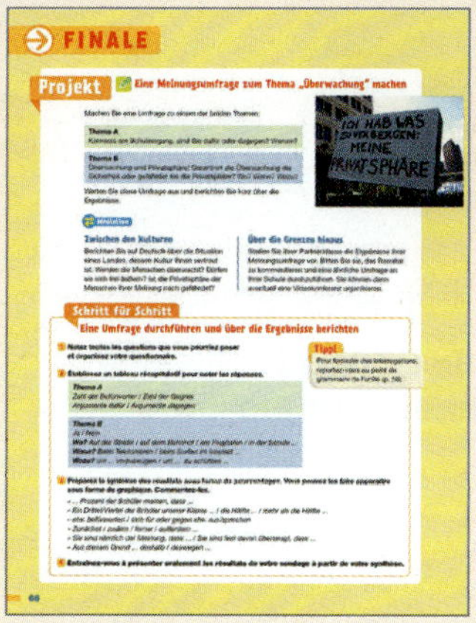

Comment utiliser les pages *Horizont Bac* ?

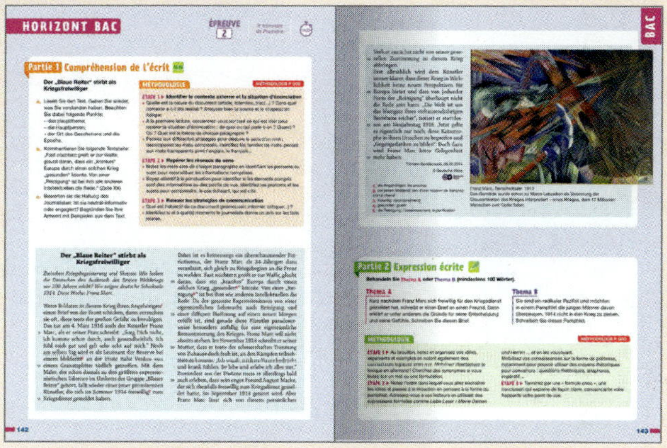

- À la fin de chaque axe, ces dossiers de six pages vous proposent des **sujets d'épreuves communes écrites et orales** pour vous **entraîner dans les conditions de l'examen**.

Quels autres outils pouvez-vous utiliser dans votre manuel ?

À la fin du manuel, vous disposez de pages qui peuvent vous être utiles tout au long de l'année :

- Les pages ***Lexique*** répertorient les mots les plus importants ***pour chaque axe*** du programme.
- Les pages ***Méthodologie*** fournissent des stratégies pour maîtriser les différentes compétences langagières.
- Les ***Repères grammaticaux*** viennent compléter les pages ***Grammatik macht Sinn*** de chaque unité.

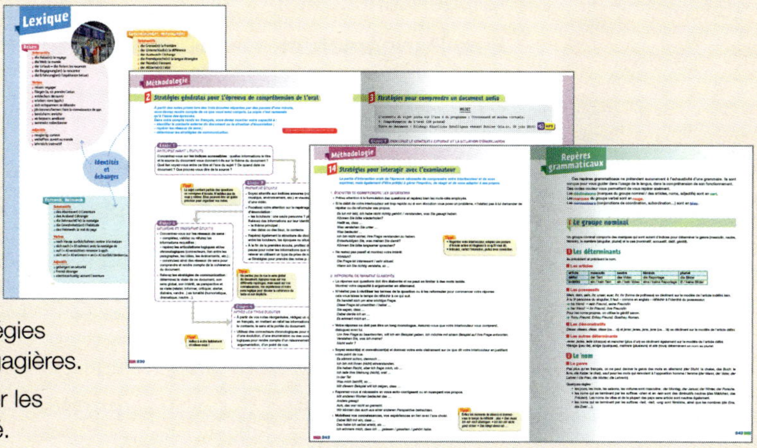

Sommaire

AXE 2

ESPACE PRIVÉ ET ESPACE PUBLIC

Sommaire

AXE 4 CITOYENNETÉ ET MONDES VIRTUELS

Sommaire

AXE 5 FICTIONS ET RÉALITÉS

AXE 6 INNOVATIONS SCIENTIFIQUES ET RESPONSABILITÉ

Sommaire

AXE 7 DIVERSITÉ ET INCLUSION

AXE 8 TERRITOIRE ET MÉMOIRE

DÈS LA PREMIÈRE, VERS LE BAC

Vos disciplines de Première

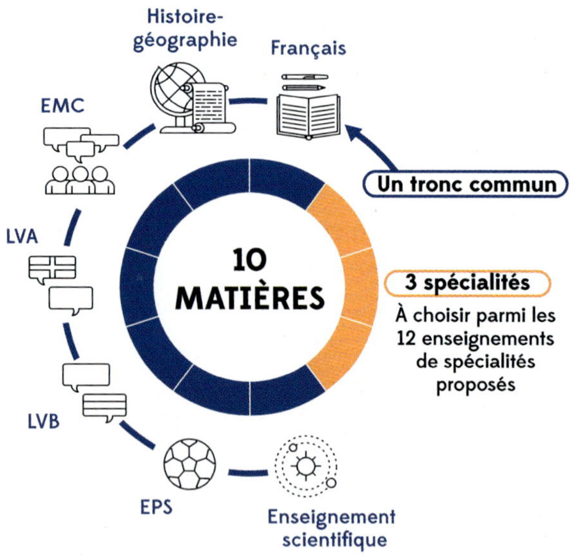

Vos disciplines de Terminale

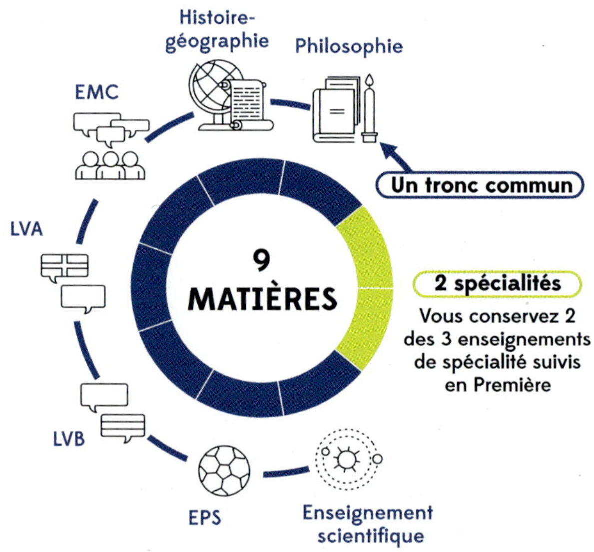

Vous pouvez ajouter à vos 9 matières un ou deux enseignements optionnels

Votre note finale du nouveau Bac : 10% + 30% + 60%

VOS BULLETINS de Première et Terminale sont pris en compte pour valoriser votre travail régulier.

LE CONTRÔLE CONTINU en Première et en Terminale repose sur des épreuves organisées dans votre lycée.

DES ÉPREUVES TERMINALES : le français en Première, la philosophie, les deux enseignements de spécialité conservés et le nouveau « Grand oral » en Terminale.

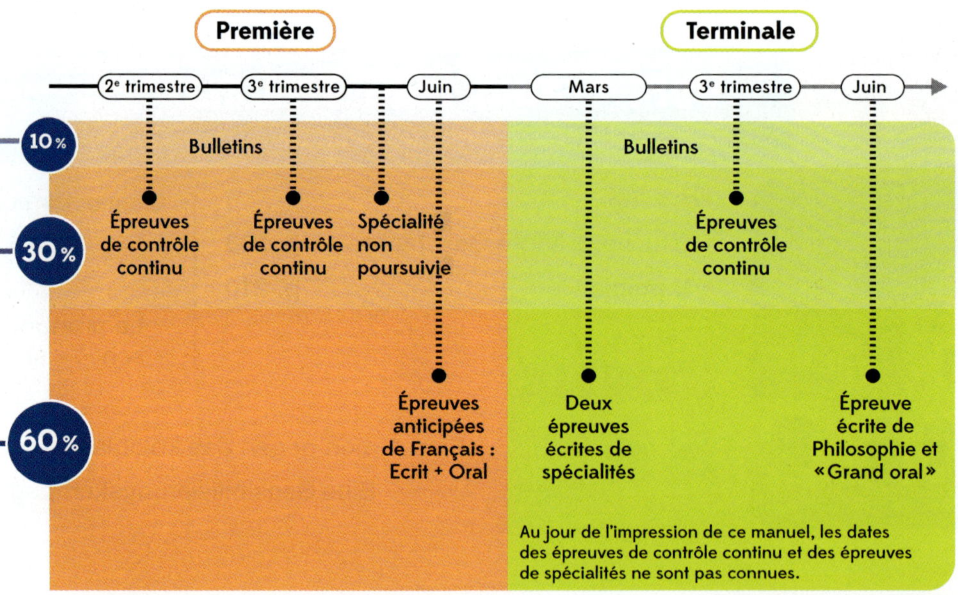

Les épreuves de contrôle continu

Ce sont des devoirs ou exercices sur table. Les sujets sont issus d'une banque nationale. Les copies sont anonymes et corrigées par d'autres professeurs que les vôtres.

Quelles matières ?
Histoire-géographie, Langue vivante A, Langue vivante B, l'enseignement scientifique et l'enseignement de spécialité qui ne sera pas poursuivi en Terminale.

VERS LE SUPÉRIEUR

Les grands itinéraires de l'Enseignement supérieur

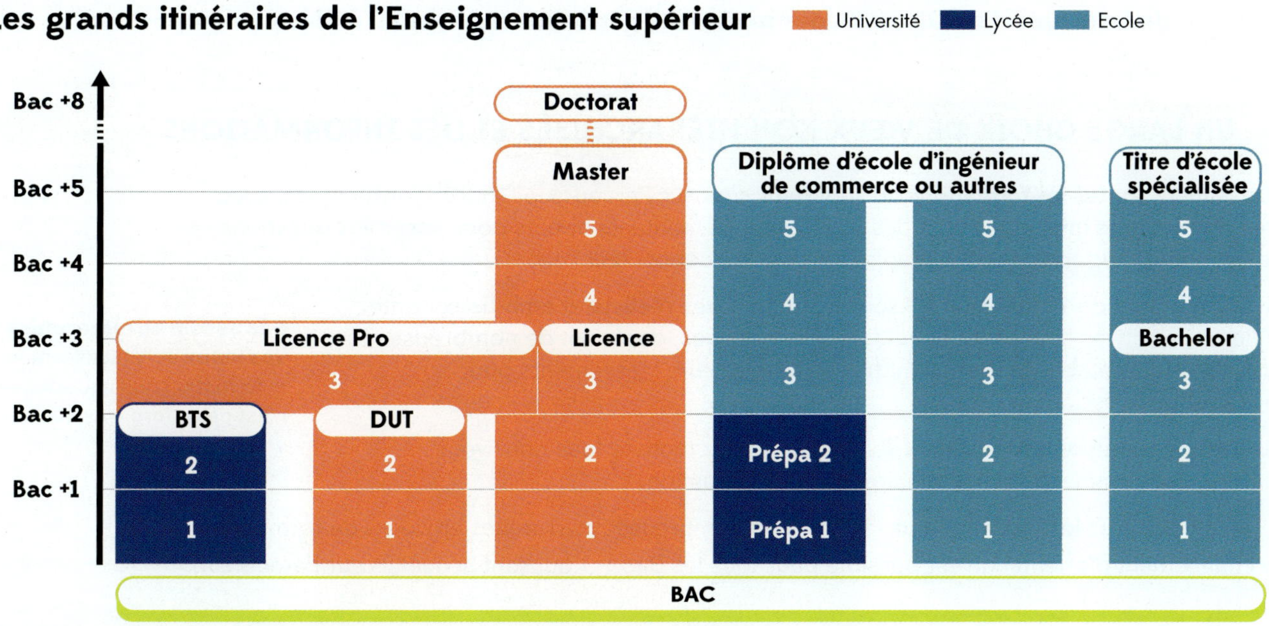

Ils témoignent de leur première année après le Bac

THÉO,
Première année de licence de Sciences de la Vie

« J'ai choisi l'Université car elle offre plusieurs parcours d'études et des matières nouvelles pour moi. Même si nous sommes plus encadrés que je ne l'imaginais, il faut travailler en autonomie et bien s'organiser entre les cours théoriques et les TP. J'espère partir en échange à l'étranger dès la L3. »

ZINEB
Première année de Prépa économique et commerciale

« Je voulais faire une école de commerce. Je craignais la prépa, j'en ai discuté avec des profs pendant les Portes ouvertes qui m'ont convaincue que je pouvais y arriver. Chaque semaine, 31 heures de cours, des colles orales, des devoirs sur table, et beaucoup de boulot à la maison pour assimiler des contenus volumineux très vite. Mais je ne regrette pas ! Il y a beaucoup de solidarité dans la classe. C'est stimulant. »

MAELLE,
IUT Info-Comm

« Grâce à mon dossier, j'ai pu entrer en IUT : un cursus court à l'Université, bien encadré avec la possibilité de poursuivre mes études. Je découvre des disciplines théoriques (marketing, droit...) et pratiques (graphisme, infographie...). C'est passionnant. J'ai hâte de débuter mon premier stage ! »

DIMITRI,
IFSI

« J'ai toujours voulu être infirmier en bloc opératoire. Mon dossier était un peu juste mais ma motivation et mes activités associatives m'ont permis de réussir l'entretien d'entrée. On alterne les cours théoriques et cliniques à la Fac ou dans l'IFSI et on a beaucoup de travail. J'ai effectué un premier stage et je suis encore plus motivé ! »

SARAH,
École d'ingénieur

« J'aimais les sciences et les TP au lycée, je voulais devenir ingénieure sans savoir dans quel domaine. J'ai réussi à intégrer une école généraliste qui me permettra de me spécialiser plus tard. Dans l'école, j'apprécie les projets en groupe, l'accès permanent à un matériel de pointe et la vie associative. »

Un lien ONISEP utile pour votre orientation *Ma première année en...*

PARCOURSUP, QU'EST-CE QUE C'EST ?

C'est la plateforme nationale de préinscription à l'enseignement supérieur pour tous les élèves de terminale. En 2019, 97% des bacheliers généraux ont reçu au moins une proposition.

1 UN LARGE CHOIX DE VŒUX NON HIÉRARCHISÉS ET DES INFORMATIONS

Quasiment toutes les formations du supérieur sont sur Parcoursup (15.000 formations !) avec de très **nombreuses informations** et des possibilités de contacts directs pour **poser vos questions** sur les contenus, les critères d'examen des vœux, les débouchés.

Vous disposez de **10 vœux (et 20 sous-vœux)** : soyez **réaliste** et **ambitieux** (tentez des filières sélectives !). Tous les candidats, comme vous, déposent de nombreuses candidatures : les établissements vont très loin dans leurs classements pour proposer une admission

Les attendus nationaux et locaux sont là pour vous motiver (pas pour vous inquiéter), tout comme les questionnaires d'auto-évaluation.

Enfin, vous avez **le droit à l'erreur** : il existe de nombreuses passerelles en cours de formation et un changement d'orientation est possible pour tous les Bac + 1 qui sont accueillis sur Parcoursup.

Astuce

Pas besoin de hiérarchiser vos vœux et l'établissement de la formation que vous demandez n'est pas informé de vos autres vœux.

2 UNE PROCÉDURE AVEC UN CALENDRIER PRÉCIS ET DES OBLIGATIONS

Calendrier et check-list

Un calendrier
Ce calendrier vous laisse du temps de réflexion, coordonné avec le Bac et adapté à votre intégration dans le Supérieur.

Des modalités d'inscription

- Pour constituer votre dossier personnel à partir de votre INE, vous fournissez :
  - des informations sur votre état civil,
  - vos coordonnées, celles de vos représentants légaux (si vous êtes mineurs),
  - des informations sur votre scolarité passée en complément de celles fournies par votre lycée (bulletins de 1ère et Term, Fiche Avenir avec les appréciations de vos enseignants et l'avis du chef d'établissement).
  - Vous rédigez un **Projet de formation motivé** personnalisé adapté à chaque formation.
  - Vous remplissez soigneusement la rubrique « **Mes activités et centres d'intérêt** » qui peut renforcer vos candidatures.
- Vous envoyez les documents complémentaires que demandent parfois certaines formations.

À savoir

Le respect de la procédure par tous les élèves et les établissements est la condition de son bon fonctionnement.

3 DES ENSEIGNANTS QUI ÉTUDIENT VOTRE DOSSIER ET VOUS RÉPONDENT

Parcoursup n'est pas un robot ni un algorithme qui déciderait de votre orientation !
Toutes les formations vous répondront mais pas forcément en même temps : **surveillez les réponses** (sms, mail...) et votre compte Parcoursup.

N'oubliez pas de répondre à chaque proposition dans les délais indiqués. Si plusieurs propositions vous sont faites il vous faudra choisir puis valider votre choix final et **vous inscrire définitivement**.

VOUS INFORMER SUR LES FORMATIONS

UNE DÉMARCHE À ANTICIPER

Votre démarche d'orientation ne doit évidemment pas attendre l'ouverture de Parcoursup. Peut-être ne savez-vous pas vraiment ce que vous voulez faire, ou vous avez plusieurs idées, ou encore vous avez une idée assez nette de ce que vous voulez faire. Dans tous les cas, **vous devrez vous informer sur les formations, leurs contenus, leurs modalités** (durée, sélective/non sélective, privée/publique, possibilité d'alternance ou de poursuite d'études, proximité...) et **leurs débouchés**.

S'INFORMER AVEC L'ONISEP

L'ONISEP (**Office national d'information sur les enseignements et les professions**) vous fournit toute l'info sur les métiers et les formations :

- Le site onisep.fr, notamment la rubrique *Ma première année en...*
- monorientationenligne.fr vous met en contact avec un conseiller par téléphone, mail ou par tchat.
- Le site *Terminales* à retrouver sur orientation-lycees.fr
- Des revues, des guides, des Salons...
- Vous disposez de beaucoup de sources d'informations potentielles : contacts sur Parcoursup, Journées Portes Ouvertes, salons, forums, sites, Semaines de l'orientation et bien entendu vos enseignants, et les conseillers près de chez vous...

Notez bien que vos motivations pour une formation ou des débouchés ainsi que vos démarches d'orientation vous seront aussi utiles lors du Grand Oral.

VOTRE CALENDRIER PARCOURSUP

Novembre – Janvier	Recherche des informations sur Parcoursup
Janvier – Février	Inscription sur Parcoursup (voir votre check-list ci-contre)
Février – Avril	Constitution de votre dossier complet, saisie et confirmation de vos vœux
Mai – Juillet	Propositions des établissements : vous devez y répondre !
Juillet – Septembre	Éventuellement, phase complémentaire

Pensez à vous inscrire dans votre futur établissement !

VOTRE CHECK-LIST POUR VOUS INSCRIRE SUR PARCOURSUP

- **Une adresse électronique** que vous utiliserez jusqu'à la fin de la procédure.
- **Votre numéro INE** : il est composé de 11 caractères (1 ou 2 lettres, 10 ou 9 chiffres). Vous le trouverez sur vos bulletins scolaires. Si besoin, demandez-le à votre établissement.
- **Votre relevé de notes** aux épreuves anticipées du baccalauréat.
- **Le dernier avis d'imposition** de votre (vos) parents(s) ou tuteur(s) si vous demandez une classe préparatoire avec internat ou si vous souhaitez simuler une attribution de bourse.
- **Vos bulletins** de première et terminale.
- **Votre Projet de formation** motivé en 1 500 caractères, pour chaque formation.

PENSEZ AUSSI À :

- **Remplir les questionnaires d'auto-évaluation** demandés par certaines formations universitaires. Ils sont anonymes et vos résultats ne sont pas communiqués.
- **Remplir la rubrique « Mes activités et centres d'intérêts »**
- **Fournir dans les temps les documents complémentaires** que certaines filières peuvent vous demander (CV, lettres de motivation...).

onisep Nathan

LES ÉPREUVES COMMUNES DE CONTRÔLE CONTINU

Au cycle terminal, vous allez passer trois séries d'épreuves communes de contrôle continu en allemand.

LES ÉPREUVES ÉCRITES

2e trimestre de 1re

E3C1
Compréhension de l'oral
+ Expression écrite
1 h

3e trimestre de 1re

E3C2
Compréhension de l'écrit
+ Expression écrite
1h30

3e trimestre de Term

E3C3
Compréhension de l'oral et de l'écrit
+ Expression écrite
+ Expression orale
1h30

PARTIE 1 – COMPRÉHENSION DE L'ORAL

- La compréhension de l'oral est évaluée à partir d'un document audio ou vidéo d'une durée maximale d'1 minute 30.

- Vous écouterez le document trois fois, les écoutes étant espacées d'une minute. Pendant que vous écoutez, vous pourrez prendre des notes.

- À l'issue de la troisième écoute, vous devrez rendre compte en **français et à l'écrit** de ce que vous avez compris. Vous aurez parfois des indications pour vous guider, mais pas toujours.

PARTIE 2 – COMPRÉHENSION DE L'ÉCRIT

- La compréhension de l'écrit est évaluée à partir d'un ou deux textes.

- À l'issue de la lecture du ou des textes, vous devrez rendre compte de ce que vous avez compris **en allemand et à l'écrit**. Vous aurez parfois des indications pour vous guider, mais pas toujours.

- Lors de l'épreuve E3C3, votre compte rendu portera sur l'ensemble du dossier, c'est-à-dire l'audio ou la vidéo et le ou les textes.

- Niveaux attendus E3C1 : LVA > B1 • LVB > A2-B1
- Niveaux attendus E3C2 : LVA > B1-B2 • LVB > A2-B1
- Niveaux attendus E3C3 : LVA > B2 • LVB > B1

Critères d'évaluation de la compréhension orale et écrite

- Identification du contexte et de la situation d'énonciation (qui parle ? à qui ? de quoi ? dans quel contexte ?)
- Identification des réseaux de sens (quelle est l'organisation du discours ?)
- Identification des stratégies de communication (quelle est la nature du document ? son objectif ? sa visée ? son ton ?...)

EXPRESSION ÉCRITE

L'expression écrite est évaluée lors des trois séries d'épreuves de la même manière : une ou deux questions vous seront proposées au choix, en lien avec l'axe envisagé dans le reste du sujet.

Vous devrez donc traiter au moins l'un des deux sujets en rédigeant votre texte **en allemand**.

Critères d'évaluation de l'expression écrite

- Qualité du contenu (clarté, précision, efficacité du propos)
- Cohérence de la construction du discours (structure, cohérence interne, argumentation)
- Correction de la langue écrite (maîtrise grammaticale et orthographique)
- Richesse de la langue (variété et niveau de précision du lexique et des structures employés)

L'ÉPREUVE ORALE

EXPRESSION ORALE EN CONTINU ET EN INTERACTION

Au début de l'épreuve, l'examinateur vous proposera de choisir entre trois axes culturels du programme.

En tenant compte de votre choix, l'examinateur vous proposera des supports de discussion : deux documents iconographiques ou deux citations ou un document iconographique et une citation. Vous aurez alors 5 minutes pour expliquer quel document ou quelle citation illustre le mieux l'axe que vous avez choisi et pourquoi.

L'examinateur vous posera ensuite des questions plus générales, portant par exemple sur le travail réalisé au cours du cycle terminal sur l'axe choisi.

10 min

sans préparation

- Jury : un enseignant d'allemand
- Niveaux attendus : LVA > B2 • LVB > B1

Critères d'évaluation

- Expression orale (organisation, pertinence et fluidité du discours)
- Interaction orale (capacité à argumenter et à relancer une discussion)
- Correction de la langue orale (correction de la prononciation et de l'accentuation)
- Richesse de la langue (variété et niveau de précision du lexique et des structures employés)

SE PRÉPARER POUR LES ÉPREUVES

Dans votre manuel, vous trouverez à la fin de chaque axe des pages **HORIZONT BAC** avec des sujets pour vous entraîner aux différentes épreuves.

HORIZONT BAC

Sujets d'entraînement aux E3C1, E3C2 et E3C3

RÉVISER EFFICACEMENT

Il est plus facile de se mettre au travail lorsque l'on a choisi et fait son planning soi-même. De plus, le faire dès le début de l'année facilitera la mémorisation.

1 FAIRE UN EMPLOI DU TEMPS (par mois/par jour)

- Notez le temps passé au lycée et celui que vous consacrez à d'autres activités régulières (sport, loisirs, transports, etc.).
- Identifiez les moments où vous pouvez placer des temps de révision d'environ 30 minutes.
- Réalisez un emploi du temps d'abord par mois, puis par semaine, et enfin par jour, selon la proximité des épreuves.

2 mois avant
Révisez une à deux matières par jour, à raison de 15 minutes par matière. Le week-end, vous pouvez prévoir des temps plus longs.

1 mois avant les épreuves
Révisez une matière par jour mais en y consacrant au moins 20 minutes. Ciblez en particulier les notions qui vous paraissent difficiles.

1 semaine avant les épreuves
Planifiez des périodes de révisions plus longues, environ 50 minutes par matière.

1 jour avant les épreuves
Repos !

D-DAY

Conseil

- Ne mélangez pas les activités : si vous êtes sur un temps de révision, éteignez votre téléphone de manière à ne pas être tenté(e) de répondre à des messages.
- Essayez de respecter les horaires de votre planning. Avoir écrit noir sur blanc votre programme de révision vous évitera de vous dire « j'ai mieux à faire ».
- Soyez à l'écoute de votre corps : si vous sentez que le rythme est trop soutenu, faites une pause supplémentaire.

2 GARDER DES TRACES DE SON TRAVAIL

- Relisez quotidiennement les notes de vos cours pour vous assurer que vous avez bien compris. Surlignez les éléments importants.
- Analysez les annotations sur vos copies, repérez les erreurs que vous avez faites et réfléchisez à la manière de les éviter à l'avenir.
- Notez les remarques (souvent à l'oral) des professeurs et leurs conseils.

Conseil

- Cette phase d'analyse vous permet d'identifier vos points forts et vos points faibles et d'organiser vos révisions en conséquence.
- Vous pouvez créer un carnet spécial intitulé « Carnet de révision » pour y reporter ces éléments.

3 CHOISIR LES OUTILS QUI VOUS CORRESPONDENT

Les fiches

Les fiches sont particulièrement efficaces pour tout ce qui relève des contenus culturels et de la méthodologie :

- optez pour des fiches au format A5 afin d'aller à l'essentiel ;
- choisisez une couleur par type de fiches (axe du programme, méthodologie, grammaire) ;

▸ Titrez vos fiches et écrivez de manière synthétique (pas de phrases complètes) ;
▸ Choisissez un système de rangement (boîte, classeur...) qui vous permette de retrouver rapidement la fiche que vous cherchez.

Conseil

Pensez à faire vos fiches au fur et à mesure de votre découverte des notions.

Les flashcards

Les *flashcards* permettent de réviser de manière ludique et de mémoriser un grand nombre d'informations par cœur. Elles sont donc particulièrement adaptées pour le vocabulaire et la grammaire. Pour faire des *flashcards* efficaces :
▸ sélectionnez bien les informations que vous allez y faire figurer en fonction de votre type de mémoire ;
▸ utilisez une couleur pour chaque catégorie de cartes ;
▸ inscrivez un élément au recto et les informations associées au verso (une question et sa réponse, un mot et sa définition...).

Conseil

- Vous avez une mémoire auditive ? Écrivez un mot associé à sa définition.
- Vous avez une mémoire visuelle ? Associez un mot à une image ou un schéma.
- Vous n'avez pas le temps de faire vos propres fiches ? Utilisez **Lexiquiz** !

Les affiches

Réaliser une affiche permet de fabriquer ses outils pour apprendre une leçon, cela convient bien aux personnes qui apprennent mieux en étant en activité. Cela permet aussi de développer sa créativité et de fixer son attention sur les informations essentielles à comprendre. Pour faire une affiche efficace :
▸ au brouillon : notez le titre de votre fiche, les idées essentielles sous forme de mots-clés, le vocabulaire associé à retenir ;
▸ choisissez des images parlantes pour illustrer ces idées ;
▸ faites un crayonné de votre affiche au brouillon en plaçant les éléments ci-dessus ;
▸ réalisez votre affiche sur une grande feuille : écrivez gros et utilisez différentes couleurs pour mettre en évidence les mots-clés.

Astuce

Placez votre affiche dans votre chambre à un endroit où vous pourrez la relire pour mémoriser.

Les nuages de mots ou les cartes mentales

Si vous avez une mémoire visuelle, ces outils vous seront très utiles. Ce type d'outil vous permet de donner une image d'ensemble d'une notion ou d'un champ lexical :
▸ choisissez le thème de votre nuage de mots ou votre carte mentale et listez tout ce qui devra y figurer : mots, dates, expressions, repères géographiques, etc. ;
▸ classez et hiérarchisez ces mots : repérez les thèmes majeurs et sous-thèmes dans des couleurs différentes ;
▸ créez votre nuage de mots en respectant cette hiérarchie (couleurs, taille de caractère).

RÉUSSIR LE GRAND ORAL : PRENDRE LA PAROLE EN PUBLIC

ENTRAÎNEZ-VOUS !

Prendre la parole, ça s'apprend ! Votre préparation et vos entrainements vous permettront d'améliorer votre travail et de vous mettre en confiance. La réussite de votre Grand oral vient d'abord de votre maîtrise du contenu et d'un entraînement régulier à la prise de parole.

Entraînez-vous régulièrement :
- à la **réponse aux questions**, en vous chronométrant : il est fondamental d'en maîtriser la durée. Vous avez 5 minutes, pas plus, pas moins !
- **en classe avec vos professeurs, avec vos amis, votre famille**, devant un miroir, avec un smartphone, une montre... ;
- à **la discussion avec le jury** et à **présenter vos choix d'orientation**.

Simulez comme au Grand oral : le « jury » s'assoit derrière une table, réglez le volume de votre voix et votre position dans la salle.

Conseil

Soyez bienveillants les uns envers les autres ! Utilisez la grille d'évaluation pour être objectifs.

Grille d'évaluation

DÉDRAMATISEZ !

Le Grand oral n'est pas un concours d'éloquence, ni une performance. Le jury sait la difficulté qu'il y a à passer un oral, vous pouvez compter sur sa bienveillance.

On entend fréquemment :
- « *J'ai le trac...* » : le trac est normal, il vous permet de vous concentrer et de bien démarrer. Il disparaîtra vite car vous maîtrisez votre contenu.
- « *Je ne suis pas à l'aise à l'oral...* » : votre entraînement vous apportera plus d'aisance.
- « *Je ne sais pas quoi faire de mes jambes et de mes mains* » : ne surestimez pas l'importance du « non verbal » ou des gestes parasites (ni même des tics verbaux). Concentrez-vous sur le contenu et le jury.
- « *Dois-je apprendre mes réponses par cœur ou les rédiger intégralement ?* » : ne changez pas vos habitudes mais vous ne devrez pas donner l'impression de réciter.

Conseil

Choisissez une tenue soignée (chaussures de ville), pas trop décontractée (pas de survêtement ni de T-shirt), tout en étant à l'aise.

ADOPTEZ UNE POSTURE SEREINE ET DES GESTES EXPRESSIFS

Faites simple : restez le plus naturel possible.

Une fois dans la salle, **placez-vous au centre de la pièce**, à environ **deux mètres du jury.**
- **Ancrez-vous dans le sol**, les pieds bien droits et légèrement écartés, la tête haute tournée vers le jury. Conservez cette posture, évitez de vous balancer et ne bougez pas trop.
- **Ce sont vos mains qui vont parler pour vous**. Assurez-vous qu'elles sont propres.
- **Soyez naturel** avec vos mains, vous n'êtes ni une personnalité politique en campagne ni un mime ! Évitez de croiser les bras, ne gardez pas vos mains jointes, utilisez-les plutôt **pour appuyer ce que vous dites.**

Conseil

Si, comme vous en avez la possibilité, vous choisissez de vous asseoir après votre réponse de cinq minutes, de même, sur la chaise, ancrez-vous au sol avec la tête et le dos droits.

Rendez-vous sur le site Nathan.fr/grand-oral

PRÊTEZ ATTENTION À VOTRE VOIX

La voix est le premier instrument de l'orateur. Ses différentes composantes sont mêlées mais vous pouvez en travailler les différents éléments.

Le volume
Entraînez-vous à parler de manière **suffisamment audible**, puis **variez les volumes** (plus bas / plus fort) et les distances.

Le débit (vitesse / rythme)
- Le rythme de votre prise de parole influera sur la qualité de sa réception.
- Vous attirerez et garderez l'attention en **variant votre débit** en fonction de vos propos. Par exemple, en parlant plus vite quand vous racontez une anecdote, moins vite quand vous arrivez en fin d'une sous-partie ou que vous voulez insister sur un point.
- Si vous avez l'habitude de parler vite, ce sera difficile à modifier. Dans ce cas, évitez les phrases trop longues et surtout, faites des pauses !

L'intonation
C'est le ton que vous prendrez pour vous adresser au jury en accord avec le texte. Entraînez-vous à bien l'adapter à différents contenus et surtout à le varier pour **éviter la monotonie**.

Conseil

Ne commencez pas à parler dès qu'on vous donne la parole. Silence, d'abord. Vous attirerez l'attention et vous en profiterez pour respirer un grand coup. Les pauses vous permettent de marquer le début ou la fin d'une sous-partie, de réfléchir avant de répondre, et d'attirer l'attention sur ce que vous allez dire ensuite.

SOIGNEZ VOTRE VOCABULAIRE

Même si vous n'en avez pas toujours conscience, il se peut que vous utilisiez un langage trop familier, trop quotidien. N'oubliez jamais que vous vous adressez à un jury.

Éliminez tous les termes qui vous paraissent **relever d'un langage trop familier**. Même si ce n'est pas toujours facile, essayez de bannir vos tics de langage (*ben, comment, euh, de base, trop, carrément, en mode, bof*).

Employez des termes précis : vous devez connaître les définitions de toutes les notions que vous employez.

Vous pouvez nuancer votre réponse en utilisant des modalisateurs (« *il m'a semblé... / j'ai trouvé... / J'ai apprécié... En revanche...* »).

Conseil

Entraînez-vous à plusieurs : un élève présente son exposé, les autres relèvent les mots issus d'un langage trop familier. Cherchez ensemble des synonymes ou des expressions plus adaptées.

REGARDEZ ET SOURIEZ

Créez un lien visuel avec les membres du jury dès votre entrée.

Comme vous ne lirez pas vos notes, vous n'avez que les membres du jury à regarder ! **Regardez-les alternativement** et en fonction de leurs actions (regardez le jury qui vous interroge : débutez votre réponse en le regardant...).

Souriez régulièrement, c'est un ingrédient important d'un oral réussi.

Conseil

Pensez à saluer le jury en arrivant et à le remercier en partant.

INSPIREZ-VOUS !

Vous pouvez regarder des vidéos pour les analyser et y trouver de bonnes idées. Rendez-vous sur le site Nathan pour trouver des exemples de vidéos de présentation orale. Vous pouvez aussi visionner les conférences TED, « ma thèse en 180 s », des discours politiques, même en langue étrangère pour n'étudier que les postures et les gestes. **Mais attention** : les personnes que vous verrez sont bien plus âgées que vous et hyper entraînées. Ne vous dites pas « je ne pourrai jamais faire ça ! »

Nathan GRAND ORAL

Ein Gespräch führen / Sich mündlich ausdrücken

Grüßen und sich verabschieden

- Hallo! / Guten Morgen! / Guten Tag! / Guten Abend!
- Kann ich dich / Sie sprechen?
- Entschuldigung! / Entschuldigen Sie!
- Wie geht es dir? / Wie geht es Ihnen?
- Könntest du bitte … / Könnten Sie bitte …
- Tschüs! / Bis bald! / Mach's gut! / Bis später! / Auf Wiedersehen!

Seine Meinung äußern

- Ich meine / denke, dass …
- Meiner Meinung / Ansicht nach ...
- Ich halte ... für ...
- Ich lege (viel / wenig / großen / keinen) Wert auf (+ A).
- Für mich ist ... (sehr, wenig, kaum, nicht) wichtig.

Einverstanden sein

- Das denke ich auch.
- Das ist gut möglich.
- Das stimmt.
- Das ist richtig.
- Er / Sie hat sicher recht.

Nicht einverstanden sein

- Damit bin ich gar nicht einverstanden.
- Da bin ich ganz anderer Meinung.
- Das ist nicht wahr.
- Das ist sicher ein Irrtum.
- Das kann ich mir nicht vorstellen!
- Das sehe ich anders.
- Das stimmt nicht.
- Ich glaube eher, dass ...

Etwas vorschlagen

- Ich schlage dir / Ihnen vor, ...
- Hättest du / Hätten Sie Lust, ...
- Wie wär's, wenn ...?

Nachfragen

- Was meinst du / meinen Sie?
- Was sagst du / sagen Sie dazu?
- Was hältst du / halten Sie von (+ D)?
- Wie denkst du / denken Sie darüber?
- Was meinst du / meinen Sie damit?
- Was willst du / wollen Sie damit sagen?
- Es tut mir leid. Ich habe Sie nicht verstanden.
- Wie kommt es, dass ...?

Positiv reagieren

- Das ist eine prima Idee. / Tolle Idee!
- Die Idee ist nicht schlecht!
- Aber gern!
- Mit Vergnügen!

Negativ reagieren

- Nein, dazu habe ich keine Lust.
- Das finde ich langweilig.
- Das gefällt mir nicht.
- Das passt mir nicht.
- Ich interessiere mich nicht dafür.

Nuancieren

- Er / sie soll … sein / haben.
- Es heißt, er / sie sei …
- Man hat mir gesagt, er / sie wäre ...
- Angeblich …
- Anscheinend …
- Scheinbar …
- Vielleicht ...
- Es mag sein, dass …
- Wahrscheinlich …
- Es kann / könnte sein, dass …

Zum Schluss

- Abschließend möchte ich sagen …
- Letzten Endes ...
- Um zum Schluss zu kommen ...

KAPITEL 1

Fernweh – Heimweh?

▶▶ Deutsche im Ausland: nur aus Abenteuerlust?

Am Flughafen

Auf geht's!

a. Schauen Sie sich das Bild an. Stellen Sie Hypothesen auf (Wer? Wie? Wohin? ...).
b. Tauschen Sie sich über Ihre eigenen Reiseerfahrungen aus.

Blick auf...

FINALE → p. 32

Projekt Eine Diskussion zum Thema „Reisen" veranstalten

Schritt für Schritt An einer Gesprächsrunde teilnehmen

Blick auf...

Ein Zuhause in der Ferne

▸▸ Was drängt Deutsche ins Ausland oder nach Hause zurück?

1 Franziskas Abenteuer

A2-B1 **a.** Lesen Sie Franziskas Bericht und fassen Sie ihre Erfahrungen während ihres ersten Aufenthalts zusammen (Wann? Wo? Was? Welches Austauschprogramm? Welche Erfahrungen? ...).

b. Fassen Sie Franziskas Erfahrungen während ihres zweiten Aufenthalts zusammen (Wann? Wo? Wie lange? Was? Welche neuen Erfahrungen? ...).

B1-B2 **c.** Erläutern Sie Franziskas Gefühle und Impressionen. Welche Ähnlichkeiten und welche Unterschiede im Vergleich zu ihrer Heimat sind ihr aufgefallen? Was hat ihr diese Erfahrung gebracht?

Recherchieren Informieren Sie sich auf den Internetseiten von Erasmus+ über die Möglichkeiten, einen Aufenthalt im Ausland zu absolvieren, und berichten Sie darüber.

Franziska mit den Kindern am Wattenmeer

Wer hätte gedacht, dass ich mich einmal dazu entschließen[1] würde, meine Heimat hinter mir zu lassen und meine Zukunft in Dänemark zu planen? Ich wäre die letzte Person gewesen, die mir das zugetraut[2] hätte.

Mein „Abenteuer Dänemark" begann im Oktober 2017. Ich durfte durch das Programm Erasmus+ für drei Wochen in einem dänischen Kindergarten arbeiten. Zu dieser Zeit (...) absolvierte ich in Deutschland die Ausbildung zur Kinderpflegerin.

Von Anfang an habe ich in Dänemark viele neue pädagogische Eindrücke gewonnen, die mein gesamtes berufliches und privates Leben geprägt[3] und positiv beeinflusst haben.

Ich fühlte mich vom ersten Tag an wohl und aufgenommen. (...)

An den Kindergarten-Alltag gewöhnte ich mich schnell, da es viele Parallelen zu den deutschen Kindergärten gibt, z.B. die Öffnungszeiten oder die Spielzeuge. Es waren jedoch die Unterschiede[4], die mich so fasziniert und begeistert[5] haben. Beispielsweise halten die Krippenkinder ihren Mittagsschlaf in ihrem eigenen Kinderwagen, der nach draußen an die frische Luft gestellt wird. Egal, welches Wetter herrscht, die Kinder schlafen immer draußen. Zuerst fand ich dies befremdlich, aber mittlerweile sehe ich darin viele positive Aspekte. (...)

Nach meiner erfolgreich abgeschlossenen Ausbildung zur staatlich anerkannten Kinderpflegerin habe ich mich dann entschieden, ein ganzes Jahr nach Dänemark zu gehen. (...)

Während dieser Zeit konnte ich noch mehr Erfahrungen sammeln und Unterschiede feststellen[6]. (...)

Zu Beginn musste ich mit Hand und Fuß kommunizieren oder eine dänische Kollegin bitten zu übersetzen. Inzwischen habe ich ein Gehör für die Sprache entwickelt und kann sehr viel verstehen. Klar kann ich noch kein Dänisch sprechen (bis auf vereinzelte Sätze), aber ich kann auf Deutsch antworten und trotzdem funktioniert die Kommunikation bestens. (...)

Während meiner Zeit in Dänemark habe ich festgestellt, dass die Arbeit in einem Kindergarten mein Traumberuf ist. (...)

Ich habe während des Aufenthalts in Dänemark sehr schnell gemerkt[7], dass ich weit weg von meiner Familie auf eigenen Beinen stehen kann.

1. sich entschließen (o, o) = sich entscheiden (ie, ie): *se décider* **2.** sich (D) etw. zu/trauen: *se croire capable de qqch.* **3.** prägen: *marquer* **4.** der Unterschied(e): *la différence* **5.** begeistern: *enthousiasmer* **6.** fest/stellen: *constater* **7.** merken: *remarquer*

2 Auf Wanderschaft

MP3

A2-B1 **a.** Lesen Sie den Text. Um welche Berufsgruppe geht es? Welche Regeln gelten hier?

b. Hören Sie sich nun die Aufnahme an. Identifizieren Sie die Art der Aufnahme und machen Sie sich Notizen über die Töpferin Katharina Lenz.

B1-B2 **c.** Wie bewertet der Vertreter der Handwerkskammer die Erfahrungen von Wandergesellen? Nehmen Sie anschließend dazu Stellung.

Heute hier, morgen dort. Rund 800 junge Handwerker aus Deutschland gehen als Wandergesellen[1] auf die Walz: die unter 30jährigen haben eine abgeschlossene Ausbildung, sind unverheiratet und schuldenfrei[2] und wollen neue Berufserfahrungen sammeln. Für Essen und Unterkunft müssen sie arbeiten. Sie trampen[3], um sich fortzubewegen. Was sie besitzen, tragen sie am Körper. Handy oder Laptop sind tabu.

1. der Wandergeselle(n): *le compagnon (du devoir)* **2.** schuldenfrei: *sans dette* **3.** trampen: *faire du stop*

3 Nach Hause zurück

A2-B1 **a.** Lesen Sie den Text und fassen Sie die wichtigsten Informationen zusammen (Hauptperson, Alter, aktueller Wohnort, Beruf, Familiensituation, frühere Aufenthaltsorte ...).

B1-B2 **b.** Erklären Sie die Entscheidung der Hauptperson.

Familie in den bayerischen Bergen

Es war auch das Heimweh, das Nicole Reichling letztendlich zurück nach Deutschland trieb[1]. Sie wollte wieder einmal ganz normal mit ihren Kindern im Sommer auf einen Spielplatz gehen, die beiden regelmäßig zur Oma bringen und ihnen die Erfahrungen bieten, die sie selbst in ihrer glücklichen Kindheit in Bayern erlebte.

Noch vor zwei Monaten wohnte die 40-Jährige in Abu Dhabi, wo sie als Bauingenieurin arbeitete. Im Sommer musste sie mit den zwei- und vierjährigen Kindern bei 50 Grad Hitze drinnen bleiben. Die fremde Kultur machte Reichling auch zu schaffen[2]. „Dort sind die Wertvorstellungen[3] einfach anders“, sagt sie. (...)

Für Reichling ist es eine Rückkehr nach neun Jahren. 2004 zog sie nach Australien, aus Abenteuerlust, wie sie sagt. Sie lernte dort ihren Mann kennen, mit dem sie in den Golfstaat zog. Doch mit zwei kleinen Kindern änderten sich ihre Prioritäten. Die Abenteuerlust verblasste[4], die Sehnsucht nach der Heimat wuchs.

© *Die Welt*, 29.09.2013

1. treiben (ie, ie): *pousser* **2.** jdm zu schaffen machen: *causer du souci à qqn* **3.** die Wertvorstellungen: *les valeurs* **4.** verblassen: *s'estomper, diminuer*

Wortschatz

- **ins Ausland gehen (i, a):** aller à l'étranger
- **neugierig, weltoffen sein:** être curieux, ouvert au monde
- **sich an (+ A) gewöhnen:** s'habituer à
- **etwas Neues erleben:** vivre quelque chose de nouveau
- **ein (Auslands)Praktikum machen:** faire un stage (à l'étranger)
- **nach Hause zurück/kehren:** retourner à la maison
- **Heimweh haben:** avoir le mal du pays

Gesagt – getan!

Erstellen Sie einen Videoclip, um für einen Auslandsaufenthalt zu werben (Erasmus+, Berufspraktikum, Wanderschaft, Studium, Austausch ...).

Blick auf… Deutsche Touristen im Ausland

▸▸ Bedeutet ins Ausland zu reisen immer, Neues erleben zu wollen?

1 Wie daheim in Deutschland

A2-B1
a. Schauen Sie sich das Bild an. Notieren Sie, was Ihnen auffällt, und tauschen Sie sich aus.
b. Lesen Sie die Sprechblase. Was will der Zeichner damit zeigen?

B1-B2
c. Lesen Sie dann den Text und geben Sie den Inhalt kurz wieder (Ort, Thema, Personen, ihr Verhalten ...).
d. Wie lässt sich das Verhalten dieser Touristen erklären? Was halten Sie selbst davon?

Recherchieren Informieren Sie sich über die Insel Mallorca (Situation, Tourismus ...) und berichten Sie darüber in der Klasse.

A

B

Feiern, tanzen und die Nacht zum Tag machen – viele lockt[1] es vor allem zum Partymachen nach Mallorca. Bekanntester und beliebtester Anziehungspunkt ist nach wie vor „der Ballermann“ (...).

Einst[2] traf eine größere Gruppe deutscher Touristen im Touristenort El Arenal aufeinander, und so hat alles begonnen. Viele der Urlauber kehrten im Jahr darauf wieder zum Feiern hierher zurück und brachten Gleichgesinnte[3] mit – mit den Jahren kamen immer mehr und die Partys wurden zunehmend exzessiver. (...)

Nirgends sonst[4] auf Mallorca ist man so auf deutsche (größtenteils junge) Touristen eingestellt[5] wie hier am zentralen Treffpunkt für den Partyurlaub auf der Sonneninsel. Deutsche Biermarken, Bratwurst, Schnitzel mit Pommes und Schweinebraten finden sich auf den Speisekarten der Lokale zwischen Balneario 4 und Balneario 6. Selbst eine Version des Oktoberfests wird am Ballermann, nämlich im Bierkönig und in den benachbarten Bars der Schinkenstraße, zelebriert, Beschallung mit den Hits von der Wies'n[6] inklusive. Allerdings sind Lautstärke und Dauer des Frohsinns in den letzten Jahren zum Schutze der Allgemeinheit vor allem nachts deutlich eingeschränkt[7] worden.

1. locken = an/ziehen (o, o): *attirer* **2.** einst = damals: *autrefois* **3.** Gleichgesinnte: *des gens qui ont les mêmes intérêts* **4.** *nirgends sonst: nulle part ailleurs* **5.** auf (+ A) eingestellt sein: *(ici) être adapté à* **6.** die Wiese: Ort in München, wo das Oktoberfest stattfindet **7.** ein/schränken: *limiter*

2 Abenteuer im hohen Norden

MP3

A2-B1 **a.** Schauen Sie sich das Bild an und lesen Sie den Text. Machen Sie sich Notizen (Bild, Textart, Hauptthema, Situation).

B1-B2 **b.** Erklären Sie, was Dirk Rohrbach mit dem Yukon verbindet (seine Motivation, seine Gefühle ...).

c. Was beabsichtigt er mit seinem Reisebericht?

d. Reagieren Sie auf den Text und schreiben Sie einen kurzen Kommentar auf Dirk Rohrbachs Blog.

Recherchieren Erzählen Sie von einem Film, der dieses Thema behandelt (z.B. *Into the Wild* von Sean Penn, *Dans les forêts de Sibérie* von Safy Nebbou). Zeigen Sie der Klasse den Trailer des Films.

Die Sonne streicht sanft über die Bergkämme[1] und taucht die dichte Schneedecke in zartes Rosa. Minus 35 Grad zeigt das Thermometer draußen. Mein erster Morgen zurück im Yukon. (...) Vor mir am Fuß des Hanges[2] erstreckt sich der Marsh Lake, der jetzt, Mitte Februar, noch unter einer robusten Eisdecke ruht. (...)

Immer, wenn ich Bilder aus dem Norden sah, Geschichten hörte, wuchs die Sehnsucht ins Unermessliche[3]. Es ist schwer, dieses Gefühl auch nur ansatzweise zu beschreiben oder zumindest zu erklären. Vielleicht ist es Magie, unerklärlich, aber doch spürbar[4]. Vielleicht ist es die Auseinandersetzung[5] mit den Naturgewalten, mit sich selbst, wenn man sich nur auf die essenziellen Dinge Nahrung, Wärme, Schutz konzentriert. Und dass man jeden Moment seine eigene Kleinheit spürt, im Angesicht der Majestät der Schöpfung. Wenn Sie selbst schon einmal den Norden bereist haben, werden Sie vielleicht ähnlich empfinden. Ich hoffe jedenfalls, dass Sie am Ende dieses Buches die Faszination, die von diesem Land ausgeht, besser nachvollziehen[6] können. Es ist nicht die Geschichte eines Abenteuers auf Leben und Tod, auch wenn es einige brenzlige Situationen gab. (...)

Ich möchte Sie auf den folgenden Seiten an meiner Reise durch den Norden teilhaben lassen. (...) Ich werde Ihnen von den überwältigenden Begegnungen mit den Menschen am Fluss berichten, von Einsamkeit, Entbehrung[7], Momenten tiefsten Glücks (...). Es ist die Geschichte einer epischen Reise, auf der ich auch mich selbst neu kennengelernt habe.

Dirk Rohrbach, *Yukon. 3000 Kilometer im Kanu durch Kanada und Alaska*, 2011

1. über die Bergkämme streichen (i, i): *passer au-dessus des crêtes* **2.** der Hang: *la pente* **3.** unermesslich: *immense* **4.** spüren: *sentir* **5.** die Auseinandersetzung(en): *la confrontation* **6.** nachvollziehen = verstehen **7.** die Entbehrung(en): *la privation*

Wortschatz

- **Urlaub machen:** prendre des vacances
- **fliegen (o, o):** prendre l'avion
- **sich entspannen:** se détendre
- **abenteuerlustig sein:** aimer l'aventure
- **sich geborgen fühlen:** se sentir en sécurité
- **sich fremd fühlen:** se sentir étranger
- **auf seine Gewohnheiten (nicht) verzichten:** (ne pas) renoncer à ses habitudes
- **etw. nicht entbehren können:** ne pas pouvoir se passer de qqch.
- **sich nach (+ D) sehnen:** avoir la nostalgie de

Gesagt – getan!

Welcher Reisetyp sind Sie? Warum ins Ausland fahren?
Schreiben Sie zu dieser Frage einen Beitrag im Reise-Forum „Auf und davon“. Lesen Sie auch die Beiträge der anderen und antworten Sie darauf.

Grammatik macht Sinn

La proposition infinitive

REPÈRES GRAMMATICAUX P. 254

KURZ UND GUT

A2-B1

a. Lisez les phrases et traduisez-les. Observez les constructions infinitives (virgule ou non, place du verbe à l'infinitif, présence ou non de *zu*).
b. Déduisez les règles de ces différentes constructions.

Franziska Schuster ***hatte vor****, in einem anderen Land ein Praktikum* ***zu absolvieren****. Sie* ***hatte Lust****, in einem dänischen Kindergarten* ***zu arbeiten****. Nach ihrer Ausbildung* ***beschloss*** *sie, nach Dänemark* ***zurückzukehren****.*

Touristen ***haben die Möglichkeit****, ein anderes Land* ***zu entdecken****. Pauschalurlauber* ***wollen sich*** *häufig nur* ***in die Sonne legen****. Auf einer Abenteuerreise sollte man keine Angst haben, ein Risiko* ***einzugehen****.*

B1-B2

a. Lisez et traduisez les énoncés. Repérez les trois différentes structures infinitives et leur sens.
b. Formulez la règle de construction des propositions infinitives.

Wandergesellen gehen auf die Walz, ***um*** *neue Berufserfahrungen* ***zu sammeln****. Die Töpferin Katharina Lenz ging lieber auf Wanderschaft,* ***anstatt*** *an der Uni* ***zu studieren****. Sie verbrachte ein Jahr,* ***ohne*** *ihre Familie häufig* ***zu sehen****.*

A2 **1** **Associez les éléments des deux colonnes pour former des propositions cohérentes, sans oublier d'ajouter *zu* lorsque cela est nécessaire. Traduisez les phrases obtenues.**

A. Familie Müller hatte vor,	**a.** sich ausruhen und wandern
B. Frau Müller hatte den Wunsch,	**b.** einen Aktivurlaub für alle buchen
C. Die Kinder hätten wirklich Lust,	**c.** ein gutes Buch lesen
D. Herr Müller wollte eher	**d.** im Sommer in die Berge fahren
E. Deshalb hat Familie Müller jetzt beschlossen,	**e.** ein großes Abenteuer erleben

B1 **2** **Avec ou sans *zu* ? Complétez le texte publicitaire ci-dessous.**

Wir bieten Ihnen die Möglichkeit, auf einer unserer Kreuzfahrten Luxus pur ... erleben. Unser freundliches Fachpersonal ist stets bereit, Ihnen bei Fragen weiter ... helfen. Sie brauchen uns nur ... sagen, welche Wünsche wir Ihnen ... erfüllen können. Auf unseren Kreuzfahrtschiffen können Sie eine ganz neue Urlaubserfahrung ... machen. Lassen Sie sich von der Idee ... verführen, sich den Traum einer Kreuzfahrt ... verwirklichen.

B2 **3** **Complétez les phrases avec les groupes infinitifs entre parenthèses. Utilisez à chaque fois une des prépositions suivantes.**

um (2 ×) ohne (2 ×) anstatt (1 ×)

a. Touristen können ein Land besichtigen, ... (eine neue, fremde Kultur kennen lernen)
b. Viele Menschen kommen zu uns, ... (Sonne tanken und sich ausruhen)
c. Ein Wellness-Programm bietet Entspannung, ... (sich dem Alltagsstress aussetzen)
d. Außerdem können Sie Abenteuer erleben, ... (ein Risiko eingehen)
e. Sie können sich bei uns Ihren Urlaub verwirklichen, ... (sich Sorgen machen müssen)

Wortschatz macht Sinn

Vokabeln lernen

Die Auslandserfahrung

- **ein Auslandspraktikum machen:** faire un stage à l'étranger
- **sich um eine Stelle im Ausland bewerben (i, a, o):** postuler pour un poste à l'étranger
- **der Geselle, die Gesellin:** le compagnon
- **andere Kulturen entdecken:** découvrir d'autres cultures
- **Berufserfahrungen sammeln:** acquérir de l'expérience professionnelle
- **seine Sprachkenntnisse verbessern:** améliorer ses connaissances linguistiques
- **an einem Austausch teil/nehmen (i, a, o):** participer à un échange
- **weltoffen sein:** être ouvert
- **neugierig sein:** être curieux
- **lehrreich:** instructif
- **sich fremd fühlen:** se sentir étranger

Reisen

- **der Urlaub = die Ferien:** les vacances
- **eine Reise planen:** planifier un voyage
- **ins Ausland fahren:** partir à l'étranger
- **ein fremdes Land bereisen:** parcourir un pays étranger
- **einen Pauschalurlaub buchen:** réserver un séjour tout compris
- **Abenteuer erleben:** vivre des aventures
- **abenteuerlustig sein:** aimer l'aventure
- **sich wie zu Hause benehmen (i, a, o):** se comporter comme à la maison
- **neue Eindrücke gewinnen (a, o):** faire de nouvelles expériences
- **die Begegnung(en):** la rencontre

Die Heimat

- **Heimweh haben:** avoir le mal du pays
- **nach Hause zurück/kehren:** rentrer à la maison
- **sich nach (+ D) sehnen:** avoir la nostalgie de
- **sich geborgen fühlen:** se sentir bien, en sécurité
- **gemütlich:** convivial, confortable ≠ **ungemütlich:** inconfortable
- **der Zufluchtsort(e):** le refuge
- **die Herkunft:** l'origine
- **etw. nicht entbehren können:** ne pas pouvoir se passer de qqch.
- **an (+ A) zurück/denken (a, a):** repenser à

Vokabeln aktiv

1 Retrouvez les mots cachés en conservant à chaque fois la première lettre de chaque élément, puis faites-les deviner à la classe en ne faisant ni gestes ni mimiques.

a. Urubla
b. Pumrkraikt
c. Astuschau
d. Hewmieh
e. Hurfenkt
f. Egnahrfru
g. Gilenlse
h. Aetnberue

2 Associez un élément de la colonne de gauche avec un élément de la colonne de droite pour obtenir des groupes verbaux cohérents. Rédigez ensuite, en binôme, un texte dans lequel vous les utilisez.

A. sich nach seinen Freunden
B. an seine Heimatstadt
C. sich um ein Praktikum
D. neue Erfahrungen
E. sich wie zu Hause

a. sammeln
b. bewerben
c. fühlen
d. zurückdenken
e. sehnen

Prosodie und Phonetik

MP3

Voyelle longue ou voyelle brève ?

a. Notez les mots que vous entendez et notez si la voyelle accentuée est longue (ō) ou brève (ŏ).

b. En binôme, observez les lettres qui suivent ces voyelles. Quelle règle permettant de déterminer la longueur de la voyelle pouvez-vous en déduire ?

c. Lisez chaque phrase à voix haute en faisant attention à la prononciation et à la longueur des voyelles. Répétez-les après avoir écouté l'enregistrement.

- *Vor vier Jahren zog die ganze Familie nach Schottland.*
- *Die Mutter will hier nicht mehr leben.*
- *Sie sehnt sich nach Berlin, ihrer Lieblingsstadt.*
- *Der Vater und die Kinder fühlen sich wohl.*

FINALE

Projekt

Eine Diskussion zum Thema „Reisen" veranstalten

Das ARD-Morgenmagazin veranstaltet eine Gesprächsrunde zu dem Thema „Welchen Sinn macht es heute noch zu reisen?". Wählen Sie eine Rolle (Moderator, Student, Geselle, Urlauber, Austauschschüler, Abenteurer ...) und berichten Sie von Ihren Reiseerfahrungen.

Médiation

Zwischen den Kulturen

Wählen Sie ein Land, dessen Kultur und Sprache Ihnen vertraut ist, und berichten Sie über den Tourismus in diesem Land.

Über die Grenzen hinaus

Auch in Frankreich gibt es Wanderarbeiter, Gesellen und Gesellinnen auf der Walz, Austauschschüler, etc. Berichten Sie Ihrem/r deutschen Partner/in von Reisegewohnheiten in Frankreich, wenn möglich anhand einer Statistik.

Schritt für Schritt

An einer Gesprächsrunde teilnehmen

1 **Le modérateur / la modératrice énonce le thème de l'émission et la question posée. Il invite ensuite les participants à la table ronde à se présenter en leur posant des questions.**

2 **Les participants racontent à tour de rôle leur expérience à l'étranger (réelle ou imaginaire).**
Ich habe drei Wochen in ... verbracht. Vor ... Jahren bin ich nach ... gefahren.

3 **Le modérateur / la modératrice invite ensuite les participants à préciser les raisons de leur voyage et à faire le bilan de leur expérience.**
Warum sind Sie ins Ausland gefahren?

um Erfahrungen zu sammeln / um meine Sprachkenntnisse zu erweitern / um die Welt zu entdecken / um meine Chancen auf dem Arbeitsmarkt zu verbessern / um mich zu entspannen ...

Ich hatte vor, ... / Ich hatte Lust, ... / Mein Ziel war, ... / Ich hoffte, ... / Ich wollte ...
Ich hatte die Möglichkeit, ... / Für mich bedeutete es ... / Ich konnte auf diese Weise ...

Chaque participant est amené à réagir aux propos des autres intervenants, en donnant son avis ou en posant éventuellement des questions.

4 **Le modérateur / la modératrice clôt la discussion en faisant une brève synthèse des principaux arguments avancés pour encourager la mobilité et remercie les différents intervenants.**
Jetzt müssen wir unsere Diskussion abschließen. Ich danke Ihnen für das Gespräch.

KURZKAPITEL 2

Auf deutschen Spuren in den USA

▶▶ Welche Spuren deutscher Einwanderer sind heute noch in den USA präsent?

IHR PROJEKT

Eine Biografie für die Stiftung „German-American Heritage Foundation of the USA" in Washington verfassen

1 Deutsche Emigration in die USA

A2-B1 **a.** Schauen Sie sich die Grafik an. Was können Sie daraus ablesen?

B1-B2 **b.** Lesen Sie die Texte. Nennen Sie die Gründe für die Emigration der Deutschen in die USA. Waren es immer dieselben?

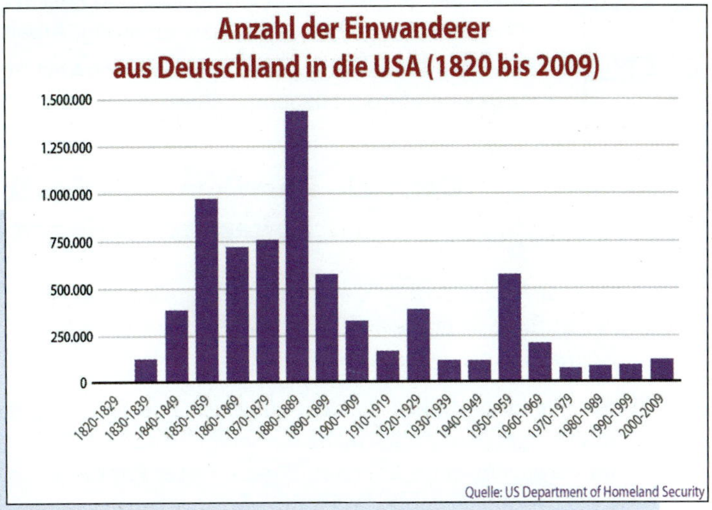

Kaum eine Bevölkerungsgruppe hat die USA in der Vergangenheit so stark geprägt wie deutsche Auswanderer.
Ende des 17. Jahrhunderts: Die blutigen Religionskonflikte des Dreißigjährigen Krieges hinterlassen ihre Spuren: Verfolgung christlicher Minderheiten, Armut, Missernten ... Deshalb hoffen viele deutsche Auswanderer, in Amerika ein neues, besseres und freies Leben zu beginnen.
Ab 1816: Die deutsche Massenemigration in die USA beginnt, da durch die Industrialisierung und den drastischen Anstieg der Bevölkerung die Bauern nicht genug Land zum Leben haben. Sie hoffen, im Land der unbegrenzten Möglichkeiten der Perspektivlosigkeit zu entkommen.
1848: Nach dem Scheitern der Revolution wandern viele Anhänger des linksliberalen Bürgertums in die demokratischen USA aus. Dort finden die sogenannten Achtundvierziger eine neue Heimat.
Ab 1933: Auf der Flucht vor nationalsozialistischer Verfolgung und Vernichtung finden u.a. politische Opponenten und rund 140.000 deutsch-jüdische Flüchtlinge ihr Exil in den USA.
Nach 1945: Die USA bleiben ein wichtiges Zielland für deutsche Auswanderer, die aus beruflichen oder persönlichen Gründen emigrieren. Zwischen 2008 und 2017 ziehen offiziell 132.299 Deutsche in die USA und 104.014 kehren nach Deutschland zurück.
Heute: Mittlerweile leben mehr als 42,8 Millionen Deutsche bzw. deren Nachkommen in den USA (15,2% der Bevölkerung). Jährlich wandern durchschnittlich 11.000 Deutsche in die USA aus.

Wortschatz

- **aus Deutschland in die USA fliehen (o, o):** fuir l'Allemagne pour les États-Unis
- **nach Amerika aus/wandern:** émigrer en Amérique
- **der Auswanderer(-):** l'émigrant
- **der Exilant(en, en):** l'exilé
- **verfolgt sein:** être poursuivi
- **aus religiösen, politischen ... Gründen:** pour des raisons religieuses, politiques...
- **einer Situation entkommen (a, o):** échapper à une situation
- **frei sein:** être libre

Etappe 1

Schreiben Sie einen kurzen Artikel über die deutsche Auswanderung, indem Sie sich auf die Grafik und die Kurztexte stützen.

2 Wo alte Traditionen weiterleben

A2-B1 **a.** Sehen Sie sich das Video an. Machen Sie sich Notizen zu den Amish (Wer? Wo? Woher? Lebensstil?).

B1-B2 **b.** Welche Unterschiede gibt es zwischen den Amish und den Mennoniten sowie den Amish und den anderen Amerikanern? Gibt es auch unter den Amish selbst Unterschiede?

c. Welches Verhältnis besteht zwischen der Reporterin und den interviewten Personen? Wie verhalten sich diese?

Vidéo

Amish: Ein Leben ohne moderne Technik, Kabel Eins Doku, 2017

3 Levi Strauss – eine Erfolgsgeschichte

A2-B1 **a.** Lesen Sie den Text über Levi Strauss und stellen Sie sein Leben schematisch dar (Herkunft, Auswanderung, Arbeit, Tod).

B1-B2 **b.** Schildern Sie die Etappen des Erfolgs von Levi Strauss und erklären Sie, was seinen Erfolg ausgemacht hat.

Deutsch-amerikanische Geschichte: Nicht kaputtzukriegen

Wer nach Gold schürft[1], braucht robuste Kleidung. Wer clever ist, der näht[2] und verkauft sie in großem Stil. So wie der Deutsche Löb Strauß: 1873 erfand er in Kalifornien die Jeans. (...)

Als der junge Mann, der damals noch Löb Strauß heißt, nach Amerika aufbricht[3], geschieht dies nicht freiwillig. Strauß ist Jude, und Juden haben auch im vergleichsweise liberalen Bayern unter Repressionen zu leiden. (...)
In Buttenheim zählt die Familie Strauß zu den Ärmsten der Armen. (...) Die Familie sieht keinen anderen Weg, als auszuwandern. (...)
[Löb] will vom Goldrausch[4] im Westen Amerikas profitieren. Mit 23 Jahren wird er amerikanischer Staatsbürger, nennt sich fortan Levi Strauss und verdient sein Geld als Straßenhändler. Später eröffnet er einen Tuchhandel[5]. (...)
Es ist nicht gesichert, ob sich folgende Episode wirklich so zugetragen hat: Als Levi 29 Jahre alt ist, fragt ihn ein Kunde, ob Strauss ihm statt stabilen Zelttuchs nicht lieber eine stabile Hose verkaufen könne. Viele Goldsucher leiden damals darunter, dass ihre Beinkleider während der anstrengenden Arbeit so schnell zerschleißen[6]. Der junge Levi erkennt die Chance und bringt den Goldgräber zu einem örtlichen Schneider, um aus seinem Zeltstoff eine Hose fertigen zu lassen. Die Kunde von den robusten Beinkleidern verbreitet sich rasch, und Levi Strauss steigt ins Hosengeschäft ein. (...) [Er] importiert bald ein neues Material aus dem französischen Nîmes, einen indigoblauen Stoff, der seiner Herkunft entsprechend Denim (von „de Nîmes“) genannt wird. (...)
Levi Strauss wird ein erfolgreicher Unternehmer. (...) Er stirbt 1902 und hinterlässt seinen Erben mit Levi Strauss & Company ein Unternehmen, das heute mehr als 10.000 Mitarbeiter beschäftigt.

© *ZEIT ONLINE*, 23.08.2011

1. nach Gold schürfen: *extraire de l'or* **2.** nähen: *coudre* **3.** auf/brechen (i, a, o): *(ici) partir en voyage* **4.** der Goldrausch: *la ruée vers l'or* **5.** der Tuchhandel: *le commerce de tissu* **6.** zerschleißen (i, i): *s'user*

Reklameschild für Levi's Jeans

Wortschatz

- **die Lebensverhältnisse:** les conditions de vie
- **sich in (+ A) ein/leben:** s'intégrer, s'acclimater
- **Traditionen bewahren:** conserver des traditions
- **eine Gemeinschaft bilden:** former une communauté
- **Einfluss auf (+ A) haben:** avoir de l'influence sur qqch.
- **berühmt werden:** devenir célèbre
- **Erfolg haben:** avoir du succès
- **die Gewohnheit(en):** l'habitude

4 Deutsche in Hollywood

A2-B1 **a.** Lesen Sie den Text. Erklären Sie, wie sich das deutsche Kino zwischen 1918 und 1933 entwickelte.

B1-B2 **b.** Welchen Einfluss hatte das deutsche Kino der Weimarer Republik auf Hollywood?

Recherchieren Aber die Deutschen haben auch andere Spuren hinterlassen. Erkundigen Sie sich nach dem Wurstfest in Texas und berichten Sie darüber in der Klasse.

The Weimar Touch

In den 1920er Jahren schaute die Filmwelt nach Deutschland. Was in Berlin entstand, galt als innovativ. Das sollte Folgen haben. Noch Jahrzehnte später orientierten sich Regisseure am Kino der Weimarer Republik. (...)

Zwischen 1918 und 1933 herrschte eine Phase instabiler Demokratie in Deutschland. Es war aber eine Zeit, in der die Künste Triumphe feierten. (...)
Murnau war einer der prominentesten deutschen Regisseure, die während der Weimarer Republik Filme drehten (*Faust, Der letzte Mann*) und bereits früh nach Amerika gingen. Manche Filmschaffende reizte[1] es schon damals, im „Land der unbegrenzten Möglichkeiten" Filme zu machen. Hollywood lockte[2] mit viel Geld, mehreren großen Filmstudios und dauerhaft gutem Wetter. Doch in den Jahren nach Murnaus Weggang aus Deutschland veränderten sich die Beweggründe der Künstler.
Die Nationalsozialisten sahen insbesondere im Film ein Mittel für ihre perfide Propaganda. (...) Die Zahl der ins Exil getriebenen Künstler aus Deutschland wird auf rund 2000 geschätzt[3]. Zu ihnen gehörten Regisseure, Autoren, Schauspieler und Komponisten, Filmausstatter, Techniker.
Nur die wenigsten konnten sich in den folgenden Jahren in der Fremde durchsetzen. Wenn gesagt wird, dass Hollywood ohne den europäischen Zuzug der Filmschaffenden nicht zu dieser Blüte[4] gekommen wäre, dann ist das richtig. (...) Billy Wilder, der in der Weimarer Republik als Autor und Regisseur debütierte, wurde zum König der Hollywood-Komödie, *Some Like It Hot* mit Marilyn Monroe zu einem der bekanntesten Filme der Kinogeschichte. Seine Wurzeln aber hatte er im Berlin der Weimarer Republik. (...)
„Auffällig ist, dass der Thriller von der Tradition Weimars profitierte, wie sie sich etwa in den Filmen von Fritz Lang ausgeprägt hatte", meint Rother[5]. Gerade der „Film Noir" sei dann zum Ausdruck einer großen, kreativen Phase des amerikanischen Films geworden.

Jochen Kürten, 10.02.2013

DW Deutsche Welle

1. reizen: *attirer* **2.** locken: *attirer* **3.** schätzen: *estimer* **4.** die Blüte: *l'apogée* **5.** Rainer Rother: deutscher Medienwissenschaftler

Dreharbeiten zu Billy Wilders Film
Manche mögen's heiß, 1959

Etappe 2

Suchen Sie eine berühmte deutsche Persönlichkeit, die emigriert ist, und stellen Sie sie in der Klasse vor (z.B. Albert Einstein, Marlene Dietrich, Bertolt Brecht, Thomas Mann, etc.).

5 Deutsche Auswanderer heute

MP3

A2-B1 **a.** Hören Sie sich die Reportage an. Notieren Sie auf einer schematischen Landkarte der USA die Namen der in der Reportage erwähnten Städte und Bundesstaaten.

B1-B2 **b.** Machen Sie sich Notizen zu jedem Ort und erklären Sie, aus welchen Gründen Deutsche dorthin emigriert sind.

Recherchieren Informieren Sie sich über die Steuben Parade.

Die 62. deutsch-amerikanische Steuben Parade, New York, 2019

Wer als Deutscher neu in die USA kommt, wundert sich oft, dass er Wörtern wie „Strudel“, „Schadenfreude“ oder „Gesundheit!“ begegnet. Viele Amerikaner finden deutsche Lehnwörter „wunderbar“, vor allem „Bildungsbürger“ (...). „Viele benutzen diese Wörter, um sich ein kosmopolitisches Flair zu geben“, sagt die Germanistin und Amerikanistin Ulrike Wagner aus New York. (...)
Gleich neben dem Zeitungsstand gibt es „Pretzel“ (Brezel) im „Deli“ an der Ecke, abgeleitet von dem deutschen Wort Delikatessen. Im Fernsehen hört man einen Politiker sagen: „There are no verbotens with me!“ Womit er klar macht: Bei ihm gibt es keine Tabu-Fragen. (...)
Viele dieser Wörter sollen erst in den letzten Jahren richtig populär geworden sein. (...) Viele verweisen (...) auf die stolze Tradition der Dichter und Denker: „Weltanschauung“, „Bildungsroman“ und „Leitmotif“ mit „f“ werden in der *New York Times* ständig verwendet.

© Christoph Driessen, dpa

6 Deutsche Wörter in Amerika

A2-B1 **a.** Lesen Sie den Text. Erstellen Sie eine Liste mit deutschen Wörtern, die ins Englische ausgewandert sind und erklären Sie ihre Bedeutung.

B1-B2 **b.** Kennen Sie deutsche Wörter, die im Französischen benutzt werden? Beeinflusst nur das Englische andere Sprachen?

c. Manche Leute lehnen den Einfluss des Englischen auf das Deutsche bzw. auf das Französische radikal ab. Wie stehen Sie dazu?

IHR PROJEKT

Letzte Etappe

Verfassen Sie für die Stiftung „German-American Heritage Foundation of the USA“ in Washington die Biografie einer Person aus Deutschland, die in die USA emigriert ist.
Diese Biografie kann entweder echt oder fiktiv sein. Beachten Sie unter anderem auch folgende Fragen: Welchen Beitrag hat diese Person zum Leben in den USA geleistet? Fühlte sie sich mehr als Deutsche(r) oder als Amerikaner(in)?

Geliebte Feinde

KAPITEL 3

▶▶ **Deutschland und Frankreich: gegeneinander oder miteinander?**

Nanine Vallain, *La Liberté*, 1794 / Lorenz Clasen, *Germania auf der Wacht am Rhein*, 1860

Auf geht's!

a. **Schauen Sie sich das Bild an. Was fällt Ihnen auf (Kleider, Farben, Haltung ...)?**
b. **Was symbolisieren diese beiden Frauen?**

FINALE → p. 44

Projekt Ein deutsch-französisches Projekt präsentieren

Schritt für Schritt Eine mündliche Präsentation machen

Blick auf...

Kriegerische Zeiten

▸▸ Deutsche und Franzosen: Erbfeinde?

1 Ging es nur um Revanche?

MP3

A2 **a.** Hören Sie sich die Audiodatei an und machen Sie sich Notizen (Hauptthema, Hauptinformationen, die drei wichtigsten Etappen).

B1 **b.** Schauen Sie sich nun den Zeitstrahl und die Bilder an und hören Sie sich die Audiodatei erneut an. Verbinden Sie dann Bilder und Bildunterschriften.

B2 **c.** Berichten Sie mit Hilfe des Zeitstrahls und Ihrer Kenntnisse über die wichtigsten Etappen in den deutsch-französischen Beziehungen.

1

2

3

A Der Einzug der deutschen Truppen am 1. März 1871 in Paris hat die Franzosen tief getroffen.

B Sturmangriff aus dem Schützengraben 1915

C Mit seinem Gefolge besucht Adolf Hitler Paris im Juni 1940, nachdem die Stadt in deutsche Hände gefallen ist.

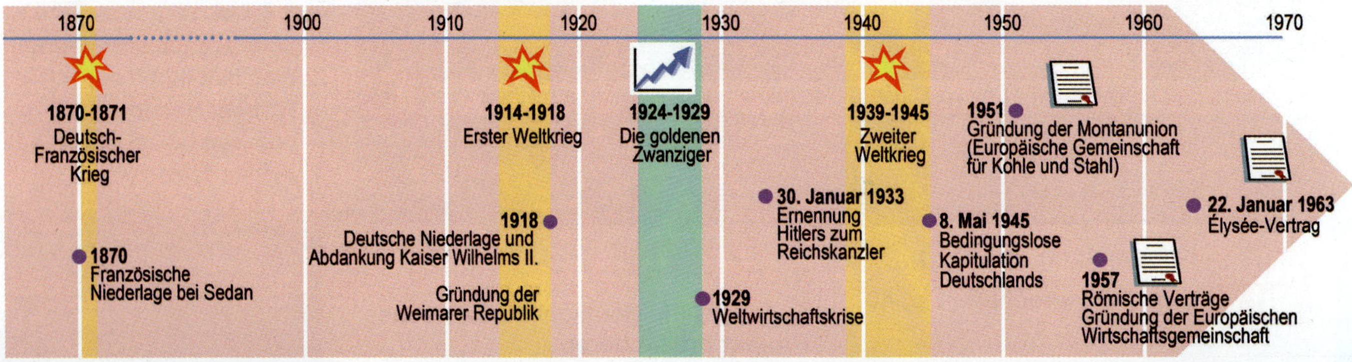

2 Wollten alle Krieg? MP3

A2 **a.** Lesen Sie den Text und stellen Sie die Personen vor.

B1 **b.** Sind die verschiedenen Personen für oder gegen den Krieg? Wie rechtfertigen sie ihren Standpunkt? Nennen Sie ihre Argumente.

B2 **c.** Wer sind nach Meinung der Frontsoldaten die Hauptgewinner des Krieges?

Gruppenarbeit Lesen Sie nun den Text mit verteilten Rollen in der Klasse vor.

Troßke, Tjaden und Katczinsky (Kat) sind deutsche Frontsoldaten.

Der Kaiser kommt zur Besichtigung. (...)
Er schreitet die Front entlang und ist fast ein Mensch wie wir. (...)
Troßke sagt staunend: „Wenn dieser Mann einmal Nein statt Ja gesagt hätte, säßen wir alle zu Hause." (...)
„Das stimmt", sagt Kat (...).
Doch Tjaden hat einen Einfall[1]. Er kopiert einen Offizier und schnauzt[2]: „Sie sind hier, um ihr Vaterland zu verteidigen[3], Katczinsky."
„Vor wem denn", fragt Kat trocken.
„Vor dem Feinde", erklärt Tjaden stramm.
„Weshalb sind das denn meine Feinde?" fragt Kat weiter.
„Weil sie das Vaterland vernichten wollen", knurrt Tjaden begeistert.
Kat wehrt ab. „In Frankreich sind die meisten Menschen auch Arbeiter, Handwerker und kleine Beamte. Weshalb soll wohl ein französischer Schuhmacher oder Schlosser[4] Deutschland vernichten wollen? Glaubst du, dass er dafür später nur einen Pfennig mehr Lohn erhält als vorher? Eher weniger! Nein, mein Junge, die drüben wollen ebensowenig wie wir hier. Granaten sind überall aus Stahl[5], und eine französische Haut ist ebenso dünn wie eine deutsche. Von hundert Menschen, die im Krieg sind, wollen neunundneunzig nichts dringender mehr als nach Hause."
„Wer ist denn der eine, der es nicht will?" fragt Tjaden (...).
„Das ist der, dem der Krieg was nützt –"
„Na, ich also nicht", grinst Tjaden.
„Ich nicht und du nicht und keiner hier vorne."

Szene aus dem Film *Im Westen nichts Neues* von Delbert Mann, 1979

„Wer denn nur?" beharrt Tjaden. „Dem Kaiser nützt er doch auch nicht. Der hat doch alles, was er braucht."
„Das sag nicht! Einen Krieg hat er bis jetzt noch nicht gehabt. Und jeder größere Kaiser braucht mindestens einen Krieg, sonst wird er nicht berühmt. Sieh mal in deinem Schullesebuch nach." (...)
„Bevor ich hierher kam, habe ich nie einen Franzosen gesehen, und so wird es den meisten Franzosen auch mit uns gehen. Ich käme gar nicht auf die Idee einen totzuschlagen, wenn ich nicht müsste. Wisst ihr, weshalb wir hier sind? Für nichts, für gar nichts! Das kann einen verrückt machen." (...)
„In Serbien wird ein Mann erschossen[6] und deshalb müssen Millionen andre sterben. (...) [I]ch begreife nicht, weshalb dazwischen vom Mittelmeer bis zur Nordsee zwei Grabenreihen sind mit Mord und Tod von Leuten, die sich gar nicht kennen und sich nie etwas getan haben. Vielleicht hätte der Mann, den ich erschieße, mein bester Freund werden können."

Aus: *Im Westen nichts Neues* von Erich Maria Remarque © 1929, New York University, successor-in-interest to the literary rights of The Estate of Late Paulette Goddard Remarque © 1959, Verlag Kiepenheuer & Witsch, Köln

1. einen Einfall haben: *avoir une idée* **2.** schnauzen: *gueuler* **3.** das Vaterland verteidigen: *défendre la patrie* **4.** der Schlosser: *le serrurier* **5.** aus Stahl: *en acier* **6.** erschießen (o, o): *tuer (par balle)*

Wortschatz

- **sich bekämpfen:** se faire la guerre
- **sterben (i, a, o):** mourir
- **jdm den Krieg erklären:** déclarer la guerre à qqn
- **ein Land erobern:** conquérir un pays
- **sich an jdm rächen:** se venger de qqn
- **die Niederlage(n):** la défaite
- **der Sieg(e):** la victoire
- **sinnlos = absurd**

Gesagt – getan!

Gruppenarbeit Erstellen Sie einen Schulblog zum Thema Deutsche und Franzosen im Krieg. Schreiben Sie dazu in Gruppen einen Kommentar.

Blick auf...

Eine Partnerschaft

▸▸ Ist die deutsch-französische Zusammenarbeit Realität geworden?

1 Ein deutsch-französischer Kultursender

A2-B1 **a.** Lesen Sie den Text und schauen Sie sich das Bild an. Notieren Sie vier Informationen über ARTE.

B2 **b.** Fassen Sie zusammen, wie ARTE entstanden ist.

c. Nennen Sie die Besonderheiten, die Vorteile und die Perspektiven von ARTE.

Recherchieren Sehen Sie sich eine Sendung in der Reihe „Karambolage“ an und berichten Sie darüber.

Der Hauptsitz von ARTE in Straßburg

1992 sendete der TV-Sender ARTE von Straßburg aus sein erstes Programm – zeitgleich in Deutschland und Frankreich. (...)

Bis ARTE am 30. Mai 1992 auf Sendung gehen konnte – und auch lange darüber hinaus – wurde viel diskutiert, gekämpft und debattiert. (...) Ohne viel guten Willen, Idealismus und Kompromissbereitschaft wäre die Geburt des europäischen Kulturkanals wohl nie gelungen. (...)
Im November 1988 macht sich eine deutsch-französische Expertengruppe daran, die Rahmenbedingungen für den binationalen Sender auszuloten[1]. Hier zeigen sich erste Schwierigkeiten: Während im zentral regierten Frankreich alle Zeichen für die Sendergründung auf Grün stehen, müssen in Deutschland erst einmal die Ministerpräsidenten der einzelnen Bundesländer davon überzeugt werden, dass sie mit einem TV-Kanal auf nationaler Ebene nicht ihre Kulturhoheit aufgeben[2]. (...)
Erst der Fall der Mauer sorgt für Bewegung. (...) Plötzlich geht alles ganz schnell. Die Experten einigen sich auf den Sitz der Zentrale in Straßburg und die jeweiligen Länderfilialen in Paris und Baden-Baden. (...)
Endlich darf Fernsehen gemacht werden! (...)
Mit seinen Themenabenden setzt ARTE starke Akzente in der Fernsehlandschaft, und die vom Sender mitfinanzierten Kino-Koproduktionen gewinnen zahlreiche internationale Preise. Von ARTE organisierte Events und Konzerte begeistern Kultur-Aficionados auf beiden Seiten des Rheins. So wird ARTE zu einem wichtigen und lebendigen Bestandteil[3] der europäischen Kulturlandschaft. (...)
Dabei spielt ARTE laut Sabine Rollberg eine Rolle jenseits des reinen Kulturgenusses: „Was heute für Europa zukunftsweisend ist, dass wir Brücken bauen, dass wir den anderen verstehen, dass wir nicht nur immer aus einer deutschen Perspektive berichten. Deswegen ist ARTE so wichtig wie nie in Zeiten, wo Leute wieder in ihre kleine Angst zurückfallen, sich nicht mehr vor die Tür trauen und nicht über den Tellerrand hinaus gucken[4] wollen. Wir wachsen nur zusammen, wenn wir den anderen verstehen.“

Philipp Jedicke, 30.05.2017

DW Deutsche Welle

1. die Rahmenbedingungen aus/loten: *déterminer le cadre juridique* **2.** seine Kulturhoheit auf/geben (i, a, e): *renoncer à sa souveraineté culturelle* **3.** der Bestandteil(e): *l'élément* **4.** nicht über den Tellerrand hinaus gucken: *ne pas voir plus loin que le bout de son nez*

2 Militärische Kooperation

A2 **a.** Schauen Sie sich das Video an und sammeln Sie Informationen (Art des Videos, Hauptthema, Ort, Personen ...).

B1 **b.** Stellen Sie die Brigade vor (Alltag, Rolle, besondere Aufgaben ...).

B2 **c.** Berichten Sie über die Schwierigkeiten und Perspektiven der Brigade.

Seit den 1980er Jahren arbeiten Frankreich und Deutschland in Form einer binationalen Infanteriebrigade militärisch zusammen. Ein Vorbild für europäische Verteidigungspolitik und die Überwindung alter Feindschaften.

Vidéo

Die Deutsch-Französische Brigade, Deutsche Welle, 2019

3 Brücken bauen / jeter des passerelles

A2 **a.** Sehen Sie sich den Videoclip an. Lesen Sie dann den Refrain und die zweite Strophe des Liedes. Machen Sie sich Notizen zu dem Song (Sänger, Thema, Orte ...).

B1-B2 **b.** Erklären Sie die Botschaft des Songs und die Bedeutung der Archivbilder am Anfang und Ende des Videoclips.

Vidéo

Grenzgänger/Frontalier, Zweierpasch, 2014

REFRAIN
Wir überschreiten Grenzen, grenzenlos über Grenzen
On dépasse les frontières, on fait tomber les barrières
Grenzgänger, on est des frontaliers
Le rap le langage, les mots les bagages

STROPHE 2
Der Reim fließt wie der Rhein – tief rein ins Meer
Worte können Grenzen verwischen, als ob sie flüssig wären
Wäre ich ein Zeichen im Satz, wäre ich ein Bindestrich
Er hält die Dinge zusammen, die Kräfte bündeln sich
Supprime les obstacles, dépasse les frontières
Il faut se débarrasser des murs imaginaires
Passons à travers ça, faisons le nécessaire
Mettons nos forces ensemble, sinon c'est la galère

Wir wollen Brücken schlagen – Grenzen verwischen
Indem wir einfach dazwischenfischen – verbinden wie Brückentage
Wir schwenken eine Fahne – doch nicht mit drei Farben – hier
Wird Schwarz-Rot-Gold mit Blau-Weiß-Rot garniert
Je ne suis pas en délire – j'essaie de jeter des passerelles
Mon point de mire – à force de l'écrire
J'utilise mon micro comme porte-voix
Pour déclarer dans l'unité une heure de gloire

Wortschatz

- **Frieden schließen (o, o):** conclure la paix
- **friedlich:** pacifique
- **sich mit jdm versöhnen:** se réconcilier avec qqn
- **die Grenzen überschreiten (i, i):** dépasser les frontières
- **der Unterschied(e):** la différence
- **zu (+ D) bereit sein:** être prêt à
- **Vertrauen zu jdm haben:** avoir confiance en qqn

Gesagt – getan!

Schreiben Sie eine kurze Rede, einen Refrain oder die Strophe eines Liedes, um die deutsch-französische Freundschaft auf einem Gebiet Ihrer Wahl zu feiern (Kultur, Erziehung, Film, Militär ...).

Grammatik macht Sinn

L'expression de la concession

REPÈRES GRAMMATICAUX P. 258

KURZ UND GUT

Lisez les phrases suivantes. Observez les mots exprimant la concession et classez-les en fonction de leur catégorie grammaticale (conjonction de coordination ou de subordination, préposition, adverbe ou locution adverbiale).

A2-B1

- *Frankreich und Deutschland haben jahrelang Kriege geführt,* ***aber*** *nicht alle wollten den Krieg.*
- *Die Soldaten zogen begeistert in den Krieg,* ***doch*** *viele von ihnen sind gefallen.*
- ***Obwohl*** *Kriege viele Menschenleben fordern, kommt es immer wieder zu neuen Kriegen.*

B2

- ***Trotz*** *vieler Proteste und Friedensdemonstrationen wurde erneut der Krieg erklärt.*
- *Er musste seine Familie verlassen,* ***wenn*** *er* ***auch*** *lieber zu Hause geblieben wäre.*
- ***So*** *mörderisch Kriege* ***auch*** *sein mögen, sie werden noch immer als Fortsetzung der Politik mit anderen Mitteln betrachtet.*
- ***Wie dem auch sei****, das Zitat von Carl von Clausewitz gilt heute noch.*

A2

1 Complétez ces phrases extraites du journal d'un soldat allemand de la Première Guerre mondiale avec les mots suivants :

doch | aber | obwohl | trotzdem | auch wenn | so ... auch

a. Ich bin vertrauensvoll in den Krieg gezogen, ... es mir schwerfiel, Abschied von meiner Familie zu nehmen.
b. Ich war todunglücklich, ... ich weinte nicht.
c. Ich war eher Pazifist, und ... war ich stolz darauf, mein Vaterland zu verteidigen.
d. Wir hatten eigentlich nichts gegen die Franzosen, ... mussten wir auf sie schießen.
e. ... ich heil aus dem Krieg zurückgekommen bin, werde ich die Toten und Verletzten nie vergessen.
f. ... schrecklich der Erste Weltkrieg ... war, 1940 wurde erneut Krieg geführt.

B1

2 Formez des phrases exprimant la concession en reliant les deux propositions grâce à l'élément proposé entre parenthèses, puis traduisez-les.

a. Bis Mitte des 20. Jahrhunderts haben Deutschland und Frankreich immer wieder Krieg gegeneinander geführt. Nach dem Zweiten Weltkrieg kam es durch die Montanunion zu einer ersten Annäherung. (obwohl)
b. Heute sind die beiden Länder nicht immer der gleichen Meinung. Sie können in politischen Fragen oft einen Kompromiss finden. (und doch)
c. Beide Länder machen in den Verhandlungen Zugeständnisse. Ihre Positionen werden nicht von allen politischen Parteien akzeptiert. (zwar ... aber)
d. Es ist nicht einfach, einen Kompromiss zu finden. Nach stundenlangen Gesprächen kann häufig eine Lösung gefunden werden. (trotzdem)
e. Bei den deutsch-französischen Brigaden verstehen sich die Soldaten aus beiden Ländern. Unterschiedliche Militärtraditionen treffen hier aufeinander. (auch wenn)

B2

3 À partir des éléments donnés, rédigez un paragraphe sur l'évolution des relations franco-allemandes en exprimant la concession.

a. Deutsche und Franzosen:
- Erbfeinde / jetzt Partner sein
- sich lange bekämpfen / heute zusammen/arbeiten

b. Deutschland und Frankreich:
- verschiedene politische Systeme / kooperieren
- viele kulturelle Unterschiede / ARTE gründen

Wortschatz macht Sinn

Vokabeln lernen

Die Partnerschaft

- **gemeinsam = zusammen:** en commun, ensemble
- **der Unterschied(e):** la différence
- **unterschiedlich = verschieden:** différent
- **der Kompromiss(e):** le compromis
- **Grenzen ab/bauen:** abolir les frontières
- **Sprachbarrieren überwinden (a, u):** surmonter les barrières linguistiques
- **die Zusammenarbeit:** la coopération, la collaboration
- **zusammen/arbeiten = kooperieren:** collaborer, coopérer

Der Krieg

- **der Feind(e):** l'ennemi
- **der Alliierte(n):** l'allié
- **jdm den Krieg erklären:** déclarer la guerre à qqn
- **gegen (+ A) kämpfen:** lutter, se battre contre
- **die Niederlage(n):** la défaite
- **der Sieg(e):** la victoire
- **die Schlacht(en):** la bataille
- **ein Land erobern:** conquérir un pays
- **das Vaterland verteidigen:** défendre la patrie
- **gewinnen (a, o):** gagner
- **verlieren (o, o):** perdre
- **grausam:** cruel
- **sterben (i, a, o) = ums Leben kommen (a, o):** mourir
- **auf jdn schießen (o, o):** tirer sur qqn

Der Frieden

- **Frieden schließen (o, o):** conclure la paix
- **der Pazifist(en, en):** le pacifiste
- **sinnlos:** dénué de sens, absurde
- **sinnvoll:** sensé, pertinent
- **sich mit jdm versöhnen:** se réconcilier avec qqn
- **die Aussöhnung:** la réconciliation
- **einen Vertrag unterzeichnen:** signer un traité
- **friedlich:** pacifique
- **kriegerisch:** guerrier, belliqueux

Vokabeln aktiv

1 Donnez le contraire et la traduction des mots suivants. En binôme, entraînez-vous à les mémoriser et à les employer dans une phrase.

a. die Niederlage
b. gewinnen
c. der Frieden
d. der Alliierte
e. sich versöhnen
f. sinnvoll
g. friedlich

2 Complétez chaque phrase avec le mot ou l'expression qui convient en vous aidant du lexique de l'unité. Replacez ensuite les phrases dans l'ordre chronologique après les avoir traduites.

a. Charles de Gaulle und Adenauer ... den Élysée-Vertrag, der die ... der beiden „Erbfeinde" bedeutet und eine enge ... zwischen Deutschland und Frankreich vorsieht.

b. Nach vier Jahren harter Kämpfe ... die Deutschen den Ersten Weltkrieg. Nach dieser schweren ... dankt der Kaiser ab, und die Weimarer Republik wird proklamiert.

c. Bei der ... bei Sedan wurde Napoleon III. gefangen genommen.

3 Choisissez un mot dans le lexique ci-dessus et faites-le deviner à la classe en ne faisant ni gestes ni mimiques.

Prosodie und Phonetik

MP3

Les verbes non accentués sur la première syllabe

a. Notez les verbes que vous entendez et soulignez la syllabe accentuée.

b. Repérez les premières syllabes inaccentuées. Il s'agit de particules inséparables du verbe.

c. Écoutez et répétez les phrases suivantes. Que remarquez-vous à propos de la forme des participes passés ?

- *1914 wurde der Krieg erklärt. Die Deutschen haben den Krieg verloren.*
- *Im Nazi-Deutschland wurden Millionen von Menschen ermordet.*
- *1963 wurde der Élysée-Vertrag unterzeichnet.*

Projekt

Ein deutsch-französisches Projekt präsentieren

Zu einem besonderen Anlass (deutsch-französische Begegnung, 22. Januar ...) berichten Sie über die deutsch-französischen Beziehungen in Ihrer Region oder in Ihrer Stadt. Erwähnen Sie eventuell die Spuren, die die Kriege hier hinterlassen haben (Kriegsdenkmäler ...) und ein besonderes Projekt. Erarbeiten Sie dazu eine mündliche Präsentation.

Médiation

Zwischen den Kulturen

Informieren Sie sich über ein besonderes Ereignis (Vertrag, Treffen ...) der binationalen Beziehungen Frankreichs mit den verschiedenen Partnern, deren Sprachen an Ihrer Schule unterrichtet werden. Berichten Sie darüber.

Über die Grenzen hinaus

Präsentieren Sie Ihren deutschsprachigen Partnern das Ergebnis Ihrer Recherchen. Erkundigen Sie sich bei ihnen nach den deutsch-französischen Beziehungen in ihrer Stadt oder ihrem Dorf.

© Office franco-allemand pour la Jeunesse (OFAJ)

Schritt für Schritt

Eine mündliche Präsentation machen

1 **Informez-vous sur les relations franco-allemandes dans votre village, ville, région.**
Vous pouvez vous renseigner sur les traces des dernières guerres dans l'histoire locale, sur les projets de coopération actuels : jumelages, échanges, associations... Rassemblez informations et documents utiles à votre présentation.

2 **Choisissez les quatre ou cinq supports (photo, affiche, site internet...) susceptibles d'illustrer et d'étayer votre présentation orale. Notez les mots, expressions ou structures nécessaires pour pouvoir les présenter en apportant le maximum d'informations.**
Datum: *Das Projekt wurde ... zum ersten Mal durchgeführt. / Im Jahr ... / Anlässlich (+ G)*
Thema: *Das Thema dieses Treffens ist ... / Dieses Denkmal erinnert an ...*
Ziel: *Ziel dieses Vereins ist ... / Diese Firma hat vor, ...*

3 **Préparez une introduction : présentez rapidement votre ville ou région et la place des relations franco-allemandes. Donnez votre point de vue dans la conclusion. En quoi ce ou ces projets favorisent-ils la compréhension interculturelle ?**
Meiner Meinung nach ... / Ich denke, dass ... / Ich bin fest davon überzeugt, dass ...

4 **Entraînez-vous en binômes à la présentation orale à partir des supports choisis et de vos notes.**

HORIZONT BAC

ÉPREUVE 1 | 2e trimestre de Première | 1h

Partie 1 Compréhension de l'oral

30 Jahre Erasmus

Österreichische Agentur für internationale Mobilität und Kooperation in Bildung, Wissenschaft und Forschung, 11.05.2017 / Durée : 1 min. 30

En rendant compte, en français, du document, vous montrerez que vous avez compris :

- le thème principal ;
- l'identité des personnes interrogées ;
- leurs propos, leur point de vue ;
- la fonction et la portée du support (relater, informer, convaincre, critiquer, dénoncer, etc.).

MÉTHODOLOGIE

→ Méthodologie p. 232

ÉTAPE 1 ▶ Identifier le contexte et la situation d'énonciation

- Repérez la date, la source, l'auteur et le titre du document : émettez des hypothèses sur son thème principal, son contenu et le contexte. Appuyez-vous sur vos connaissances sur le sujet.
- Lors de la première écoute, identifiez les différents locuteurs, leur nombre, leur rôle, éventuellement, leur statut. Appuyez-vous sur les images, le rythme de la séquence, les propos, la place des locuteurs dans la séquence, etc.

ÉTAPE 2 ▶ Identifier les réseaux de sens

- Déterminez la structure du document (chronologique ? logique ? linéaire ?) et la nature des différentes interventions (récit d'expérience, expression d'un point de vue, témoignage, bilan, etc.).
- Notez les arguments avancés et classez-les dans différentes rubriques, repérez les exemples.

ÉTAPE 3 ▶ Relever les stratégies de communication

- Indiquez l'objectif de ce document (promouvoir, informer, critiquer, communiquer, etc.) et précisez le contexte.

Partie 2 Expression écrite

Behandeln Sie Thema A oder Thema B (mindestens 100 Wörter).

Thema A

Sehen Sie sich folgende Statistik an und nehmen Sie dazu Stellung. Wie sehen Ihre idealen Ferien aus?

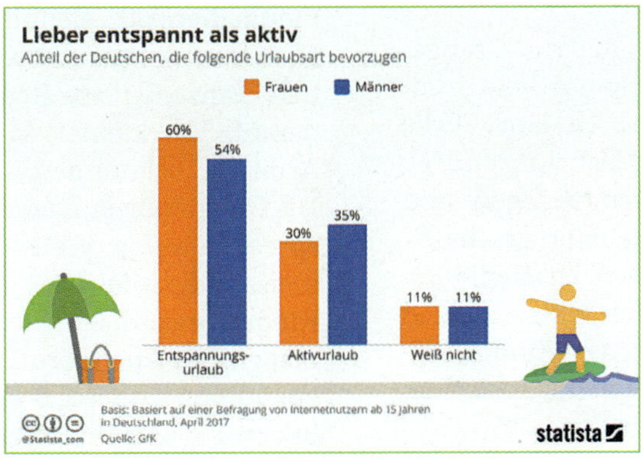

Thema B

Sollte jeder Schüler / jede Schülerin mindestens drei Monate im Laufe der Schulzeit im Ausland verbringen? Nennen Sie Vor- und Nachteile. Führen Sie Beispiele an.

MÉTHODOLOGIE — Thema B

→ Méthodologie p. 239

ÉTAPE 1 ▶ Lisez et analysez le sujet. Prêtez attention au verbe de modalité. Notez les mots-clés en vous appuyant sur le lexique connu. Quel est le type d'écrit attendu (narration, argumentation, prise de position...) ? Quelle est la problématique ?

ÉTAPE 2 ▶ Notez et organisez toutes vos idées. Choisissez votre point de vue et listez vos arguments, les avantages, les inconvénients. Mobilisez le lexique et les structures dont vous disposez pour traiter le sujet. Trouvez des exemples tirés des documents étudiés en classe et/ou de vos expériences.

ÉTAPE 3 ▶ Rédigez en veillant à lier vos idées (*in der Tat, deshalb, nämlich*), à donner un avis personnel argumenté (*Meiner Meinung nach ...; ich bin fest davon überzeugt, ...*). Faites une phrase de conclusion.

Was mich betrifft, ...
Am liebsten würde ich ...
Ich kann mir also (nicht) vorstellen, ...

Partie 1 Compréhension de l'écrit

Deutsche Kinder in Paris 1925

a. Lesen Sie den Text. Geben Sie wieder, was Sie verstanden haben. Beachten Sie dabei:
- das Hauptthema des Textes;
- die Herkunft der Personen;
- den Kontext ihrer Begegnung;
- die Bilanz, die der Redner zieht.

b. Erläutern Sie die Aussage des Redners: „Dass man diese Eltern auf beiden Seiten betrogen und belogen hat, wenn man ihnen sagte, auf der andern Seite stehe der Gegner. Er steht ganz, ganz woanders." (Zeile 57-60)

c. Wie ist die Haltung des Verfassers Ignaz Wrobel? Neutral, informativ, polemisch, engagiert ...? Begründen Sie Ihre Antwort mit Beispielen aus dem Text.

MÉTHODOLOGIE

→ Méthodologie p. 235

ÉTAPE 1 ▶ Identifier le contexte externe et la situation d'énonciation
- Lisez attentivement le titre du texte et sa source pour identifier le thème.
- À partir de la date, mobilisez vos connaissances pour émettre des hypothèses sur le contexte historique.

ÉTAPE 2 ▶ Identifier les réseaux de sens
- Déterminez, en surlignant de différentes couleurs les champs lexicaux, le lieu, la situation, les différents groupes de personnes présentes.
- Précisez l'atmosphère du texte et justifiez votre réponse.
- Relevez les indices (gestes, propos...) permettant de définir les sentiments des personnages (*Hoffnung*, *Freude*, *Traurigkeit* ...).
- Analysez la phrase à commenter : son contexte (locuteur, circonstances...). Appuyez-vous sur les mots-clés : quel est le message et à qui s'adresse-t-il ? Quel est l'implicite ?

ÉTAPE 3 ▶ Relever les stratégies de communication
- Précisez le rôle du narrateur dans le texte. Indiquez son statut, son point de vue. En quoi pourrait-il être le porte-parole de l'auteur ?
- Quel est l'objectif de ce texte (informer, critiquer, sensibiliser...) ? Mettez en lien l'intention de l'auteur et le contexte historique.

Deutsche Kinder in Paris 1925

Im Pariser Gewerkschaftshaus, in der rue Grange-aux-Belles, lärmt[1] der große, braungraue Versammlungssaal. Kinder, überall Kinder. In einer Ecke stehen Pakete, Kisten, Rucksäcke: Nahrungsmittel, Stoffe, kleine Käfige mit Meerschweinchen und Kaninchen[2] – das wird jetzt auf die Bahn geschafft. Frauen sitzen auf den Bänken, Arbeiterfrauen. Man sieht viele verheulte[3] Gesichter. Hier wird Abschied genommen: ein Transport deutscher Kinder, die sechs Monate zu Besuch bei den französischen Genossen[4] waren, nimmt Abschied.

Die internationale Arbeiterhilfe, die dieses wundervolle Werk organisiert und ermöglicht hat, hat damit den deutschen Proletarierkindern sechs materiell sorglose Monate bereitet. (...)

Sie sprechen alle französisch, manche noch stockend, nicht ganz richtig; alle verstehen es. Es ist drollig, zu hören, wie eine lebend erlernte Sprache so ganz anders in die Gehirne eindringt (...).

Ich spreche mit den Jungen. Ja, sie haben es hier besser gehabt als zu Hause, sie waren so zufrieden, sie erzählen, was sie alles geschenkt bekommen haben, was sie mitnehmen dürfen. Ein kleiner Dicker ist da, der hat als Delegierter der Kinder bei den Franzosen eine Rede gehalten – er ist sehr stolz darauf. Ein kleines Mädchen: „Und ich habe ein Armband bekommen, aus richtigem Silber." (...)

Die Pflegemütter sitzen auf den langen Bänken, sie sprechen wenig. Viele weinen. Immer wieder umarmen sie die Mädchen, die Jungens (...). Es sind ihre Kinder geworden in den sechs Monaten. Noch einmal gibt es Abendbrot, dann ordnet sich der Haufe zur Abfahrt (den die Deutsche Botschaft[5] in Paris liebevoll und mit großer Tatkraft unterstützt hat).

Noch einmal sitzen alle Pfleglinge auf der linken Seite des Saals, die Mütter auf der rechten, gleich sollen die Namen noch einmal aufgerufen werden. Immer wieder fliegen Kusshändchen herüber und hinüber, Koseworte, Rufe ... Da tritt ein Redner auf die kleine Tribüne und spricht: zu den Kindern deutsch, zu den Eltern französisch.

„Habt ihr euch wohl gefühlt?" Und alle Kinder im Chor: „Oui!" – „Dann vergesst das nicht", sagt der Redner, „und seid dankbar für die Gastfreundschaft und bewahrt an diese Monate ein gutes Andenken[6]. Und wenn euch später einmal eure Offiziere aufrufen und euch befehlen wollen, auf die französischen Freunde zu schießen, dann tut das nicht und antwortet ihnen: ‚Macht euch eueren Krieg alleine –!'" Und dasselbe zu den Eltern in ihrer Sprache. (...) Wenn nicht alles täuscht, so werden diese Kinder schlechte Soldaten werden. Denn was ihnen Bücher und Vorträge nur anzudeuten vermögen, das haben sie nun mit eigenen Augen gesehen: Dass drüben hinter den Schützengräben keine ‚Feinde' wohnen, sondern Eltern, sondern Väter, Mütter, Kameraden. Dass man diese Eltern auf beiden Seiten betrogen und belogen hat, wenn man ihnen sagte, auf der andern Seite stehe der Gegner. Er steht ganz, ganz woanders.

Aus: Ignaz Wrobel, *Die Weltbühne* Nr. 12, 1925

1. der Lärm: *le bruit*
2. Käfige mit Meerschweinchen und Kaninchen: *des cages avec des cochons d'Inde et des lapins*
3. verheult: *déformé par les larmes*
4. der Genosse: *le camarade*
5. die Botschaft: *(ici) l'ambassade*
6. ein Andenken bewahren: *garder un souvenir*

Partie 2 Expression écrite

Behandeln Sie Thema A oder Thema B (mindestens 100 Wörter).

Thema A

Junge Deutsche, die an einem Austausch mit Frankreich teilgenommen haben, berichten. Nehmen Sie dazu Stellung. Was halten Sie selbst von Austauschprogrammen?

Lena Es war einfach toll: Die Familie war supernett, ich habe viele neue Freunde gewonnen und habe sehr viele Fortschritte im Französischen gemacht. Ich möchte so schnell wie möglich wieder dahin!

Thomas Am Anfang hatte ich Angst und Heimweh. Die Schule in Frankreich ist ganz anders als bei uns. Ich fand es anstrengend, aber interessant. Das Essen hat mir geschmeckt!

Thema B

Denken Sie, dass Austauschprogramme dazu beitragen, das interkulturelle Verständnis zu fördern? Argumentieren Sie und begründen Sie Ihren Standpunkt mithilfe von Beispielen.

MÉTHODOLOGIE Thema A

→ Méthodologie p. 239

ÉTAPE 1 ▶ Lisez et analysez le sujet. Notez la forme du sujet, les mots-clés : déterminez le type de réponse attendue (relater, prendre position, exprimer un point de vue, argumenter, etc.) et analysez la question proposée. Lisez les deux points de vue exprimés. Sont-ils complémentaires ou contradictoires ? Quel est leur lien avec le sujet ? Notez pour chacun d'eux les points positifs ou négatifs exprimés avec lesquels vous êtes – ou non – d'accord.

ÉTAPE 2 ▶ Construisez votre réponse. Pour chacun des points, notez le lexique et les structures qui vous permettront d'exprimer votre point de vue sur les échanges, de relater éventuellement vos expériences, de rendre compte brièvement d'un document étudié en classe, d'un film, d'un roman... Organisez vos notes pour structurer votre réponse. → Méthodologie p. 229

ÉTAPE 3 ▶ Rédigez votre réponse. Appuyez-vous sur les deux témoignages :

Wie Lena denke ich ...; Ich bin mit Thomas einverstanden, weil ...; Ich teile Lenas Meinung ...; Im Gegensatz zu Lena ...; Ich hingegen ...

Exprimez votre opinion et justifiez-la :

Für mich sind Austausche ...; Ich glaube, dass ...; Ich bin der Meinung, ...; In der Tat ...

Partie 1 Compréhension de l'oral

→ Méthodologie p. 232

Doc. 1 **Freiwilligendienst in Ghana**

Deutsches Rotes Kreuz, DRK Soziale Freiwilligendienste Mecklenburg-Vorpommern, 08.06.2016 / Durée : 1 min. 36

En rendant compte, en français, du document, vous montrerez que vous avez compris :
- le thème principal ;
- l'identité de la personne (statut, situation, etc.) ;
- son propos, son point de vue ;
- la fonction et la portée du support (relater, informer, convaincre, critiquer, dénoncer, etc.).

Partie 2 Compréhension de l'écrit

→ Méthodologie p. 234

Doc. 2 **Keine Angst, nirgends**

Antworten Sie auf Deutsch.

a. Lesen Sie den Text. Geben Sie wieder, was Sie verstanden haben. Beachten Sie dabei:
- das Hauptthema des Textes;
- die Hauptperson (Wer? Herkunft?);
- den Standpunkt der Hauptperson (ihre Reisen, ihre Argumente, die Konsequenzen für ihr Leben, ihre Gefühle, ihre Weltanschauung).

b. Erläutern Sie die folgende Aussage aus dem Text: „Fast die wichtigste Erfahrung von Fernreisen finde ich das Fremdsein, denn nicht nur die anderen sind fremd, du bist es selbst auch." (Z. 79-81)

Compréhension de l'ensemble du dossier

c. Welche Bilanz von Auslandserfahrungen kann aus beiden Berichten gezogen werden?

Keine Angst, nirgends

Einen der schönsten Momente während unserer Reisen erlebten wir in Indien. Es war eine Gruppenreise mit Familien. Meine Tochter war die jüngste, sechs Jahre alt, und die einzige, die kein Englisch sprach. Also brachten ihr die anderen Kinder englische Wörter bei. Als wir durch die wunderschöne Stadt Jaipur fuhren, saßen alle Kinder hinten im Bus und zeigten sich gegenseitig die Tiere auf den Straßen und Dächern. „*Look, Monkeys*", riefen sie. Und meine Tochter rief mit: „*Monkeys*!" (...) So ging es weiter: *Pig*, *Donkey* und dann schrien die Kinder auf einmal: „*Elephant*!" Und meine Tochter schrie mit den australischen, neuseeländischen und englischen Kindern mit: „*Elephant*!" (...) Am Abend sagte meine Tochter: „Es ist alles so schön fremdisch hier!"

Da hatten wir schon das Ziel der Reise erreicht. Zumindest meins. In einer Zeit, wo fremd nicht mehr nach Abenteuer klingt, sondern nur nach Angst, da war es mir wichtig, meiner Tochter diese Angst gleich von Anfang an zu nehmen. Mir ging es um das Gewöhnen an die Welt, an das Reisen, an die Fremde und die fremden Menschen, die gar nicht so fremd sind, an die Sprachen, die Veränderungen und das Akzeptieren von geänderten Umständen[1]. Ich gehe von einer Zukunft aus, in der sie davon profitieren wird, weltoffen zu sein, denn sie wird vielleicht in der Lage sein auf Veränderungen zu reagieren und zu entscheiden, wo sie leben möchte und wie.

Die Welt verändert sich in einem Tempo, dass man entweder ruft: „Herrjemine, wie ist mir? Ich erkenne nichts wieder!" oder dass man sagt: „Alles schön fremdisch." Warum haben einige Menschen diesen wunderbaren Zugang zur Welt nicht? Hatten ihn nie? Haben ihn verloren? Wieso bringen wir das nicht automatisch unseren Kindern bei, ihnen zuliebe und ihren Mitmenschen zuliebe? Es geht dabei nicht um einen egoistischen Marktvorteil, sondern um unser Sozialverhalten in der Zukunft. Und um die Fähigkeit, sich anzupassen in den Umbrüchen[2], die unseren Kindern bevorstehen. So denke ich.

Jetzt aber mal die Fakten: Zwischen 2015 und 2017 unternahm ich mit meiner heute siebenjährigen Tochter zehn mehr oder weniger weite Reisen, von der Schlittenhundeweltmeisterschaft im Schwarzwald bis Indien, die längste Reise dauerte einen Monat. (...)

Ich habe die Weltreise nicht gemacht, weil ich so gern reise, sondern weil ich so ungern reiste. Diese ganzen Unsicherheiten: Ist das der richtige Zug? Was ist in dieser Teigrolle[3] drin? (...)

Im Grunde genommen will ich das, was alle Eltern wollen: Das Kind soll es mal besser haben als ich. Es soll mit weniger Angst und Unfähigkeit aufwachsen und dadurch einen leichteren Start ins Leben haben. In ein Leben, das sich radikal geändert hat und weiterhin radikal ändern wird. Mein Schiss[4] vorm Reisen bestand aus Kannichnicht und Willichnicht und der Ausrede, dass ich in der DDR natürlich als Kind nicht weit gereist war.

Es war mit 38 nicht zu spät, es zu lernen. Vielleicht habe ich es erst durch meine Tochter und für meine Tochter gelernt, aber ich habe es gelernt. (...)

Eltern wollen das Beste für ihr Kind. (...)

Und genauso habe ich entschieden, dass wir verreisen. Genauso egoistisch und in der Annahme[5], das würde für sie gut sein. Es würde einen Nutzen haben, sie schlau, locker, sicher, mutig und neugierig auf alles machen. Und ich glaube, dass das gelungen ist. (...)

Ich habe lieber ein fähiges Kind, als ein abhängiges. (...) Außerdem hoffe ich, dass die Reisen dabei geholfen haben, dass sie die Welt liebt, die ganze, nicht nur ihr Land, und dass sie nie vergisst, wie viele Kinder es überall gibt und dass sie ihr bei allen Unterschieden doch mehr ähneln.

Fast die wichtigste Erfahrung von Fernreisen finde ich das Fremdsein, denn nicht nur die anderen sind fremd, du bist es selbst auch. Einmal, wenigstens einmal, sollte man die Erfahrung gemacht haben, sich fremd zu fühlen, den Busplan nicht lesen zu können, Hilfe zu brauchen und Hilfe zu bekommen.

Aus: Kirsten Fuchs, *ZEIT ONLINE*, 30.09.2017

1. die Umstände: *les circonstances*
2. der Umbruch(¨e): *le bouleversement*
3. die Teigrolle(n): *(ici) le nem*
4. der Schiss (Umgangssprache) = die Angst
5. die Annahme(n): *la supposition*

Partie 3 Expression écrite

→ Méthodologie p. 239

Behandeln Sie Thema A oder Thema B (mindestens 100 Wörter).

Thema A

Im Ausland zu arbeiten, kann die Möglichkeit bieten, fremde Kulturen kennenzulernen.
Nehmen Sie dazu Stellung und begründen Sie Ihre Meinung mithilfe von Argumenten und Beispielen.

Thema B

Muss man unbedingt reisen, um seinen Horizont zu erweitern und fremde Kulturen kennenzulernen? Argumentieren Sie und führen Sie Beispiele an.

Partie 4 Expression orale

Vous disposez de cinq minutes maximum pour expliquer en allemand quel document (A ou B) ou quelle citation (C ou D) illustre le mieux, à votre sens, l'axe « Identités et échanges », et pour justifier votre choix.

A

MÉTHODOLOGIE

→ Méthodologie p. 241

ÉTAPE 1 ▶ Choisissez le document qui vous semble le plus parlant et le plus riche.

- Pour expliciter et justifier votre choix, appuyez-vous :
  Pour le document iconographique,
  – sur différents aspects de l'image (type d'image, source, composition, atmosphère, couleurs, situation, texte, etc.) ;
  – sur le message délivré.
  Pour la citation,
  – sur les mots-clés de la citation, l'auteur (sa fonction, son statut, etc.), le contexte (historique, sociologique, politique) ;
  – sur son sens et sa portée.

  Ich habe dieses Bild / dieses Zitat gewählt, weil ...
  Meiner Meinung nach illustriert dieses Bild / dieses Zitat am besten ...
  Dieses Bild / dieses Zitat passt am besten zur Thematik ...

- Vous pouvez également interroger la pertinence du document.

  Aber ich finde, dass ...
  Dieses Bild entspricht meiner Meinung nach nicht genau (+ D).

ÉTAPE 2 ▶ Mobilisez les connaissances et expériences que vous évoque le document choisi pour approfondir et/ou élargir le sujet.
Faites le lien avec des documents étudiés en classe : *Dieses Bild / dieses Zitat erinnert mich an einen Text, an ein Bild ...*

B

C

Ich reise, also bin ich. Reisen und darüber reden können, das bedeutet Zugehörigkeit und hat auch in weiterer Hinsicht etwas Demonstratives.

Jürgen Kagelmann, Tourismusforscher

D

Die beste Bildung findet ein gescheiter[1] Mensch auf Reisen.

Johann Wolfgang Goethe (1749-1832), Dichter und Schriftsteller

1. gescheit = klug, intelligent

KAPITEL 4

Frauenpower? Powerfrauen?

▸▸ **Inwieweit hat sich die Stellung der deutschen Frau in der Gesellschaft verändert?**

Das Foto der Bundeskanzlerin Angela Merkel wird 2005 in der Gaststätte „Kanzler-Eck" in Berlin neben den Porträts der bisherigen Bundeskanzler aufgehängt.

Vidéo

Auf geht's!

a. **Schauen Sie sich das Foto an. Was fällt Ihnen auf?**
b. **Schauen Sie sich das Video an. Berichten Sie darüber.**

Blick auf...

Erste Schritte

▸▸ Sind die Frauen aus dem Schatten der Privatsphäre getreten?

1 Die Geschichte der Emanzipation

A2-B1 **a.** Sehen Sie sich das Video an und machen Sie sich Notizen (Thema, Anlass, Hauptinformationen).

b. Sehen Sie sich dann das Video noch einmal an und notieren Sie die Namen der Frauen, die Daten und die verschiedenen Etappen der Frauenemanzipation.

B1-B2 **c.** Erstellen Sie nun eine Zeitleiste und fassen Sie damit die Geschichte des Frauenwahlrechts zusammen.

Recherchieren Wählen Sie eine der Frauen, die im Video erwähnt werden, und bereiten Sie eine kurze Präsentation vor.

Vidéo

100 Jahre Frauenwahlrecht, SPD-Fraktion im Bundestag, 12.11.2018

2 Ein tragisches Frauenschicksal

A2-B1 **a.** Lesen Sie den Text und machen Sie sich Notizen. Erstellen Sie eine kurze Biografie von Clara Immerwahr als Frau und als Wissenschaftlerin.

B1-B2 **b.** Was erfahren Sie über ihre Beziehung zu ihrem Mann?

B2 **c.** Wie lässt sich das Verhalten ihres Mannes erklären?

Recherchieren Informieren Sie sich über Fritz Haber und berichten Sie über sein Leben. Warum ist er so umstritten?

Clara Immerwahr
(1870 Breslau-1915 Berlin)

Clara Immerwahr, die im Jahr 1900 als erste Frau an der Universität von Breslau (Wroclaw) promoviert wurde, und zwar mit einer physikalisch-chemischen Arbeit, heiratete ein Jahr später den Chemiker Fritz Haber, der als der „Vater der künstlichen Düngemittel[1]" in die Geschichte eingegangen ist. (...) Sie (...) wurde von ihrem ehrgeizigen[2] Mann von der Wissenschaft ferngehalten und erschoss sich[3] im Jahr 1915, nachdem sie erfahren hatte, dass ihr Mann seine Forschungen nicht in den humanitären Dienst der Hungerbekämpfung gestellt hatte, sondern sich mit der Herstellung von Giftgas beschäftigte, das 1915 im Ersten Weltkrieg eingesetzt wurde. (...)

Obwohl sie ihm wissenschaftlich mindestens ebenbürtig[4] war und von einer Wissenschaftler-Ehe à la Marie und Pierre Curie träumte, wurde sie von Fritz Haber ins Hausfrauen- und Mutterdasein zurückgedrängt[5]. Sie, die hochbegabte[6] Chemikerin, blieb wissenschaftlich auf der Strecke[7] (...). Sie, die durch ihre Doktorarbeit als Pionierin der Katalyseforschung galt (die bis heute, besonders für Batterien und Elektroautos, von Bedeutung ist), wurde von ihrem Mann möglicherweise als Konkurrentin angesehen. Zumindest aber galt sie ihm als exzentrischer Eindringling[8] in eine Männerdomäne.

1. das Düngemittel(-): *l'engrais* **2.** ehrgeizig: *ambitieux* **3.** sich erschießen (o, o): *se tuer avec une arme à feu* **4.** jmd ebenbürtig sein: *être l'égal de qqn* **5.** zurück/drängen: *refouler* **6.** hochbegabt: *surdoué* **7.** auf der Strecke bleiben (ie, ie): *rester sur le carreau* **8.** der Eindringling(e): *l'intrus*

3 Unterschiedliche Rollenbilder in Ost und West

Vidéo

A2-B1

a. Sehen Sie sich das Video an und machen Sie sich Notizen (Hauptthema, Art des Videos, Personen): lyceen.nathan.fr/impulse-1re-term

b. Sammeln Sie Informationen zum Bild der Frau in der Bundesrepublik und in der DDR.

B1-B2

c. Lesen Sie nun den Text und schauen Sie sich die Bilder an, um Ihre Notizen zu ergänzen.

Gruppenarbeit Fassen Sie dann alle Informationen zum Thema „Emanzipation der Frau" in den beiden Ländern zusammen. Stellen Sie in gemischten Gruppen einen Vergleich an.

Werbung für Miele-Waschmaschinen, Bundesrepublik Deutschland, 1958

Schülerinnen beim Unterrichtstag in der sozialistischen Produktion, DDR, 1984

Erinnerungen an die DDR-Zeiten

Im September 1976 war meine DDR-Frauenwelt noch ziemlich heil[1] (...). Ich war 23 Jahre alt – und seit wenigen Monaten Mutter. (...)
Wie war das also mit der Gleichberechtigung? Immerhin hatte sich der Staat DDR dieses Projekt von Anfang an auf die Fahnen geschrieben[2]: Krippen[3] und Kindergärten, Frauenbildungspläne, Sonderstudien. Vieles, wofür unsere Schwestern im Westen auf die Straße gingen, war für uns Selbstverständlichkeit. (...) Seit Beginn der 70er-Jahre war es überall zu lesen: Die Frauenfrage galt als weitestgehend gelöst. (...)
Nach und nach begriff ich: Diese angeblichen[4] „Privilegien" bewirkten oft genug das Gegenteil: Sie verwiesen uns zurück[5] an unseren „natürlichen" Platz – die Familie. Nun ging es nicht mehr um Emanzipation, sondern um Bevölkerungspolitik. Der Staat brauchte Kinder!
Folge dieser Muttchen-Politik: Männer zogen sich zunehmend aus Vater- und Haushaltsverantwortung zurück.

© Deutschlandfunk Kultur, 14.09.2016

1. eine heile Welt: *un monde idéal* **2.** sich etw. auf die Fahnen schreiben (ie, ie): *faire un principe de qqch.* **3.** die Krippe(n): *la crèche* **4.** angeblich: *prétendu* **5.** zurück/verweisen (ie, ie): *renvoyer*

Wortschatz

- **in der Privatsphäre eingesperrt sein:** être cantonné à l'espace privé
- **das Wahlrecht erhalten (ä, ie, a):** obtenir le droit de vote
- **sich für (+ A) ein/setzen = sich für (+ A) engagieren:** s'engager en faveur de
- **auf (+ A) eifersüchtig sein:** être jaloux de
- **das traditionelle Rollenbild:** le modèle traditionnel
- **jdm untergeordnet sein:** être le subalterne de qqn
- **trügerisch:** trompeur
- **von jdm abhängig sein:** dépendre de qqn

Gesagt – getan!

Wählen Sie einen Zeitabschnitt. Erstellen Sie für eine feministische Zeitung das Porträt einer Frau, die sich für die Emanzipation der Frau eingesetzt hat.

Blick auf...

Gleichstellung in Deutschland

▸▸ Sind Männer und Frauen heute privat und öffentlich gleichgestellt?

1 Frauen und Männer in der Arbeitswelt

A2-B1 **a.** Wählen Sie Statistik A oder Statistik B. Schauen Sie sich dann die gewählte Grafik an. Kommentieren Sie die Ergebnisse und stellen Sie sie im Plenum vor.

b. Lesen Sie dann den Text und geben Sie den Inhalt auf Französisch wieder. Vergleichen Sie Text und Statistik: Was stellen Sie fest?

B1-B2 **c.** Stellen Sie Hypothesen auf: Wie lässt sich dieses Paradox erklären?

Mädchen sind in der Schule besser als gleichaltrige Jungen und schaffen es öfter bis zum Abitur. An den Unis war die Zahl der Studentinnen, die ein Studium beginnen, noch nie so hoch. 1947 studierten an der Uni kaum 20% Frauen, 2018 waren es über 50%.

A

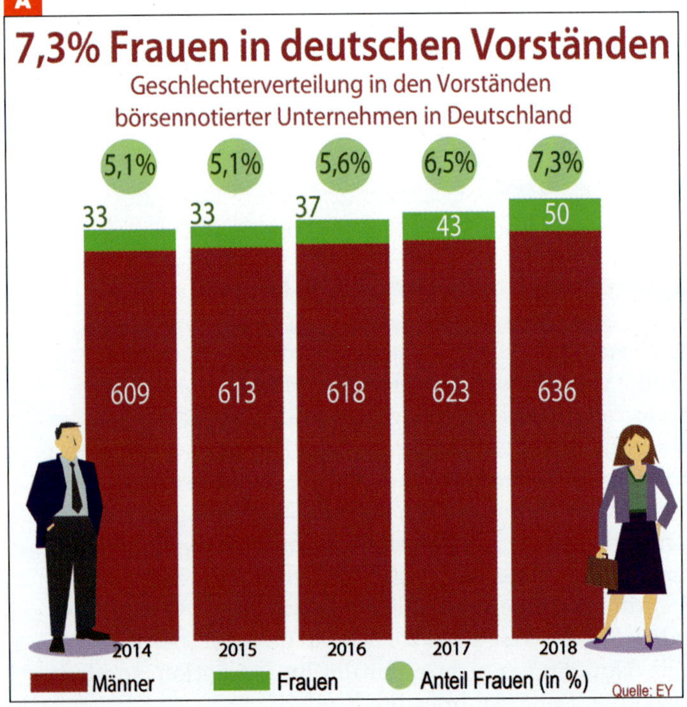

B

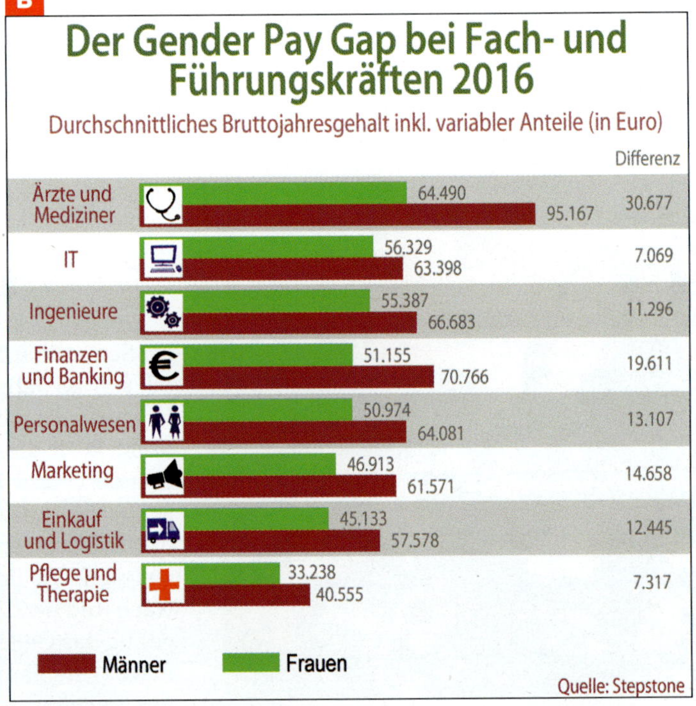

2 Eine außergewöhnliche Karriere

A2-B1 **a.** Schauen Sie sich das Video an. Stellen Sie Frau von der Leyen vor (Studium, Vater, Kinderzahl, ihre verschiedenen Posten).

B1-B2 **b.** Berichten Sie über ihre Karriere (Kompetenzen, Anerkennung, Schwierigkeiten als Frau und als Politikerin).

Recherchieren Informieren Sie sich über die aktuelle Entwicklung ihrer Karriere und berichten Sie darüber.

Vidéo

Ursula von der Leyen – Ein Porträt, Die Welt, 28.11.2019

3 Auf dem Weg zu einer neuen Rollenverteilung

A2-B1 **a.** Lesen Sie den Text. Notieren Sie die Hauptpunkte.

b. Fassen Sie den Inhalt des Textes auf Französisch kurz zusammen.

B1-B2 **c.** Erklären Sie den Titel des Textes. Was macht diesen Wandel aus (im Alltag, in den Köpfen)?

Recherchieren Informieren Sie sich: Wie sieht es in Frankreich aus? In anderen europäischen Ländern? Berichten Sie darüber.

Ein gesellschaftlicher Wandel

Als 2007 das Elterngeld mit Vätermonaten startete, wurde es noch als „Wickelvolontariat[1]" verspottet[2]. Mittlerweile pausiert gut jeder dritte Vater beruflich für sein Baby. Arbeitgeber müssen nunmehr nicht nur damit rechnen, dass junge Mitarbeiterinnen schwanger werden[3] können. Sie müssen sich auch darauf einstellen, dass Väter Elternzeit einreichen[4].

Auch die Vorstellung, wie die Rollen zwischen Männern und Frauen aufgeteilt sein sollten, hat sich in den vergangenen Jahren noch einmal deutlich verändert. Der Anteil der Männer, die sich Erwerbs- und Erziehungsarbeit mit ihrer Partnerin teilen wollen, wächst. Immer mehr Männer treten von sich aus offensiv für Gleichberechtigung ein.

Das sind die zentralen Ergebnisse einer 150 Seiten starken, noch unveröffentlichten Studie des Bundesfamilienministeriums, die unserer Redaktion exklusiv vorliegt. (...)

Ein paar zentrale Ergebnisse: 82 Prozent der Männer finden, dass es einer Partnerschaft gut tut, wenn beide berufstätig sind. Zehn Jahre zuvor waren nur 71 Prozent dieser Ansicht. Mit 49 Prozent meint inzwischen weniger als die Hälfte der Männer, dass Frauen nicht erwerbstätig zu sein brauchen, wenn ihre Männer gut verdienen.

Familienministerin Manuela Schwesig (SPD) verweist darauf, dass die Einstellung zum Rollenbild auch eine Generationenfrage sei: (...) Es habe ein gesellschaftlicher Wandel stattgefunden – das bestätigten auch die Zahlen der Studie.

Schwesig weiter: „Immer weniger Frauen und Männer denken, dass die alte Rollenverteilung – der Mann ist der Ernährer und die Frau kümmert sich alleine um Kinder und Haushalt – für sie das richtige Lebensmodell ist."

© *Kölnische Rundschau*, 29.03.2017

1. ein Baby wickeln: *changer un bébé* / das Volontariat: *le service civil* **2.** verspotten: *tourner en ridicule*
3. schwanger werden (i, u, o): *tomber enceinte* **4.** Elternzeit ein/reichen: *faire une demande de congé parental*

Wortschatz

- **der Lohn(¨e):** le salaire
- **hoch:** haut ≠ **niedrig:** bas
- **der Unterschied(e):** la différence
- **es schaffen:** réussir, y arriver
- **Familienleben und Karriere vereinbaren:** concilier vie de famille et carrière
- **immer weniger:** de moins en moins ≠ **immer mehr:** de plus en plus
- **berufstätig sein:** avoir une activité professionnelle
- **die Führungskraft(¨e):** le cadre dirigeant

Gesagt – getan!

Gleichberechtigung in Deutschland heute: Ist das Ziel erreicht? Organisieren Sie eine Diskussion zu diesem Thema. Bereiten Sie Ihre Argumente in Gruppen vor.

Grammatik macht Sinn

L'expression de la possession

REPÈRES GRAMMATICAUX PP. 243-244

KURZ UND GUT

a. **Lisez les phrases suivantes puis traduisez-les.**
b. **Repérez les éléments indiquant la possession. Reconstituez le tableau des déterminants et pronoms possessifs dans votre cahier et formulez les règles correspondantes.**

A2-B1

- ***Meine*** *Mutter ist politisch sehr engagiert. Diskutierst du oft mit* ***deinen*** *Eltern über Gleichberechtigung?*
- ***Unser*** *Vater gibt selten* ***seine*** *Meinung.* ***Meine*** *Mutter dagegen spricht oft über* ***ihre*** *Ansprüche als Frau. Und wie stehen* ***Ihre*** *Eltern dazu?*
- ***Die Karriere der Bundeskanzlerin*** *ist fantastisch.*
- *Angela Merkel****s*** *Karriere ist unglaublich.*

B1-B2

- ***Meine*** *Lieblingspolitikerin ist Ursula von der Leyen. Und* ***deine****?*
- *In* ***unserer*** *Familie ist Gleichberechtigung kein Gesprächsthema. Und in* ***eurer****?*

A2-B1 **1** ***Sein*** **ou** ***ihr*****? Complétez le texte avec le déterminant possessif qui convient puis traduisez-le.**

Angela Merkels Vater, der ... Studium in Heidelberg und Hamburg absolviert hatte, war Pastor in der DDR. ... Tochter wuchs also im Osten auf. ... Leistungen in der Schule waren hervorragend, vor allem in Russisch und Mathematik. Schon während ... Schulzeit entschied sie sich für das Studium der Physik. 1990 errang sie ... erstes politisches Mandat und wurde dann sieben Mal in ... Wahlkreis Vorpommern gewählt. Sie gehörte dann mehrmals zur Regierung Helmut Kohls, der sie ... Mädchen nannte. 2005 wurde sie ... Nachfolgerin.

A2-B1 **2** **Formez des phrases avec les éléments suivants selon le modèle.**

Exemple : Das EU Parlament / Ursula von der Leyen zu … Präsidentin wählen
→ Das EU Parlament hat Ursula von der Leyen zu ***seiner*** *Präsidentin gewählt.*

a. Ursula von der Leyen / in ... Kindheit in Belgien leben
b. Ursula von der Leyen / ... Medizinstudium in Hannover absolvieren
c. Heiko von der Leyen / ... Frau immer unterstützen
d. Die sieben Kinder / mit ... Eltern nicht oft zusammen sein
e. Ursula von der Leyen / in ... Amt als Familienministerin erfolgreich sein
f. Deutschland / ... Einfluss in der EU nun vergrößern
g. Der EU Rat / ... Zustimmung dazu geben

B1-B2 **3** **Traduisez les phrases suivantes en allemand.**

a. Ma mère exerce une activité professionnelle. Et la tienne ?
b. Ton père aide beaucoup à la maison. Le mien n'est jamais là.
c. Dans notre famille, les tâches sont bien réparties. Et dans la vôtre ?
d. La famille de Barbara est une famille très moderne.
e. Les parents de Barbara travaillent tous deux tard le soir. Leurs enfants restent seuls à la maison.

Wortschatz macht Sinn

Vokabeln lernen

Die Gleichstellung

- **gleich:** semblable, même
- **der Unterschied(e):** la différence
- **der Lohn(¨-e):** le salaire
- **gut verdienen:** bien gagner sa vie
- **jdm untergeordnet sein:** être subordonné à qqn
- **(un)gerecht sein:** être (in)juste
- **berufstätig, erwerbstätig sein:** avoir une activité professionnelle
- **die Führungskraft(¨-e):** le cadre dirigeant
- **gleichberechtigt sein:** être égal en droits
- **die selben Rechte und Pflichten haben:** avoir les mêmes droits et devoirs
- **sich schuld(ig) fühlen:** se sentir coupable
- **sich für (+ A) verantwortlich fühlen:** se sentir responsable de

Frauenemanzipation

- **die Frauenbewegung:** le mouvement de libération des femmes
- **die Ehefrau(en) = die Gattin(en):** l'épouse
- **jdm gehorchen:** obéir à qqn
- **unterdrückt sein:** être opprimé
- **entscheiden (ie, ie):** décider
- **das Wahlrecht:** le droit de vote
- **fordern:** exiger
- **für / gegen (+ A) kämpfen:** lutter pour / contre qqch.
- **sich für (+ A) engagieren:** s'engager en faveur de
- **demonstrieren:** manifester
- **von (+ D) abhängig sein:** être dépendant(e) de
- **jdn vom öffentlichen Leben aus/schließen (o, o):** exclure qqn de la vie publique
- **sich von (+ D) befreien:** se libérer de

Neue Rollenverteilung

- **beide:** tous les deux
- **selbstständig:** indépendant(e)
- **die Beziehung(en):** la relation
- **sich verändern:** changer
- **der Wandel:** le changement
- **anders = verschieden:** autre, différent
- **die Rollen / die Aufgaben verteilen:** répartir les rôles / les tâches
- **der Haushalt:** l'entretien de la maison
- **sich um die Kinder kümmern:** s'occuper des enfants
- **kochen:** faire la cuisine
- **einkaufen gehen (i, a):** aller faire les courses
- **die Familie ernähren:** nourrir la famille
- **die Elternzeit:** le congé parental

Vokabeln aktiv

1 **En binôme, choisissez à tour de rôle un mot ou une expression dans le lexique ci-dessus. Faites-le deviner sans gestes ni mimiques à votre partenaire.**

2 **Trouvez l'intrus dans chaque série.**

a. autonom | untergeordnet | unabhängig | selbstständig

b. kämpfen | sich ein/setzen | sich engagieren | verdienen

c. gleich | verschieden | anders | unterschiedlich

3 **Associez un mot ou une expression du lexique ci-dessus aux définitions suivantes.**

a. das Essen zubereiten

b. einen guten Lohn bekommen

c. auf die Straße gehen

d. Bezahlung für geleistete Arbeit

Prosodie und Phonetik

MP3

La prononciation de « b », « d » et « g » en fin de mot

a. Écoutez les mots enregistrés et repérez la prononciation des consonnes finales.

b. Prononcez les mots suivants et vérifiez votre prononciation en écoutant l'enregistrement.

- *der Unterschied*
- *ob*
- *Deutschland*
- *und*
- *das Geld*
- *das Rollenbild*
- *der Weg*
- *taub*

c. Lisez la phrase suivante en veillant à la prononciation des consonnes finales et à l'intonation.

- *Ab jetzt will sie nicht mehr von ihrem Mann abhängig sein. Ihr Alltag wird sich ändern, sie wird wieder arbeiten. Aber wer soll sich um das Kind kümmern?*

FINALE

Projekt — Eine Reportage über die Rolle von Mann und Frau machen

Die Stellung der Männer und der Frauen (in der Öffentlichkeit) im Wandel der Zeit in Deutschland: Machen Sie eine Reportage dazu, die Sie mit Bildern illustrieren können.

Kundgebung zum *Equal Pay Day* am Brandenburger Tor in Berlin, 2019

Médiation

Zwischen den Kulturen

Männer und Frauen, gleichgestellt? Berichten Sie mit Hilfe von Statistiken und Beispielen über die Situation eines Landes, das Ihnen vertraut ist. Bereiten Sie eine kleine Präsentation für die Klasse vor.

Über die Grenzen hinaus

Berichten Sie Ihrer Partnerklasse über die Situation in Frankreich mit Hilfe von Statistiken und Beispielen. Bitten Sie Ihre deutschen Partner, zu diesen Ergebnissen Stellung zu nehmen.

Schritt für Schritt

Eine Reportage erstellen

1 **Lisez attentivement le sujet et les consignes. Reprenez vos notes pour retenir les faits dont vous allez rendre compte.**

2 **Définissez différentes étapes de l'évolution des rôles respectifs des hommes ou des femmes.**

– Nach dem Krieg … In der Bundesrepublik … In der DDR … Nach dem Mauerfall …
– Heutzutage …

3 **Préparez les mots-clés de votre reportage et choisissez les images qui illustreront les différentes étapes.**

4 **Rédigez un paragraphe pour chacune des étapes ciblées et légendez vos images. Ajoutez une ou deux phrases d'introduction et de conclusion.**

– Heutzutage hat die Gleichstellung von Mann und Frau große Fortschritte gemacht. Es war aber nicht immer so.
– Der Kampf für die Gleichstellung von Mann und Frau hat eine lange Geschichte.
– Vom Standpunkt der Männer / Frauen aus …
– Zum Schluss … / zusammenfassend kann man also sagen, dass …

5 **Relisez votre article en veillant à la correction orthographique, syntaxique et grammaticale.**

Espace privé et espace public

KAPITEL 5

Vater Staat wacht ...

▶▶ Ist das Privatleben nur in einem autoritären Staat gefährdet?

Werbeplakat für das Deutsche Spionagemuseum in Berlin

Auf geht's!

a. Schauen Sie sich das Plakat an. Wofür wirbt es?
b. Was kann man vielleicht dort sehen?

Blick auf…

Dunkle Kapitel der deutschen Geschichte

▸▸ Hat damals allein der Staat das Privatleben der Deutschen überwacht?

1 Überwachung in der Nazizeit

MP3

A2-B1
a. Hören Sie sich die erste Audiodatei an und machen Sie sich Notizen zu dem historischen Kontext. Sammeln Sie dann Informationen über den Sicherheitsdienst.
b. Lesen Sie jetzt die kursiv gedruckte Bühnenanweisung des Textes und stellen Sie Hypothesen auf.
c. Lesen Sie dann die ganze Szene. Analysieren Sie die Worte und Gefühle der beiden Personen.

B1-B2
d. Lesen Sie noch einmal den Prolog. Inwiefern illustriert er die Szene? Was will Brecht zeigen?

MP3

Der Verrat

Dort kommen Verräter, sie haben
Dem Nachbarn die Grube gegraben[1]
Sie wissen, dass man sie kennt.
Vielleicht: die Straße vergisst nicht?
Sie schlafen schlecht: noch ist nicht
Aller Tage End.

Breslau, 1933. Kleinbürgerwohnung. Eine Frau und ein Mann stehen an der Tür und horchen. Sie sind sehr blass.

Die Frau: Jetzt sind sie drunten.
Der Mann: Noch nicht.
Die Frau: Sie haben das Geländer[2] zerbrochen. Er war schon bewusstlos, wie sie ihn aus der Wohnung geschleppt haben[3].
Der Mann: Ich habe doch nur gesagt, dass das Radio mit den Auslandssendungen[4] nicht von hier kam.
Die Frau: Du hast doch nicht nur das gesagt.
Der Mann: Ich habe nichts sonst gesagt.
Die Frau: Schau mich nicht so an. Wenn du nichts sonst gesagt hast, dann hast du eben nichts sonst gesagt.
Der Mann: Das meine ich auch.
Die Frau: Warum gehst du nicht hin auf die Wache[5] und sagst aus, dass sie keinen Besuch hatten am Samstag.
Pause.
Der Mann: Ich geh nicht auf die Wache. Das sind Tiere, wie sie mit ihm umgegangen sind.
Die Frau: Es geschieht ihm recht[6]. Warum mischt er sich in die Politik.
Der Mann: Aber sie hätten ihm nicht die Jacke zu zerreißen brauchen. So dick hat es unsereiner nicht[7].
Die Frau: Auf die Jacke kommt es doch nicht an.
Der Mann: Sie hätten sie ihm nicht zerreißen brauchen.

Furcht und Elend des Dritten Reiches, Szenenfoto

„Furcht und Elend des Dritten Reiches" (Auszug), aus: Bertolt Brecht, *Werke. Große kommentierte Berliner und Frankfurter Ausgabe*, Band 4: Stücke 4

1. jdm die Grube graben (ä, u, a): *tendre un piège à qqn* **2.** das Geländer: (ici) *la rampe* **3.** schleppen: *traîner* **4.** die Auslandssendung(en): *les émissions de la radio étrangère* **5.** die Wache: *le poste de police* **6.** Es geschieht ihm recht: *C'est bien fait pour lui.* **7.** So dick hat es unsereiner nicht: *On ne roule pas sur l'or.*

2 Überwachung in der DDR

A2-B1 **a.** Lesen Sie den Text. Berichten Sie über die Stasi (Gründungsjahr, Ort, Beziehung zur SED ...).

B1-B2 **b.** Notieren Sie ihre Aufgaben und Methoden.

Recherchieren *Das Leben der Anderen / Ballon*: Schauen Sie sich einen der beiden Trailer an. Sie können sich auch den ganzen Film ansehen. Berichten Sie dann in der Klasse darüber.

Ein umfassendes Überwachungssystem

Am 5. Februar 1950 wurde das Ministerium für Staatssicherheit, die Stasi, gegründet. Es galt als das „Schild und Schwert“[1] der SED (Sozialistische Einheitspartei Deutschlands). Die Aufgabe der Stasi war es, jegliches Verhalten zu unterbinden[2], das der Regierung gefährlich werden konnte. Egal wie. (...)

Die zentrale Dienststelle des Ministeriums für Staatssicherheit war in Berlin angesiedelt. Daneben gab es viele kleinere Bezirks- und Kreisverwaltungen, die unter anderem Schulen, Kirchen, Betriebe und die Polizei überwachten. 1989 zählte das Ministerium mehr als 90.000 hauptamtliche Mitarbeiter. Hinzu kamen schätzungsweise 189.000 Mitarbeiter, die inoffiziell agierten. Die Stasi überwachte somit fast alle Bereiche des öffentlichen und privaten Lebens.

Die Stasi-Mitarbeiter missachteten[3] Menschenrechte und Persönlichkeitsrechte, um Bürger systematisch zu bespitzeln. Sie überwachten Systemkritiker, kontrollierten ihre Post, hörten Telefonate ab und verschafften sich unerlaubt Zutritt zu ihren Wohnungen. Ihr Ziel: alles über das Leben des Betroffenen zu erfahren. (...)

Wer sich dem Staat widersetzte[4], war eine Bedrohung für das System.

1. das „Schild und Schwert“: *le bouclier et l'épée* **2.** unterbinden (a, u) = verbieten (o, o) **3.** missachten: *mépriser, ne pas respecter* **4.** sich (D) widersetzen: *s'opposer à*

Szene aus dem Film *Das Leben der Anderen* von Florian Henckel von Donnersmarck, 2007

3 Die Stasi-Akten

A2-B1 **a.** Schauen Sie sich das Video an und fassen Sie es zusammen (Kontext, Hauptthema).

B1-B2 **b.** Sammeln Sie Informationen über die Stasi-Akten: Was für Akten sind das?

c. Stellen Sie Wolf Biermann vor (Beruf, Leben in der DDR). Berichten Sie über die „Firma“ (ein DDR-Pseudonym für die Stasi).

Recherchieren Suchen Sie Informationen über Bärbel Bohley.

Vidéo

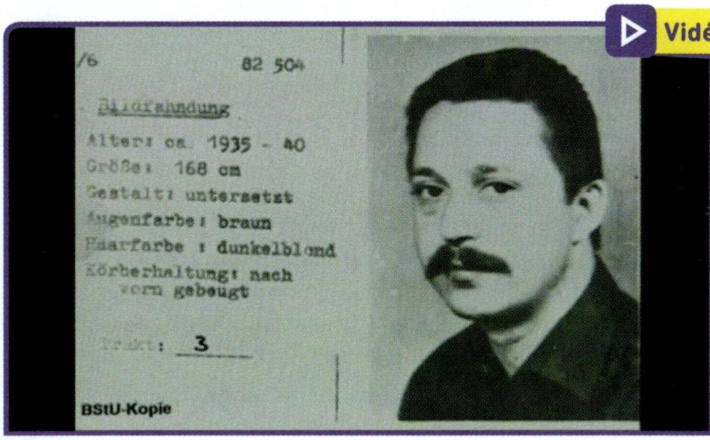

Stasi in 5 Minuten, bpb, 2015

Wortschatz

- **jdn verfolgen:** persécuter qqn
- **feige:** lâche
- **grausam:** cruel
- **jdn bespitzeln:** espionner qqn
- **jdn ab/hören:** mettre qqn sur écoute
- **jdn ein/schüchtern:** intimider qqn
- **der Regimegegner(-):** l'opposant au régime
- **jeden Widerstand brechen (i, a, o):** briser toute opposition

Gesagt – getan!

Schreiben Sie einen kurzen Beitrag zur Überwachung während der NS-Diktatur oder in der DDR.

Blick auf...

Aktuelle Formen der Überwachung

▸▸ Staatsüberwachung oder Überwachungsstaat?

1 Piraten gegen Überwachung

A2-B1 **a.** Sehen Sie sich das Plakat an. Was fällt Ihnen auf? Machen Sie sich Notizen (Thema, Partei, Slogan, Personen). Besprechen Sie Ihre Ergebnisse in der Klasse.

b. Wählen Sie zwei Adjektive, die für Sie am besten zum Plakat passen, und begründen Sie Ihre Wahl: **dumm**, **provozierend**, **humorvoll**, **aggressiv**, **wirkungsvoll**.

B1-B2 **c.** Wie interpretieren Sie den Slogan des Plakats?

Recherchieren Informieren Sie sich über das Programm der Piraten in Sachen Datenschutz.

BAC Inwiefern illustriert dieses Zitat das Thema „Espace privé et espace public"?

„Es ist höchste Zeit, dass wir uns gegen den ausufernden Überwachungswahn zur Wehr setzen und einen lauten digitalen Widerstand aufbauen."

Patrick Breyer, Spitzenkandidat der Piratenpartei zur EU-Wahl, der 2019 gewählt wurde

Wahlplakat der Piratenpartei 2013

2 Am Südkreuz wird wieder gefilmt

MP3

A2-B1 **a.** Hören Sie sich die Reportage an. In welcher Reihenfolge erscheinen folgende Themen? **Nicht überall und nicht jedermann / Probe am Bahnhof Südkreuz / Eine Kontroverse über biometrische Auswertung: legal oder illegal? / 80 Kameras laufen**

b. Hören Sie sich die Reportage noch einmal an und sammeln Sie Informationen (Wo? Was? Wann? Wozu? ...).

B1-B2 **c.** Listen Sie die Vor- und Nachteile der Videoüberwachung auf.

d. Welche Debatte findet hier statt? Wie stehen Sie dazu?

Recherchieren Erkundigen Sie sich über die Länder, die die Gesichtserkennung schon eingeführt haben. Berichten Sie darüber.

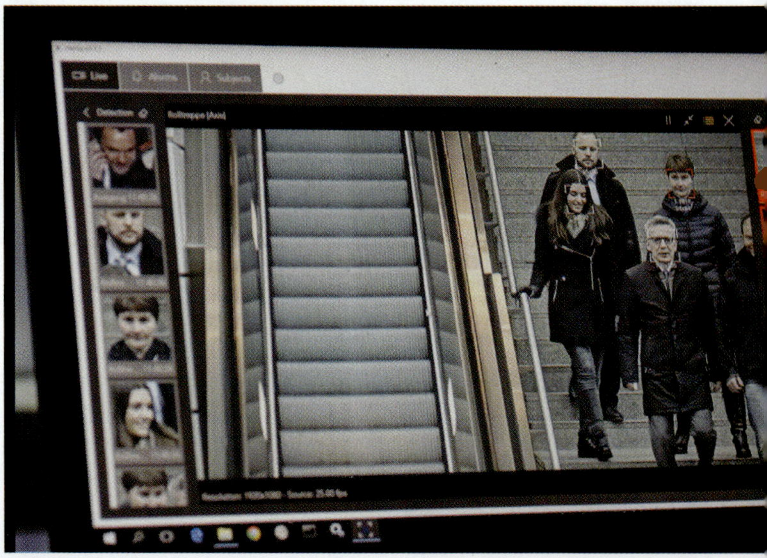

3 Individuelle Freiheit in Gefahr?

MP3

A2-B1 **a.** Lesen Sie den ersten Teil des Textes (Z. 1-16). Machen Sie sich Notizen zu der Situation (Was wird gemacht? Wo? Wann? ...).

B1-B2 **b.** Wer wird hier angesprochen? Rekonstruieren Sie den Tagesablauf dieser Person. Wer ist der allwissende Erzähler? Stellen Sie Hypothesen auf.

A2-B1 **c.** Lesen Sie den zweiten Abschnitt (Z. 17-25) und achten Sie dabei auf die Form des Textes. Notieren Sie, was die Person jetzt macht und präzisieren Sie die Erzählperspektive.

B1-B2 **d.** Wie lässt sich der Titel des Romans erklären?

e. Lesen Sie nun den Text zu Ende. Was denunzieren die zwei Autoren? Wie?

Der Wecker klingelt. (...)
Sie ziehen den Vorhang am Küchenfenster zu, damit der Nachbar von gegenüber nicht hereinschauen kann (...).
Wie jeden Morgen rufen Sie Ihre privaten E-Mails ab. Die sind schon überprüft worden[1] – nicht nur von Ihrem Virenscanner. Sie haben noch ein paar Minuten Zeit, bevor Sie zur Arbeit müssen, also rufen Sie die eine oder andere Webseite auf[2] – die Kripo weiß, welche, wenn sie möchte, und kann das auch in sechs Monaten noch überprüfen. Sie nehmen schnell noch eine Überweisung vor[3], die Ihnen gerade eingefallen ist – die zuständigen Behörden wissen, an wen. Zum Glück heißen Sie Müller, das schützt ein wenig. (...)
Sie eilen zur Haustür hinaus. Die Überwachungskamera Ihres Wohnkomplexes beobachtet jeden Ihrer Schritte. Auch beim Betreten der U-Bahn-Station werden Sie gefilmt, ebenso auf dem Bahnsteig und in der Einkaufspassage, wo Sie eine Zeitung kaufen. (...) Sie haben am Bankautomaten wieder 1000 Euro abgehoben[4]. Wozu brauchen Sie so viel Bargeld? Außerdem ist Ihr Stromverbrauch im letzten Monat um 12,4 Prozent gestiegen. Verstecken Sie jemanden? In der Stadtbibliothek leihen Sie sich in letzter Zeit merkwürdige Bücher aus, über zivilen Ungehorsam und die Pariser Kommune. (...) Warum sind Sie letzte Nacht eigentlich so lange um den Block gelaufen? Sie hatten Ihr Handy nicht ausgeschaltet[5] – da weiß man genau, wo Sie sind. (...)
Alles geschieht zu Ihrem Besten. Der Staat passt auf Sie auf. Der Staat ist Ihr Vater und Ihr Beschützer. Er muss wissen, was seine Kinder treiben. Wenn Sie nichts Schlimmes verbergen, haben Sie auch nichts zu befürchten. (...) Wenn Sie mitspielen, müssen Sie keine Angst haben. Wir sind nicht die Stasi oder das FBI. Sie leben in einer gesunden Demokratie.

Ilija Trojanow, Juli Zeh, *Angriff auf die Freiheit. Sicherheitswahn, Überwachungsstaat und der Abbau bürgerlicher Rechte*, 2009

1. überprüfen: *vérifier* **2.** eine Webseite auf/rufen (ie, u): *aller sur un site web* **3.** eine Überweisung vor/nehmen (i, a, o): *procéder à un virement* **4.** Geld ab/heben (o, o): *retirer de l'argent* **5.** aus/schalten: *éteindre*

Wortschatz

- **etw./jdn beobachten:** observer qqch./qqn
- **etw./jdn gefährden:** mettre qqch./qqn en danger
- **das Privatleben vor (+ D) schützen:** protéger la vie privée de
- **der Datenschutz:** la protection des données
- **etw./jdn verstecken = verbergen:** cacher qqch./qqn
- **umstritten sein:** être contesté
- **heimlich:** en cachette, secrètement
- **verdächtig:** suspect

Gesagt – getan!

Erstellen Sie zu zweit ein Protestplakat gegen die Überwachungsmethoden im heutigen Deutschland.

Grammatik macht Sinn

L'interrogation directe et indirecte

REPÈRES GRAMMATICAUX PP. 246, 256-257

KURZ UND GUT

a. **Observez les phrases suivantes. Classez les interrogatives selon qu'elles sont directes ou indirectes.**

b. **Traduisez-les et classez les interrogatifs (personne, temps, lieu, but, manière...).**

A2-B1

Hast du schon über den Schutz deiner Daten nachgedacht?

Wer hat Daten von dir gesammelt?

Wen kann das wohl interessieren?

Was erfährt man über mich, wenn man alle meine Daten verknüpft?

Ich frage mich, ob ich das verhindern kann.

Und ich möchte wissen, warum mich keine App wirklich davor schützt.

Welche anderen Informationen kann man über mich noch im Netz finden?

B1-B2

Von wem werde ich so überwacht?

Wozu machen sie das?

Wovor soll ich mich fürchten?

Woran soll ich beim Internetsurfen denken?

A2-B1 **1** **En binôme, faites la liste de tous les interrogatifs en *W-* que vous connaissez. Vous avez trois minutes ! Comparez ensuite les résultats avec ceux de vos camarades et faites une synthèse que vous recopierez dans votre cahier.**

A2-B1 **2** **À quelle question répondent les phrases suivantes ? Il existe de multiples solutions.**

a. Mein Handy steckt immer in meiner Tasche.
b. Nein, beim Betreten eines Supermarktes schalte ich mein Handy nicht aus.
c. Ja, ich weiß, dass meine Bewegungen beobachtet werden.
d. Das findet man anhand der Signalstärke deines Handys heraus.
e. Weil die Verkäufer dich mit diesen Informationen besser kennen.
f. Nein, es ist nicht schlimm, ich habe nichts zu verbergen.

B1-B2 **3** **Traduisez les phrases suivantes en allemand.**

a. De quoi as-tu peur ?
b. Qu'as-tu raconté dans ton article ?
c. Je ne peux pas savoir à quoi tu penses.
d. Que respectes-tu ?
e. Je me demande de quoi il est question dans la vidéo.

Wortschatz macht Sinn

Vokabeln lernen

Die Überwachung

- **jdn beobachten:** observer qqn
- **jdn überwachen, kontrollieren:** surveiller, contrôler qqn
- **jdn bespitzeln = aus/spionieren:** espionner qqn
- **die Behörde(n):** l'administration, l'autorité compétente
- **der Spion(e):** l'espion
- **der Spitzel(-):** l'informateur, l'indic
- **die Wanze(n):** le micro, le mouchard
- **jdn ab/hören:** mettre qqn sur écoute
- **vor (+ D) Angst haben:** avoir peur de
- **verdächtig:** suspect
- **jdn erkennen (a, a):** reconnaître qqn
- **heimlich:** secrètement, en cachette

Die Diktatur

- **an die Macht kommen (a, o):** arriver au pouvoir
- **die Macht ergreifen (i, i):** prendre le pouvoir
- **jdm etw. verbieten (o, o):** interdire qqch. à qqn
- **gleich/schalten:** mettre au pas
- **etw. / jdn unterdrücken:** réprimer, opprimer qqn / qqch.
- **jdn verhaften:** jeter qqn en prison
- **jdn foltern:** torturer qqn
- **jdn verraten (ä, ie, a):** trahir qqn
- **jdn töten = ermorden:** tuer, assassiner qqn
- **jdn ein/schüchtern:** intimider qqn
- **Daten speichern:** stocker des données
- **der Regimegegner(-) = der Regimekritiker(-):** l'opposant au régime
- **jdn verhören:** interroger qqn

Die Demokratie

- **seine Meinung frei äußern:** exprimer librement son opinion
- **die Meinungsfreiheit:** la liberté d'opinion
- **seine Grundrechte verteidigen:** défendre ses droits fondamentaux
- **jdn/etw. vor (+ D) schützen:** protéger qqn/qqch. de
- **der Datenschutz:** la protection des données
- **die Privatsphäre = das Privatleben:** la sphère / la vie privée
- **das Briefgeheimnis:** le secret de la correspondance
- **Respekt vor (+ D) haben:** avoir du respect pour
- **etw. / jdn verstecken = verbergen (i, a, o):** cacher qqch. /qqn
- **für (+ A)/gegen (+ A) kämpfen:** lutter pour/contre

Vokabeln aktiv

1 Trouvez dans le vocabulaire ci-dessus le ou les verbes correspondant aux définitions.

a. etwas an einen Ort bringen, wo es nicht gesehen wird
b. jemanden heimlich beobachten
c. etwas, das geheim bleiben sollte, weitersagen
d. jemandem Angst machen, um ihn zu manipulieren
e. jemanden sehen und (dann) wissen, wer er ist

2 Complétez les prises de position suivantes avec le mot ou l'expression qui convient.

a. In meiner ... hat der Staat nichts zu suchen.
b. Wenn jemand ... ist, ist es normal, ihn zu überwachen.
c. Ich habe nichts zu … Meinetwegen kann der Staat in jede Ecke meiner Wohnung ... einbauen, um mich abzuhören.
d. Niemand darf meine Post lesen. Das ... ist ein Grundrecht.

3 Traduisez les phrases suivantes en allemand.

a. Wolf Biermann savait qu'il était observé. (Attention à l'emploi du passif.)
b. Qui étaient les opposants du régime ?
c. En RDA, des opposants au régime étaient jetés en prison et torturés.
d. Tous ont lutté pour défendre leurs droits fondamentaux.
e. Ils n'ont pas peur d'exprimer librement leur opinion.

Prosodie und Phonetik

MP3

La prononciation de la lettre « h »

En début de mot ou au début du radical d'un mot, le « h » n'est pas muet, on doit l'entendre, ce qui n'est pas le cas en français. S'il n'y a pas de « h », il faut veiller à ne pas aspirer la voyelle.

a. Écoutez les mots ou expressions suivants, notez ceux qui comportent un « h » aspiré. Répétez-les après les avoir écoutés à nouveau.
b. Notez les phrases que vous entendez.

Projekt — Eine Meinungsumfrage zum Thema „Überwachung" machen

Machen Sie eine Umfrage zu einem der beiden Themen:

Thema A
Kameras am Schuleingang, sind Sie dafür oder dagegen? Warum?

Thema B
Überwachung und Privatsphäre: Dient Überwachung eher der Sicherheit oder gefährdet sie vielmehr die Privatsphäre?

Werten Sie diese Umfrage aus und berichten Sie kurz über die Ergebnisse.

Médiation

Zwischen den Kulturen

Berichten Sie auf Deutsch über die Situation eines Landes, dessen Kultur Ihnen vertraut ist. Werden die Menschen überwacht? Dürfen sie sich frei äußern? Ist die Privatsphäre der Menschen Ihrer Meinung nach gefährdet?

Über die Grenzen hinaus

Stellen Sie Ihrer Partnerklasse die Ergebnisse Ihrer Meinungsumfrage vor. Bitten Sie sie, das Resultat zu kommentieren und eine ähnliche Umfrage an ihrer Schule durchzuführen. Sie können dann eventuell eine Videokonferenz organisieren.

Schritt für Schritt

Eine Umfrage durchführen und über die Ergebnisse berichten

1 Notez toutes les questions que vous pourriez poser et organisez votre questionnaire.

Tipp!
Pour formuler des interrogations, reportez-vous au point de grammaire de l'unité (p. 64).

2 Établissez un tableau récapitulatif pour noter les réponses.

Thema A
Zahl der Befürworter / Zahl der Gegner
Argumente dafür / Argumente dagegen

Thema B
Ja / Nein
***Wo?** Auf der Straße / auf dem Bahnhof / am Flughafen / in der Schule ...*
***Wann?** Beim Telefonieren / beim Surfen im Internet ...*
***Wozu?** um ... vorzubeugen / um ... zu schützen ...*

3 Préparez la synthèse des résultats sous forme de pourcentages. Vous pouvez les faire apparaître sous forme de graphique. Commentez-les.

- *... Prozent der Schüler meinen, dass ...*
- *Ein Drittel/Viertel der Schüler unserer Klasse ... / die Hälfte ... / mehr als die Hälfte ...*
- *etw. befürworten / sich für oder gegen etw. aus/sprechen*
- *Zunächst / zudem / ferner / außerdem ...*
- *Sie sind nämlich der Meinung, dass ... / Sie sind fest davon überzeugt, dass ...*
- *Aus diesem Grund ... deshalb / deswegen ...*

4 Entraînez-vous à présenter oralement les résultats de votre sondage à partir de votre synthèse.

Partie 1 Compréhension de l'oral

Sehnsucht nach dem Überwachungsstaat

Quer, BR, 11.10.2019 / Durée : 1 min. 40

En rendant compte, en français, du document, vous montrerez que vous avez compris :

- le thème principal du document ;
- la situation, les informations ;
- la fonction et la portée du document (relater, informer, convaincre, critiquer, dénoncer, etc.)

MÉTHODOLOGIE

→ Méthodologie p. 232

ÉTAPE 1 ▶ Identifier la situation d'énonciation et le contexte externe

- Lisez tout d'abord le titre du document, et la date de publication. Formulez des hypothèses sur la thématique.
- Identifiez les différents locuteurs et leur statut.
- Quelle est la nature du document (reportage, interview, publicité...) ?

ÉTAPE 2 ▶ Identifier les réseaux de sens

- Repérez les différents aspects du thème abordé et les points de vue exprimés.
- Notez l'organisation du document (thématique, linéaire, chronologique...).

ÉTAPE 3 ▶ Relever les stratégies de communication

- Quel est le ton adopté par le journaliste ?
- Indiquez l'objectif de ce document (promouvoir, informer, alerter, communiquer, etc.).

Partie 2 Expression écrite

Behandeln Sie Thema A oder Thema B (mindestens 100 Wörter).

Thema A

In Mainz findet eine Demonstration gegen Überwachung und Zensur statt. Schreiben Sie als Journalist(in) einen Artikel über diese Demonstration. Geben Sie auch den Standpunkt einiger Demonstranten wieder.

Thema B

Mit welcher Aussage sind Sie einverstanden? Begründen Sie Ihre Meinung.

Rainer (67) Es ist die Rolle des Staates, die Sicherheit der Bürger zu garantieren. Ich glaube, Überwachungskameras spielen dabei eine wichtige Rolle.

Julia (34) In meiner Stadt wurden Überwachungskameras installiert. So ein Skandal! Und mein Privatleben?

Geben Sie auch die Meinungen der interviewten Personen wieder. Haben Sie Verständnis für ihre Argumente?

MÉTHODOLOGIE Thema A

→ Méthodologie p. 239

ÉTAPE 1 ▶ Lisez le sujet pour comprendre les attendus. Relevez les mots-clés pour repérer la situation. Appuyez-vous sur le vocabulaire transparent et le vocabulaire étudié dans l'unité.
S'agit-il ici de raconter, d'argumenter, de prendre position, de rendre compte de points de vue ?
Déterminez le statut du narrateur et son positionnement.

ÉTAPE 2 ▶ Préparez votre écrit.
Notez les mots et expressions qui vous viennent à l'esprit pour rendre compte de l'événement (date, lieu précis, atmosphère, personnes – leur nombre, leurs attitudes, leurs paroles...).
Déterminez la tonalité de votre écrit en fonction du point de vue retenu (objectif, partial, ironique...).

ÉTAPE 3 ▶ À partir de vos notes, rédigez une ou deux phrases d'introduction pour contextualiser l'événement, un paragraphe apportant toutes les informations, un paragraphe pour apporter quelques témoignages, une phrase de conclusion.

Partie 1 Compréhension de l'écrit

Text A **Marie Marcks: „Ich habe meinen Vornamen abgekürzt"**

Text B **Alice Schwarzer: „WIR SIND KEINE FRAUENZEITSCHRIFT!"**

a. Lesen Sie beide Texte. Geben Sie den Inhalt kurz wieder. Beachten Sie dabei folgende Punkte:
– Textsorte und Hauptthema;
– Hauptinformationen über Marie Marcks und Alice Schwarzer (Karriere, Erfahrungen ...);
– Gemeinsamkeiten und Unterschiede zwischen den beiden Frauen.

b. Kommentieren Sie folgende Textstelle (Text A, Z. 35-36): „Durch meine vielen Karikaturen, da habe ich schon etwas angestoßen."

c. Inwiefern waren diese zwei Frauen Vorreiterinnen?

MÉTHODOLOGIE

→ Méthodologie p. 234

ÉTAPE 1 ▶ Identifier le contexte externe et la situation d'énonciation
- Lisez attentivement les titres de chaque texte, leur source et les lignes introductives en vous appuyant sur les mots transparents pour identifier l'identité des personnes dont il est question, la nature et la thématique commune des deux documents.

ÉTAPE 2 ▶ Repérer les réseaux de sens
- Pour chacun des textes, notez les mots-clés pour repérer les idées principales dans les réponses de chaque personne : ce qui a motivé son engagement, la forme qu'il a pris, sa carrière, ses actions, son bilan... Appuyez-vous sur les questions posées, sur les mots connus ou transparents, le contexte, vos connaissances sur le sujet.
- Les textes sont-ils complémentaires ? En opposition ? Notez les points communs ou les divergences pour dégager les réseaux de sens et le rapport entre les deux textes.

ÉTAPE 3 ▶ Relever les stratégies de communication
- Quel est l'objectif de chaque texte (informer, critiquer, sensibiliser...) ?
- Dans quel contexte et quelle problématique s'inscrivent-ils ?

Text A

„Ich habe meinen Vornamen abgekürzt"

Die Karikaturistin Marie Marcks (1922-2014) hat sich in einer Männerbranche durchgesetzt.

ZEITmagazin: Frau Marcks, in einem Interview haben Sie mal erzählt, dass Sie als Kind in Ihrem Tagebuch notiert haben: „Habe ich eine Wut, dass ich ein Mädchen bin." Warum wollten Sie kein Mädchen sein?

Marie Marcks: Ich hatte Karl May entdeckt, Winnetou und Old Shatterhand waren wunderbar und fabelhaft, Helden, die man anbeten konnte. Winnetous Schwester Nscho-Tschi hingegen durfte auf der Wiese Blumen pflücken[1] und wurde von den Komantschen entführt[2]. Mädchen zählten in meiner Kindheit einfach nicht. So haben wir uns in die Welt der Männer gedichtet, wollten ihnen nacheifern[3], ebenso mutig sein. Hätten meine Eltern in dasselbe Horn getutet: „Halt den Mund, du bist ein Mädchen", dann wäre dieser Drang abgewürgt worden[4]. Dankenswerterweise hatte ich Eltern, die Sinn für mich und viel Humor hatten. Meine Mutter war ja ebenfalls sehr emanzipiert und hatte eine eigene Kunstschule. (...)

ZEITmagazin: Sie waren ja lange die einzige Frau, die zu allen politischen Themen als Karikaturistin gearbeitet hat.

Marcks: Anfangs habe ich noch meinen Vornamen abgekürzt, damit man nicht weiß, dass ich eine Frau bin. Ich wollte nicht nur auf Frauenthemen beschränkt sein. Alice Schwarzer fragte mich für die *Emma* an, aber mein Cartoon war ihr dann doch zu „männerfreundlich". (...) In der *Süddeutschen Zeitung* konnte ich die gesamte Tagespolitik abdecken: Rüstung, Friedensbewegung, Grüne, Neonazismus. Humor ist unheimlich wichtig, auch in der politischen Karikatur, das Lächerlichmachen ist viel wirksamer, als zu dozieren. (...) Ich war zwar nie in der Frauenbewegung, doch durch meine vielen Karikaturen, da habe ich schon etwas angestoßen[5].

Aus: Herlinde Koelbl, *DIE ZEIT*, 26.06.2012

1. auf der Wiese Blumen pflücken: *cueillir des fleurs dans la prairie*
2. jdn entführen: *enlever qqn*
3. jdm nach/eifern: *prendre modèle sur qqn*
4. einen Drang ab/würgen: *étouffer un désir*
5. etw. an/stoßen (ö, ie, o): *(ici) faire bouger qqch.*

Text B

„WIR SIND KEINE FRAUENZEITSCHRIFT!“

*Die deutsche Journalistin und Publizistin Alice Schwarzer (*1942) ist die bekannteste deutsche Feministin. Am 26. Januar 1977 erschien mit* Emma *eine der ersten deutschen feministischen Zeitschriften. Seitdem macht das Magazin auf unbequeme Themen aufmerksam*[1]*. (...)*

Frau Schwarzer, *Emma* ist und war Ihnen ein Herzensprojekt – so sehr, dass Sie die erste Ausgabe sogar selbst finanzierten!
Ich war damals nicht die einzige, die zu der Überzeugung kam, dass wir engagierten Journalistinnen eine eigene, unabhängige Stimme brauchen. (...) Mit Aufbruch der Frauenbewegungen im Westen Ende der 1960er-, Anfang der 1970er-Jahre waren Frauenfragen politisch und brisant geworden, und die Männer zogen die Themen an sich. Ihr Frauen seid nicht objektiv, hieß es. Wir Journalistinnen stießen[2] zunehmend auf verschlossene Türen mit unseren Themenangeboten. Eine eigene Stimme musste her! (...)
Emma hat das Bewusstsein[3] der Gesellschaft verändert und das Selbstbewusstsein der Frauen gestärkt. *Emma* hat Gesetze beeinflusst und Tabus gebrochen – und so auch die anderen Medien gezwungen, lange verschwiegene[4] Themen aufzugreifen. (...)

Seit der ersten Veröffentlichung der *Emma* am 26. Januar 1977 hat sich die Situation der Frauen in Deutschland in puncto Gleichberechtigung entschieden verbessert. Brauchen wir heute noch eine feministische Zeitschrift?
Die Frage ist berechtigt. Niemals hätte ich mir früher träumen lassen, dass Frauen im Jahr 2017 so die Welt offen steht und wir sogar eine sehr erfolgreiche Kanzlerin haben. Andererseits gibt es noch so manches alte Problem und neue dazu. Eines der alten Probleme ist die Arbeitsteilung zwischen Männern und Frauen. 47 Prozent aller berufstätigen Frauen in Deutschland arbeiten Teilzeit. Das bedeutet: ökonomische Unselbstständigkeit und, bei Trennung, dramatische Altersarmut. Und dann ist da der Jugend- und Schönheitswahn ... Also: allerhand zu tun!

Aus: www.goethe.de
Text: Goethe Institut, Stefanie Zobl

1. jdn auf (+ A) aufmerksam machen: *attirer l'attention de qqn sur*
2. auf (+ A) stoßen (ö, ie, o): *se heurter à*
3. das Bewusstsein: *la conscience*
4. verschweigen (ie, ie): *passer sous silence*

Partie 2 Expression écrite

Behandeln Sie Thema A oder Thema B (mindestens 100 Wörter).

Thema A

Marie Marcks führte in ihrer Kindheit Tagebuch. Sie erzählt von ihrem Leben als kleines Mädchen. Was sie gerne machte, was sie spielte, wovon sie träumte, was sie ärgerte ... Schreiben Sie eine Seite dieses Tagebuchs.

Thema B

Die Gleichstellung von Mann und Frau: Ist Ihrer Meinung nach das Ziel erreicht? Was kann noch getan werden? Von wem? Wie (Gesetze, Demonstrationen, Filme, Karikaturen ...)? Was halten Sie persönlich davon?

MÉTHODOLOGIE Thema B

→ Méthodologie p. 239

ÉTAPE 1 ▸ Lisez le sujet. Repérez et analysez sa forme et le type de réponse attendue en vous appuyant sur les mots-clés, la thématique abordée et la ponctuation (deux points, points d'interrogation, parenthèses). Que signifient *Ihrer Meinung nach*? *Persönlich*? S'agit-il de raconter, de rendre compte, d'argumenter, de prendre position ?

ÉTAPE 2 ▸ Préparez votre écrit. Notez les idées, arguments ou exemples qui vous viennent à l'esprit.
Mobilisez vos connaissances sur le sujet, le lexique et les structures dont vous disposez. Vous pouvez également vous appuyer sur les textes proposés en compréhension.
Organisez vos notes en fonction du point de vue que vous adoptez.
Nuancez votre point de vue : étayez-le avec des arguments et des exemples tirés de l'unité étudiée mais aussi de références personnelles (film, lecture, BD...). Prenez en compte d'éventuels contre-arguments.
Les questions posées sont autant de pistes qui peuvent guider votre réflexion et vous aider à élaborer votre réponse.

ÉTAPE 3 ▸ Rédigez votre texte. Faites une ou deux phrases pour introduire le sujet (thème, question posée...).
Rédigez au moins deux petits paragraphes en utilisant des connecteurs chronologiques (*Früher / In den 60er Jahren / Heutzutage* ...) ou logiques (cause / conséquence : *denn*, *da*, *deshalb*, *aus diesem Grund* ...).
Rédigez une phrase de conclusion : *Ich bin eher pessimistisch / optimistisch / In der Tat ...*

Partie 1 Compréhension de l'oral

→ Méthodologie p. 232

Doc. 1 **Ist Religionsunterricht zeitgemäß?**

ARD Mittagsmagazin, 04.01.2019 / Durée : 1 min. 42

En rendant compte, en français, du document, vous montrerez que vous avez compris :

- le thème principal du document ;
- la situation, les informations ;
- la fonction et la portée du document (relater, informer, convaincre, critiquer, dénoncer, etc.).

Partie 2 Compréhension de l'écrit

→ Méthodologie p. 234

Doc. 2 **Weiterentwicklung des Religionsunterrichts für alle**

Doc. 3 **Alternative zum Schulfach Religion: Baden-Württemberg weitet Ethik-Unterricht aus**

Antworten Sie auf Deutsch.

a. Lesen Sie beide Texte. Geben Sie den Inhalt kurz wieder. Beachten Sie dabei folgende Punkte:
– Textsorte und Hauptthema;
– Hauptinformationen der beiden Texte (Wo? Was? Wer? …).

b. Kommentieren Sie folgende Textstelle (Doc. 3, Z. 24-26): „Wer sich aber aus dem Fach Religion abmeldet, dürfe nicht alleine gelassen werden bei seiner Suche nach Orientierung in einer modernen, digitalen Welt."

Compréhension de l'ensemble du dossier

c. Was macht das Spezifische der religiösen Frage an den deutschen Schulen aus?

Doc. 2

Weiterentwicklung des Religionsunterrichts für alle

Hamburger Modell – der Religionsunterricht für alle: Im Unterschied zu den anderen Bundesländern, wo Religionsunterricht nach Konfessionen und Religionen getrennt erteilt wird, besuchen in Hamburg alle Schülerinnen und Schüler einer Klasse den Religionsunterricht. Natürlich besteht auch in Hamburg die Möglichkeit, sich vom Religionsunterricht abzumelden[1]. Diese Möglichkeit wird allerdings nur von einer kleinen Zahl von Schülerinnen und Schülern in Anspruch genommen[2]. (…)

Gemeinsame Verantwortung für den Religionsunterricht: Schulbehörde und anerkannte Religionsgemeinschaften Hamburgs arbeiten zurzeit daran, ein Modell unter dem Dach von Artikel 7 des Grundgesetzes zu entwickeln, in dem Inhalte des Religionsunterrichts von allen beteiligten Religionsgemeinschaften gleichberechtigt verantwortet und die Schülerinnen und Schüler weiterhin im Klassenverband unterrichtet werden können. Neben der evangelischen Kirche nehmen daran die muslimischen Verbände Schura, Ditib und VikZ, die alevitische Gemeinde[3] und die jüdische Gemeinde Hamburg teil. Ermöglicht wurde dies durch den

2012 geschlossenen Vertrag der Stadt Hamburg mit muslimischen und alevitischen Gemeinschaften, in dem diese als Religionsgemeinschaften anerkannt wurden. (...)

Ziel der Weiterentwicklung des „Religionsunterrichts für alle“ ist es, unter anderem zu ermöglichen, dass neben evangelischen Lehrkräften zukünftig auch muslimische, alevitische und jüdische Religionslehrerinnen und Religionslehrer das Fach unterrichten können. Pilotprojekte wurden durchgeführt und evaluiert.

Aus: www.li.hamburg.de,
Landesinstitut für Lehrerbildung und Schulentwicklung

1. sich ab/melden: *se désinscrire*
2. etw. in Anspruch nehmen (i, a, o): *recourir à qqch.*
3. die alevitische Gemeinde: *la communauté alévite, communauté religieuse particulièrement importante en Turquie, reconnue en Allemagne*

Doc. 3

Alternative zum Schulfach Religion: Baden-Württemberg weitet Ethik-Unterricht aus

„Schwerpunkt ist im Ethikunterricht mittlerweile die ethisch-moralische Urteilskompetenz. Dafür brauche ich eine Wertebasis[1], um zu einer dezidierten Entscheidung gelangen[2] zu können“, so Ethik-Lehrer Martin Möller. Einige Schüler sind regelrecht hungrig nach dieser Art von „Wertebasis“: „Weil es sehr interessant ist. Also solche grundsätzliche Fragen, zum Beispiel auch Menschenwürde[3], Recht auf Leben und Tod, solche Sachen.“

Doch zukünftig soll es mit dem Ehtik-Unterricht bereits in der Unterstufe[4] losgehen, ab Klasse fünf, und das auch noch in allen Schularten. Das hat nun die baden-württembergische Landesregierung beschlossen. Denn: Ethik gilt als Alternative zum klassischen Religionsunterricht, von dem sich immer mehr Schülerinnen und Schüler abmelden: „In den Realschulen ist es so, dass knapp ein Drittel der Schüler, ebenso in den Gemeinschaftsschulen ein knappes Drittel, ein Viertel bei den Gymnasien und mehr als die Hälfte der Schülerinnen und Schüler der Haupt- und Werkrealschulen nicht am Religionsunterricht teilnehmen“, so Baden-Württembergs CDU-Kultusministerin Susanne Eisenmann. Wer sich aber aus dem Fach Religion abmeldet, dürfe nicht alleine gelassen werden bei seiner Suche nach Orientierung in einer modernen, digitalen Welt. Das Schulfach Ethik versteht Gymnasiallehrer Martin Müller dann auch als Hilfe zum „Zurechtfinden“ im Alltag. „Denn früher war die Welt viel geordneter. Jetzt haben wir das so nicht mehr, sondern es gibt ganz viele Angebote, und ich muss selber meinen eigenen Kompass[5] haben, um zu entscheiden: Wo ist der richtige Weg?“

Ethik-Unterricht als eine Art „Kompass für den richtigen Weg“: Daran orientieren sich dann auch die Inhalte, die unterrichtet werden. (...)

Langfristig werde Ethik auch an den Grundschulen kommen. (...) Und das macht Sinn, findet Ethik-Lehrer Martin Möller aus Friedrichshafen: „Ich kann mich bereits mit Fünftklässlern darüber unterhalten: Inwieweit ist es richtig, zu lügen oder nicht? Und inwieweit sind gewisse Werte auch für einen Fünftklässler vorhanden oder nicht? Es gibt Philosophieprofessoren, die in den Kindergarten gehen. (...)“

Aus: Thomas Wagner, Deutschlandfunk Kultur, 19.05.2018

1. der Wert(e): *la valeur*
2. zu (+ D) gelangen: *accéder à*
3. die Menschenwürde: *la dignité humaine*
4. die Unterstufe: *le collège*
5. der Kompass: *la boussole*

Partie 3 Expression écrite

→ Méthodologie p. 239

Behandeln Sie Thema A oder Thema B (mindestens 100 Wörter).

Thema A

Nehmen Sie Stellung zu Andreas' Kommentar auf dem Schulblog.

> **Andreas** Religionsunterricht ist für mich genauso wichtig wie Mathematik und Sprachunterricht. Hier suchen wir zusammen nach Antworten auf viele lebenswichtige Fragen: Warum soll ich niemandem Gewalt antun? Wie handle ich richtig? Wie wichtig ist mir Freundschaft? Wie kann man Konflikte lösen? Was hat mein Kleidungskauf mit Menschenrechten zu tun?

Thema B

Denken Sie, dass man Religionsunterricht oder Ethik (Normen und Werte) in Frankreich einführen sollte?

Partie 4 Expression orale

Vous disposez de cinq minutes maximum pour expliquer en allemand quel document (A ou B) ou quelle citation (C ou D) illustre le mieux, à votre sens, l'axe « Espace privé et espace public » et pour justifier votre choix.

MÉTHODOLOGIE

→ Méthodologie p. 241

ÉTAPE 1 ▶ Choisissez le document qui vous semble le plus parlant et le plus riche.

- Pour expliciter et justifier votre choix, appuyez-vous :
  Pour le document iconographique,
  – sur différents aspects de l'image (type d'image, source, composition, atmosphère, couleurs, situation, texte, etc.) ;
  Pour la citation,
  – sur les mots-clés de la citation, l'auteur (sa fonction, son statut, etc.), le contexte (historique, sociologique, politique) ;
  – sur son sens et sa portée.

Ich habe dieses Bild / dieses Zitat gewählt, weil ...
Meiner Meinung nach illustriert dieses Bild / dieses Zitat am besten ...
Dieses Bild / dieses Zitat passt am besten zur Thematik ...

- Vous pouvez également interroger la pertinence du document.

Aber ich finde, dass ...
Dieses Bild entspricht meiner Meinung nach nicht genau (+ D).

ÉTAPE 2 ▶ Mobilisez les connaissances et expériences que vous évoque le document choisi pour approfondir et/ou élargir le sujet.
Faites le lien avec des documents étudiés en classe : *Dieses Bild / dieses Zitat erinnert mich an einen Text, an ein Bild ...*

A Marie Marcks, *Gleichberechtigung von Mann und Frau*, 1980

B Christiane Pfohlmann, *Soziale Laterne*, 2015

C

Wenn Sie in der Öffentlichkeit sind, müssen Sie damit rechnen, dass Sie beobachtet werden.

Wolfgang Schäuble, Politiker

D

Hausarbeit ist Menschenarbeit und nicht Frauenarbeit.

Alice Schwarzer, Journalistin

KAPITEL 6

„Fröhlich sein und singen“

▶▶ Musik in der DDR:
Instrument der Macht oder Mittel zum Widerstand?

Demonstration am 1. Mai 1973 in Ost-Berlin mit einer Musikgruppe der nationalen Kinderorganisation „Ernst Thälmann“

Auf geht's!

a. Schauen Sie sich das Foto an. Beschreiben Sie kurz die Szene.
b. Informieren Sie sich über die Jungpioniere in der DDR.

Blick auf...

Musik im Dienst des Sozialismus

▸▸ **Kann man mit Musik das Image und die Macht des Staates festigen?**

1 Musik für die kommunistische Idee

A2-B1 **a.** Lesen Sie den Text und machen Sie sich Notizen (Hauptthema, Kontext).

b. Geben Sie dann für jeden Abschnitt den Hauptgedanken auf Französisch wieder.

B1-B2 **c.** Welche Art Musik wurde in der DDR gefördert? Verboten? Aus welchen Gründen?

Auftritt einer Sängergruppe der Freien Deutschen Jugend im Kulturhaus Leuna, 1970er

Sei es der Sport oder die Kultur: Die DDR präsentierte sich nach außen stets als Bildungsland[1]. Jeder Bewohner der DDR sollte die Möglichkeit besitzen, sich kulturell zu bereichern. Aus diesem Grund wurden nicht nur in den städtischen Zentren kulturelle Einrichtungen errichtet, sondern auch im ländlichen Raum. So hatte nahezu jedes Theater beispielsweise ein eigenes Musikensemble.

Trotzdem sollte jeder Bereich an den Sozialismus angeglichen werden[2] – auch in der Kultur. So musste auch der Komponist seinen Beitrag zur sozialistischen Gesellschaft leisten. (...)

Den Krieg hatten viele Komponisten im Exil verbracht – meist in den USA. (...) Nach dem Krieg entschieden sich zum Beispiel Paul Dessau und Hanns Eisler bewusst, in die DDR zu ziehen, um sich dort aktiv am Aufbau des Sozialismus zu beteiligen. (...)

Während die SED in der Musik den Sozialistischen Realismus[3] forderte, entwickelten sich außerhalb (und später auch innerhalb) der DDR moderne Strömungen[4]. Der Sozialistische Realismus lehnte sich an historische Musikströmungen wie die Romantik an: eingängige Melodien, verständliche Themen und gut begleitbare Takte. In den moderneren Strömungen experimentierten die Komponisten mehr mit Atonalitäten und Arrhythmien (...). Avantgardistische Musik wurde somit von der SED als kapitalistisch bezeichnet. Da sie nicht für die Masse geeignet schien, wurde sie meist auch nicht gespielt.

1. das Bildungsland(¨er): *le pays de culture* **2.** an den Sozialismus angeglichen werden: *être ajusté, adapté au socialisme* **3.** der Sozialistische Realismus = Stilrichtung, die von der Sowjetunion ausging und sich im ganzen Ostblock verbreitete **4.** die Strömung(en): *le courant (artistique)*

2 Musik auf Weltniveau

A2-B1 **a.** Sehen Sie sich das Video an und sammeln Sie Informationen zum Kontext.

B1-B2 **b.** Machen Sie sich Notizen zur Bedeutung der klassischen Musik in der DDR.

Vidéo

Klassik und Kalter Krieg: Musiker in der DDR, Thomas Zintl, 2009

3 Lipsi statt Rock?

A2-B1 **a.** Lesen Sie den Text und bestimmen Sie die Textsorte.

b. Erstellen Sie eine kurze Chronik der verschiedenen Etappen der Musikpolitik in der DDR.

B1-B2 **c.** Erklären Sie, inwiefern der Titel des Textes berechtigt ist.

d. Analysieren Sie Walter Ulbrichts Stellungnahmen: Wie wirken seine Reden im Rückblick?

Kalter Krieg auf tanzmusikalischer Ebene

Vorführung des neuen DDR-Modetanzes Lipsi am 14. Januar 1959

Seit Mitte der 1950er Jahre gilt der Rock 'n' Roll aus dem Westen in der DDR als „seelenlose"[1] Musik. (...) Im Januar 1958 legt die SED-Führung fest, dass 60 Prozent der Musik, die an Tanzabenden gespielt wird, von Komponisten aus der DDR oder dem sozialistischen Ausland stammen[2] müssen.

Doch Verbote reichen nicht aus, die musikalische Mode aus den USA fasziniert die Jugend in Ostdeutschland dauerhaft[3]. Die DDR-Führung unter Walter Ulbricht sucht deshalb nach Alternativen. Der Rock 'n' Roll soll durch einen neuen Tanz ersetzt[4] werden. DDR-Komponisten werden aufgefordert, Vorschläge zu machen. Den Zuschlag bekommt René Dubianski, der aus dem Walzer[5] einen Tanz im Sechsvierteltakt entwickelt hat und ihn „Lipsi" nennt (...). Auf der Tanzmusikkonferenz in Lauchhammer, die am 12. Januar (andere Quellen sprechen vom 13. Januar) 1959 eröffnet wird, hat der „Lipsi" Premiere.

Eine groß angelegte Werbekampagne in den DDR-Medien soll dem sozialistischen Tanz zum Durchbruch verhelfen. Doch bereits Ende 1960 ist die „Lipsi"-Offensive gescheitert[6]. Die DDR-Jugend ignoriert den Tanz. Als auf den Rock 'n' Roll eine Twist-Welle folgt, geben sich die ostdeutschen Behörden liberal, um den Einfluss auf den eigenen Nachwuchs[7] nicht zu verlieren. (...)

SED-Chef Ulbricht verkündet nun: „Welchen Takt die Jugend wählt, ist ihr überlassen: Hauptsache, sie bleibt taktvoll!" In der DDR entstehen daraufhin Twist- und Beatbands. (...) Der DDR-Musikverlag Amiga beginnt, Beat-Platten zu veröffentlichen.

Doch als im September 1965 bei einem Rolling-Stones-Konzert in West-Berlin das Publikum randaliert[8], beschließt die SED erneut einen Richtungswechsel. (...) Ulbricht fragt im Dezember 1965 rhetorisch: „Ist es denn wirklich so, dass wir jeden Dreck, der vom Westen kommt, kopieren müssen?" Mit der „Monotonie des ‚Yeah, Yeah, Yeah' solle man doch Schluss machen", fordert er.

1. seelenlos: *sans âme* **2.** aus (+ D) stammen: *être originaire de* **3.** dauerhaft: *durablement* **4.** durch (+ A) ersetzt werden: *être remplacé par* **5.** der Walzer(-): *la valse* **6.** scheitern: *échouer* **7.** der eigene Nachwuchs: *la jeune génération du pays* **8.** randalieren: *provoquer des dégâts, faire de la casse*

Wortschatz

- **etw. komponieren:** composer qqch.
- **die Zensur überlisten:** déjouer la censure
- **zu (+ D) bei/tragen (ä, u, a):** contribuer à
- **der Aufbau des Sozialismus:** la construction du socialisme
- **etw. verbieten (o, o):** interdire, censurer
- **das Aushängeschild(er):** le fleuron
- **seine Machtposition stärken:** consolider sa position de force
- **das Image des Staates auf/polieren:** redorer le blason de l'État

Gesagt – getan!

Zum Jahrestag der Gründung der Hochschule für Musik Hanns Eisler Berlin wird eine Ausstellung organisiert, die die Bedeutung der Musik im Kalten Krieg dokumentiert. Schreiben Sie einen Beitrag zur politischen Rolle der Musik in der DDR.

Blick auf...

Musik als Mittel zum Widerstand

▸▸ Kann man sich mit Musik einem Regime widersetzen? Wie?

1 Gefängnis oder Ausreise?

A2-B1 **a.** Lesen Sie den Text. Bestimmen Sie die Textsorte und stellen Sie die Person und den Kontext vor.

B1-B2 **b.** Erklären Sie dann Krawczyks Situation vor und nach der Wende: seine Ausbürgerung, ihre Gründe und Folgen. Betrachten Sie dazu auch das Titelblatt des *Spiegels*.

Stephan Krawczyk hat in der DDR als Musiker Karriere gemacht. Doch als er aus der SED austrat und seine Texte immer regimekritischer wurden, avancierte er zu einem der bedeutendsten DDR-Oppositionellen. Er bekam Berufsverbot. Als er auf einer Demonstration mit einem Plakat darauf aufmerksam machte, wurde er im Januar 1988 im Stasi-Gefängnis inhaftiert.

(...) An der Demo wollte ich teilnehmen, um gegen mein Berufsverbot zu demonstrieren. Ich durfte ja als Sänger seit drei Jahren nur noch halbillegal in Kirchen auftreten. Ich hatte mir ein Transparent[1] gemacht mit der Aufschrift „Gegen Berufsverbot in der DDR". (...) Ich war so unglaublich naiv. An der Ecke Oderberger Straße/Kastanienallee, nicht weit von meiner Wohnung entfernt, standen sie schon in Zivil. Einer der Stasitypen[2] fragte mich gleich, ob ich Stephan Krawczyk sei. Das konnte ich schlecht leugnen[3]. Zwei Minuten später saß ich auf dem Rücksitz eines Wartburgs[4] und war auf dem Weg ins Gefängnis. (...)

Am 2. Februar haben Sie Ihrer Ausreise in die BRD zugestimmt. Wieso sind Sie nicht im Osten geblieben, um weiter für Veränderungen zu kämpfen?

Ich hatte die Wahl zwischen zwölf Jahren Gefängnis und Ausreise. Im Gefängnis gibt es für einen Sänger nichts zu kämpfen. (...) Mein Fenster nach draußen war mein Anwalt[5] Wolfgang Schnur. Der hat mir geraten, in die Bundesrepublik zu gehen. Nach der Wende hat sich herausgestellt, dass Schnur von der Stasi beauftragt war, mich zur Ausreise zu bewegen[6]. Vielleicht hätte ich das Gefängnis ja sogar in Kauf genommen, aber dann kamen Briefe von meiner damaligen Frau, Freya Klier. Die hatten sie ja auch eingesperrt. Sie war im selben Gefängnis, eine Etage über mir. Und in ihren Briefen stand, dass sie die Haft[7] nicht aushält. Da war mir Liebe wichtiger als Politik. (...)

Wie war das denn, plötzlich im Westen anzukommen?

Es war unwirklich. Aus dem Gefängnis direkt in den Westen. (...) Später kam auch noch Wolf Biermann zusammen mit einem Reporter vom „Stern". Die wollten alle eine Exklusivstory mit uns. (...) Noch Monate später habe ich beim Autofahren manchmal im Rückspiegel kontrolliert, ob die Staatssicherheit hinter mir her ist. Meine Seele[8] hat lange gebraucht, um im Westen anzukommen.

1. das Transparent(e): *la banderole* **2.** der Stasityp(en): *l'homme de la Stasi (services secrets de la RDA)* **3.** etw. leugnen: *nier qqch.* **4.** der Wartburg: Automarke der DDR **5.** der Anwalt (¨-e): *l'avocat* **6.** jdn zu etw. bewegen (o, o): *inciter qqn à faire qqch.* **7.** die Haft: *l'emprisonnement* **8.** die Seele: *l'âme*

Wortschatz

- **die versteckte Botschaft(en):** le message caché
- **etw. zensieren:** censurer qqch.
- **begeistert sein:** être enthousiaste
- **der Schwarzmarkt:** le marché noir
- **der (innere) Widerstand:** la résistance (intérieure)
- **die Traumwelt(en):** le monde imaginaire
- **sich etw. vor/stellen:** s'imaginer qqch.
- **die Ausbürgerung(en):** la déchéance de nationalité

2 Ermutigung

MP3

A2-B1 **a.** Sehen Sie sich das Bild an und lesen Sie Biermanns Biografie. Stellen Sie ihn vor.

b. Hören Sie sich nun das Lied an. Machen Sie sich Notizen (Thema, Atmosphäre ...)

B1-B2 **c.** Lesen Sie dann den Liedtext. An wen richtet sich das Lied? Inwiefern ist es ein politisches und engagiertes Lied?

Wolf Biermann (*1936 Hamburg) übersiedelte 1953 in die DDR, um zum Aufbau des Sozialismus beizutragen. Dort fing er an zu komponieren und wurde ein berühmter Liedermacher. Bald bekam er wegen seiner kritischen Einstellung Probleme mit der Partei. 1976 erhielt er trotzdem ein Visum für eine Tournee durch die Bundesrepublik. Aber nach dem ersten Konzert in Köln wurde er aus der DDR ausgebürgert. In Ost und West protestierten viele dagegen.

Wolf Biermann 1976 in der Kölner Sporthalle

Du, lass dich nicht verhärten
in dieser harten Zeit
Die allzu hart sind, brechen[1],
die allzu spitz sind, stechen[2]
und brechen ab sogleich.

Du, lass dich nicht verbittern
in dieser bitteren Zeit
Die Herrschenden erzittern[3]
– sitzt du erst hinter Gittern[4] –
doch nicht vor deinem Leid[5].

Du, lass dich nicht erschrecken
in dieser Schreckenszeit
Das wollen sie doch bezwecken
dass wir die Waffen strecken[6]
schon vor dem großen Streit.

Du, lass dich nicht verbrauchen
gebrauche deine Zeit
Du kannst nicht untertauchen,
du brauchst uns und wir brauchen
grad deine Heiterkeit[7].

Wir wollen es nicht verschweigen
in dieser Schweigezeit
Das Grün bricht aus den Zweigen[8],
wir wollen das allen zeigen
dann wissen sie Bescheid.

1. brechen, ab/brechen (i, a, o): *se casser, se briser* **2.** stechen (i, a, o): *piquer* **3.** (er)zittern: *se mettre à trembler* **4.** hinter Gittern sitzen: *être derrière les barreaux* **5.** das Leid: *la souffrance* **6.** die Waffen strecken: *rendre les armes* **7.** die Heiterkeit: *la gaieté* **8.** der Zweig(e): *la branche*

3 West-Musik als Flucht

A2-B1 **a.** Sehen Sie sich die Filmszene an und erzählen Sie, was in der Szene passiert (Personen, Situation, Ende).

B1-B2 **b.** Erläutern Sie den politischen Kontext und die Bedeutung der Schallplatte für Wuschel.

Vidéo

Sonnenallee, Leander Haußmann, 1999

Gesagt – getan!

In welcher Form kann man versuchen, mit Musik einem diktatorischen Regime zu widerstehen? Nehmen Sie einen Podcast auf, in dem Sie anhand von Beispielen auf diese Frage antworten.

Grammatik macht Sinn

La négation

REPÈRES GRAMMATICAUX P. 247

KURZ UND GUT

A2-B1

Traduisez les phrases suivantes. Prêtez attention aux négations (place de *nicht*, emploi de *sondern*, de *nicht* ou *kein*). Quelles règles pouvez-vous en déduire ?

- *Wuschel bekommt die Platte der Stones **nicht**.*
- *Krawczyk ist im Konzert in Leipzig **nicht** aufgetreten.*
- ***Nicht** Krawczyk, **sondern** Biermann ist im Konzert in Leipzig aufgetreten.*
- *Krawczyk ist **nicht** in Leipzig, **sondern** in Berlin aufgetreten.*
- *Die DDR-Bürger hatten **keine** Möglichkeit, ein Live-Konzert im Westen zu sehen.*
- *Es war für DDR-Bürger **nicht** möglich, ein Live-Konzert im Westen zu sehen.*

B1-B2

a. Repérez les négations dans les phrases suivantes. Quel est leur sens ?

b. Traduisez ces phrases. Comment pourrait-on exprimer le contraire avec des phrases affirmatives ?

- *Ab 1976 durfte Wolf Biermann nicht mehr in der DDR leben.*
- *Niemand / Keiner ahnte, dass am 9. November 1989 die Mauer fallen würde.*
- *Viele DDR-Bürger waren bis zu diesem Tag nie / niemals im Westen gewesen.*
- *Wuschel hat nichts auf dem Schwarzmarkt gekauft.*
- *Er hatte noch kein Konzert von den Stones im Fernsehen gesehen.*
- *Weder legal noch illegal bekommt Wuschel die Platte, die er sucht.*

A2-B1 **1** **Répondez à la forme négative aux questions suivantes.**

a. Kommt die Sängerin Nina Hagen aus Westdeutschland?
b. War Wolf Biermann ein Dirigent?
c. Ist das Konzert in Leipzig schon ausverkauft?
d. Konnte man Stephan Krawczyk Ende der 80er Jahre in der DDR oft im Konzert hören?
e. Ist es für alle autoritären Regimes wichtig, großartige Musiker auszubilden?

B1-B2 **2** **Lisez le texte suivant puis traduisez-le.**

In den 80er Jahren konnte **niemand**, **weder** in der DDR **noch** in der Bundesrepublik, das Lied *Über sieben Brücken musst du gehen* ignorieren. Es wurde 1978 von der DDR-Rockband Karat geschrieben. **Niemals** hätte die Gruppe damals den Erfolg dieses Titels voraussagen können, mit dem sie beim Internationalen Schlagerfestival 1978 in Dresden immerhin den Grand Prix gewann. In der Bundesrepublik wurde der Song durch Peter Maffay bekannt: Heute wissen viele Deutsche **immer noch nicht**, dass dieses Lied ursprünglich aus dem Osten kommt! Das Lied hat **nichts** Kritisches, **nichts** Politisches an sich, es ist eher ein optimistisches und mutmachendes Liebeslied, das als heimliche und wahre Hymne der DDR gilt.

B1-B2 **3** **Complétez le texte par les pronoms ou adverbes ci-dessous :**

nie | nichts | keiner | niemand

Als der Sänger und Regimekritiker Wolf Biermann 1976 ausgebürgert wurde, hatte ihn ... vorher warnen können. ... seiner Freunde wusste über die Absicht der Stasi Bescheid. Wolf Biermann konnte also ... mitnehmen – außer seiner Gitarre.
... wird er dieses vierstündige Konzert in der Kölner Sporthalle vor fast 6500 Leuten vergessen.

Wortschatz macht Sinn

Vokabeln lernen

Musik als Instrument der Macht

- **der Einfluss(¨-e):** l'influence
- **jdn beeinflussen:** influencer qqn
- **etw. zensieren:** censurer qqch.
- **jdm etw. verbieten (o, o):** interdire qqch. à qqn
- **etw. verhindern:** empêcher qqch.
- **jdm etw. erlauben:** permettre qqch. à qqn
- **ein Zusammengehörigkeitsgefühl schaffen:** créer un sentiment d'appartenance
- **etw. unterdrücken:** réprimer qqch.
- **etw. fördern:** promouvoir qqch.
- **erstklassig:** de haut niveau
- **international bekannt sein:** être de renommée internationale

Musik als Kunst

- **sich ein Lied an/hören:** écouter une chanson
- **der Song(s):** la chanson
- **der Sänger(-), die Sängerin(nen):** le chanteur, la chanteuse
- **der Liedermacher(-):** l'auteur compositeur
- **der Fan(s) von (+ D):** le fan de
- **das Orchester(-):** l'orchestre
- **die Band(s):** la formation musicale
- **der Chor(¨-e):** la chorale
- **auf der Bühne auf/treten (i, a, e):** se produire sur scène
- **Musik komponieren:** composer de la musique
- **der Zuschauer(-):** le spectateur
- **der Zuhörer(-):** l'auditeur
- **statt/finden (a, u):** avoir lieu
- **seine Gefühle aus/drücken:** exprimer ses sentiments
- **die Aufnahme(n):** l'enregistrement
- **die Schallplatte(n):** le disque

Musik als Widerstand

- **die Kritik(en) an (+ D):** la critique de
- **etw. kritisieren:** critiquer qqch.
- **etw. denunzieren:** dénoncer qqch.
- **etw. an/prangern:** dénoncer qqch.
- **kritisch:** critique
- **etw. verlangen:** exiger qqch.
- **der Protest(e) gegen (+ A):** la protestation contre
- **dem Alltag entfliehen (o, o):** fuir le quotidien
- **eine Botschaft vermitteln:** transmettre un message
- **jdn zum Nachdenken an/regen:** faire réfléchir qqn
- **zweideutig sein:** être ambigu
- **die Metapher(n):** la métaphore

Vokabeln aktiv

1 Complétez chaque phrase par l'élément qui convient.

zensieren | ausdrücken | Kritik | auftrat | Einfluss

a. „Die Gedanken sind frei": So heißt ein altes deutsches Volkslied, das zeigen soll, dass man Gedanken nicht ... kann.

b. Durch Musik können wir unsere Gefühle ...

c. In einer Diktatur muss man ... manchmal in Metaphern ausdrücken.

d. Wenn Wolf Biermann in der DDR ..., kamen sehr viele Leute.

e. Er hatte einen großen ... auf sein Publikum.

2 Dans chaque série, quel est le mot qui forme son pluriel de façon différente des autres ?

a. der Sänger | der Zuhörer | das Orchester | der Chor

b. der Song | der Protest | der Fan | die Band

c. die Metapher | die Schallplatte | die Aufnahme | die Sängerin

Choisissez un nom de chaque série que vous emploierez au pluriel dans une phrase ancrée dans le thème de l'unité.

Prosodie und Phonetik

MP3

L'intonation de la phrase

a. Écoutez les phrases suivantes, identifiez les groupes et les pauses dans la prosodie et dessinez la courbe d'intonation que vous percevez.

- *Kennst du Peter Schreier, den Opernsänger?*
- *Er wurde 1935 bei Meißen geboren und ist 2019 in der Nähe von Dresden gestorben.*
- *Er blieb sein ganzes Leben in der DDR, obwohl er international bekannt war.*
- *Ist er nie in den Westen geflohen?*
- *Nein, er wollte nie in den Westen fliehen. Als Grund nannte er seine große Verbundenheit mit dem Musikleben und der Musiktradition Sachsens und Dresdens.*

b. Corrigez les schémas obtenus. En vous aidant des courbes dessinées, entraînez-vous à prononcer ces phrases avec la bonne intonation.

FINALE

Projekt

Einen Bericht über die Rolle der Musik in der DDR verfassen

Für eine Online-Zeitschrift berichten ehemalige DDR-Bürger (ein Opernsänger, ein „Schallplattenunterhalter" (DJ), ein Mitglied einer Rockband und ein Fan von Wolf Biermann) von ihren Erinnerungen an die Rolle der Musik während der DDR-Zeit. Wählen Sie eine Rolle und schreiben Sie einen kurzen Text.
Erstellen Sie dann ein Pad, damit alle sich austauschen und die Berichte ergänzen können.

Médiation

Zwischen den Kulturen

Die anderen Sprachklassen sollen auch Musiker oder Bands vorstellen, deren Werke wichtige politische Fragen ihres Landes widerspiegeln. Sie können auch von Musikern erzählen, denen der Staat verboten hat aufzutreten.

Über die Grenzen hinaus

Kennen Sie französische Musiker oder Bands, die Songs mit politischer Bedeutung geschrieben haben? Präsentieren Sie sie Ihrer Partnerklasse.

Schritt für Schritt

Einen Text kollaborativ schreiben

1 Constituez des groupes de quatre élèves et choisissez chacun un rôle. Connectez-vous sur une application pour créer un pad.

Les contributions de chaque utilisateur seront signalées par un code couleur, elles apparaissent à l'écran en temps réel et seront enregistrées au fur et à mesure qu'elles sont tapées.

2 Rédigez de courts récits ou anecdotes au prétérit.

Relatez des impressions personnelles, les sentiments éprouvés.
eine schöne, aufregende Zeit erlebt haben / Erinnerungen an lange Tanzabende haben / in Mode sein / die Aussagekraft der Lyrik verstehen ...

3 Prenez en compte les remarques des autres participants en réagissant brièvement à leurs interventions.

Ja, das stimmt. / Du hast recht. / Ich hatte es vergessen, aber es war tatsächlich so.
Ich kann mich daran nicht erinnern. / Ich habe eine andere Erfahrung gemacht.
Wie habt ihr reagiert? Was hast du damals gemacht, als ...

4 Trouvez une formule conclusive qui satisfasse tous les participants pour clore le texte.

So haben wir damals als Musiker oder Musikliebhaber in der DDR gelebt.

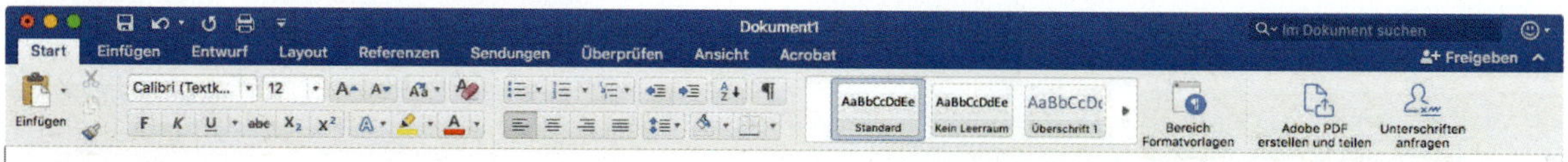

Opernsänger
mit dem Gewandhausorchester Leipzig auftreten / auf Tournee ins „kapitalistische Ausland" gehen dürfen / mit weltberühmten Dirigenten wie Karajan Opern aufnehmen / die DDR als hervorragendes Musikland erleben ...

Mitglied einer Rockband
eine eigene Band gründen / die Puhdys oder Led-Zeppelin als Vorbilder haben / E-Bass und Schlagzeug spielen / Texte auf Englisch singen / ein Auftrittsverbot erhalten ...

DJ
eine Ausbildung als Schallplattenunterhalter absolvieren müssen / eine Art Kulturmoderator sein / in den Discotheken oder auf Hochzeiten die Menschen zum Tanzen bringen / ihnen den „Lipsi" beibringen ...

Fan von Wolf Biermann
Wolf Biermann bewundern / den kritischen Unterton seiner Lieder mögen / ihn sehr vermisst haben / die DDR von innen verändern wollen ...

0 Wörter Deutsch (Deutschland) 100 %

Art et pouvoir

KURZKAPITEL 7

Kunst? Macht? Alles nur Dada!

▸▸ Hat Dada die Kunst für immer verändert?

IHR PROJEKT

Eine Collage nach dadaistischer Art erstellen, die die aktuellen Aspekte des Dadaismus und seine Modernität zeigt

1 Was ist Dada?

A2
a. Schauen Sie sich das Bild an. Notieren Sie die Eindrücke, Wörter, die Ihnen dazu einfallen.
b. Lesen Sie dann die Texte. Was fällt Ihnen auf (Atmosphäre, Ton ...)?

B1
c. Wie lässt sich der Titel der Collage vielleicht erklären?
d. Wählen Sie die Definition, die Ihrer Meinung nach am besten zum Bild passt. Lesen Sie sie vor und erklären Sie Ihre Wahl.

Hannah Höch, *Schnitt mit dem Küchenmesser durch die letzte Weimarer Bierbauchkulturepoche Deutschlands,* 1919

DADA bedeutet nichts. Wir wollen die Welt mit nichts ändern ...
Richard Huelsenbeck

DaDa ist schön wie die Nacht, die den jungen Tag in ihren Armen wiegt[1].
Hans Arp

Was wir Dada nennen, ist ein Narrenspiel[2] aus dem Nichts, in das alle höheren Fragen verwickelt sind ...
Hugo Ball

Dada ist wie Euere Hoffnungen: nichts
wie Euer Paradies: nichts
wie Euere Idole: nichts
wie Euere politischen Führer: nichts
wie Euere Helden[3]: nichts
wie Euere Künstler: nichts
wie Euere Religionen: nichts
Francis Picabia

1. wiegen: *bercer* **2.** der Narr(en, en): *le fou* **3.** der Held(en, en): *le héros*

Etappe 1

Was ist wohl Dada? Schreiben Sie ein paar Zeilen, die Ihre Vision von Dada widerspiegeln.
Dada ist ... , Dada bedeutet ..., ..., das ist Dada! Dada ist wie ...

Sammeln Sie dann alle Texte.

2 Dada Manifest

A2-B1 **a.** Schauen Sie sich das Bild an und lesen Sie den Text. Wie lässt sich die Wahl des Namens „Dada“ erklären?

B1-B2 **b.** Was charakterisiert diese Bewegung?

Der in Rumänien geborene Dichter, Essayist und Redakteur Tristan Tzara schlug das französische Wörterbuch auf, zeigte spontan auf einen Begriff[1], und schon war der Name gefunden.

Dada stammt aus dem Lexikon. Es ist furchtbar einfach. Im Französischen bedeutet es Steckenpferd[2]. Im Deutschen: Addio, steigt mir bitte den Rücken runter, auf Wiedersehen ein ander Mal! Im Rumänischen: ‚Ja wahrhaftig, Sie haben Recht, so ist es. Jawohl, wirklich. Machen wir.‘ Und so weiter.
Ein internationales Wort. Nur ein Wort und das Wort als Bewegung.

Hugo Ball, Eröffnungs-Manifest, 1. Dada-Abend, Zürich, 14. Juli 1916

1. der Begriff(e): *(ici) le mot* **2.** das Steckenpferd(e): *le dada, la passion*

Raoul Hausmann, „Was ist Dada?“, *Der Dada* Nr. 2, 1918

3 Dada in seiner Zeit

A2-B1 **a.** Schauen Sie sich das Video an. Machen Sie sich Notizen zur Dada-Bewegung (Wann? Wer? Warum? Wie? ...).

B1-B2 **b.** Inwiefern kann man sagen, dass Dada eine Protestbewegung war?

Recherchieren Durch die Dadaisten wurde auch die Sprache Objekt des Protestes: Der Klang war wichtiger als der Sinn. Informieren Sie sich über die dadaistischen Lautgedichte und hören Sie sich dieses Gedicht in drei Sprachen an: „L’amiral cherche une maison à louer“.

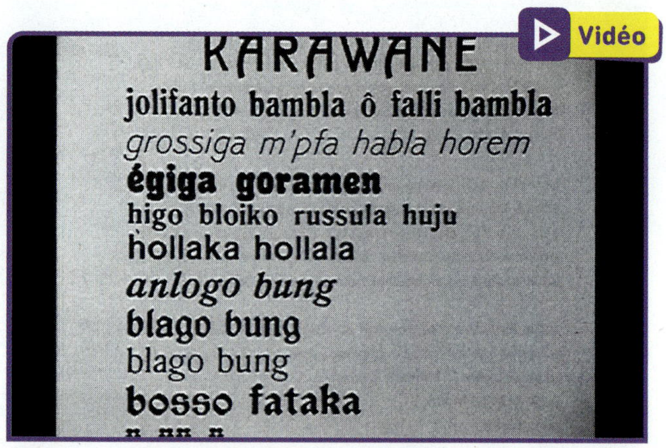

Künstler-Bewegung als Antwort auf I. Weltkrieg, SWI, 2014

Wortschatz

- **das Bürgertum:** la bourgeoisie
- **der Krieg(e):** la guerre
- **grausam:** cruel
- **sinnlos = absurd**
- **vernichten:** anéantir
- **unmenschlich:** inhumain
- **beeinflussen:** influencer
- **prägen:** marquer

Etappe 2

Gruppenarbeit **Bereiten Sie in Gruppen für einen Zürcher Radiosender einen kurzen Beitrag zum Jahrestag der Entstehung der Dada-Bewegung vor.**

4 Dada gegen alle(s)

A2-B1
a. Schauen Sie sich das Bild an. Was fällt Ihnen auf (Farben, Personen, Stil)?

b. Lesen Sie dann den Text. Geben Sie den Inhalt kurz wieder.

c. Sammeln Sie Informationen zum internationalen Aspekt der Dada-Bewegung.

B1-B2
d. Erklären Sie den Titel und die Botschaft des Gemäldes.

e. Welche wichtigen Themen des Dadaismus werden im Gemälde dargestellt?

Recherchieren Informieren Sie sich über das Readymade-Konzept und über Elsa von Freytag-Loringhoven, die als Pionierin dieser Technik gilt. Berichten Sie dann darüber.

George Grosz, *Stützen der Gesellschaft*, 1926

Warum Dada-Protagonisten die bisherige Kunst so radikal negierten und die absolute Freiheit bis hin zum völligen Irrationalismus proklamierten, lässt sich aus den historischen Umständen[1] erklären. Es war die Zeit des Ersten Weltkrieges, der sich mit seinen Gemetzeln[2] und Giftgaseinsätzen immer mehr als total menschenverachtende Vernichtungsmaschinerie erwies. „Dada hat alles Überkommene[3] verneint und die Werte, die zum Ersten Weltkrieg führten, infrage gestellt", sagte Oliver Kornhoff, Leiter des Arp Museums Bahnhof Rolandseck in Remagen. „Nein, nein, nein" zur bürgerlichen Kultur, zu militärischen Strömungen, monarchistischen Strukturen und zur Industrialisierung als allein selig machende Kraft. „Deshalb haben die Dadaisten die Stunde Null ausgerufen – Reset würden wir heute sagen."

Die neutrale Insel Schweiz mit Zürich als Metropole war damals der einzige Ort Europas, an dem sich Künstler von überall her zusammenfinden und unbehelligt[4] nach Antworten auf die Katastrophe des Weltkrieges suchen konnten. (...)

Vom Cabaret Voltaire aus trat der Dadaismus zwar keinen „Siegeszug" an[5], aber doch eine durchaus einflussreiche Tournee um die Welt. Inspiriert wurden Künstler in Berlin und Köln, in Paris, New York, selbst in Lateinamerika und Japan. Später griffen auch die Schöpfer des Surrealismus, der Pop-Art und des Punk auf Dada zurück[6]. Und selbst Lady Gaga sei ein wenig Dada, meint Kornhoff.

1. die Umstände: *les circonstances* **2.** das Gemetzel: *le massacre* **3.** alles Überkommene: *tout ce qui est tradition* **4.** unbehelligt: *sans être inquiété* **5.** einen Siegeszug an/treten (i, a, e): *conquérir* **6.** auf (+ A) zurück/greifen (i, i): *se réclamer de, suivre l'exemple de*

Wortschatz

- **gegen (+ A) protestieren:** protester contre
- **sich gegen (+ A) auf/lehnen = gegen (+ A) rebellieren**
- **das Konventionelle ab/lehnen:** refuser ce qui est conventionnel
- **etw. in Frage stellen:** remettre qqch. en question
- **etw. ins Lächerliche ziehen (o, o):** tourner qqch. en dérision

Etappe 3

Sammeln Sie auf diesen Seiten Wörter, Bilder, Ausdrücke und Sprichwörter, die Ihren Protest zum Ausdruck bringen können. Sie können sie auch aus Zeitungen und Zeitschriften ausschneiden.

5 Die Welt steht Kopf

A2 **a.** Schauen Sie sich das Bild an und machen Sie sich Notizen (Art des Bildes, Eindrücke, Farben, Motiv ...).

B1 **b.** Wie lässt sich Ihrer Meinung nach das Gemälde interpretieren? Welche Gemeinsamkeiten mit der Dada-Kunst können Sie feststellen?

Kurt Schwitters, *Hitler Gang*, 1944

6 Lebt Dada noch?

A2 **a.** Lesen Sie das Zitat und den Text. Schauen Sie sich das Bild an. Sammeln Sie Informationen zur Aktualität der Dada-Bewegung.

B1 **b.** Stellen Sie Hypothesen auf: Wogegen könnte Dada heute noch protestieren? Wie?

Recherchieren Gehen Sie auf die Webseite des Cabaret Voltaire. Berichten Sie darüber in der Klasse.

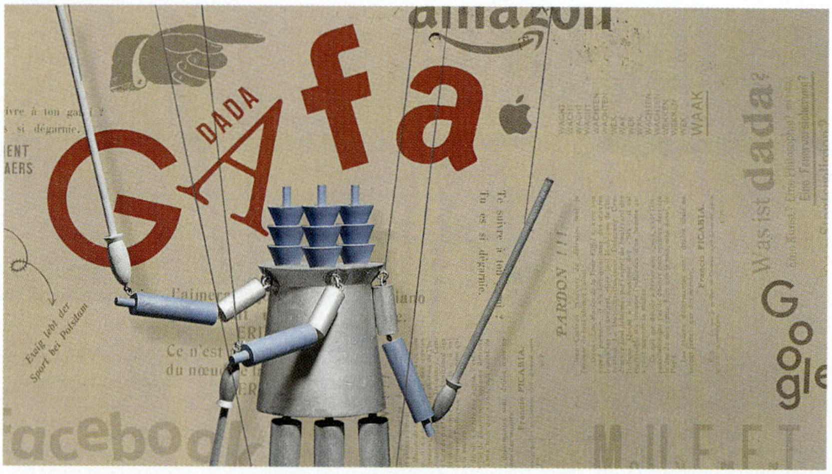

Mit „Dada-Data“ auf der Spur von Dada: Die interaktive Webdokumentation greift die Ideen der Dadaisten von 1916 auf, spinnt deren Gedanken weiter und schlägt den Bogen ins digitale Heute.

Die Webdoku von Anita Hugi und David Dufresne bietet Lehrern eine einzigartige Möglichkeit, Dada in der Schule zu behandeln. Und dies auf eine interaktive und spielerische Art und Weise. Dadurch, dass „Dada-Data“ die Gedanken der Dadaisten von 1916 in die Gegenwart transportiert, können auch die Chancen und Risiken der vernetzten Welt von heute thematisiert werden. Wie mächtig sind Google und Co.? Werden wir durch Internet-Werbung ausspioniert?
Vor 100 Jahren kämpften die Marionetten von Sophie Täuber-Arp gegen den Krieg und das Bürgertum. Die Gegner der „Dada-Gafa“-Marionette heute heißen Google, Amazon, Facebook, und Apple. Per Smartphone oder Computer können Schüler die digitale Marionette bewegen und darüber nachdenken, wer in unserer Gesellschaft die Fäden zieht[1].

1. die Fäden ziehen (o, o): *tirer les ficelles*

> Der Dadakarneval ist vorbei. Der Weltstadtkarneval geht weiter.
>
> Albert Soergel (Literaturhistoriker), 1925

IHR PROJEKT

Letzte Etappe

Antworten Sie mithilfe der drei Etappen auf folgende Frage:

Was ist Dada heute?
Erstellen Sie dann eine Collage nach dadaistischer Art, die die aktuellen Aspekte des Dadaismus und seine Modernität zeigt. Präsentieren Sie Ihre Collage im Dada-Cabaret „Heute sind wir alle Dada!“.
Da Da Da ... Dada lebt noch ... Der Weltstadtkarneval geht weiter ...

Art et pouvoir

Kunst unter Kontrolle

KAPITEL 8

▶▶ Waren Kunst und Künstler im Dritten Reich Opfer oder Instrumente der Macht?

Die Ausstellung *Entartete Kunst* im Haus der Kunst, Berlin 1938

Auf geht's!

a. Sehen Sie sich das Foto an. Beschreiben Sie kurz die Szene.
b. Was wissen Sie über „entartete Kunst"?

Blick auf...

Nationalsozialistische Kunst

▸▸ Handelt es sich nur um Kunst oder auch um Propaganda?

1 Gestaltung eines neuen Menschen

A2-B1 **a.** Sehen Sie sich die Zeichnung (Bild A) an. Wer sind die zwei Personen? Rekonstruieren Sie den Ablauf der Geschichte.

B1 **b.** Vergleichen Sie die beiden Skulpturen. Was will der Zeichner damit zeigen?

A

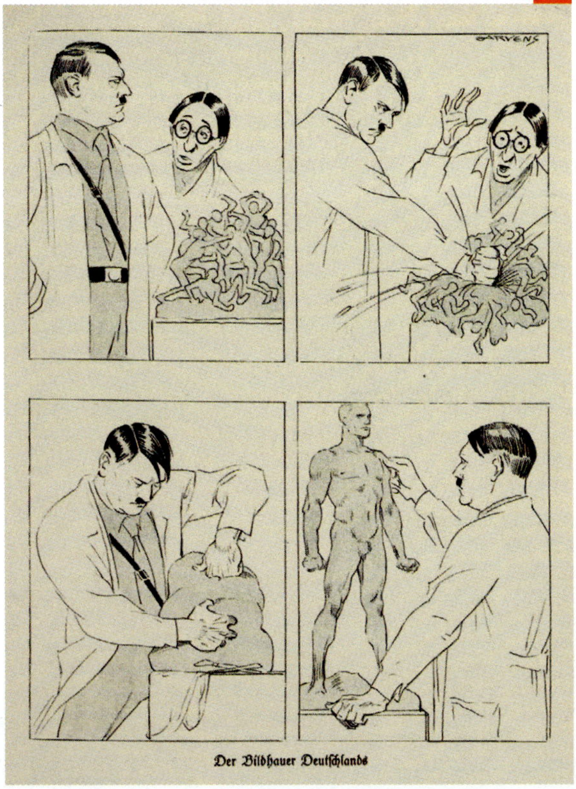

Oskar Garvens, *Der Bildhauer Deutschlands*, 1933

B

Skulptur von Joseph Thorak, Reichssportfeld Berlin, 1937

A2-B1 **c.** Schauen Sie sich das Foto (Bild B) an. Beschreiben Sie die Skulptur und ihre Wirkung auf den Betrachter.

B1-B2 **d.** Identifizieren Sie Merkmale der NS-Plastik.

e. Welche Parallele können Sie zwischen dieser Skulptur und der Karikatur ziehen?

2 NS-Kunst: gefährliche Kunst?

A2-B1 **a.** Sehen Sie sich das Video an. Machen Sie sich Notizen zu dieser Ausstellung (Wo? Wie? Besonderheiten? ...).

b. Analysieren Sie die Rolle und die Wirkung der Musik in diesem Video.

B1-B2 **c.** Erklären Sie die Bedeutung dieser Ausstellung.

Im Juni 2017 präsentierte in der Rostocker Kunsthalle eine Wanderausstellung sowohl Hitlers Lieblingsbilder und regimetreue Künstler als auch die NS-Kunstpolitik.

Vidéo

„Artige Kunst“ – Kunst des Nationalsozialismus, MV1, 05.05.2017

3 Architektur und Nazi-Ideologie

A2-B1 **a.** Lesen Sie den Text und machen Sie sich Notizen über das Haus der Kunst in München (Wann? Von wem? Stil?).

B1-B2 **b.** Erklären Sie die Rolle der Kunst für Hitler.

c. Analysieren das Besondere an der Architektur dieses Gebäudes.

Das Haus der Kunst in München – Tempel des ästhetischen Ideals der Nazis

Wer sich im „Dritten Reich" dem „Haus der Kunst" in München näherte, erblickte über dem Haupteingang eine Bronzetafel mit einem Spruch Adolf Hitlers: „Die Kunst ist eine erhabene[1] und zum Fanatismus verpflichtende[2] Mission." Für diesen ideologischen Auftrag wurde das Gebäude konzipiert. Auch sollte es den Rang Münchens als „Hauptstadt der Deutschen Kunst" festigen.

Wie wichtig Hitler der Bau war, bezeugt schon die Tatsache, dass er bereits am 15. Oktober 1933 den Grundstein legte. Als Architekten beauftragte er Paul Ludwig Troost. Am 18. Juli 1937 öffnete das „Haus der Kunst" seine Pforten mit der ersten „Großen Deutschen Kunstausstellung", die in der Folge jedes Jahr bis 1944 stattfand. Sie zeigte und bot Kunstwerke zum Verkauf an, die führenden Nationalsozialisten als „deutsch" galten und die eine heile[3] Welt der „Volksgemeinschaft" propagierten.

Stilistisch orientierte sich das „Haus der Kunst" an antiken Vorbildern. (...)

Allerdings ist das Gebäude nur äußerlich im antiken Stil errichtet. „Innen ist es eine verkleidete Stahlkonstruktion[4] mit Glasdach", sagt der Architekturhistoriker Winfried Nerdinger. Die Moderne, die sich in anderen nationalsozialistischen Bauten – etwa in Industrieanlagen – durchaus zeige, sei im „Haus der Kunst" nur versteckt zu finden.

1. erhaben: *sublime* **2.** verpflichtend: *qui oblige* **3.** heil: *(ici) idéal* **4.** der Stahl: *l'acier*

4 Leni Riefenstahl: ein Pakt mit dem Teufel?

A2-B1 **a.** Sehen Sie sich das Video an und stellen Sie Leni Riefenstahl vor.

b. Nennen Sie die Titel und Themen ihrer Filme.

B1-B2 **c.** Beschreiben Sie, inwiefern Riefenstahl sich in den Dienst von Hitler stellt. Wie wird sie im Video genannt?

Vidéo

Leni Riefenstahl, history-vision.de

Wortschatz

- **für (+ A) blind sein:** être aveugle à qqch.
- **etw. dar/stellen:** représenter qqch.
- **etw. gestalten:** façonner, former qqch.
- **ein Kunstwerk schaffen (u, a):** créer une œuvre d'art
- **monumental = überdimensional**
- **etw. verherrlichen:** glorifier qqch.
- **eine Botschaft vermitteln:** transmettre un message
- **den Machthabern dienen:** servir les personnes au pouvoir

Gesagt – getan!

Erstellen Sie eine Einführung für das Programmheft der Ausstellung *Artige Kunst – Kunst und Politik im Nationalsozialismus.*

Blick auf...

Verbotene Kunst, verfolgte Künstler

▸▸ Waren alle Künstler regimekonform?

1 Entartete Kunst

Vidéo

Werk ohne Autor, Florian Henckel von Donnersmarck, 2018

A2-B1

a. Sehen Sie sich die Anfangsszene des Films *Werk ohne Autor* an. Beschreiben Sie die Szene. Inwiefern handelt es sich um eine Eröffnungsszene?

b. Machen Sie sich Notizen zur Rede des Ausstellungsführers (Ton, Inhalt ...).

B1-B2

c. Erklären Sie, was der Ausstellungsführer vom Kind erwartet.

d. Was ist für ihn moderne Kunst? Nationalsozialistische Kunst? Was hält er von den modernen Künstlern?

i Recherchieren Informieren Sie sich über die Wanderausstellung *Entartete Kunst*, die zum ersten Mal 1937 in München stattfand. Bereiten Sie eine kleine Präsentation vor.

2 Kunst und Künstler im Exil

A2-B1

a. Sehen Sie sich das Bild an. Was fällt Ihnen auf?

b. Lesen Sie dann den Text. Stellen Sie die Chronologie der drei erwähnten Ausstellungen auf und erklären Sie jeweils den ideologischen Kontext.

B1-B2

c. Nehmen Sie Stellung zu der Interpretation, die im Text von diesem Bild gegeben wird.

Oskar Kokoschka, *Selbstbildnis eines „entarteten" Künstlers*, 1937

1938 wurden in London als Antwort auf die NS-Ausstellung Entartete Kunst, *die ein Jahr zuvor in München stattgefunden hatte, 300 Meisterwerke der deutschen Moderne gezeigt. Viele der ausgestellten Künstler lebten zu der Zeit im Exil, unter ihnen Max Beckmann und Paul Klee. 2018 hat die Liebermann-Villa in Berlin die legendäre Schau rekonstruiert.*

Kokoschkas *Selbstbildnis eines „entarteten" Künstlers* entstand 1937 im tschechischen Exil, als der Maler den Sammler[1] Emil Korner besuchte, der das Bild sofort kaufte.
„Man sieht vom Bild, er sitzt da, er sieht uns an, er hat keine Angst, er hat seinen Stil in keiner Weise verändert, immer noch sehr expressionistisch. Also das ist als klare Antwort auf die NS-Regierung zu verstehen."
Die Kunsthistorikerin Lucy Wasensteiner hat mit der Rekonstruktion der Londoner Ausstellung *Twentieth Century German Art* einen Coup gelandet. Die bewegende Schau in der Berliner Liebermann-Villa am Wannsee zeigt nicht nur eine exquisite[2] Auswahl der Gemälde von damals, von denen einige noch den Londoner Aufkleber auf der Rückseite tragen.
Lucy Wasensteiner hat auch die oftmals tragischen Biografien der Leihgeber[3] erforscht, sowie die Entstehungsgeschichte der Schau in den New Burlington Galleries.

© Deutschlandfunk Kultur, 07.10.2018

1. der Sammler(-): *le collectionneur* **2.** exquisit: *excellent* **3.** der Leihgeber(-): *la personne qui a prêté une œuvre*

3 Emil Nolde, das Ende einer Legende

A2-B1 **a.** Lesen Sie den Text. Machen Sie sich Notizen (Textsorte, Kontext, Hauptthema ...).
b. Erklären Sie, warum Noldes Haltung ambivalent war.
c. Erläutern Sie Christians Rings Aussage (von Zeile 15 bis Zeile 20).

B1-B2 **d.** Welche Problematik wirft diese Ausstellung auf? Nehmen Sie Stellung dazu.

Recherchieren Sammeln Sie aktuelle Informationen über Emil Noldes Bild *Brecher* (wo es hing, was passiert ist).

Das Berliner Museum für Gegenwart Hamburger Bahnhof präsentiert 2019 die Ausstellung Emil Nolde – Eine deutsche Legende. Der Künstler im Nationalsozialismus *über den wohl berühmtesten „entarteten Künstler". Durch neue Forschungsergebnisse zu Noldes politischer Position in der Nazizeit und den Einfluss seiner Ideologie auf seine Malerei stellt die Ausstellung viele Fragen.*

Besucher vor dem Gemälde *Brecher* (1936) von Emil Nolde, Hamburger Bahnhof, Berlin, 2019

Ende einer Legende, Ende einer Selbststilisierung, Ende einer Ikone. Diese Schlagworte werden die Ausstellung der Nationalgalerie begleiten, und wir werden die hundert dort hängenden Originale anders sehen, als Emil Nolde es gewünscht hätte.

Lange schon bekannt ist: Nolde war Parteimitglied seit 1934, er hat sich den Nazis angedient, sein völkisches Denken, seine Verbundenheit[1] zum deutschen Boden immer wieder betont. Es gab Nationalsozialisten, die ihm weiterhin gewogen[2] waren, Himmler hat ihn gar nach Hause eingeladen, die offizielle Parteilinie aber war klar: Nolde galt als entartet, von keinem Künstler wurden so viele Bilder beschlagnahmt[3]. (...)

25.000 Dokumente haben die Forscher im Auftrag der Stiftung Seebüll ausgewertet. Sie beenden die Selbststilisierung eines Künstlers, aber wie wirken sie sich aus auf die Wahrnehmung[4] seiner Kunst? Christian Ring ist der Direktor der Nolde Stiftung in Seebüll und findet, dass man beides reflektieren muss: „Ich wurde schon oft gefragt: Kann ich mich an den Nolde-Bildern jetzt nicht mehr freuen, sind das jetzt braune Blüten? Ich freue mich nach wie vor an den Nolde-Bildern, weil sie von der künstlerischen Ausdruckskraft so stark sind. Nolde hat die Farben zu seinem eigentlichen Medium auserkoren[5], damit hat er die Kunstgeschichte geprägt. Und das ist nach wie vor großartige Kunst." (...)

Bleibt die Frage: Gelingt es, bei dem jetzt einsetzenden Medienrummel[6], die Qualität seiner Bilder noch zu erkennen, sich an das Genie zu erinnern und gleichzeitig die Ambivalenz seines Lebens in die Betrachtung zu integrieren? Eine Pauschalantwort darauf gibt es nicht. Dafür aber eine Frage, die jeder individuell für sich beantworten muss und die Christian Ring so formuliert: Was wissen und was sehen wir?

1. die Verbundenheit: *l'attachement, le lien* **2.** jdm gewogen sein: *être favorable à qqn* **3.** etw. beschlagnahmen: *confisquer qqch.* **4.** die Wahrnehmung: *la perception* **5.** auserkoren: *élu* **6.** der Medienrummel: *le tapage médiatique*

Wortschatz

- **etw. lächerlich machen:** tourner qqch. en ridicule
- **sich (D) an/passen:** s'adapter à
- **(D) widerstehen (a, a):** résister à
- **der Widerstand:** la résistance
- **die Nachkriegszeit:** l'après-guerre
- **ins Exil gehen (i, a):** s'exiler
- **fliehen (o, o):** fuir
- **sich bedroht fühlen:** se sentir menacé

Gesagt – getan!

Sprechen Sie in einem Podcast für das Schülerradio über die Probleme und Möglichkeiten von Künstlern im Dritten Reich.

Grammatik macht Sinn

Les pronoms personnels

REPÈRES GRAMMATICAUX P. 246

KURZ UND GUT

A2-B1

a. **Observez les phrases suivantes. Repérez les pronoms personnels et justifiez à chaque fois leur cas.**
b. **Reconstituez ensuite en binôme la déclinaison du pronom personnel.**
c. **Que pouvez-vous dire concernant le pronom réfléchi ?**

Hast du die Ausstellung *Emil Nolde, eine Legende* in Berlin gesehen?

Ja, sie ist sehr interessant, ich habe sie mit meinen Schülern gesehen und sie waren echt beeindruckt. Besonders die Gemälde im zweiten Teil haben ihnen gefallen.

Hattet ihr euch vorher mit dem Leben des Künstlers beschäftigt?

Leider nicht. Wir kannten ihn nur aus dem Kunstunterricht.

Diese Ausstellung zeigt uns, wie sehr Nolde sich politisch kompromittiert hat.

B1-B2

a. **Lisez les phrases suivantes et observez les pronoms réciproques en gras. Comment sont-ils formés ?**
b. **Traduisez ensuite les phrases.**

Ab 1933 mussten viele deutsche Künstler ins Exil gehen. Ungefähr 8000 Schriftsteller, Maler, Musiker versuchten, sich ***gegenseitig*** *zu helfen und den Kontakt* ***zueinander*** *aufrecht zu erhalten.*

A2 **1** **Remplacez les groupes nominaux soulignés par le pronom personnel correspondant en effectuant, le cas échéant, les changements syntaxiques nécessaires.**

a. Ich habe den Flughafen Tempelhof in Berlin besichtigt.
b. Das alte Gebäude aus der Zeit der Weimarer Republik ließen die Nazis in großem Stil erweitern.
c. Die Historiker denken, dass Tempelhof damals seiner Zeit voraus war.
d. Mit Ernst Sagebiel, dem Architekten des Flughafens, wurde Tempelhof 1935 zum größten Gebäude der Welt.
e. Für den britischen Architekten Lord Norman Foster war Tempelhof „die Mutter aller Flughäfen“.

B1 **2** ***Mich* ou *mir* ? Complétez les phrases suivantes.**

a. Kannst du ... bitte sagen, wann Kokoschka starb?
b. Warum fragst du ...? Ich habe keine Ahnung.
c. Du hast ... doch von diesem Maler erzählt!
d. Ich kann ... an dieses Gespräch aber nicht erinnern.
e. Schade, das hätte ... schon interessiert, noch mehr über ihn zu erfahren.

B2 **3** **Traduisez les phrases suivantes en allemand.**

a. Leni Riefenstahl se considérait comme une artiste sans rôle politique particulier.
b. Hitler et Leni Riefenstahl s’entendaient très bien et s’estimaient mutuellement.
c. Hitler se réjouissait du succès de ses films.

Wortschatz macht Sinn

Vokabeln lernen

Kunst als Propaganda

- **die Kunst instrumentalisieren:** instrumentaliser l'art
- **die Inszenierung der Macht:** la mise en scène du pouvoir
- **ein Ziel verfolgen:** poursuivre un but
- **verboten:** interdit
- **jdn manipulieren:** manipuler qqn
- **jdn beeinflussen:** influencer qqn
- **etw. missbrauchen:** abuser de qqch., détourner qqch.
- **zu Propagandazwecken verwenden:** utiliser à des buts de propagande

Die Kunst

- **ein Kunstwerk schaffen (u, a):** créer une œuvre d'art
- **der Künstler(-):** l'artiste
- **die Malerei:** la peinture
- **der Maler(-):** le peintre
- **das Gemälde(-):** le tableau
- **die Skulptur(en):** la sculpture
- **der Bildhauer(-):** le sculpteur
- **ein Werk aus/stellen:** exposer une œuvre
- **der Regisseur(e):** le metteur en scène

Angepasste Kunst

- **jdn / etw. unterstützen:** soutenir qqn / qqch.
- **unterwürfig:** soumis
- **sich (D) an/passen:** se conformer à, se plier à
- **paradox = widersprüchlich:** paradoxal, contradictoire
- **der Mitläufer(-):** le suiveur
- **regimetreu:** fidèle au régime
- **sich in den Dienst von (+D) stellen:** se mettre au service de
- **jdn verherrlichen:** glorifier qqn

Kunst als Rebellion

- **rebellisch:** rebelle
- **gegen (+ A) Widerstand leisten:** faire de la résistance contre
- **etw. verändern:** transformer qqch.
- **anders:** autre(ment)
- **etw. vermitteln:** transmettre qqch.
- **sich selbst treu bleiben (ie, ie):** rester fidèle à soi-même
- **ins Exil gehen (i, a):** s'exiler
- **unbeugsam:** inflexible

Vokabeln aktiv

1 Complétez les phrases à l'aide d'un des mots du lexique ci-dessus.

a. In einer Diktatur wird die Kunst oft ...

b. Die Künstler müssen dann die Entscheidung treffen, entweder ... oder ... zu sein.

c. Eine andere Möglichkeit ist für sie, das Land zu verlassen und ...

d. Im Land zu bleiben und ..., war in der Nazizeit lebensgefährlich.

e. Deshalb haben einige Künstler ..., auch wenn sie nicht mit dem Regime einverstanden waren.

2 Associez les éléments des deux colonnes pour former des phrases cohérentes puis traduisez-les.

A. Die Werke entarteter Künstler

B. Als Bürger und als Künstler ist Noldes Haltung

C. Fotos und Plakate dienten

D. Auch das Kino musste

a. die Prinzipien der Rassenideologie vermitteln.

b. wurden ab 1937 verboten.

c. äußerst widersprüchlich gewesen.

d. der Propaganda des Regimes.

3 Dites-le autrement.

a. Leni Riefenstahl verstand es, in ihren Filmen den Führer als Helden zu zelebrieren.

b. Kunst sollte damals die Massen beeinflussen.

c. Viele Künstler wollten sich aber nicht der Ideologie des Regimes anpassen.

d. Sie haben das Regime weiter unterstützt.

Prosodie und Phonetik

MP3

La prononciation de « en », « an » et « in »

a. Écoutez, puis répétez les mots suivants.

- *Propag**an**da*
- *sich **an**passen*
- ***in**strumentalisieren*
- *Pr**in**zip*
- ***ent**artet*
- *die **Ent**stehung*

b. Répétez les phrases suivantes en veillant à la prononciation de « en » / « an » / « in ».

- *Er hat angefangen, sich für die Geschichte der Kunst in Deutschland zu interessieren.*
- *Die Entstehung der politischen Konzeption von Kunst hat fast zwangsläufig eine Instrumentalisierung der Künstler zur Folge.*

FINALE

Projekt

Die Broschüre für eine Kunstausstellung konzipieren

Erstellen Sie die Broschüre zu einer Ausstellung, die die verschiedenen Aspekte der Kunst im Dritten Reich zum Thema hat. Sowohl die Kunst in ihrer Rolle als Inszenierung der Macht als auch die „entartete Kunst“ sollen behandelt werden.

Médiation

Zwischen den Kulturen

Die anderen Sprachklassen berichten über die Kunst kurz vor und im Zweiten Weltkrieg in dem Land, dessen Sprache sie lernen. Tauschen Sie sich miteinander aus.

Über die Grenzen hinaus

Informieren Sie sich über die Kunst, oder die Künstler oder den Kunsthandel in den Kriegsjahren (zwischen 1940 und 1944) in Frankreich und berichten Sie Ihrer Partnerklasse darüber. Sie können zum Beispiel auf die Ausstellung *Le Marché de l'art sous l'Occupation* (Musée de la Shoah, Paris, März-November 2019) hinweisen.

Schritt für Schritt

Ein Informationsblatt erstellen

1 **Choisissez un titre accrocheur et bref, un sous-titre explicite. Indiquez les dates et lieu de l'exposition. Cherchez une illustration en lien avec l'exposition.**

– Die Ausstellung findet vom ... bis ... in ... statt.

2 **Élaborez un plan succinct de l'exposition en indiquant, pour chaque section ou salle, la thématique commune des œuvres exposées.**

– Im ersten Teil der Ausstellung mit dem Titel ... findet man ...
– Im ersten Stock kann man ... entdecken.
– ... befindet sich in Raum ...

3 **Présentez quelques œuvres phares dans leur contexte.**

– Dieses Werk entstand ...
– Es gehört zu ...
– Es wurde ... verbrannt.

4 **Prévoyez une introduction qui accueille le visiteur et l'introduit dans l'univers de l'exposition :**

– Liebe Gäste; Willkommen in ...
Vous pouvez prévoir un volet pour les enfants : *Für unsere jungen Besucher*

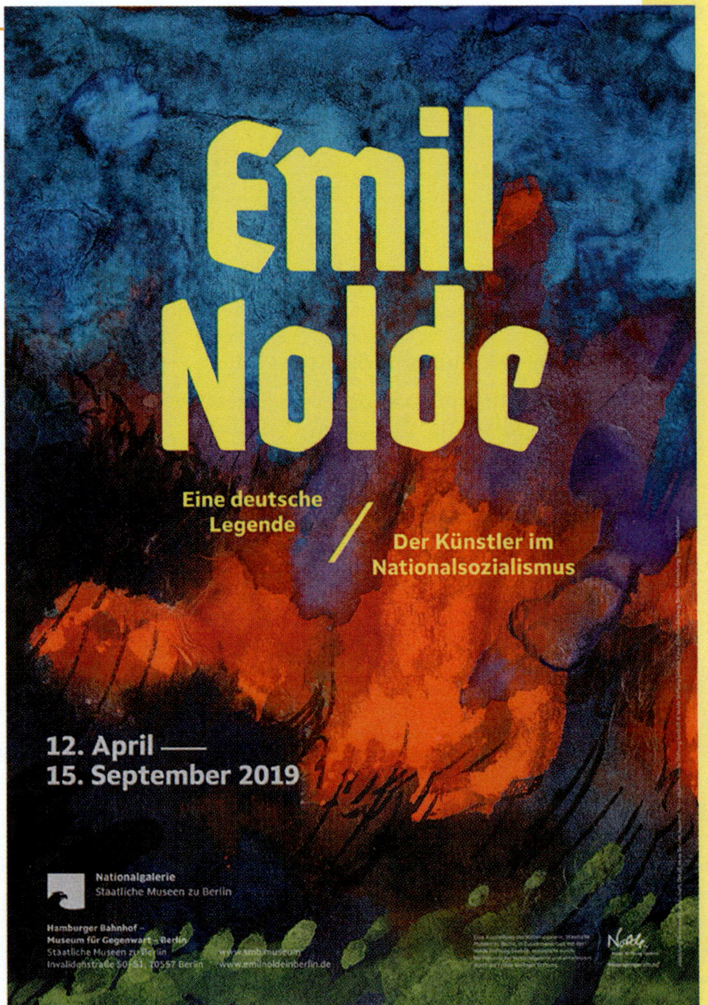

Partie 1 Compréhension de l'oral

Karat: Rock in der DDR

rbb fernsehen, 07.09.2019 / Durée : 1 min. 26

En rendant compte, en français, du document, vous montrerez que vous avez compris :

- le thème principal du document ;
- la situation, les événements, les informations ;
- l'identité des personnages ;
- les éventuels éléments implicites du document ;
- la fonction et la portée du document (relater, informer, convaincre, critiquer, dénoncer, etc.).

MÉTHODOLOGIE

→ Méthodologie p. 232

ÉTAPE 1 ▶ Identifier le contexte et la situation d'énonciation

- Lisez tout d'abord le titre du document, sa source. Formulez des hypothèses.
- Qui parle (statut, rôle) ? De quoi ? À qui ? Notez le thème général et les principales informations.
- Quelle est la nature du document (reportage, interview, publicité...) ? Appuyez-vous sur les indices visuels.

ÉTAPE 2 ▶ Identifier les réseaux de sens

- Repérez les différents thèmes abordés.
- Notez les informations que vous pouvez recueillir sur la musique dont il est question (titre, style, accueil).

ÉTAPE 3 ▶ Relever les stratégies de communication

- Indiquez l'objectif de ce document (promouvoir, informer, alerter, communiquer...).
- Dans quel contexte (politique, économique, social) s'inscrit-il ?

Partie 2 Expression écrite

Behandeln Sie Thema A oder Thema B (mindestens 100 Wörter).

Thema A

Sie haben sich die Reportage über die DDR-Rockgruppe Karat angesehen und tauschen sich mit Ihrer deutschen Partnerklasse über die Rolle von Text und Musik in einem Lied aus. Dabei hören Sie folgende Meinungen:

> Bei einem Lied ist mir vor allem die Musik wichtig. Die transportiert die Bedeutung. Auf den Text achte ich weniger. Musik kann auch ohne Worte revolutionär sein.
> Lukas, Schüler

> Der Text ist für mich bei einem Lied das Wichtigste. Man kann nicht nur Gefühle, sondern auch politische Botschaften mit Musiktexten besonders gut vermitteln.
> Michaela, Schülerin

Welche Meinung teilen Sie? Begründen Sie Ihren Standpunkt mit Beispielen.

Thema B

Denken Sie, dass Musik eine Gesellschaft oder ein politisches System verändern kann? Argumentieren Sie.

MÉTHODOLOGIE Thema A

→ Méthodologie p. 239

ÉTAPE 1 ▶ Analysez le sujet et identifiez le type d'écrit attendu (argumentatif, narratif...).
S'agit-il de raconter, de rendre compte d'une situation, d'une expérience, d'inventer ou plutôt d'argumenter, de prendre position, d'exprimer un point de vue ? Ciblez les mots-clés du sujet pour repérer la thématique et la question posée.

ÉTAPE 2 ▶ Notez vos idées, des arguments et des exemples. Mobilisez les outils linguistiques (vocabulaire, structures grammaticales...) que vous pouvez utiliser dans ce contexte.

ÉTAPE 3 ▶ Organisez vos notes en fonction du point de vue que vous adoptez. Notez les idées principales et les développements possibles (arguments, exemples, approfondissement).

Pour lister les arguments :
zuerst / dann / außerdem / hinzu kommt, dass ... / schließlich / zum Schluss
Pour introduire un exemple :
zum Beispiel / beispielsweise

Partie 1 Compréhension de l'écrit

Ausstellung über Nazi-Design

a. Lesen Sie den Text. Geben Sie wieder, was Sie verstanden haben. Beachten Sie dabei:
– das Hauptthema und die Art des Textes;
– das Projekt des Historikers und Museumsdirektors Timo de Rijk.

b. De Rijk formuliert, dass „Design als etwas Positives gilt und man die bösen Seiten davon gern auslässt. Dieselben Menschen haben schöne Dinge gemacht und Gaskammern entworfen. Diese Uneindeutigkeit ist hart" (Z. 79-83).
Erklären Sie, was er Ihrer Meinung nach mit diesem Satz sagen will.

c. Inwiefern können wir sagen, dass Kunst und Design im III. Reich von der politischen Macht instrumentalisiert wurden? Begründen Sie Ihre Antwort mit konkreten Beispielen.

MÉTHODOLOGIE

→ Méthodologie p. 234

ÉTAPE 1 ▶ Identifier le contexte externe et la situation d'énonciation
- Observez la forme du texte et sa source pour en déterminer la nature (roman, récit, reportage, interview).
- Lisez-le attentivement pour identifier le thème principal. Appuyez-vous notamment sur les mots transparents, le lexique connu, la date de parution. Quelle est la thématique abordée ?
- Mobilisez vos connaissances sur le sujet pour le contextualiser et faites des hypothèses sur la problématique

ÉTAPE 2 ▶ Identifier les réseaux de sens
- Relevez les informations principales en utilisant des couleurs différentes : le nom des personnes citées, les lieux, les objets exposés, les moments et étapes. Notez pour chaque paragraphe quelques mots-clés pour rendre compte de son contenu (arguments, exemples).
- Reconstruisez le ou les fils conducteurs et la cohérence de l'ensemble en infirmant ou confirmant vos hypothèses et en vous appuyant sur les connecteurs.
- Précisez le point de vue, les scrupules et questions que se pose l'historien de Rijk et les solutions qu'il a trouvées.

ÉTAPE 3 ▶ Relever les stratégies de communication
- Quel est l'objectif du texte (informer, critiquer, sensibiliser...) ?
- Au fil des lectures, mettez en lien de nouveaux indices pour accéder à une compréhension plus approfondie du texte.

Ausstellung über Nazi-Design

Im niederländischen 's-Hertogenbosch wird in einer großen Ausstellung die Zeit auf Nationalsozialismus zurückgedreht. 275 Objekte sollen ab Sonntag zeigen, dass Design ein prägender Part der Nazi-Ideologie war und gezielt zur Verführung der Massen und zum Terror eingesetzt wurde. Ein derartiger Überblick sei noch nie in einem Museum zu sehen gewesen, heißt es, und die Vorbehalte sind groß. Muss man die „Gestaltung des Bösen", wie Museumsdirektor Timo de Rijk es formuliert, überhaupt zeigen? Inklusive Fotos von Adolf Hitler in Siegerpose, Stahlhelmen und immer wieder Hakenkreuzen?

Historiker de Rijk will diesen „unterbelichteten Teil der Designgeschichte" ausstellen, weil er die rassistische Ideologie verbreitete. Mit dabei sind Filme von Leni Riefenstahl und den Olympischen Spielen von 1936, offizielle Propaganda-Plakate, Fahnen und Uniformen, aber auch „Volksempfänger"-Radio und Essbestecke. Ein großer Teil der Exponate stammt aus Depots deutscher Museen.

SPIEGEL: Sie zeigen Nazi-Geschirr, Riefenstahl-Filme und Hitler-Porträts – so umfangreich, dass es einen beim Anblick gruselt[1]. Darf man das überhaupt?

Timo de Rijk: Wenn es in einem historischen Kontext gemacht wird und die Absicht klar ist – natürlich.

SPIEGEL: Und was ist Ihre Absicht?

De Rijk: Zu verstehen, wie damals alles von der nationalsozialistischen Ideologie beherrscht wurde – vom VW-Käfer bis zur Streichholzschachtel[2]. Als Historiker möchte ich verstehen, was damals passiert ist. Ich halte es für meine Pflicht zu zeigen, dass Design und Kunst nicht immer erhaben[3] sind, sondern auch missbraucht werden können.

SPIEGEL: Welche Ästhetik wurde konkret missbraucht?

De Rijk: Nazi-Design greift auf drei Strömungen zurück: den Klassizismus, der sich in monumentaler Architektur und auch der Ästhetik von Massenveranstaltungen niederschlug. Dann bedienten sich Nationalsozialisten der Folklore, hier geht es um die Verbindung zum Regionalen, zur Heimat. Und schließlich spielt auch die Moderne mit hinein, im Glauben an die Zukunft und Technologie.

All das eigneten sich die Nazis an[4] und deuteten es um. Die Massen sollten mithilfe angewandter Kunst verführt werden: mit Werbeplakaten, Architektur, Fotografie – aber auch dem Bau der Autobahn, der Regie von Parteitagen oder der Inszenierung der Olympischen Spiele. Wirklich alles sollte die Ideologie verbreiten.

SPIEGEL: Auch das deutsche Unternehmen Hugo Boss trug zum Nazi-Erfolg bei, indem es höheren SS-Offizieren beeindruckende Uniformen nähte. Kann man da noch von gutem Design sprechen?

De Rijk: Nein, sicher nicht von ‚gutem' Design, weil das auch eine ethische Bewertung wäre. Aber die Uniformen galten als stylish, man muss diese Kunstfertigkeit anerkennen. Man kann die Gestaltung nicht dafür verurteilen, dass sie für Böses missbraucht wurde. Nazi-Symbole und Logos waren brillant gemacht. Sie funktionierten einfach.

SPIEGEL: Der Anblick von so vielen Hakenkreuzen und Hitler in Siegerpose ist für viele Menschen aber sehr schmerzhaft. Gegner der Ausstellung haben Demonstrationen angekündigt.

De Rijk: Diese Dinge kann man nur mit historischem Kontext zeigen, und wir ordnen das sehr gründlich ein. Jedes einzelne Exponat hat eine bestimmte Aufgabe in der Erzählung der Geschichte, die im Holocaust endete. Wir haben uns dafür ausführlich mit dem Israel Information and Documentation Center beraten. (...)

SPIEGEL: Wenn man befürchten muss, die NS-Zeit zu verherrlichen, ist das eine schwierige Vermittlungsaufgabe.

De Rijk: Ja, weil Design als etwas Positives gilt und man die bösen Seiten davon gern auslässt. Dieselben Menschen haben schöne Dinge gemacht und Gaskammern entworfen. Diese Uneindeutigkeit ist hart.

SPIEGEL: Wie haben Sie das gelöst?

De Rijk: Etwa, indem wir Flaggen nicht aufhängen, sondern in Vitrinen ausbreiten. Dadurch verlieren sie ihre Wirkung. Monumentale Filme zeigen wir auf kleinen Bildschirmen, nicht auf Leinwand. Wir präsentieren alles in nüchternem[5], dokumentarischem Licht. Es gibt in der Ausstellung nichts zu erleben – nur zu lernen.

Aus: Carola Padtberg, *DER SPIEGEL*, 06.09.2019

1. gruseln: *donner des frissons*
2. die Streichholzschachtel(n): *la boîte d'allumettes*
3. erhaben: *(ici) noble*
4. sich etw. an/eignen: *s'approprier qqch.*
5. nüchtern: *sobre*

Partie 2 Expression écrite

Behandeln Sie Thema A oder Thema B (mindestens 100 Wörter).

Thema A

Schreiben Sie eine E-Mail an den Direktor des Museums Ihrer Stadt, um ihn zu bitten, die Ausstellung über Nazi-Design zu zeigen. Argumentieren Sie, um ihn zu überzeugen.

Thema B

Finden Sie, dass man die Kunst der Nazis definitiv verstecken muss? Inwiefern sollte man sie zeigen? Begründen Sie Ihre Meinung mit konkreten Beispielen.

MÉTHODOLOGIE Thema B

→ **Méthodologie p. 239**

ÉTAPE 1 ▶ Analysez le sujet et identifiez le type d'écrit attendu (argumentatif, narratif...). Ciblez les mots-clés du sujet et identifiez la problématique posée.
Appuyez-vous sur les mots transparents, repérez les mots connus et ceux appris en classe (lexique de l'unité, de l'axe, etc.).

ÉTAPE 1 ▶ Prenez position : que pensez-vous de ces actions ? Notez les mots-clés. Classez vos arguments en deux colonnes : *Auf der einen Seite ... auf der anderen Seite ...*
Notez vos idées, des arguments, des exemples.
Mobilisez les outils linguistiques (vocabulaire, structures grammaticales...) que vous pouvez utiliser dans ce contexte.

ÉTAPE 3 ▶ Argumentez : après avoir exposé l'objet du débat, rédigez un avis personnel argumenté – qui peut être nuancé – en utilisant des expressions comme *Meiner Meinung nach ...; Ich meine / denke / finde, dass ...; Ich halte ... für ...*, et en veillant à la place des verbes dans la phrase. N'hésitez pas à faire appel à ce que vous avez étudié dans l'unité, à des expériences ou connaissances personnelles.

Partie 1 Compréhension de l'oral

→ Méthodologie p. 232

Doc. 1 **Mauerfall-Hymne: „Wind of change" prägte eine Generation**

AFP Deutschland, 04.11.2009 / Durée : 1 min. 46

En rendant compte, en français, du document, vous montrerez que vous avez compris :

- le thème principal du document ;
- la situation, les événements, les informations ;
- l'identité des personnes et éventuellement les liens entre eux ;
- les éventuels éléments implicites du document ;
- la fonction et la portée du document (relater, informer, convaincre, critiquer, dénoncer, etc.).

Partie 2 Compréhension de l'écrit

→ Méthodologie p. 234

Doc. 2 **„Als ich fortging" – vom Trennungslied zur Wende-Hymne**

Doc. 3 **30. Jahrestag: Zehntausende feiern Mauerfall-Jubiläum am Brandenburger Tor**

Antworten Sie auf Deutsch.

a. Lesen Sie die beiden Texte. Geben Sie für jeden Text wieder, was Sie verstanden haben. Beachten Sie dabei:
– das Hauptthema der Texte;
– die Rolle und Bedeutung von Dirk Michaelis' Lied am 8., 9. und 10. November 1989, und dreißig Jahre später.

b. Der Journalist schreibt: „Ostdeutschland hat sich eine eigene Sprache geschaffen, eine kleine Weltliteratur der Zwischentöne" (Doc. 2, Z. 25-27). Interpretieren Sie diese Aussage.

c. Beim Mauerfall-Jubiläum 2019 spielte Musik, aber der Text spricht auch von einem Moment Stille. Wann und warum war es bei der Zeremonie still?

Compréhension de l'ensemble du dossier

d. Erklären Sie, inwiefern ein Lied die politische Stimmung besonders gut symbolisieren oder ausdrücken kann.

Doc. 2

„Als ich fortging" – vom Trennungslied zur Wende-Hymne

Dirk Michaelis hat mit seiner Band „Karussell" die DDR-Hymne zur Wende gesungen – und mit Zwischentönen die weite Welt aufgeschlossen.

„Als ich fortging, war die Straße steil", singt er. „Kehr wieder um", haucht die Menge zurück. Es ist der Tag davor.

„Nichts ist unendlich", singt er. „So sieh das doch ein", ruft die Menge[1] zurück. Es ist genau der Tag.

„Ich weiß, Du willst unendlich sein", singt er. „Schwach und klein", seelt die Menge zurück. Es ist der Tag danach.

Dirk Michaelis spielt drei Mal das gleiche Lied im Palast der Republik, inmitten des Ostens von Berlin. Es ist das Lied seines Lebens, sein privatestes, sein politischstes, sein bekanntestes. Und es ist immer das gleiche Konzert im gleichen Haus, bei dem die Menge mitsingt, an drei Tagen hintereinander – aber es ist immer etwas anderes. Denn an dem Abend in der Mitte fällt die Mauer.

Und das Lied „Als ich fortging" von Dirk Michaelis und seiner Band „Karussell" ist nicht mehr nur ein melancholisch-poetischer DDR-Hit, sondern plötzlich der Soundtrack eines untergehenden[2] Landes, einer vergehenden Zeit. Eine einzige Nacht teilt die Gefühle von Millionen: Angst, Freiheitsdrang,

Wahnsinnslust. Und ein paar Liedzeilen teilen die Menschen im Aufbruch miteinander. (...)
Ostdeutschland hat sich eine eigene Sprache geschaffen, eine kleine Weltliteratur der Zwischentöne. Scheinbar harmlose Zeilen beschrieben den Harm[3], der inneren Grenzen und äußeren Mauern innewohnt. „Wer durch Zensur auffliegt, ist nicht gut genug", sagte Billy Wilder. Die DDR-Künstler, die guten, beherzigten das und weiteten die Enge mit Worten, so nebenbei es gerade noch erlaubt war. Den Schlüssel für die Zwischentöne hatte das Publikum; es schloss die weite Welt in Gedanken auf.
„Genieße Deine Freiheit, / In der stillen Liebesbucht. / Hier ist wirklich alles möglich. / Auch die Möglichkeit zur Flucht."
Diese Zeilen von „Karussell", geschrieben im Frühherbst '89, waren schon nicht mehr erlaubt. Da lief Michaelis auf ersten Demos mit, floh vom Inneren ins Äußere. Die andere Hälfte des halbierten Landes war längst weiter, auf der Flucht über Europas Südosten nach Westen. (...)
Am 8. November 1989 schien es so, beim ersten Konzert im Palast der Republik. Da sang die Menge mit, vereint in der Traurigkeit der Zwischentöne und in der Sorge, ob am Ende die Angst gewinnt oder die Hoffnung. Einen Tag später dann, nach 10.316 Tagen der getrennten Bürgersteige[4], schlägt die Sehnsucht um in Gänsehaut. Wat, die Mauer is uff? (...) Auf einmal verflog alle Schwere ganz leicht. Die Mauer wurde von Berlinern in Stücke zerhackt. Dahinter war bloß die andere Seite der Straße. Und alles möglich, für einen Augenblick.
Das Konzert am Tag danach war ausverkauft. „Aber kommt da jemand? Die sind ja alle drüben." So wie Michaelis, der sich und andere das fragte, selbst die andere Seite der gleichen Medaille entdeckte. Am Abend aber waren sie alle zurück inmitten des Ostens und sangen selig mit beim Abschied von ihrem halben, schwachen Land.

Aus: Robert Ide, *Der Tagesspiegel*, 05.02.2018

1. die Menge: *la foule* **2.** unter/gehen (i, a): *sombrer, disparaître*
3. der Harm: *la douleur, l'affliction* **4.** der Bürgersteig(e): *le trottoir*

Doc. 3

30. Jahrestag: Zehntausende feiern Mauerfall-Jubiläum am Brandenburger Tor

Vor 30 Jahren fiel die Berliner Mauer. Um an diese Zeitenwende zu erinnern, kamen am Samstagabend Zehntausende ans Brandenburger Tor. Es gab Musik von Dirk Michaelis bis Trettmann und ein Feuerwerk. Doch es war auch einen Moment lang still.
Zehntausende haben am Samstagabend am Brandenburger Tor in Berlin eine Bühnenshow zum 30. Jahrestag des Mauerfalls verfolgt. Die Veranstaltung war der Höhepunkt der Festivalwoche zum Mauerfall in der Hauptstadt.
Bei der mehr als zweistündigen Show traten Musiker wie Anna Loos, Trettmann, Die Zöllner und Dirk Michaelis auf, der sein Lied „Als ich fortging" am Piano sang, das 1989 als „Wendehymne" bekannt wurde. Die Staatskapelle Berlin unter der Leitung von Daniel Barenboim spielte Beethovens „Schicksalssinfonie", das Rapduo Zugezogen Maskulin setzte mit seiner Bühnenshow samt viel Kunstnebel einen Kontrapunkt. Mit einem Feuerwerk[1] endete das Programm. (...)
Stille legte sich über den Platz, als die einstige DDR-Oppositionelle Marianne Birthler sprach. Sie erinnerte an die Menschen, deren Leben durch die SED-Diktatur zerstört wurde oder die starben. Aber auch sie schlug einen Bogen zum Heute: „Wer Menschen in Schutz nimmt, die ausgegrenzt, gehasst und gedemütigt[2] werden, der hat verstanden, was wir mit den Kerzen in unseren Händen ausdrücken wollten." Wer sich heute für Klimaschutz einsetze und gegen weltweites Unrecht, Hass und Ausgrenzung seine Stimme erhebe, stehe in der Tradition der „89er", sagte Birthler.

Aus: www.rbb24.de

1. das Feuerwerk(e): *le feu d'artifice* **2.** demütigen: *humilier*

Partie 3 Expression écrite

→ Méthodologie p. 236

Behandeln Sie Thema A oder Thema B (mindestens 100 Wörter).

Thema A

Ein Fan von Dirk Michaelis berichtet 30 Jahre später in einem Artikel über das Konzert am 9. November 1989 im Palast der Republik und über diesen besonderen Abend. Schreiben Sie den Artikel.

Thema B

Finden Sie, dass ein Lied, ein Gedicht oder ein künstlerisches Projekt ein gutes Mittel ist, um Menschen zu ermutigen und sie zu kritischen und politischen Aktionen zu animieren? Begründen Sie Ihre Meinung mit konkreten Beispielen.

Partie 4 Expression orale

→ Méthodologie p. 241

Vous disposez de cinq minutes maximum pour expliquer en allemand quel document (A ou B) ou quelle citation (C ou D) illustre le mieux, à votre sens, l'axe « Art et pouvoir », et pour justifier votre choix.

A Karikatur von Wolfgang Hicks zur Ausbürgerung Wolf Biermanns, nach 1976

MÉTHODOLOGIE

ÉTAPE 1 ▶ Choisissez le document qui vous semble le plus parlant et le plus riche.

- Pour expliciter et justifier votre choix, appuyez-vous :
  Pour le document iconographique,
  – sur différents aspects de l'image (type d'image, source, composition, atmosphère, couleurs, situation, texte, etc.) ;
  – sur le message délivré.
  Pour la citation,
  – sur les mots-clés de la citation, l'auteur (sa fonction, son statut, etc.), le contexte (historique, sociologique, politique) ;
  – sur son sens et sa portée.

  Ich habe dieses Bild / dieses Zitat gewählt, weil ...
  Meiner Meinung nach illustriert dieses Bild / dieses Zitat am besten ...
  Dieses Bild / dieses Zitat passt am besten zur Thematik ...

- Vous pouvez également interroger la pertinence du document.

  Aber ich finde, dass ...
  Dieses Bild entspricht meiner Meinung nach nicht genau (+ D).

ÉTAPE 2 ▶ Mobilisez les connaissances et expériences que vous évoque le document choisi pour approfondir et/ou élargir le sujet.

Faites le lien avec des documents étudiés en classe : *Dieses Bild / dieses Zitat erinnert mich an einen Text, an ein Bild ...*

B Rudolf Herrmann, Plakat für die Wanderausstellung *Entartete Kunst* in Hamburg, 1938

C

Wir tanzen keinen Lipsi und nicht nach Alo Koll[1],
wir sind für Bill Haley und tanzen Rock 'n' Roll.

Wiebke Janssen, *Halbstarke in der DDR: Verfolgung und Kriminalisierung einer Jugendkultur*, 2010

1. Alo Koll: erfolgreicher deutscher Komponist in der DDR

D

Kunst = Mensch = Kreativität = Freiheit

Joseph Beuys (1921-1986), Maler und Bildhauer

KAPITEL 9

Bürgerrechte – online

▶▶ Leistet das Internet einen Beitrag zu mehr Demokratie in Deutschland?

Veranstaltung der SPD zum Thema „Demokratie im Netz verteidigen" im Willy-Brandt-Haus, Berlin 2018

Auf geht's!

a. Sehen Sie sich das Bild an. Worum geht es wohl in dieser Gesprächsrunde? Stellen Sie Hypothesen auf.

b. Demokratie und Internet: Was fällt Ihnen dazu ein?

Blick auf...

Eine Plattform für engagierte Mitbürger

▸▸ Kann man sich online für die Gesellschaft engagieren?

1 Online-Spenden

A2-B1 **a.** Schauen Sie sich die Abbildung an. Was fällt Ihnen auf (Bildsorte, Logo, Slogan ...)?

B1-B2 **b.** Erklären Sie das Ziel dieses Projekts. Was halten Sie von dieser Internetaktion?

2 Eine App vereinfacht das Engagement

A2-B1 **a.** Sehen Sie sich das Video an. Stellen Sie das Projekt kurz vor (Benutzer, Ziel, Vorteile ...).

B1-B2 **b.** Glauben Sie, dass solche Apps nützlich sein können und andere Menschen dazu bringen, sich sozial zu engagieren? Sammeln Sie Pro- und Kontra-Argumente und tauschen Sie sich aus.

Vidéo

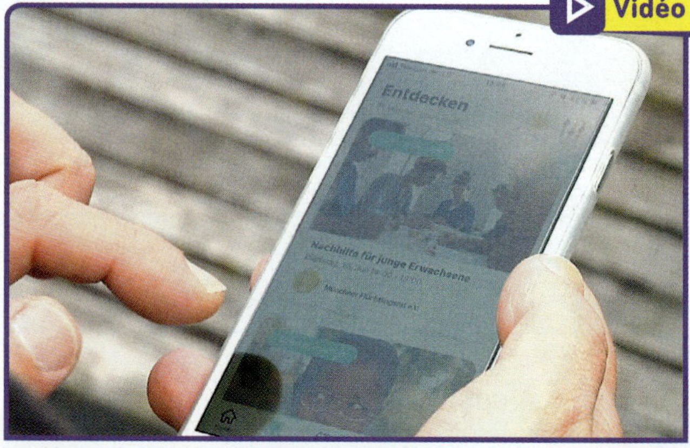

„letsact" – per App zum Ehrenamt, münchen.tv, 2019

3 Mehr Demokratie in Tübingen

A2-B1 **a.** Lesen Sie den Text und stellen Sie das Projekt vor (Ort, Personen, Funktion der App ...).

b. Erklären Sie, was der Initiator des Projekts mit der App erreichen will.

B1-B2 **c.** Sind Sie der Meinung, dass solche Projekte die Demokratie in Deutschland fördern und die Bürger dazu bringen, sich mehr für Politik zu interessieren? Begründen Sie Ihren Standpunkt.

Recherchieren Auch auf europäischer Ebene gibt es online Bürgerinitiativen. Informieren Sie sich darüber auf der Webseite der Europäischen Kommission. Berichten Sie in der Klasse darüber.

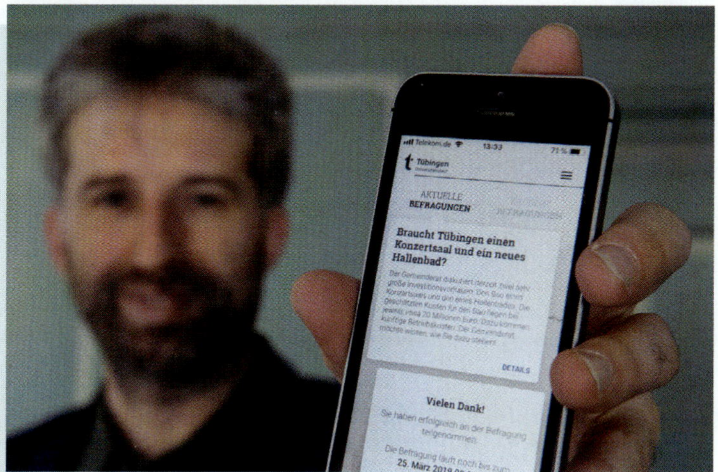

Boris Palmer, Oberbürgermeister von Tübingen

Das Stadtoberhaupt[1] möchte die Demokratie auf kommunaler Ebene stärken. Und vor allem die Bürger wieder mehr in politische Entscheidungsprozesse einbinden[2]. Das funktioniert im Jahr 2019 am besten digital. (...)

Per Klick in der Stadt mitbestimmen, Kommunalpolitik auf dem Smartphone – ist das ein Gegengift[3] wider die Politikverdrossenheit[4], sogar die Zukunft der Demokratie? (...)

Viele Menschen haben das Gefühl, ihre Meinung spiele bei kommunalen Entscheidungen nur bei Wahlen eine Rolle. Ein kleiner Kreis von Politikern und Gemeinderatsmitgliedern entscheide am Ende über die Verteilung des begrenzten Budgets, lautet der Vorwurf.

Das soll sich mit der neuen App in Tübingen ändern. Vorbild ist das direktdemokratische Schweizer Modell. „Ich habe mir schon lange gewünscht, das Internet auch für Abstimmungen[5] nutzen zu können", sagt Palmer. „Wenn sich die ganze Welt digitalisiert, kann die Demokratie nicht bei Bleistift und Papier stehen bleiben." (...)

Für die Abstimmung müssen Daten aus dem Einwohnermelderegister auf die Smartphone-App übertragen werden. Mithilfe eines Zugangscodes äußern die Tübinger dann ihre Meinung. So kann jeder Einwohner über 16 Jahre nur einmal an der Befragung teilnehmen. (...)

An der ersten Umfrage zum Bau eines Hallenbads oder eines Konzertsaals nahmen im März rund 12.000 Personen teil. Das sind knapp 16 Prozent der 77.000 Stimmberechtigten[6] in Tübingen. Repräsentativ ist das Ergebnis somit nicht. Palmer ist dennoch zufrieden, vor allem über die hohe Wahlbeteiligung bei den 16- bis 20-Jährigen. „Die sonst so wahlmüde Jugend ist begeistert von dem Konzept", sagt Tübingens OB. (...)

Letztlich bleibt die Frage, ob ein derart niedrigschwelliges[7] Partizipationsmodell auch zu inhaltlicher Auseinandersetzung motiviert. (...) Immerhin, und das allein ist ein Demokratisierungseffekt, erleichtert die App die Rückkoppelung[8] zwischen Regierenden und Regierten.

1. das Stadtoberhaupt (¨-e): *le premier représentant de la ville, le maire* **2.** jdn. in (+ A) ein/binden (a, u): *impliquer qqn dans qqch.* **3.** das Gegengift(e): *l'antidote* **4.** die Politikverdrossenheit: *la lassitude face à la politique* **5.** die Abstimmung(en) = die Wahl(en): *le vote* **6.** der/die Stimmberechtigte(n): *la personne ayant le droit de vote* **7.** niedrigschwellig: *relativement facile d'accès* **8.** die Rückkoppelung: *(ici) l'échange*

Wortschatz

- **digital:** numérique
- **sich für (+ A) engagieren = sich für (+ A) ein/setzen:** s'engager en faveur de
- **Geld für (+ A) spenden:** faire un don pour
- **etw. fördern:** encourager qqch.
- **etw. unterstützen:** soutenir qqch.
- **der technische Fortschritt(e):** le progrès technique
- **für (+ A) nützlich sein:** être utile à
- **zu (+ D) bei/tragen (ä, u, a):** contribuer à

Gesagt – getan!

Inwiefern bietet das Internet heute viele Vorteile im Bereich des sozialen und politischen Engagements? Bereiten Sie Ihre Argumente vor und präsentieren Sie sie der Klasse.

Blick auf…

Meinungsfreiheit im Netz

▸▸ Darf man im Internet alles sagen, was man will?

1 Online-Rechte

A2-B1 **a.** Lesen Sie den Text. Fassen Sie dann zusammen, was im Internet erlaubt und was verboten ist.

B1-B2 **b.** Erklären Sie, wer den Internetgebrauch in Deutschland bestimmt und was „virtuellen Raum“ und „real life“ unterscheidet.

Welche Rechte haben wir eigentlich im Netz?

Grundsätzlich gilt natürlich auch im Internet die Meinungsfreiheit aus dem Grundgesetz, Artikel 5: „Jeder hat das Recht, seine Meinung in Wort, Schrift und Bild frei zu äußern[1] und zu verbreiten. (…) Eine Zensur findet nicht statt.“ Auch für Youtuber*innen gelten aber Regeln: Sie dürfen wissentlich keine Fake News verbreiten[2] und müssen die Persönlichkeitsrechte anderer Menschen achten. (…)

Demonstration gegen die EU-Urheberrechtsreform in Stuttgart, 2019

Was könnte die Bundesregierung gegen Youtuber*innen unternehmen[3]?

Wenig! Nicht nur, weil Youtuber*innen und Netzaktivist*innen mit dem Grundgesetz ein ziemlich starkes Argument auf ihrer Seite haben. Sondern auch, weil die Bundesregierung hier einfach nicht viel zu melden habe, sagt Tobias Gostomzyk: „Die Gesetzgebungskompetenz[4] in Bezug auf meinungsrelevante[5] Medienbildung liegt aus historischen Gründen bei den Ländern.“ Selbst eine Kanzlerin müsste also erstmal mit den Bundesländern diskutieren. (…)

Zwar deckt die Meinungs- und Informationsfreiheit auch unsere Meinungsäußerungen im Netz ab, trotzdem funktioniert der virtuelle Raum nochmal anders als das „real life“: Stellen wir uns vor, ein einflussreicher Autor kritisiert auf einem Marktplatz die aktuelle Regierung. Natürlich sind die Aussagen durch die Meinungsfreiheit geschützt. Gleichzeitig wird die Veranstaltung[6] durch die Versammlungsfreiheit ermöglicht. Die garantiert, dass wir uns spontan treffen dürfen, um zum Beispiel friedlich zu demonstrieren. Eine solche Versammlungsfreiheit gibt es für den digitalen Raum bisher nicht. (…) „Die eine Seite sagt: Wir brauchen keine digitale Versammlungsfreiheit, das ist alles schon genug geschützt durch die Meinungsäußerungs- und die Informationsfreiheit.“ Andere Kollegen seien aber der Meinung, dass das Treffen im virtuellen Raum noch rechtlichen[7] Schutz braucht.

© *Puls*, 29.05.2019

1. sich zu (+ D) äußern: *s'exprimer à propos de* **2.** etw. verbreiten: *diffuser qqch.* **3.** etw. unternehmen (i, a, o): *entreprendre qqch.* **4.** die Gesetzgebung: *la législation* **5.** relevant: *pertinent* **6.** die Veranstaltung(en): *(ici) la manifestation* **7.** rechtlich = juristisch

Wortschatz

- **seine Meinung äußern:** exprimer son avis
- **gegen ein (das) Gesetz verstoßen (ö, ie, o):** enfreindre la loi
- **beleidigt werden (i, u, o):** être offensé
- **gemobbt werden (i, u, o):** être harcelé
- **einen Vorfall an/zeigen:** signaler un incident
- **die Verleumdung(en):** la calomnie
- **der Hass:** la haine
- **für (+ A) bestraft werden:** être condamné pour

2 hassmelden.de

MP3

A2-B1 **a.** Lesen Sie den Text und machen Sie sich Notizen zu dieser Plattform. Nennen Sie mehrere Beispiele für Probleme, die man auf dieser Plattform melden kann.

B1-B2 **b.** Hören Sie sich dann das Interview an und berichten Sie über die potentiellen Folgen von Hasskommentaren im Internet.

NetzDG: In Deutschland gilt seit 2018 ein neues Netzwerkdurchsetzungsgesetz (NetzDG) zum Umgang mit Verleumdungen[1] und Hasskommentaren in sozialen Netzwerken.

1. die Verleumdung(en): *la diffamation*

Das Prinzip hassmelden.de

Über unsere Plattform hassmelden.de kannst Du einen Vorfall[1], zum Beispiel Hasskommentare, rassistische Übergriffe[2], Beleidigungen[3] oder Drohungen, melden. Meldungen, deren Inhalte vermutlich strafrechtlich[4] relevant sind, werden direkt an die Zentralstelle zur Bekämpfung der Internetkriminalität (ZIT) der Generalstaatsanwaltschaft[5] Frankfurt am Main weitergegeben, dort bearbeitet und gegebenenfalls strafrechtlich verfolgt[6]. So werden Straftäter für ihre Taten zur Rechenschaft gezogen, und Du bist jederzeit sicher und anonym. Natürlich informieren wir Dich – sofern Du Kontaktdaten angibst – über den weiteren Verfahrensverlauf[7].

1. der Vorfall(¨e): *l'incident* **2.** der Übergriff(e): *l'acte violent* **3.** die Beleidigung(en): *l'insulte* **4.** strafrechtlich: *pénal* **5.** die Generalstaatsanwaltschaft: *(ici) les services du procureur général* **6.** jdn verfolgen: *poursuivre qqn* **7.** der Verfahrensverlauf: *la procédure*

3 Kampagne gegen Hasskommentare

A2-B1 **a.** Schauen Sie sich die Abbildung an und beschreiben Sie sie. Erklären Sie dann die Maßnahmen mit eigenen Worten.

B1-B2 **b.** Diskutieren Sie, inwiefern die hessischen Maßnahmen wirksam gegen Hetze im Netz vorgehen.

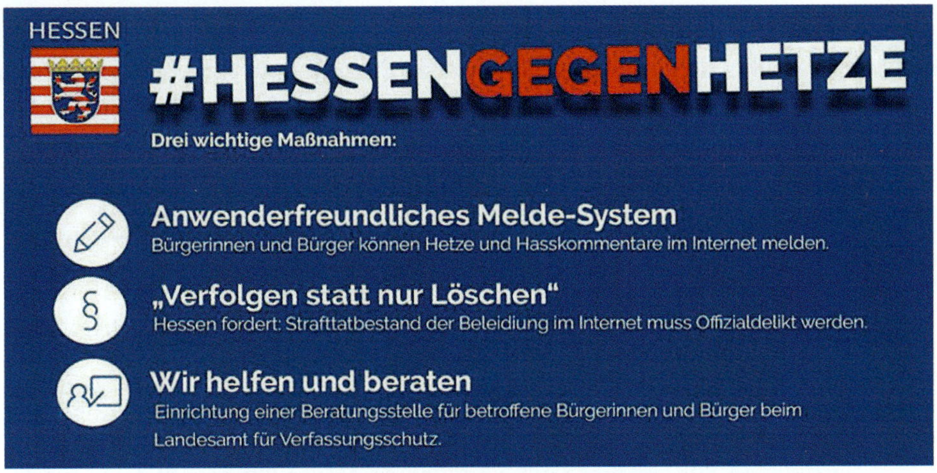

Gesagt – getan!

Darf jeder im Internet sagen, was er will? Schreiben Sie dazu einen Post in einem sozialen Netzwerk.

Grammatik macht Sinn

L'expression de l'ordre et du conseil

REPÈRES GRAMMATICAUX PP. 249, 252

KURZ UND GUT

A2-B1

a. **Observez les impératifs en prêtant attention à leur place dans la phrase, à leur forme aux différentes personnes.**
b. **Traduisez les phrases en français.**

- *Schlag das Buch auf, lies bitte den folgenden Text und sieh dir das Bild an.*
- *Sucht im Internet nach Informationen über diesen Autor und lest dann einen Auszug aus seinem Roman.*
- *Informieren Sie sich auch über die Quelle des Online-Artikels.*

B1-B2

a. **Lisez les phrases suivantes. Repérez les verbes de modalité exprimant le conseil et les éléments qui renforcent l'aspect injonctif.**
b. **Traduisez ensuite les phrases en français.**

- *Du solltest nicht auf diese Mail antworten! Poste bloß keine Fotos von dir, wo man dein Gesicht erkennen kann.*
- *Seid einfach vorsichtig beim Chatten mit Fremden im Netz. Ihr solltet vorsichtiger sein!*
- *Könnten Sie mir bitte endlich auf meine E-Mail antworten!*

A1-B1 **1** **Transformez les conseils suivants en phrases à l'impératif en suivant les indications entre parenthèses.**

a. Du solltest auf keinen Fall etwas Privates von dir posten. (*impératif sg.*)
b. Sie sollten nicht zu viel von Ihrer Privatsphäre preisgeben. (*forme de politesse*)
c. Du solltest aufpassen, mit wem du chattest. (*impératif sg.*)
d. Ihr könnt Hasskommentare auf der Plattform anzeigen. (*impératif pl.*)
e. Du kannst bei einem Problem auch mit deinen Eltern sprechen. (*impératif sg.*)

B1-B2 **2** **Traduisez les expressions. Formulez ensuite cinq recommandations pour inviter les internautes à participer à une action citoyenne sur internet (2e pers. du sg. et du pl., forme de politesse).**

die App der Bürgerinitiative herunterladen

auf den Link klicken, um eine Nachricht zu senden

anderen Menschen durch die App weiterhelfen

sich an der Spendenaktion beteiligen

bei dem Projekt „Menschen helfen Menschen“ mitmachen

B1-B2 **3** **Utilisez les éléments entre parenthèses pour appeler une personne ou un groupe à agir avec prudence sur internet : vous pouvez employer l'impératif ou la modalisation avec *sollen* et *können*.**

a. bei „Aktion Deutschland“ Geld oder auch Zeit spenden (doch)
b. anderen Leuten helfen, ein Projekt durchzuführen (einfach)
c. an dem Projekt teilnehmen (halt)
d. beim Surfen im Internet vorsichtig sein (nur)
e. Hasskommentare beim Server oder bei der Polizei anzeigen (unbedingt)

Wortschatz macht Sinn

Vokabeln lernen

Rechte und Pflichten online

- **das Recht(e):** le droit
- **die Pflicht(en):** le devoir
- **ein Grundrecht(e) auf (+ A) haben:** avoir un droit fondamental à
- **die Meinungsfreiheit:** la liberté d'expression
- **die Freiheit der anderen Menschen achten / respektieren:** respecter la liberté d'autrui
- **keine Hasskommentare posten:** ne pas poster de commentaires haineux
- **jdn verletzen:** blesser qqn
- **jdn beleidigen:** offenser qqn
- **jdn verleumden:** calomnier qqn
- **etw. verbieten (o, o):** interdire qqch. ≠ **etw. erlauben:** permettre qqch.
- **eine Straftat melden:** signaler un délit

Internet

- **jdm eine E-Mail schreiben (ie,ie):** écrire un mail à qqn
- **einen Beitrag veröffentlichen:** publier une contribution
- **mit (+ D) chatten:** chatter avec
- **ein Video hoch/laden (ä, u, a):** télécharger une vidéo
- **einen Artikel herunter/laden (ä, u,a):** télécharger un article
- **Fotos ab/speichern:** enregistrer des photos
- **auf einen Link klicken:** cliquer sur un lien
- **eine App entwickeln:** développer une application
- **eine Webseite ein/richten:** créer un site Internet
- **anwenderfreundlich sein:** être ergonomique, facile d'utilisation

Demokratie

- **der Bürger(-), die Bürgerin(nen):** le citoyen, la citoyenne
- **die Demokratie fördern:** favoriser la démocratie
- **sich für (+ A) ein/setzen = sich für (+ A) engagieren:** s'engager en faveur de
- **zu einer Aktion auf/rufen (ie, u):** appeler à agir
- **bei einem Projekt mit/machen:** participer à un projet
- **an einer Abstimmung teil/nehmen (i, a, o):** prendre part à un vote
- **für / gegen (+ A) kämpfen:** se battre pour ou contre
- **gegen ein Gesetz verstoßen (ö, ie, o):** enfreindre une loi
- **ehrenamtlich:** bénévolement
- **seine Meinung frei äußern:** exprimer librement son opinion

Vokabeln aktiv

1 Complétez les énoncés à l'aide du verbe qui convient puis traduisez-les.

melden | äußern | verleumden | posten | beleidigen | achten

a. Im Internet darf man andere Menschen weder ... noch ...
b. Außerdem ist es verboten, Hasskommentare zu ...
c. Nutzer sollen im Netz auch die Freiheit anderer Menschen ...
d. Online kann man seine Meinung frei ...
e. Man hat auch die Möglichkeit, eine Straftat zu ...

2 Complétez les énoncés à l'aide des mots ci-dessous puis traduisez-les.

Abstimmung | veröffentlicht | teilnehmen | Nutzer | entwickeln | Bürger | Nutzerin | herunterladen | fördern

a. Heute gibt es Städte, die neue Bürger-Apps ..., um die Demokratie zu ...
b. Jeder ... und jede ... kann die App der Kommune einfach ...
c. In Tübingen können ... zum Beispiel an Umfragen ...
d. Sie können auch bei einer ... mitmachen.
e. Das Ergebnis wird später im Rathaus ...

3 Complétez les énoncés suivants.

ehrenamtlich | strafrechtlich | anwenderfreundlich

a. Neue Apps sollten vor allem ... sein.
b. In München kann man sich über eine App auch ... engagieren.
c. Hassmeldungen in sozialen Netzwerken können ... verfolgt werden.

Prosodie und Phonetik

MP3

L'accentuation des phrases injonctives

a. Écoutez les phrases enregistrées pour repérer les accents toniques, puis entraînez-vous à les répéter avec la bonne intonation.
b. Lisez les injonctions suivantes, puis écoutez l'enregistrement. Répétez ensuite chaque énoncé.
- *Teilen Sie uns mit, wie Ihnen diese App gefällt.*
- *Sie sollten Werbung dafür machen, wenn Ihnen die Plattform gefällt.*
- *Melden Sie jede Straftat sofort!*
- *Posten Sie Ihre Meinung zu unserer App!*

FINALE

Projekt — Eine Charta für Verhaltensregeln im Internet verfassen

Bilden Sie Gruppen und schreiben Sie zusammen zehn Regeln für die Nutzung des Internets. Entscheiden Sie danach in der Klasse, welche fünf goldenen Regeln die besten sind. Schreiben Sie dann die wichtigsten Verhaltensregeln für Internetnutzer auf und begründen Sie Ihre Wahl.

Aktion gegen Hass im Internet, Berlin, 2016

Médiation

Zwischen den Kulturen

Sammeln Sie Informationen über die Gesetzgebung in Frankreich und in anderen europäischen Ländern, die die Internetnutzung (soziale Netzwerke, Downloads ...) regelt und ihren Missbrauch unter Strafe stellt.

Über die Grenzen hinaus

Finden Sie heraus, wie man an Ihrer Partnerschule mit dem Internet umgeht (Internet-Zugang für Schüler, Benutzerregeln, Verbote, Schulblogs ...) und berichten Sie darüber.

Schritt für Schritt

Ratschläge geben

1 En groupe, faites une liste de tout ce que vous avez appris sur les comportements en ligne, sur ce qui est à encourager et ce qui est à proscrire.

– *spenden, sich engagieren, etwas unterstützen ...*
– *sich frei äußern, die Meinungsfreiheit, das Gesetz ...*
– *die Verleumdung, die Beleidigung, etwas melden ...*

2 Définissez et rédigez les dix règles qui vous paraissent les plus importantes.

– Utilisez des formes injonctives.
– Choisissez des formulations courtes.
– Sélectionnez des mots précis et bien adaptés à chaque situation.

3 Présentez votre travail à toute la classe en expliquant les choix du groupe.

Préparez des arguments pour convaincre vos camarades de l'importance de vos règles :
– *Für uns ist es wichtig, ...* (groupe infinitif introduit par *zu*)
– *Es kann nicht akzeptiert werden, dass ...* (verbe conjugué à la fin)
– *Hauptsache, ...* (+ énoncé simple, le verbe se trouve en seconde position)
Présentez clairement vos idées : d'abord la règle, puis un argument, et si possible un exemple.

4 En classe entière, choisissez les cinq règles les plus importantes pour la charte.

5 Pour chacune des règles de la charte, rédigez un petit argumentaire, illustré par un exemple, une situation, une expérience.

Appliquez les mêmes conseils pour la présentation orale, en prenant soin de réutiliser le vocabulaire approprié.

KAPITEL 10

Im Labyrinth des Netzes

▸▸ Online-Dschungel: Wie soll man sich da noch zurechtfinden?

Auf geht's!
Schauen Sie sich das Bild an und lesen Sie den Titel. Worum geht es in diesem Kapitel wohl?

Blick auf...

Online-Quellen

▸▸ Zugang zur Information oder Manipulation?

1 Bibliothek 4.0

A2-B1 **a.** Schauen Sie sich das Bild an und lesen Sie den Text. Bestimmen Sie die Textsorte und die Thematik.

b. Stellen Sie die Deutsche Digitale Bibliothek mit ihren Aufgaben und Zielen vor.

B1-B2 **c.** Erläutern Sie die kulturelle Bedeutung der Deutschen Digitalen Bibliothek.

Recherchieren Informieren Sie sich in der Europäischen Digitalen Bibliothek (Europeana) über ein kulturelles Thema Ihrer Wahl und berichten Sie darüber in der Klasse.

Digitalisierungsprojekt einer Ausgabe von Goethes *Faust* in der Anna Amalia Bibliothek in Weimar

Deutsche Digitale Bibliothek

Die Deutsche Digitale Bibliothek (DDB) ist das zentrale staatliche Zugangsportal[1] für digitale Objekte aus Kultur- und Wissenschaftseinrichtungen[2] in Deutschland. Hier stellen Museen, Archive, wissenschaftliche Institute, Bibliotheken und Mediatheken ihre Bestände in digitalisierter Form ein.

Darunter sind viele kulturelle Schätze wie Handschriften[3], alte Filme in voller Länge oder Einspielungen klassischer Musikstücke. Auch digitalisierte Bücher, Bilder, Archivalien und vieles mehr sind in der DDB kostenfrei online verfügbar.

Die Deutsche Digitale Bibliothek wird gemeinsam von Bund und Ländern finanziert. Im März 2014 startete sie mit knapp acht Millionen digitalen Objekten von über 100 datengebenden Kultur- und Wissenschaftseinrichtungen. Inzwischen verfügt[4] sie über mehr als 24 Millionen Objekte und es werden ständig mehr. Langfristig sollen bis zu 30.000 Einrichtungen in der DDB vernetzt[5] werden.

Die DDB macht somit das kulturelle Erbe[6] Deutschlands online zugänglich – kostenlos, für alle und vor allem frei von wirtschaftlichen Interessen. Die Suchergebnisse der Deutschen Digitalen Bibliothek sind nicht kommerziell manipuliert und wahren die Urheberrechte[7]. (...) So trägt die DDB zur Demokratisierung von Wissen und Ressourcen bei. (...)

Die DDB ist Deutschlands Beitrag zur Europäischen Digitalen Bibliothek „Europeana“. In Zusammenarbeit mit Tausenden europäischen Archiven, Bibliotheken und Museen bietet European Collections Zugang zu mehr als 50 Millionen Objekten in digitalisierter Form. Spezielle Themensammlungen zu Kunst, Mode, Musik, Fotografie sowie dem Ersten Weltkrieg umfassen Galerien, Blogs, Ausstellungen, aber auch offizielle Dokumente und persönliche Erinnerungsstücke.

1. der Zugang(¨-e): *l'accès* **2.** die Einrichtung(en): *(ici) l'institution* **3.** die Handschrift(en): *le manuscrit* **4.** über (+ A) verfügen: *disposer de* **5.** vernetzt: *en réseau* **6.** das Erbe: *l'héritage* **7.** das Urheberrecht(e): *le droit d'auteur*

2 Museum 4.0

A2-B1 **a.** Lesen Sie den Text und schauen Sie sich das Bild an. Worum geht es hier (Thema, Ort, Situation)?

B1-B2 **b.** Erklären Sie, wie das Gerät funktioniert. Nennen Sie die Vorteile für den Besucher und für das Museum.

Recherchieren Auf der Webseite des Deutschen Museums in München können Sie einen virtuellen Rundgang durch das ganze Museum machen. Berichten Sie davon in der Klasse.

Auf virtueller Entdeckungstour im Deutschen Museum

Auf zwei 4 x 4 m großen VR-Flächen[1] können sich Besucherinnen und Besucher mit Hilfe von zwei Controllern innerhalb der virtuellen Welt über weite Entfernungen ‚beamen', ein Informationsmenü bedienen oder mit Objekten interagieren. (...)
Herzstück[2] des VRlabs ist der Fahrsimulator. Einmal Platz genommen, wird man durch die VR-Brille virtuell als Fahrer des Mondfahrzeuges der Apollo 17 auf den Mond transportiert. Sämtliche Fahrbewegungen werden nun in Echtzeit[3] auf den Simulator übertragen und sind dadurch nicht nur virtuell, sondern ganz real erfahrbar. Um auch Zuschauerinnen und Zuschauern einen Einblick in die virtuelle Welt zu geben, werden die Szenen über Bildschirme[4] angezeigt.

© www.museum4punkt0.de

1. die VR-Fläche: *l'espace de réalité virtuelle* **2.** das Herzstück(e): *la pièce maîtresse* **3.** in Echtzeit: *en temps réel* **4.** der Bildschirm(e): *l'écran*

Virtuelles Experiment im Deutschen Museum

3 Deepfakes

A2-B1 **a.** Schauen Sie sich das Video an und machen Sie sich dabei Notizen.

b. Erklären Sie dann, was Deepfakes sind, und nennen Sie dafür konkrete Beispiele. Welche Auswirkungen können sie haben?

B1-B2 **c.** Setzen Sie sich mit den Gefahren von Deepfakes auseinander und erläutern Sie die Arbeit von Faktenfindern.

Vidéo

Lügen und Videos: Deepfakes fluten im Netz, NDR, 2018

Wortschatz

- **etw. digitalisieren:** numériser qqch.
- **online zugänglich sein:** être accessible en ligne
- **kostenfrei sein:** être gratuit
- **etw. online / ins Netz stellen:** mettre qqch. en ligne
- **etw. / jdm trauen:** faire confiance à qqch. / à qqn
- **etw. beweisen (ie, ie):** prouver qqch.
- **eine Falschinformation entlarven:** démasquer une infox
- **etw. fälschen:** falsifier qqch.

Gesagt – getan!

Organisieren Sie eine Gesprächsrunde zum Thema „Vor- und Nachteile des grenzenlosen Zugangs zu Informationen online". Wählen Sie eine Rolle: Lehrer(in), Schüler(in) oder Journalist(in) ... Bereiten Sie Argumente und Beispiele vor.

Blick auf...

Medienerziehung

▸▸ Auf dem Weg zum Internetführerschein?

1 *Digital natives*: medienkompetent?

A2-B1 **a.** Sehen Sie sich das Bild an und beschreiben Sie die Figur. Lesen Sie dann den Text: Was denkt der Junge? Auf welches Problem stößt er?

B1-B2 **b.** Interpretieren Sie die Karikatur. Was will der Zeichner aufzeigen? Wie stehen Sie dazu?

BAC Inwiefern illustriert Ihrer Meinung nach dieses Bild die Thematik „Citoyenneté et mondes virtuels"?

2 Tipps gegen Fake News

A2-B1 **a.** Lesen Sie den Text und schauen Sie sich das Video an: Stellen Sie das Projekt „Klickwinkel" vor (Wer? Was? Wozu? ...).

B1-B2 **b.** Listen Sie die verschiedenen Ratschläge auf, die gegeben werden.

c. Erklären Sie das Ziel dieses Projekts. Was halten Sie (persönlich) davon?

Vodafone-Stiftung Deutschland fördert Bildungschancen für das digitale Zeitalter. In unseren Projekten stärken wir die digitalen Kompetenzen von Kindern und Jugendlichen, damit sie die digitale Gesellschaft aktiv mitgestalten[1] können. Mit Klickwinkel möchten wir junge Menschen widerstandsfähig[2] machen gegen Desinformation und sie ermutigen, sich aktiv an der demokratischen Meinungsbildung zu beteiligen.

1. etw. mit/gestalten: *participer à créer qqch.*
2. jdn gegen (+ A) widerstandsfähig machen: *rendre qqn apte à résister contre*

Vidéo

News oder Fake News – Schon gecheckt?, Klickwinkel, 2018

3 Medienerziehung in der Schweiz

A2-B1 **a.** Lesen Sie den Text und nennen Sie die Prinzipien der Medienerziehung in der Schweiz. Erläutern Sie dann, welche Rolle die Eltern und die Schule dabei spielen.

B1-B2 **b.** Erklären Sie, was Sie von diesem Konzept halten. Könnte es ein Beispiel für andere Länder sein?

Medienkompetenz bedeutet, bewusst und vor allem verantwortungsbewusst[1] mit Medien umzugehen. Dazu gehört das Wissen, wie die eigenen Bedürfnisse nach Informationen und Unterhaltung mit Medien erfüllt werden können, aber auch, den eigenen Medienkonsum und die Medieninhalte zu hinterfragen. Je früher Kinder sich mit ihrer Mediennutzung auseinandersetzen[2], desto besser sind sie vor den Risiken geschützt. Familie, Kinderbetreuungseinrichtungen[3], Schule, Jugendarbeit und sozialpädagogische Institutionen sind wichtige Orte der Vermittlung von Medienkompetenz. Personen, die mit Kindern und Jugendlichen leben oder arbeiten, haben eine wichtige Vorbildfunktion. (...)

Medienerziehung – die wichtige Rolle der Eltern

Das Internet gleicht[4] einer großen Stadt: Es gibt sichere Gegenden, nette Leute, Kinderspielplätze, verkehrsberuhigte[5] Zonen, Einkaufsmöglichkeiten. Aber es gibt auch dunkle Ecken, merkwürdige Gestalten, gefährliche Straßen, Rotlichtbezirke, Kriminalität. Wie lernt mein Kind, sich in dieser Stadt sicher und verantwortungsvoll zu bewegen? Genau wie im realen Leben braucht es auch in der digitalen Welt die Begleitung[6] der Eltern – als vertrauensvolle Zuhörer, hilfsbereite Gesprächspartner, interessierte Mitlernende und gute Vorbilder. (...)

Medienbildung – eine Herausforderung für die Schule

Medienkompetenz ist in unserer digitalen Informationsgesellschaft eine Kulturtechnik – wie Lesen, Schreiben und Rechnen. Somit gehört Medienbildung heute zur unverzichtbaren Aufgabe jeder Schule. Für Lehrpersonen und Schulleitungen bedeutet dies, sich aktiv mit dem Thema auseinanderzusetzen: Wie werden digitale Medien nutzbringend[7] im Unterricht eingesetzt und welche Möglichkeiten ergeben sich? (...)

1. mit (+ D) verantwortungsbewusst um/gehen: *manier qqch. d'une manière consciente et responsable* **2.** sich mit (+ D) auseinander/setzen: *se confronter à* **3.** die Kinderbetreuungseinrichtung(en): *la structure d'accueil / de garde d'enfants* **4.** etw. (D) gleichen (i, i): *ressembler à qqch.* **5.** verkehrsberuhigt: *à circulation réduite* **6.** die Begleitung: *l'accompagnement* **7.** nutzbringend: *(ici) d'une manière profitable*

Wortschatz

- **sich mit (+ D) aus/kennen (a, a):** s'y connaître en
- **eine Nachricht checken / überprüfen:** vérifier une information
- **für (+ A) verantwortlich sein:** être responsable de
- **Hinweise finden (a, u):** trouver des indices
- **die Quelle(n):** la source
- **die Suchmaschine(n):** le moteur de recherche
- **der Inhalt(e):** le contenu
- **vertrauenswürdig:** digne de confiance

Gesagt – getan!

Drehen Sie mit Hilfe Ihres Schultablets oder Handys einen kurzen Videoclip, in dem Sie eine Falschinformation vorstellen und entlarven.

Grammatik macht Sinn

L'expression de la cause et de la conséquence

REPÈRES GRAMMATICAUX P. 258

KURZ UND GUT

a. **Lisez les énoncés suivants et classez les mots qui introduisent la cause ou la conséquence, suivant leur nature : conjonction de subordination, de coordination, adverbe ou préposition.**

b. **Repérez ensuite la construction des phrases (place du verbe) et traduisez-les.**

A2-B1

- *Man soll nicht jeder kuriosen Information trauen, **denn** sie kann manipuliert worden sein.*
- *Der Faktenfinder will eine Falschinformation entlarven, **weil** sie nicht glaubhaft ist.*
- ***Da** viele Fake News im Netz zirkulieren, sollte er sie auf jeden Fall überprüfen.*
- ***Deshalb** gibt der Faktenfinder einen Sequenzmoment in eine Suchmaschine ein.*

B1-B2

- ***Wegen** der Gefahren im Internet brauchen Kinder und Jugendliche eine gute Medienerziehung.*
- ***Aufgrund** ihrer Vorbildfunktion können Eltern und Schule Medienkompetenz vermitteln.*
- *Das Projekt Klickwinkel möchte Jugendliche widerstandsfähig machen, **so dass** sie sich nicht manipulieren lassen.*
- *Sie sollen **so** geschult werden, **dass** sie kritisch über eine Information nachdenken.*

A2-B1 **1** **Complétez ce texte d'un élève sur sa visite virtuelle d'un musée avec les mots suivants :**

weil | da | somit | deshalb | deswegen | wegen

Meine Klasse machte letzte Woche einen Ausflug ins Deutsche Museum. ... ich krank bin, konnte ich nicht mit. ... meiner Krankheit muss ich länger zu Hause bleiben. ... sagte mir der Lehrer, ich könnte das Museum doch auch online besichtigen. Außerdem soll ich für mein nächstes Referat eine Recherche in der Deutschen Digitalen Bibliothek machen, ... man dort viele kulturelle Schätze wie Handschriften, alte Filme und digitalisierte Bücher und Bilder einsehen kann. Die DDB wirbt damit, dass sie ... das kulturelle Erbe online zugänglich macht. ... trage sie zur Demokratisierung von Wissen und Ressourcen bei.

B1-B2 **2** **Reliez les deux énoncés à l'aide de la conjonction entre parenthèses pour former une seule proposition, puis traduisez-la.**

a. Bewegte Bilder können manipuliert worden sein. Man soll ihnen nicht immer trauen. (da)

b. Faktenfinder starten eine Recherche. Sie wollen eine aktuelle Meldung überprüfen. (weil)

c. Die Information kommt ihnen glaubwürdig vor. Die Bilder sind nicht sonderlich alt. (denn)

d. Sie finden zudem mehrere Varianten. Sie können daraus Rückschlüsse ziehen. (so dass)

e. Schließlich finden sie viele weitere Hinweise. Sie halten die Meldung für echt. (so ... dass)

B2 **3** **Formez des phrases exprimant la cause ou la conséquence à partir des expressions données en utilisant les connecteurs entre parenthèses.**

a. Kinder und Jugendliche:

– ihr junges Alter / Gefahren im Internet ausgesetzt sein (aufgrund)

– Falschinformationen erkennen lernen / Fake News checken müssen (deshalb)

b. Internetnutzer:

– die Flut von Informationen / Quelle und Urheber prüfen müssen (wegen)

– Nachrichten kritisch hinterfragen sollen / (sie) gefälscht sein können (da)

– auch ihren Inhalt überprüfen sollen / viele Fake News im Internet zirkulieren (weil)

Wortschatz macht Sinn

Vokabeln lernen

Online-Manipulation

- **die Fake News / die Falschmeldung(en):** les fake news, l'infox
- **die Desinformation:** la désinformation
- **etw. fälschen:** falsifier qqch.
- **echt = authentisch:** vrai
- **jdm / etw. misstrauen:** se méfier de qqn / qqch.
- **(D) trauen:** faire confiance à
- **jdn beeinflussen:** influencer qqn
- **auf jdn (A) Einfluss aus/üben:** exercer une influence sur qqn
- **irreführend sein:** être trompeur
- **das Gerücht(e):** la rumeur
- **etw. verbreiten:** diffuser qqch.
- **etw. aus/werten:** évaluer qqch.

Zugang zur Information

- **im Internet surfen:** surfer sur internet
- **Zugang zum Internet haben:** avoir accès à internet
- **etw. digitalisieren:** numériser qqch.
- **der virtuelle Raum = die Online-Welt:** le monde virtuel
- **auf einer Webseite:** sur une page internet
- **zur Unterhaltung:** pour se divertir
- **ein Stichwort ein/geben (i, a, e):** rentrer un mot-clé
- **eine Nachricht checken / überprüfen:** contrôler l'exactitude d'une information
- **das Suchergebnis(se):** le résultat d'une recherche
- **die Datenbank(en):** la banque de données
- **der Bildschirm(e):** l'écran

Medienerziehung

- **medienkompetent sein:** être compétent dans le domaine des médias
- **Medienkompetenz besitzen (a, e):** avoir des compétences dans le domaine des médias
- **die Nachricht(en):** la nouvelle, le message
- **bei (+ D) mit/machen:** participer à
- **mit Medien verantwortungsbewusst um/gehen (i, a):** utiliser les médias de manière responsable
- **Medien im Unterricht ein/setzen:** utiliser les médias en cours
- **die Aufgabe(n):** le devoir, la mission

Vokabeln aktiv

1 **Choisissez un mot ou une expression ci-dessus et faites-le deviner à la classe sans gestes ni mimiques.**

2 **Donnez le contraire des mots suivants et repérez différentes façons de former les contraires. En binôme, entraînez-vous à les mémoriser et à les employer dans une phrase.**

a. echt **b.** glaubwürdig **c.** kompetent **d.** sicher

3 **Associez les substantifs de la colonne de droite à un verbe de la colonne de gauche pour former des groupes verbaux cohérents. Parfois plusieurs associations sont possibles.**

A. Gerüchte	**a.** finden
B. Einfluss	**b.** erkennen
C. Falschinformationen	**c.** verbreiten
D. Nachrichten	**d.** eingeben
E. Stichwörter	**e.** ausüben
F. Hinweise	**f.** hinterfragen

4 **Pour chaque mot, trouvez au moins deux autres mots de la même famille (verbe, substantif, adjectif…).**

a. falsch **b.** informativ **c.** glaubhaft **d.** kompetent **e.** real **f.** kritisch

Prosodie und Phonetik

MP3

La prononciation des substantifs qui se terminent en « -ion »

a. Écoutez les mots suivants. Que remarquez-vous quant à la prononciation de la dernière syllabe et à l'accentuation du mot ?

- *Information*
- *Tradition*
- *Manipulation*
- *Funktion*
- *Institution*
- *Situation*

b. Entraînez-vous à répéter ces mots, puis réécoutez-les pour contrôler votre prononciation.

c. Lisez la phrase suivante à voix haute et écoutez l'enregistrement.

- *In dieser Situation müssen Sie die Falschinformationen erkennen. Sie müssen sich vor jedem Manipulationsversuch schützen.*

FINALE

Projekt – Einen Artikel zur Internetnutzung verfassen

Schreiben Sie einen Informationsartikel darüber, wie Jugendliche mit dem Internet umgehen sollten. Gehen Sie dabei auch auf die Gefahren und die Bedeutung von Medienkompetenz je nach Alter der Schüler ein. Welche Rolle können Eltern und Schule dabei spielen? Ab wann und zu welchem Zweck sollte das Internet genutzt werden?

Médiation

Zwischen den Kulturen

Sammeln Sie Informationen über den Umgang mit Internet (zum Beispiel über Medienerziehung) in anderen Ländern und Kulturen, die Ihnen vertraut sind. Bereiten Sie eine kleine Präsentation vor.

Über die Grenzen hinaus

Finden Sie heraus, wie Medienkompetenz an Ihrer Partnerschule unterrichtet wird und berichten Sie darüber.

Schritt für Schritt

Einen Artikel schreiben

1 **En groupe, discutez pour rassembler tout ce qui a été dit sur internet à l'école, la recherche d'informations, les risques encourus sur internet, etc.**

2 **Organisez vos idées : qu'est-ce qui est du ressort des parents ? de l'école ? à partir de quel âge peut-on utiliser internet ? dans quel but ?**

– Die Eltern müssen ... / Die Rolle der Eltern ist wichtig, weil ...
– In der Schule / Ab 16 könnte man ..., denn ...
– Internet sollte man ab ... benutzen. Darum / Deswegen ...
– Wichtig ist auch zu wissen, wie / dass ...

Tipp!
Pensez à bien expliquer les causes et les conséquences. Pour cela, référez-vous au point de grammaire de l'unité (p. 112).

3 **Rédigez ensuite votre article.**

– Présentez le sujet dans une brève introduction : pourquoi est-il important de s'intéresser à l'éducation aux médias ? à partir de quel âge ? quels en sont les acteurs ?
– Organisez votre article selon le critère de votre choix, par exemple :
• par âge : que peut-on faire sur internet ? Avec quel accompagnement ? Quels risques faut-il prendre en compte ?
• par thématique : l'utilisation d'internet par les jeunes, le rôle de l'école, puis celui des parents dans la prévention des risques liés à internet ;
– Concluez votre article : vous pouvez rédiger une ou deux phrases pour mettre en garde vos jeunes lecteurs ou bien inciter vos lecteurs à accompagner les jeunes face aux questions liées à internet. Vous pouvez également appeler à un renforcement de l'éducation aux médias à l'école, etc.

Partie 1 Compréhension de l'oral

Medienbildung für GUTE SCHULE

Vidéo

Jugendportal jugendnetz-berlin, 26.03.2019 / Durée : 1 min. 43

En rendant compte, en français, du document, vous montrerez que vous avez compris :
- le thème principal du document ;
- à qui peut s'adresser le document ;
- la situation, les informations ;
- l'identité des personnes ;
- la fonction et la portée du document (relater, informer, convaincre, critiquer, dénoncer, etc.).

MÉTHODOLOGIE

→ Méthodologie p. 232

ÉTAPE 1 ▶ Identifier le contexte et la situation d'énonciation
- Lisez tout d'abord le titre du document et sa source : émettez des hypothèses sur le thème abordé, le lieu du tournage, etc.
- Interrogez-vous sur les lettres capitales dans le titre : de quoi peut-il s'agir ? d'un titre ? du nom d'une association, d'un projet ?

ÉTAPE 2 ▶ Identifier les réseaux de sens
- Repérez les différents locuteurs (voix off, intervenants, leur statut...), les lieux. Vérifiez vos hypothèses et précisez le thème abordé.
- En vous appuyant sur les images et les mots-clés, précisez ensuite le projet (sa nature, son but, ses modalités).
- Relevez les points de vue des différents locuteurs, éventuellement leurs arguments.

ÉTAPE 3 ▶ Relever les stratégies de communication
- Quelle est la nature de la vidéo (reportage, interview, bande-annonce, publicité...) et quel est son objectif (promouvoir, informer...) ?

Partie 2 Expression écrite

Behandeln Sie Thema A oder Thema B (mindestens 100 Wörter).

Thema A

Am Humboldt-Gymnasium wurde vor zwei Jahren Medienkompetenz als neues Schulfach ab der 6. Klasse eingeführt. Zwei Schüler wurden dazu interviewt:

Lena Es war die richtige Entscheidung! Heute muss man sowieso gut mit Informatik, Internet usw. umgehen können. Das muss man in der Schule lernen können. Wo sonst?

Sven Wichtig ist es schon, aber dafür brauchen wir kein neues Schulfach. Computer und Internet benutzen wir sowieso ständig.

Sollte Medienkompetenz an Ihrer Schule auch als Schulfach eingeführt werden? Argumentieren Sie und führen Sie Beispiele an.

Thema B

Inwiefern könnten neue Medien das Leben an Ihrer Schule weiter verbessern? Machen Sie konkrete Vorschläge.

MÉTHODOLOGIE Thema A

→ Méthodologie p. 239

ÉTAPE 1 ▶ Analysez le sujet et identifiez le type d'écrit attendu (argumentatif, narratif...). Surlignez les mots-clés pour repérer les points de vue.

ÉTAPE 2 ▶ Choisissez l'avis dont vous êtes le/la plus proche. Listez des arguments et des exemples concrets, issus de votre quotidien, de votre connaissance du système scolaire allemand, des documents étudiés. Organisez vos notes pour structurer votre développement.

ÉTAPE 3 ▶ Faites une phrase d'introduction. Exprimez ensuite un point de vue argumenté en vous appuyant sur les avis de Lena et Sven :

Ich bin mit ... einverstanden, weil ...
Wie ... denke ich, dass ...
Ich bin derselben Meinung wie ...

Faites une phrase de conclusion sur l'importance de l'éducation aux médias.

Meiner Meinung nach ...
Abschließend ...

Veillez à la correction syntaxique et lexicale.

Partie 1 Compréhension de l'écrit

Der Einfluss der Wahl-Apps wächst

a. Lesen Sie den Text. Geben Sie wieder, was Sie verstanden haben. Beachten Sie dabei folgende Punkte:
– das Hauptthema;
– die Vorteile der vorgestellten Apps;
– die Fragen, die hier aufgeworfen werden.

b. Kommentieren Sie folgende Textstelle: „Sie wollen Diskussionen fördern, politisch bilden und die Wahlbeteiligung erhöhen." (Z. 12-14)

c. Wie ist die Haltung des Journalisten: neutral, informativ oder engagiert? Begründen Sie Ihre Antwort mit Beispielen aus dem Text.

MÉTHODOLOGIE

→ Méthodologie p. 234

ÉTAPE 1 ▶ Identifier le contexte externe et la situation d'énonciation
- Lisez attentivement le titre et la source du texte.
- À partir du thème, mobilisez vos connaissances pour émettre des hypothèses sur le contenu du texte.

ÉTAPE 2 ▶ Repérer les réseaux de sens
- Lisez le texte, vérifiez vos hypothèses, précisez la thématique pour en dégager le sens général en vous appuyant sur les mots transparents, le lexique connu et celui travaillé dans l'unité.
- Notez avec des couleurs différentes les principales informations concernant cette application (nature, cadre d'utilisation, but, questions soulevées).
- Appuyez-vous sur les intertitres pour dégager l'idée principale des différentes parties du texte.
- Listez les avantages et les inconvénients de cette nouvelle application à partir des prises de parole directes et indirectes des personnes interrogées. Appuyez-vous sur le lexique utilisé (positif, négatif, critique, etc.).

ÉTAPE 3 ▶ Relever les stratégies de communication
- Quel est l'objectif du texte (informer, critiquer, sensibiliser, dénoncer, etc.) ?
- Recherchez dans le texte les indices qui permettent de qualifier la position de l'auteur. Quel est le poids qu'il donne respectivement aux avantages et aux inconvénients ? Quelle est l'importance donnée aux prises de parole qu'il cite dans le texte ?

Der Einfluss der Wahl-Apps wächst

Die Entwickler von Wahlberatungs-Apps[1] und -Webseiten, wie der deutsche Wahl-O-Mat oder die internationale App „VoteSwipe", wollen den Wählern bei der Entscheidungsfindung helfen. Sie gleichen die Positionen der unterschiedlichen Parteien ab[2].

Die Vielfalt ist groß bei solchen Apps: Bei manchen muss man einfach rechts oder links über die Oberfläche wischen, je nachdem, ob man einer Aussage zustimmt oder nicht. Andere sind komplexer, liefern detaillierte Analysen, Vergleiche und Diskussionspunkte.

Alle Apps geben an, dieselben Ziele zu verfolgen: Sie wollen Diskussionen fördern, politisch bilden und die Wahlbeteiligung erhöhen. Ihr Einfluss nimmt zu: Zwischen zehn und 40 Prozent der Wähler in der EU haben laut Umfragen bei einer der letzten großen Wahlen in ihrem Land davon Gebrauch gemacht.

Ungewollte Einflussnahme?

Aber geht der Einfluss dieser Apps und Webseiten vielleicht zu weit? Denn der Grad zwischen demokratischer Beratung und politischer Bevormundung[3] zu Gunsten[4] bestimmter Parteien ist schmal. „Ungewollte Einflussnahme ist ein mögliches Problem", sagt Uwe Wagschal. Er arbeitet für „VoteSwipe" und als Politikwissenschaftler an der Universität Freiburg.

„Als Forscher hat man natürlich seine eigene Einstellung", so Wagschal. „Und wie Fragen formuliert werden, das kann den Nutzer natürlich in eine bestimmte Richtung lenken."

„App-Entwickler müssen insbesondere beachten, dass Nutzer lieber positiv als negativ auf Fragen antworten", erklärt Stefan Marschall. Der Politologe der Universität Düsseldorf hat den Wahl-O-Mat mitentwickelt. (...)

Strategische Themenauswahl

Für die Gestaltung der App bedeutet das: Entwickler „haben die Möglichkeit, eine Partei zu bevorzugen[5], je nachdem, wie sie die Fragen formulieren", sagt Bastiaan Bruinsma, der zu Wahlberatungs-Apps forscht.

Zudem bestehe die Möglichkeit, dass durch die

Auswahl der Fragen und Themen eine Partei bei einer Wahl bevorzugt werden könnte, so Politologe Wagschal. Wenn man einem Thema besonders viele Fragen widme, könne dies natürlich Einfluss auf die Wahlentscheidung haben.

Es gibt viele weitere Faktoren, die beeinflussen, ob eine App die „wahren" politischen Präferenzen des Wählers widerspiegelt oder eben nicht: Design, Struktur, die Auswahl an Antwortmöglichkeiten, oder ob man eine persönliche Gewichtung von Themen angeben kann.

„Es gibt unbegrenzte Möglichkeiten, wie Wahlberatungs-Plattformen Wähler beeinflussen und manipulieren können", weiß der niederländische Experte für Fake News, Ruurd Osterwoud. „Diese Apps oder Seiten machen einen anfällig[6]. Sie spiegeln nicht wider, wen man wirklich wählen will", glaubt er.

Um einer möglichen Manipulation vorzubeugen, haben Experten wie Wagschal und Marschall einen Transparenz-Leitfaden mit strengen Regeln entwickelt, wie Fragen formuliert werden sollen. (...)

Es gibt sogar Wahlberatungs-Plattformen, die von Parteien selbst entwickelt wurden. Die Gefahr allerdings, dass dadurch Wähler manipuliert werden könnten, sagt Stefan Marschall, sei relativ gering, da diese Angebote für Wähler nicht glaubhaft seien.

Parteien kaufen Nutzer-Daten

Wie weit reicht der Einfluss von Wahlberatungs-Plattformen? Könnten sie – ob gewollt oder ungewollt – eine Wahl entscheiden? Die Meinungen darüber gehen auseinander. (...)

Dennoch wurde ihr Einfluss bisher kaum in Frage gestellt. Auch die Gefahr durch ein potentielles Hacking von Wahl-O-Mat und ähnlichen Angeboten sei bisher nicht überprüft worden, sagt Marschall. Dies liege wahrscheinlich auch daran, dass die digitalen Wahlhilfen bisher noch als weit weniger einflussreich gelten als Informationen aus Fernsehen, Zeitungen und Online-Nachrichtenseiten.

Tom Allinson, 13.05.2019

1. die Wahlberatung: *le conseil en matière électorale*
2. ab/gleichen (i, i): *comparer*
3. die Bevormundung: *la tutelle*
4. zu Gunsten: *au profit de*
5. bevorzugen: *favoriser*
6. anfällig machen: *rendre fragile, vulnérable*

Partie 2 Expression écrite

Behandeln Sie Thema A oder Thema B (mindestens 100 Wörter).

Thema A

Antworten Sie auf folgenden Post zum Thema Internetforum. Nehmen Sie Stellung dazu und führen Sie Beispiele an. Berichten Sie eventuell über eigene Erfahrungen.

> Nina Ich schreibe oft auf Internetforen, da kann ich Fragen stellen, meine Meinung äußern. Meistens bekomme ich triftige Antworten! Ich finde es cool.

Thema B

Heutzutage gibt es viele Möglichkeiten, sich über Apps und soziale Online-Netzwerke zu engagieren. Nehmen Sie dazu Stellung und begründen Sie Ihren Standpunkt mithilfe von Beispielen.

MÉTHODOLOGIE Thema B

→ Méthodologie p. 239

ÉTAPE 1 ▶ Lisez et analysez le sujet. À l'aide des mots-clés, des mots transparents et des consignes, définissez la thématique et le type d'écrit attendu. S'agit-il de raconter, de prendre position, d'argumenter ?

ÉTAPE 2 ▶ Répertoriez différents usages d'internet et des réseaux sociaux favorisant l'engagement. Mobilisez vos connaissances sur le sujet, le lexique et les structures dont vous disposez pour rendre compte de ces différentes possibilités.
Notez des exemples tirés de l'unité ou de vos expériences personnelles susceptibles d'illustrer votre propos.
Envisagez les arguments et contre-arguments ou objections qui pourraient vous être opposés. Organisez vos notes pour structurer votre développement et appuyer votre point de vue. → Méthodologie p. 229

ÉTAPE 3 ▶ Faites une phrase d'introduction pour contextualiser la question à l'aide du lexique et des structures de l'intitulé du sujet (*Heutzutage ...*; *Immer mehr...*) et posez la question à laquelle vous apportez une réponse.
Rédigez votre développement en donnant votre point de vue avec des expressions comme *Meiner Meinung nach ...*; *Ich bin davon überzeugt, dass ...*; *Ich glaube, ...* et en prenant en compte les potentielles objections (*zwar ... aber / obwohl ... / jedoch ...*). Concluez en une phrase : *In Zukunft ...*, *Hoffentlich ...*

Partie 1 Compréhension de l'oral

→ Méthodologie p. 232

Doc. 1 **Büro 4.0**

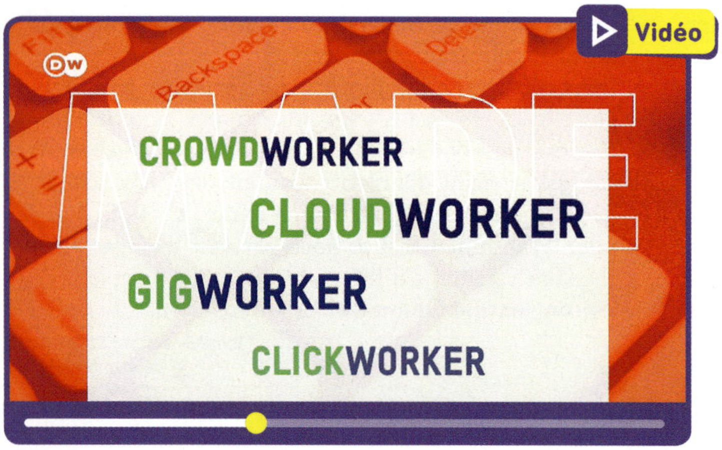

Deutsche Welle, 03.09.2019 / Durée : 1 min. 27

En rendant compte en français du document, vous montrerez que vous avez compris :

- le thème principal ;
- à qui il peut s'adresser ;
- la situation, les informations et les personnes présentées ;
- la fonction et la portée du document (relater, informer, convaincre, critiquer, dénoncer, etc.).

Partie 2 Compréhension de l'écrit

→ Méthodologie p. 234

Doc. 2 **Coworking auf Mallorca: Ein Interview mit Doris Schuppe**

Antworten Sie auf Deutsch.

a. Lesen Sie den Text. Geben Sie wieder, was Sie verstanden haben. Beachten Sie dabei:
- das Hauptthema des Textes;
- die Geschichte von Frau Schuppe;
- ihren Standpunkt zum Thema Coworking auf Mallorca;
- die Ratschläge, die sie anderen Menschen gibt.

b. Kommentieren Sie diese Aussage: „Auftraggeber oder Vorgesetzte wissen nämlich oft nicht, dass das Home Office zeitweilig auf einer Insel im Mittelmeer liegt." (Z. 83-85)

c. Erklären Sie, ob die Entscheidung, Deutschland zu verlassen und auf einer Insel im Mittelmeer neu anzufangen einfach war. Begründen Sie Ihre Antwort mit Beispielen aus dem Text.

Compréhension de l'ensemble du dossier

d. Welches sind die Vor- und Nachteile dieser neuen Arbeitsformen? Geben Sie auch Ihre eigene Meinung wieder.

Coworking auf Mallorca: Ein Interview mit Doris Schuppe

Wenn doch durch Clouds der Zugriff[1] auf die Arbeitsinhalte möglich ist und ohnehin keine Bindung an einen festen Arbeitsplatz besteht: Warum eigentlich in Deutschland arbeiten, wenn man genauso gut die mallorquinische Sonne genießen könnte? Warum nicht arbeiten, wo andere Urlaub machen? Doris Schuppe hat genau das verwirklicht und lebt inzwischen seit fast drei Jahren in Santanyí im Südosten Mallorcas.

In ihrem Coworking Space Rayaworx können auch andere in den Genuss der Kombination aus Arbeit und dem Leben auf Mallorca kommen – egal ob sie nur für eine Woche auf der Insel sind und nebenbei arbeiten müssen, für einen längeren Zeitraum vor Ort sind oder ganz auswandern wollen.

Wir haben mit Doris Schuppe über das Auswandern an sich und das Coworking auf Mallorca gesprochen und dabei nicht nur Einblicke gewonnen, sondern auch einige Tipps und Erfahrungsberichte aus erster Hand erfahren:

Frau Schuppe, was war zuerst da: Der Wunsch auszuwandern oder die Idee, ein Coworking Space zu eröffnen?

Bei mir lief das parallel – entweder wäre ich in München stärker ins Coworking als Community Manager eingestiegen[2] oder eben woanders, da mein Mann und ich seit ein paar Jahren überlegten, ob wir uns noch einmal größer verändern. Sprich: in ein anderes Land gehen. Wenn, dann südlich von München, war der Wahlspruch.

Coworking, weil ich bereits seit 2009 von der Idee des neuen Zusammen-Tätig-Seins so begeistert war, dass ich mit anderen Interessierten in Cafés, Bars oder Restaurants mit WLAN arbeitete, bevor im Mai 2010 der erste Münchner Space in Westschwabing entstand.

Warum ist es am Ende Mallorca geworden?

Wir haben Mallorca erst durchs Coworking entdeckt als ich ein Enduro-Training (Anm. d. Red: Gelände-Motorrad) buchen wollte. Da hatte ich die Wahl zwischen Kieswerk in Süddeutschland und Mallorca. (...)

In zwei Motorradferien auf der Insel lernten wir viele versteckte Ecken kennen – und waren verliebt. Von der Vielfalt, von dem Pace, von den Bergstraßen ohne Campingmobile, wie wir sie in den Alpen zunehmend antreffen. Naja, wie leider gewohnt war im Urlaub trotz WLAN-Buchung an plötzliches Arbeiten als Selbstständige nicht zu denken, so löchrig[3] war die Verbindung. Da kam dann eins zum anderen. (...)

Woran sollten Deutsche unbedingt denken, die nach Mallorca auswandern wollen? Gerade für diejenigen, die von der Insel aus arbeiten wollen.

Für uns war wichtig: Können wir von der Insel aus ganzjährig zu vertretbaren[4] Preisen nach Deutschland und in andere Städte Europas fliegen, wenn es unsere Aufträge erfordern? Denn wichtig ist, die Kundenbasis zu erhalten[5]. So passt es perfekt, wenn jemand nach Mallorca zieht und per Laptop und Internet für deutsche Auftraggeber arbeiten kann. Dann muss (nur) eine zuverlässige[6] Online-Anbindung gefunden werden, und die Projekte gehen weiter. (...)

Wenn Sie auf die bisherige Zeit zurückblicken, mit welchen Schwierigkeiten und Hindernissen hatten Sie zu kämpfen?

Schwierig war es, bis wir den Platz für unseren Coworking Space gefunden hatten und ans Einrichten gehen konnten. Seither haben wir einen neuen Treffpunkt in unserem Dorf geschaffen, in dem viele Informationen ausgetauscht und neue Kontakte geknüpft werden. Die vielen Freunde und Bekannte nimmt man ja nicht mit auf die Insel. Wer mit Kindern umzieht, hat sicher einen ganz anderen Einstieg. In unserer Situation war Geduld wichtig. (...)

Und wie sieht das Arbeiten selbst aus?

Die Coworker setzen sich teils zu uns an die Schreibtische im offenen Coworking-Bereich oder nutzen den abgetrennten Raum als Team-Büro.

Und andere Coworker?

Daneben kommen viele einzelne Coworker, die sogar überwiegend festangestellt tätig sind. Sowohl bei den Freelancern als auch bei den Angestellten werden wir gebeten, sie nicht zu fotografieren oder gar zu interviewen. Auftraggeber oder Vorgesetzte[7] wissen nämlich oft nicht, dass das Home Office zeitweilig auf einer Insel im Mittelmeer liegt. (...)

Wenn jemand einen Platz sucht, um auf Mallorca seiner Arbeit nachzugehen, was darf er dann im Coworking Space erwarten?

Bei den Temperaturen immer wichtig: ein klimatisierter Arbeitsplatz. Verschiedene Schreibtischstühle, Standing Desks und immer mindestens einen Ansprechpartner vor Ort. Zum gemütlicheren Arbeiten lädt das kuschelige Sofa unterm Strandsonnenschirm ein (lacht). Darüber hinaus haben wir einen großen Raum, der als Meetingraum oder Team-Büro genutzt werden kann, und bieten einen kleinen Podcastraum für Audio- oder Videoaufnahmen. (...)

Frau Schuppe, Danke für das Gespräch.

Aus: www.karrierebibel.de

1. der Zugriff: *l'accès* **2.** ein/steigen (ie, ie): *(ici) se lancer dans* **3.** löchrig: *(ici) fluctuant* **4.** vertretbar: *acceptable* **5.** erhalten (ä, ie, a): *conserver* **6.** zuverlässig: *fiable* **7.** der Auftraggeber und der Vorgesetzte: *le client et le supérieur*

Partie 3 Expression écrite

Behandeln Sie Thema A oder Thema B (mindestens 100 Wörter).

Thema A

Schreiben Sie folgenden Forum-Beitrag weiter:

> Auf den ersten Blick scheint es nur Vorteile zu geben, wenn du deine Arbeit von zu Hause erledigen kannst ...

→ **Méthodologie p. 237**

Thema B

Gibt uns die heutige Technologie die Möglichkeit, freier zu sein, z.B. unseren Wohnsitz freier zu wählen? Begründen Sie Ihre Meinung mit konkreten Beispielen.

→ **Méthodologie p. 239**

Partie 4 Expression orale

Vous disposez de cinq minutes maximum pour expliquer en allemand quel document (A ou B) ou quelle citation (C ou D) illustre le mieux, à votre sens, l'axe « Citoyenneté et mondes virtuels » et pour justifier votre choix.

Edito, le magazine suisse des médias 02/2019

A Vincent l'Épée, *Fake News*, 2019

MÉTHODOLOGIE

→ Méthodologie p. 241

ÉTAPE 1 ▶ Choisissez le document qui vous semble le plus parlant et le plus riche.

- Pour expliciter et justifier votre choix, appuyez-vous :
  Pour le document iconographique,
  – sur différents aspects de l'image (type d'image, source, composition, atmosphère, couleurs, situation, texte, etc.) ;
  – sur le message délivré.
  Pour la citation,
  – sur les mots-clés de la citation, l'auteur (sa fonction, son statut, etc.), le contexte (historique, sociologique, politique) ;
  – sur son sens et sa portée.

  Ich habe dieses Bild / dieses Zitat gewählt, weil …
  Meiner Meinung nach illustriert dieses Bild / dieses Zitat am besten …
  Dieses Bild / dieses Zitat passt am besten zur Thematik …

- Vous pouvez également interroger la pertinence du document.

  Aber ich finde, dass …
  Dieses Bild entspricht meiner Meinung nach nicht genau (+ D).

ÉTAPE 2 ▶ Mobilisez les connaissances et expériences que vous évoque le document choisi pour approfondir et/ou élargir le sujet.
Faites le lien avec des documents étudiés en classe : *Dieses Bild / dieses Zitat erinnert mich an einen Text, an ein Bild …*

B Henning Studte, *maerchen.com*

C

Das Internet bringt Menschen so zusammen, dass sie bleiben können, wo sie wollen.

Birgit Breuel, deutsche Politikerin

D

Das Tolle am Internet ist, dass endlich jeder der ganzen Welt seine Meinung mitteilen kann. Das Furchtbare ist, dass es auch jeder tut.

Marc-Uwe Kling, *Die Känguru-Chroniken*, 2009

Fictions et réalités

Es war einmal ...?

KAPITEL **11**

▶▶ **Die Märchen der Gebrüder Grimm: immer noch eine Quelle der Inspiration?**

Plakat für die Grimmwelt Kassel

Auf geht's!

a. **Schauen Sie sich das Bild an und listen Sie auf, was Ihnen dazu einfällt. Wie nennt man so eine Welt?**
b. **Welche Märchen der Gebrüder Grimm kennen Sie? Was halten Sie persönlich davon: Sind Märchen wirklich nur für Kinder? Warum (nicht)?**

Blick auf...

Die Welt der Märchen

▸▸ Handelt es sich hierbei nur um Fiktion?

1 Was steckt dahinter?

Gruppenarbeit

Bilden Sie 3 Gruppen in der Klasse. Jede Gruppe wählt einen Text.

A2-B1 **a.** Lesen Sie die Texte A oder B und machen Sie sich Notizen über die Realität, die hinter den Märchen steckt.

B1-B2 **b.** Lesen Sie den Text C und erklären Sie, inwiefern das Märchen *Der Froschkönig* eine pädagogische Botschaft enthält.

c. Tauschen Sie sich dann in Gruppen mit Mitschülern aus, die die anderen Texte gelesen haben.

A

Die soziale Realität hinter den Märchen

Wie viel Realität spiegeln die Märchen der Sammlung? Zumindest Hunger herrschte[1] tatsächlich noch zu Zeiten der Grimms, ebenso eine hohe Müttersterblichkeit, was die auffallende Zahl der Stiefmütter[2] in den Geschichten erklärt. Der böse Wolf war ein ernst zu nehmender Feind der Bauern[3].

© *Der Tagesspiegel*, 20.06.2017

1. Hunger herrschte: *la famine sévissait* **2.** die Stiefmutter(¨): *la belle-mère* **3.** der Bauer(n): *le paysan*

B

Die Märchen als Ausdruck einer brutalen Epoche

Ursprünglich waren Märchen auch nicht als Unterhaltung[1] für Kinder, sondern für Erwachsene gedacht. Es waren alte Volkserzählungen, die über Generationen hinweg mündlich überliefert wurden. „Die blutigen Szenen in Grimms Märchen gleichen Bestrafungen[2] in mittelalterlichen Gesetzesbüchern[3]", sagt Märchenforscher Heinz Rölleke (...). Im Mittelalter wurden Gesetzesbrecher drakonisch bestraft: Hexen wurden verbrannt, Diebe[4] gehängt und Königsmörder gevierteilt. (...)

© *FOCUS Online*, 20.09.2013

1. die Unterhaltung: *le divertissement* **2.** die Bestrafung(en): *le châtiment* **3.** das Gesetz(e): *la loi* **4.** der Dieb(e): *le voleur*

C

Märchen und ihre pädagogischen Botschaften

„Märchen vermitteln in Bildern geheime[1], pädagogische Botschaften", sagt Rölleke[2]. Sie handeln von Persönlichkeitsentwicklung, und davon, Situationen im Leben zu meistern. „Der Froschkönig handelt zum Beispiel von Emanzipation", sagt Rölleke. Das Märchen erzählt von einer hübschen Prinzessin, die ihre Goldkugel in den Brunnen[3] fallen lässt. Ein Frosch kommt an die Wasseroberfläche[4] und bietet ihr seine Hilfe an, im Gegenzug muss sie jedoch seine neue Spielgefährtin werden und fortan alles mit ihm teilen – Tisch und Bett natürlich auch. Zunächst willigt die Prinzessin ein[5]. Als er es abends tatsächlich verlangt, in ihr Bett zu kommen, wirft ihn die Prinzessin wutentbrannt[6] an die Wand. „Die Moral hinter dieser Geschichte ist, ‚Nimm dein Leben selbst in die Hand'", sagte Rölleke.

© *FOCUS Online*, 20.09.2013

1. geheim: *secret* **2.** Heinz Rölleke: ein Märchenforscher **3.** der Brunnen: *le puits* **4.** die Wasseroberfläche: *la surface de l'eau* **5.** ein/willigen: ja sagen, etw. akzeptieren **6.** wutentbrannt: *comme une furie*

2 Die Gebrüder Grimm

A2-B1 **a.** Sehen Sie sich die Reportage an und erstellen Sie einen Steckbrief zu den Gebrüdern Grimm.

B1-B2 **b.** Notieren Sie Informationen über die Arbeit der Gebrüder Grimm an den Märchen (Methodik? Rezeption? Veränderungen? ...). Tauschen Sie sich dann mit den anderen aus.

c. Sollten Ihrer Meinung nach Märchen grausam und brutal sein oder immer ein „Happy End" haben? Begründen Sie Ihren Standpunkt.

Vidéo

Grimms Märchen – Ein Land feiert das Brüderpaar, Kultur.21, Deutsche Welle, 2012

3 Rotkäppchen und der böse Wolf

MP3

A2-B1 **a.** Lesen Sie den Anfang des Märchens und machen Sie sich Notizen (Wer? Wo? Was passiert? ...). Stellen Sie Hypothesen auf: Wie könnte es weitergehen?

b. Hören Sie sich das Ende des Märchens an. Stimmt es mit Ihren Hypothesen überein?

B1-B2 **c.** Lesen Sie nun den Text rechts und erklären Sie die Moral sowie die Unterschiede zwischen der Variante von Charles Perrault und jener der Gebrüder Grimm.

„Sei vorsichtig und rede nicht mit Unbekannten!" Diese Moral aus dem berühmten Märchen *Rotkäppchen* kennt heute jedes Kind. In vielen Varianten wurde es nämlich über Generationen weitererzählt. Eine der berühmtesten ist die von Charles Perrault aus dem Jahr 1697. Anders als in der Version der Gebrüder Grimm aus dem Jahr 1812 fehlt aber bei Perrault das Happy End, da der Jäger[1] Rotkäppchen und seine Großmutter nicht rettet[2].

1. der Jäger(-): *le chasseur* **2.** retten: *sauver*

Es war einmal eine kleine süße Dirne[1], die hatte jedermann lieb, der sie nur ansah, am allerliebsten aber ihre Großmutter, die wusste gar nicht, was sie alles dem Kinde geben sollte. Einmal schenkte sie ihm ein Käppchen von rotem Sammet[2], und weil ihm das so wohl stand und es nichts anders mehr tragen wollte, hieß es nur das Rotkäppchen. Eines Tages sprach seine Mutter zu ihm: „Komm, Rotkäppchen, da hast du ein Stück Kuchen und eine Flasche Wein, bring das der Großmutter hinaus; sie ist krank und schwach (...)."

(...) Die Großmutter aber wohnte draußen im Wald, eine halbe Stunde vom Dorf. Wie nun Rotkäppchen in den Wald kam, begegnete ihm der Wolf. Rotkäppchen aber wusste nicht, was das für ein böses Tier war, und fürchtete sich[3] nicht vor ihm. „Guten Tag, Rotkäppchen", sprach er. „Schönen Dank, Wolf." „Wo hinaus so früh, Rotkäppchen?" „Zur Großmutter." (...) „Rotkäppchen, wo wohnt deine Großmutter?" „Noch eine gute Viertelstunde weiter im Wald, unter den drei großen Eichbäumen, da steht ihr Haus, unten sind die Nusshecken, das wirst du ja wissen", sagte Rotkäppchen. (...)

Der Wolf aber ging geradewegs nach dem Haus der Großmutter und klopfte an die Türe. (...) Der Wolf drückte auf die Klinke[4], die Türe sprang auf, und er ging, ohne ein Wort zu sprechen, gerade zum Bett der Großmutter und verschluckte[5] sie. Dann tat er ihre Kleider an, setzte ihre Haube[6] auf, legte sich in ihr Bett und ...

1. die Dirne: (hier) das Mädchen **2.** der Sam(me)t: *le velours* **3.** sich vor (+ D) fürchten = vor (+ D) Angst haben: *avoir peur de* **4.** die Klinke(n): *la poignée de porte* **5.** etw. verschlucken: *avaler qqch.* **6.** die Haube(n): *le bonnet de nuit*

Wortschatz

- **eine Geschichte erzählen:** raconter une histoire
- **Märchen sammeln:** collecter des contes
- **gut:** bon ≠ **böse:** mauvais
- **eine Botschaft(en) vermitteln:** transmettre un message
- **eine Moral lehren:** enseigner une morale
- **mündlich überliefern:** transmettre oralement
- **hinter (+ D) stecken:** se cacher derrière qqch. (fig.)
- **einen wahren Kern haben:** avoir un fond de vérité

Gesagt – getan!

Schreiben Sie das Vorwort für ein Märchen der Gebrüder Grimm Ihrer Wahl. Präsentieren Sie darin die Gebrüder Grimm, die Entstehung und die Geschichte des Märchens und die Realität, die dahinter steckt.

Blick auf…

Märchen in einem neuen Licht

▸▸ Wie werden Märchen heute gesehen?

1 Märchen: so modern!

Gruppenarbeit

Bilden Sie zwei Gruppen.

A2-B1 **a. Gruppe A:** Schauen Sie sich den Kurzfilm *Hotspot* an und listen Sie die Gemeinsamkeiten und Unterschiede zwischen dieser modernen Fassung von *Hänsel und Gretel* und der Originalversion auf.

B1-B2 **b. Gruppe B:** Schauen Sie sich den Clip *Märchen in Asozial* an und listen Sie die Gemeinsamkeiten und Unterschiede zwischen dieser modernen Fassung von *Schneewittchen* und der Originalversion auf.

c. Präsentieren Sie dann jeweils der anderen Gruppe Ihre Ergebnisse.

A Hotspot

Vidéo

Hotspot, Stephan Schemann, 2014

B Schneewittchen als YouTube-Star

Vidéo

Märchen in Asozial feat. Kelly, Julien Bam, 2019

Es war einmal eine Königin, die innerlich nicht ganz so stable war wie sie sich äußerlich gab.

Königin: Spieglein, Spieglein an der Wand …
Spiegel: Was'n los, Mann?
Königin: Wer ist die Schönste hier im Märchenland?
Spiegel: Weiß ich nicht, müsst ich nachgucken.
Königin: Ach, wie lang soll ich noch warten, Mann. Was glaubst du, wen du hier verarschen kannst?
Spiegel: Alles klar, die Hübscheste seid auf jeden Fall Ihr, doch Schneewittchen hier, denn die ist wirklich tausendmal schöner und besser frisiert.
Königin: Wie bitte? Was? Nein, nein, nein, ich sollte die Hübscheste im Märchenland sein!
Spiegel: Jo, äh, ist halt so, mach dir keinen Kopf, aber äh brauchst du mich noch oder kann ich jetzt weitergucken, sind wir durch? Gerade spielt FC Märchenwald gegen BSC Ritterburg, ich werd' dann mal los …
Königin: Schneewittchen, du kleine, dumme …

2 Sind Grimms Märchen out?

A2-B1 **a.** Schauen Sie sich das Bild an und diskutieren Sie in der Klasse: Wie finden Sie persönlich diese berühmte Szene aus *Dornröschen*?

b. Lesen Sie den Text und machen Sie sich Notizen zur Kontroverse, von der hier die Rede ist.

B1-B2 **c.** Fassen Sie den Standpunkt und die Argumente von S. Hall, E. Müller und C. Lötscher zusammen. Mit wem sind Sie persönlich einverstanden? Diskutieren Sie und geben Sie dabei andere Beispiele aus Grimms Märchen.

Szene aus dem Zeichentrickfilm *Dornröschen* der Walt-Disney-Studios, 1959

Sollen Eltern das Dornröschen noch erzählen? Seit der #MeToo-Debatte stehen alte Klassiker immer mehr in der Kritik. (...)

Der Prinz küsst das Dornröschen wach – eine bekannte Märchenszene. Sarah Hall, eine Mutter aus England, hat sie in Rage versetzt. Der Kuss sei nicht einvernehmlich[1], twitterte sie im November 2017 und versah den Tweet mit dem Hashtag #MeToo. Die derzeitige Sexismusdebatte trägt dazu bei, dass die Märchenklassiker unter Beschuss geraten[2]: Sie würden veraltete patriarchale Rollenbilder vermitteln, findet Elisabeth Müller, Diplompädagogin und Lehrerbeauftragte an der Pädagogischen Hochschule Zug. Die feministische Literaturkritik macht frauenfeindliche[3] Stereotype in den Grimm-Märchen schon länger für die Unterdrückung[4] von Frauen verantwortlich.

Christine Lötscher, Literaturwissenschaftlerin (...) an der Universität Zürich, sieht das anders: „Märchen bilden weder eine Wirklichkeit ab, noch geben sie uns vor, wie wir zu leben haben", sagt Lötscher (...). Der Vorwurf[5], dass Märchen Frauen als schwach und Männer als ihre starken Retter etablieren, ist zu kurz gefasst, so Lötscher: „Es gibt bei den männlichen Figuren genauso viele Bösewichte (...), wie es böse Hexen und perfide Stiefmütter gibt." (...)

Sicherlich tue man gut daran, mit Kindern über Märchen zu sprechen: „Aber nicht, indem man ihnen erklärt, was da steht, und dass das furchtbar sei, sondern indem man sie ihre eigenen Gedanken formulieren lässt." (...)

Vielmehr sollte man die Märchenfiguren mit imaginären Freunden vergleichen[6]: „Leserinnen und Leser sind keineswegs passive Konsumenten, die hilflos einer ideologischen Botschaft ausgeliefert sind", so Lötscher. Das gelte auch für Kinder: „Man sollte sie nicht unterschätzen."

1. einvernehmlich: *consenti* **2.** unter Beschuss geraten (ä, ie, a): *être sous le feu des critiques* **3.** frauenfeindlich: *misogyne* **4.** die Unterdrückung: *l'oppression* **5.** der Vorwurf(¨e): *le reproche* **6.** vergleichen (i, i): *comparer*

Wortschatz

- **die Darstellung(en):** la représentation
- **die Fantasie beflügeln:** nourrir l'imagination
- **ein gutes / schlechtes Vorbild sein:** être un bon / mauvais exemple
- **eine Debatte aus/lösen:** déclencher, susciter un débat
- **veraltete Werte weiter/geben (i, a, e):** transmettre des valeurs dépassées
- **die Kinder inspirieren:** inspirer les enfants
- **die Mentalitäten beeinflussen:** influencer les mentalités
- **die heutige Gesellschaft prägen:** marquer la société d'aujourd'hui

Gesagt – getan!

Diskutieren Sie in der Klasse: Sind Grimms Märchen heute noch zeitgemäß? Warum? Warum nicht?

Grammatik macht Sinn

Les temps du passé

REPÈRES GRAMMATICAUX PP. 251-252

KURZ UND GUT

a. Lisez les deux textes et traduisez-les. Quels temps du passé sont utilisés ?

b. Déduisez-en les règles de formation et faites la synthèse de l'utilisation de ces temps.

A2-B1

__Haben__ dir deine Eltern die Märchen der Gebrüder Grimm __vorgelesen__, als du klein __warst__? Oder __hattest__ du alle Disney-Verfilmungen als DVD zu Hause? Vielleicht __bist__ du sogar schon mehrmals ins Disneyland __gefahren__? Ich jedenfalls __habe__ die Märchen __geliebt__, da sie meine Fantasie __beflügelt haben__.

B1-B2

Es __waren__ einmal ein König und eine Königin, die nach vielen Jahren endlich das lang ersehnte Kind __bekamen__. Sie __waren__ so froh, dass sie ein Fest __organisierten__, zu dem sie eine böse Fee nicht __eingeladen hatten__. Um sich zu rächen, __verfluchte__ diese daraufhin die junge Prinzessin, so dass sie sich an ihrem 15. Geburtstag an einem Spinnrad in den Finger __stach__ und daran __starb__. Dank der Magie einer guten Fee __starb__ sie jedoch nicht, sondern __schlief__ nur ein. 100 Jahre später __kam__ ein schöner Prinz und __küsste__ sie __wach__. Und wenn sie nicht __gestorben sind__, dann leben sie noch heute.

A2 **1** **Conjuguez les verbes entre parenthèses au parfait.**

a. Meine Oma ... mir als Kind vor dem Einschlafen oft ein Märchen ... (erzählen).

b. Ich ... dann meistens von einer guten Fee ... (träumen).

c. Manchmal ... im Traum aber auch eine böse Hexe ... (vor/kommen).

d. Dann ... ich mitten in der Nacht schweißgebadet (en nage) ... (auf/wachen), weil ich Angst ... (haben – prétérit).

e. In meinen Träumen ... ich mich jedoch meistens in eine schöne, aber emanzipierte Prinzessin ... (verwandeln).

f. Stolze und arrogante Prinzen ... mich einfach nie ... (interessieren).

A2-B1 **2** **Conjuguez les verbes entre parenthèses au prétérit.**

Die Bremer Stadtmusikanten

Es (sein) einmal ein alter Esel, der schon viel und hart für seinen Meister (arbeiten – *plus-que-parfait*). Eines Tages (beschließen) er, nach Bremen zu gehen, denn er (wollen) dort Musik spielen. Auf dem Weg (treffen) er zuerst einen Hund, dann (begegnen) er einer Katze und schließlich (stoßen) er auf einen Hahn. Sie alle (sein) alt und müde, weil Menschen sie schlecht (behandeln – *plus-que-parfait*). Deswegen (beschließen) die vier Tiere, alle zusammen nach Bremen zu gehen. Sie (träumen) nämlich davon, dort Stadtmusikanten zu werden ...

B1-B2 **3** **Racontez la suite du conte au prétérit en utilisant les expressions ci-dessous.**

a. die drei Tiere / abends zu einem Haus im Wald kommen / hungrig sein

b. der Esel / durch das Fenster blicken / darin einen gedeckten Tisch mit Essen und Trinken sehen

c. auch Räuber / im Haus am Tisch sitzen

d. die Tiere / die Räuber hinausjagen wollen / sich deshalb einen Plan überlegen

e. der Hund / auf den Esel springen / die Katze / auf den Hund klettern / der Hahn / sich auf die Katze stellen

f. dann / gemeinsam / am Fenster Musik machen

g. der Esel / schreien / der Hund / bellen / die Katze / miauen / der Hahn / krähen

h. die Räuber / große Angst haben / in den Wald fliehen

i. die vier Bremer Stadtmusikanten / die köstlichen Speisen essen / im Haus bleiben

Wortschatz macht Sinn

Vokabeln lernen

Märchen früher und heute

- **der Schriftsteller(-):** l'écrivain
- **(welt)berühmt:** célèbre (dans le monde entier)
- **Geschichten erzählen, vorlesen (ie, a, e):** raconter, lire des histoires
- **mündlich überliefern:** transmettre oralement
- **alte Märchen sammeln:** collecter des contes anciens
- **auf/schreiben (ie, ie):** mettre par écrit
- **um/schreiben (ie, ie):** réécrire
- **sich an (+ A) an/passen:** s'adapter à
- **jdn beeinflussen:** influencer qqn
- **altmodisch:** désuet, dépassé
- **modern, zeitgemäß:** moderne, actuel

Die Märchenwelt

- **Es war einmal ...:** il était une fois...
- **der Held(en, en), die Heldin(nen):** le héros, l'héroïne
- **die Hexe(n):** la sorcière
- **der Wald(¨er):** la forêt
- **magische Kräfte haben:** avoir des pouvoirs magiques
- **böse, gemein:** méchant
- **märchenhaft = wunderbar:** féerique
- **listig = schlau:** rusé
- **albern:** niais ≠ **klug:** intelligent
- **die Fantasie beflügeln:** nourrir l'imagination
- **grausam:** cruel

Die Moral

- **eine Botschaft vermitteln:** transmettre un message
- **eine Moral lehren:** enseigner une morale
- **(veraltete) Werte weiter/geben (i, a, e):** transmettre des valeurs (dépassées)
- **Unbekannte an/sprechen (i, a, o):** s'adresser à des inconnus
- **vorsichtig:** prudent
- **jdm vertrauen:** faire confiance à qqn
- **jdm misstrauen:** se méfier de qqn
- **ein gutes / schlechtes Vorbild sein:** être un bon / mauvais exemple

Vokabeln aktiv

1 **Chassez l'intrus. Formez ensuite une phrase avec ce mot.**

a. der Held | der Schriftsteller | die Hexe | die Prinzessin | die Fee

b. nett | böse | listig | gemein | grausam

c. märchenhaft | fantasievoll | realistisch | fiktiv

2 **Formez des phrases à partir des éléments ci-dessous.**

a. die Gebrüder Grimm / berühmt / Schriftsteller / mehr als 200 Märchen aufschreiben

b. die Gebrüder Grimm / die Märchen nicht selbst schreiben / sondern nur alte Legenden sammeln

c. diese Geschichten / von der damaligen Wirklichkeit / inspiriert werden

d. heute noch / sie / die Kinder eine Moral lehren

e. trotzdem / heute / eine Debatte auslösen / veraltete Werte weitertragen

3 **Associez un élément de la colonne de gauche avec un élément de la colonne de droite, puis traduisez les expressions obtenues.**

A. jemandem	**a.** beflügeln
B. alte Legenden	**b.** ansprechen
C. Unbekannte	**c.** umschreiben
D. die Fantasie	**d.** misstrauen

Prosodie und Phonetik

MP3

L'accentuation des mots d'origine étrangère

a. Écoutez l'enregistrement et notez sur quelle syllabe sont accentués les mots suivants. Classez-les ensuite dans un tableau selon la place de leur accent tonique.

- *Realität* • *Legende* • *Figur*
- *Debatte* • *Fantasie* • *Fiktion*
- *Moral* • *inspirieren* • *Magie*
- *visionär* • *Sexismus* • *magisch*

b. Entraînez-vous à prononcer correctement les mots qui précèdent en veillant à la place de l'accent.

Projekt

Die moderne Version eines Märchens schreiben

Wählen Sie ein Märchen der Gebrüder Grimm und fügen Sie moderne Elemente in die Geschichte ein (Figuren, historischer oder sozialer Kontext, lustige Objekte ...). Formulieren Sie am Ende, wenn möglich, eine Moral zu Ihrem Märchen.
Schreiben Sie dann ein Lied, einen Rap, eine Parodie oder einfach eine Geschichte dazu.

Médiation

Zwischen den Kulturen

Informieren Sie sich über Märchen aus anderen Kulturen bei Schülern, die eine andere Fremdsprache lernen. Welche Realität steckt hinter diesen Märchen? Gibt es Unterschiede zu den Märchen der Gebrüder Grimm?

Über die Grenzen hinaus

Senden Sie Ihrer Partnerklasse Ihr Märchen und bitten Sie sie, eine moderne Version eines Märchens von Perrault zu schreiben.

Schritt für Schritt

Ein Märchen umschreiben

1 Choisissez un conte que vous aimez parmi ceux des frères Grimm.

Un conte est généralement constitué de cinq étapes-clés :
– **la situation initiale**, où l'on présente le(s) personnage(s) (*Es war einmal ...*) ;
– **un élément perturbateur** (*eines Tages ... / plötzlich ...*) ;
– **des péripéties** ;
– **le dénouement** (heureux ou malheureux) ;
– **la morale**.
Listez rapidement les mots-clés pour raconter en allemand l'histoire du conte que vous avez choisi : personnages, contexte, décor, actions principales, sentiments, dénouement, morale...

2 Réfléchissez à la façon dont vous allez moderniser votre conte.

– **Pour moderniser ou parodier l'original**, reprenez les grandes étapes de l'intrigue en changeant le contexte (lieux, décors, personnages) ou en grossissant les traits de caractère ;
– **Pour dénoncer un problème contemporain** (sexisme, pollution, inégalités sociales...), réfléchissez aux changements nécessaires (contexte social, sexe des personnages, dénouement).

3 Il ne vous reste plus qu'à choisir le format de votre conte !

Si vous souhaitez vous lancer dans un rap ou une chanson, pensez à des stratégies faciles pour trouver des rimes en allemand : l'infinitif se termine toujours en *-en* et est toujours à la fin de la phrase. Idem pour les verbes conjugués dans une subordonnée : ils peuvent rimer facilement si vous les conjuguez à la même personne.

Tipp!

– Un conte est la plupart du temps écrit au passé : appuyez-vous sur le point de grammaire abordé dans l'unité (p. 126).

– Pour formuler une morale, vous pouvez utiliser :
Wenn ..., dann ...: si / quand..., alors...
Du solltest, wir sollten immer / niemals (+ inf. à la fin): tu (ne) devrais, nous (ne) devrions toujours / jamais...
sonst: sinon

Roboter unter uns!

KURZKAPITEL 12

▶▶ Mit Robotern zusammenleben: Fluch oder Segen?

IHR PROJEKT

Eine Kurzgeschichte schreiben, in der ein Roboter die Hauptrolle spielt

1 Schachpartie

A2-B1

a. Sehen Sie sich das Bild an und lesen Sie die Bildunterschrift. Machen Sie sich Notizen zur dargestellten Szene (Personen, Epoche, was passiert ...).

b. Sehen Sie sich dann die Maschine genauer an. Stellen Sie Hypothesen auf (Art der Maschine, wie sie funktioniert ...).

B1-B2

c. Lesen Sie dann den Text. Hatten Sie richtig getippt? Was spielt sich in Wirklichkeit ab?

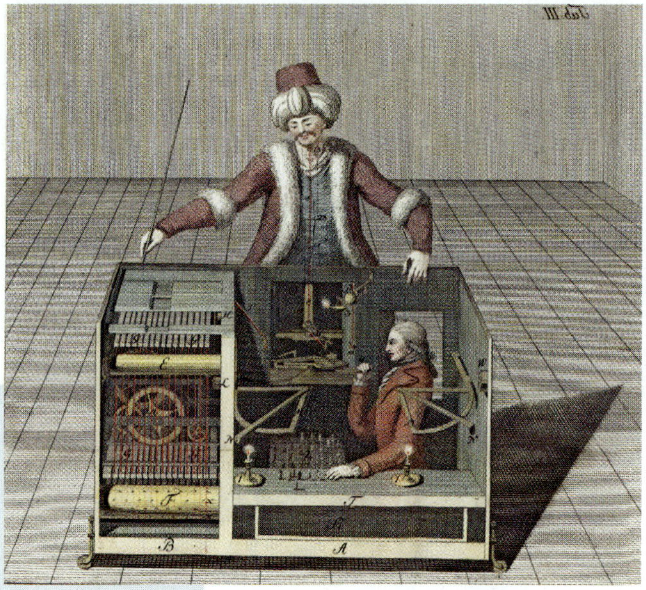

Joseph Friedrich von Racknitz, *Türkischer Schachspieler*, 1789

Hin und wieder schauten sie[1] verstohlen zum Schachautomaten herüber, der in der Mitte des schwarz-goldenen Salons stand, bedeckt mit einem Leinentuch[2], das einige Zoll vor dem Boden endete. Und hinter dem Leinentuch, dem Holz und dem Filz saß Tibor, schon jetzt am ganzen Körper angespannt und bemüht, keinen Laut von sich zu geben[3]. (...)

„Die Maschine wird den ersten Zug[4] ausführen", kündigte Kempelen an (...). Das Uhrwerk[5] begann zu rasseln, und unter den staunenden Blicken der Zuschauer hob sich der hölzerne Arm des Türken in die Luft, schwenkte über das Schachbrett, ging über dem Königsbauern[6] nieder und setzte ihn zwei Felder nach vorn in die Mitte des Spielfelds. (...) Obschon dies kein ungewöhnlicher Zug war, löste sich die Anspannung der Zuschauer in einem kurzen Applaus über diesen kompletten Spielzug zwischen Mensch und Maschine.

Robert Löhr, *Der Schachautomat*,

1. sie = die Zuschauer **2.** das Leinentuch(¨er): *le tissu de lin* **3.** keinen Laut von sich geben (i, a, e): *ne pas faire un bruit* **4.** der erste Zug(¨e): *(ici) le premier coup* **5.** das Uhrwerk(e): *le mécanisme* **6.** der Königsbauer: *le pion posé devant le Roi (aux échecs)*

1769 stellte der Hofbeamte und Mechaniker Wolfgang von Kempelen seinen Schachtürken vor. Vor versammeltem Publikum spielte der Automat selbstständig Schachpartien gegen erfahrene Spieler.

Wortschatz

- **das Schachspiel(e):** le jeu d'échecs
- **die Schachpartie(n):** la partie d'échecs
- **das Schachbrett(er):** l'échiquier
- **die Schachfigur(en):** la pièce
- **Schach spielen:** jouer aux échecs
- **eine Schachfigur bewegen:** déplacer une pièce du jeu d'échecs
- **der Automat(en):** l'automate
- **selbständig:** autonome

2 Eine denkende Maschine?

A2-B1 **a.** Lesen Sie den Text und notieren Sie alle Bereiche, in denen ähnliche Maschinen eingesetzt werden könnten. Auf welchem Gebiet wären sie besonders von Vorteil und aus welchem Grund?

B1-B2 **b.** Wie interpretieren Sie den Satz: „Das Schachspiel ist doch nur ein Übungsfeld!" (Z. 8-9)?

c. Ist die Maschine hier Fluch oder Segen?

Mitte Mai 1770 überraschte Fürst Grassalkovitch seine Gäste in seinem Sommerpalais mit einem Schachspiel gegen den Schachautomaten. Das Spiel ging ohne Sieger aus. Das Publikum applaudierte lange.

„Vergebung, mein Fürst", erwiderte Kempelen lächelnd und deutete eine Verbeugung an.

Fürst Grassalkovich tat das Gesuch mit einer Geste ab. „Euch sei vergeben, mein guter Kempelen, wenn Ihr mir versprecht, dass Ihr uns auch weiter mit derlei fähigen Maschinen versorgt[1]. Denn ich bin der festen Überzeugung, dass diese Maschine nur die erste von vielen ist. Leibniz gab uns die rechnende, Kempelen die denkende Maschine! Viel zu wenige haben meiner Meinung nach begriffen, was das für die Welt bedeutet: Das Schachspiel ist doch nur ein Übungsfeld! Malen wir uns nur aus, welch mannigfaltige[2] Möglichkeiten es noch gibt, denkende Maschinen einzusetzen: in der Verwaltung[3] ... in den Finanzen ... in den Manufakturen; ja, warum nicht auch auf dem Acker[4] oder gar im Krieg? Ich sage: Baut uns Hunderte mechanischer Soldaten, Ritter von Kempelen, und schickt sie anstelle unserer Söhne ins Gefecht[5], denn sie brauchen keinen Schlaf und keinen Proviant[6], sie kennen keine Furcht, sie machen keine Fehler, und sie bluten nur Öl! Lasst uns ein automatisches Heer[7] fabrizieren."

Robert Löhr, *Der Schachautomat*,

1. mit derlei fähigen Maschine versorgen: *pourvoir qqn de machines aussi compétentes* **2.** mannigfaltig: *multiple* **3.** die Verwaltung: *l'administration* **4.** der Acker(¨): *le champ* **5.** das Gefecht(e): *le combat* **6.** der Proviant(e): *la nourriture* **7.** das Heer(e): *l'armée*

3 Schachmatt!

A2-B1 **a.** Schauen Sie sich das Video an und machen Sie sich Notizen dazu (Event, Personen ...).

b. Interpretieren Sie das Ende der Schachpartie. Was bedeutet es für den Schachspieler?

B1-B2 **c.** Ist der Computer dem Menschen überlegen?

d. Wie soll man den Ausdruck „Computerprogramme sind hoffnungsvolle Fachidioten" verstehen?

Vidéo

Werden Roboter uns helfen oder uns ersetzen?, BR, 2016

Etappe 1

Erfinden Sie einen Roboter (Aussehen, Funktion) und präsentieren Sie ihn der Klasse. Sie können auch ein Bild anfertigen.

4 Liebe auf den ersten Blick?

Vidéo

A2-B1 **a.** Médiation Lesen Sie den Text und geben Sie kurz die Handlung auf Französisch wieder.

B1-B2 **b.** Sehen Sie sich nun das Video an und machen Sie sich Notizen zu Olympia (Aussehen, Verhalten, Wirkung auf die Zuschauer): lyceen.nathan.fr/impulse-1re-term

Recherchieren Informieren Sie sich über die Erzählung *Der Sandmann* von E.T.A. Hoffmann.

Inszenierung von *Hoffmanns Erzählungen*, Royal Opera House, London, 2016

Der Physiker Spalanzani hat den Automaten Olympia erschaffen, den er als seine Tochter ausgibt. Hoffmann, der bei Spalanzani studiert, ist von Olympia fasziniert. Der Optiker Coppelius, der die Augen des Automaten beigesteuert hat, lässt Hoffmann durch eine Zauberbrille blicken, worauf dieser Olympia für lebendig hält und sich verliebt. (...)
Gäste finden sich zu einem Fest in Spalanzanis Hause ein – der Physiker will sein Geschöpf Olympia in die Gesellschaft einführen. Ihr Aussehen und ihr Gesang finden großen Anklang. Hoffmann tanzt mit Olympia, die sich schneller und schneller dreht, bis ihr Partner stürzt. (...) Erst jetzt erkennt Hoffmann, dass er ein seelenloses Objekt geliebt hat.

© www.volksoper.at

5 Roboter haben die Macht!

A2-B1 **a.** Lesen Sie den Text und erklären Sie, was ein Hubot ist (Entwickler, Erfolg).

b. Stellen Sie dann Beata vor.

B1-B2 **c.** Erklären Sie, was Lennard an Beata besonders gefällt und inwiefern Beata die ideale Partnerin ist. Nehmen Sie Stellung dazu.

Hubots (Human Robots) aus der schwedischen Serie *Echte Menschen*

Die Handlung spielt in einer nahen Zukunft in Berlin.

Beata sah wie ein Model aus, aber sie wusste ja nicht, wie sie aussah, wie sie wirkte[1]. Das war nicht wichtig. Eine Recheneinheit[2] war ausschließlich für ihre Bezugsperson da, die sie nach ihren Wünschen hatte programmieren und anfertigen lassen. (...) Das Geschäft mit den Hubots boomte. Die Recheneinheit Beata war on PersonalPartner programmiert und den Wünschen des Kunden[3] akkurat angepasst und ausgeliefert worden. Mit dem Versprechen, jedem Beziehungsideal gerecht zu werden[4], war PersonalPartner zu einem Börsenriesen geworden. (...)
Beata funktionierte top in allen häuslichen Angelegenheiten[5]. Außerdem war sie freundlich und geduldig. Nur wusste sie nicht, wie man Liebe und Wärme gab. Immerhin, dachte Lennard, konnte er ihr das, anders als seiner Ex-Frau, verzeihen. Beata war nicht bitter, nicht eitel[6], nicht selbstsüchtig, auch nicht herrschsüchtig[7] und verletzend[8]. Aber eben auch nicht liebevoll und zärtlich. Sie hatte diese Programme nicht installiert bekommen (...). Und ein entsprechendes Upgrade konnte sich Lennard nicht leisten.

Emma Braslavsky, *Die Nacht war bleich, die Lichter blinkten*, 2019
© Suhrkamp Verlag

1. wirken: *avoir pour effet* **2.** die Recheneinheit(en): *(ici) nom donné aux androïdes* **3.** der Kunde(n): *le client* **4.** etw. (D) gerecht werden: *satisfaire à, être à la hauteur de* **5.** die häuslichen Angelegenheiten: *les activités ménagères* **6.** eitel: *vaniteuse* **7.** herrschsüchtig: *autoritaire, despotique* **8.** verletzend: *blessante*

Etappe 2

Schreiben Sie eine kurze Szene, in der Ihr Roboter anderen (echten) Menschen zum ersten Mal begegnet und in Kontakt mit ihnen tritt.

6 Lebensgefährte von morgen?

A2-B1 **a.** Lesen Sie den ersten Teil des Textes (Z. 1-8). Sammeln Sie Informationen zu dieser Szene (Ort, Personen ...).

b. Lesen Sie nun den Text zu Ende. Stellen Sie Karl vor. Erzählen Sie seine Begegnung mit Roberta (Verhalten, Worte, Gefühle).

B1-B2 **c.** Machen Sie sich Notizen zur Liebe 3.0. Welches Bild von den zwischenmenschlichen Beziehungen wird hier vermittelt?

Roberta, eine „Recheneinheit" der besonderen Art, die mit spezifischen und sehr effizienten Programmen ausgestattet ist, arbeitet als KI-Ermittlerin bei der Kripo. Eines Abends besucht sie ein Tanzlokal in Berlin.

Sie realisierte, dass kaum einer der anwesenden Menschen mit einem Menschen hier war, sondern mit seinem personalisierten Partner, seiner allen narzisstischen Bedürfnissen angepassten Recheneinheit[1]. Die Liebe 3.0 stillte endlich alle menschlichen Sehnsüchte[2]. Alle. Lust? Anerkennung? Unverbindlicher Kontakt? Ekstase? Geborgenheit[3]? Schutz und Sicherheit? Selbstbestätigung? Abenteuer? Hunger nach exotischen Erfahrungen? Platonische Freundschaft? (...) Die Entfaltung des Ichs hatte jetzt eine soziale Bühne, auf der es bewundert werden konnte. (...)

[Roberta] wollte sich nicht vorstellen, dass diese Personen eigentlich allein anwesend waren, dass sie isoliert waren, weil kaum einer hier mehr Anschluss[4] zu den anderen fand. (...)

Es dauerte nicht lange, und ein Mann schmiegte sich von hinten an sie. (...) Er hieß Karl.

„Roberta ... Schöner Name. Du bist doch nicht echt[5]?" (...)

Sie hatte beobachtet, wie er bei dem Wort „echt" kurz die Augen zusammenkniff und mit dem Oberkörper leicht zurückwich. Er hatte Angst vor Frauen, echten Frauen. (...) Sie lächelte ihn an und sagte: „Täuschend echt."

„Also bist du 'ne Artifizielle?"

Sie nickte. Ihr schmeichelte[6] diese Bezeichnung, weil sie die Kunst an ihr betonte.

Emma Braslavsky, *Die Nacht war bleich, die Lichter blinkten*, 2019

1. [den] narzisstischen Bedürfnissen angepassten Recheneinheit: *un robot adapté aux besoins narcissiques* **2.** Sehnsüchte stillen: *combler des aspirations* **3.** die Geborgenheit: *sentiment de sécurité* **4.** der Anschluss: *le contact* **5.** echt: *vraie, (ici) humaine* **6.** jdm schmeicheln: *flatter qqn*

7 Der perfekte Ehemann

A2-B1 **a.** Lesen Sie den Titel und stellen Sie Hypothesen auf. Worum geht es vielleicht in diesem Video?

b. Sehen sie sich das Video an und machen Sie sich Notizen (Personen, Situation, Stimmung).

c. Beschreiben Sie den Partner der jungen Frau: Was passiert mit ihm? Analysieren Sie das Ende der Geschichte.

B1-B2 **d.** Was halten Sie von dieser Geschichte? Was soll sie zeigen?

Vidéo

Ich und Es, Tamino Zuch, 2018

Wortschatz

- **künstlich:** artificiel ≠ **echt:** véritable, authentique
- **vor/täuschen:** faire illusion
- **wie etw. aus/sehen (ie, a, e):** avoir l'air de
- **auf (+ A) wirken:** produire un effet sur
- **die Beziehung zu jdm:** la relation avec qqn
- **den Menschen ersetzen:** remplacer l'homme

IHR PROJEKT

Letzte Etappe

Zukunftsvision: Hass oder Liebe? Ist Ihr Roboter der ideale Lebenspartner?
Schreiben Sie eine Episode aus dem Leben Ihres Roboters unter echten Menschen und beenden Sie damit Ihre Geschichte.

KAPITEL 13

Expressionistische Visionen

▸▸ **Inwiefern beeinflusste die Wirklichkeit um 1900 die expressionistische Fiktion?**

Ludwig Meidner, *Apokalyptische Landschaft*, 1912

▷ Vidéo

Auf geht's!

a. **Schauen Sie sich das Gemälde an. Diskutieren Sie in der Klasse: Was könnte typisch für den Expressionismus sein?**

b. **Sehen Sie sich nun das Video an. Machen Sie sich Notizen zum Expressionismus (Historischer Kontext? Wo? Künstler? Stil? Themen? ...).**

Blick auf…

Den Großstadtmenschen

▸▸ **Stimmt die expressionistische Vision der Großstadt mit der damaligen Realität überein?**

1 Urbanisierung um 1900

A2-B1 **a.** Lesen Sie den Text von Zeile 1 bis 21 und schauen Sie sich das Bild an. Berichten Sie über das damalige Leben (Industrialisierung, Städte, Arbeits- und Lebensbedingungen ...).

B1-B2 **b.** Lesen Sie dann den zweiten Teil des Textes. Sammeln Sie Informationen über die expressionistische Bewegung.

Recherchieren Sehen Sie sich zu Hause Auszüge des Films *Berlin, Symphonie einer Großstadt* (1927, W. Ruttmann) an und berichten Sie über die Elemente, die von der Urbanisierung und Industrialisierung der Stadt Anfang des 20. Jahrhunderts zeugen.

Der Expressionismus dauerte ungefähr von 1910 bis 1925. Das war kurz vor, während und noch ein bisschen nach dem ersten Weltkrieg. Das Leben in dieser Zeit war bestimmt von immer mehr Technik, größer werdenden Städten und wachsender Armut. Das lag an der Industrialisierung, also daran, dass man Elektrizität und Maschinen erfunden hatte. Es entstanden große Fabriken, viele Menschen zogen in die Stadt, um in diesen Fabriken Arbeit zu finden. Sie mussten selber funktionieren wie Rädchen[1] in einer Maschine, wurden schlecht bezahlt und lebten in kleinen dunklen Wohnungen, in denen es keine eigenen Klos[2] und kein fließendes Wasser gab. Sie wurden krank und hatten Hunger, während die Fabrikbesitzer es sich in ihren großen Villen gut gehen ließen.

Küche in einer Mietskaserne im Wedding, Berlin 1908

Während in den Vorderhäusern die reichere Bevölkerung wohnte, lebte in den Hinterhöfen, in Kellern und Kleinwohnungen der sogenannten „Mietskasernen" die Arbeiterbevölkerung auf engstem Raum. Ganze Familien lebten auf wenigen Quadratmetern und unter schlechten hygienischen Verhältnissen.

All das löste Empörung[3] bei den Expressionisten aus – und dieser Empörung verliehen sie in ihren Texten Ausdruck. Die Expressionisten wollten Veränderung. Sie wollten, dass die bestehende Welt zugrunde[4] ging und Platz geschaffen wurde für einen neuen Menschen, der nicht zum Rädchen einer Maschine erniedrigt[5] wurde und in Abhängigkeit[6] leben musste. (...)

Tatsächlich haben sie natürlich nicht die Welt „zerschleudert[7]" sondern nur die Sprache. Sie haben sich nicht mehr an Regeln und Logik gehalten. Sie haben neue Worte erfunden, widersinnige Sätze gebaut und bizarre Bilder entworfen. Da man auf diese Weise sehr schlecht lange Geschichten erzählen kann, bevorzugten die Expressionisten die Lyrik.

Haas, Meike: Expressionismus. In: *Rossipotti-Literaturlexikon*; hrsg. von Annette Kautt; https://www.literaturlexikon.de/epochen/expressionismus.html; Stand: 13.06.2012

1. das Rädchen(-): *le rouage* **2.** das Klo(s) (fam.) = die Toilette(n) **3.** Empörung aus/lösen: *déclencher l'indignation* **4.** zugrunde gehen (i, a): *s'effondrer, disparaître* **5.** jdn erniedrigen: *humilier qqn* **6.** die Abhängigkeit: *la dépendance* **7.** etw. zerschleudern: *désintégrer, faire exploser*

2 Ein expressionistisches Gefühl?

MP3

A2-B1 **a.** Sehen Sie sich das Gemälde an. Welche Gefühle passen Ihrer Meinung nach zu diesem Bild? Erklären Sie warum.

b. Lesen Sie nun das Gedicht von Kurt Tucholsky und ordnen Sie jeder Strophe einen Titel zu.
Die Begegnung mit dem Anderen – Der tägliche Weg zur Arbeit – Der Lebensweg als Gang durch Straßen

B1-B2 **c.** Welches Bild der Stadt wird in dem Gedicht vermittelt?

BAC Vergleichen Sie Bild und Gedicht.

Ludwig Meidner, *Ich und die Stadt*, 1913

Augen in der Großstadt

Wenn du zur Arbeit gehst
am frühen Morgen,
wenn du am Bahnhof stehst
mit deinen Sorgen:
da zeigt die Stadt
dir asphaltglatt
im Menschentrichter
Millionen Gesichter:
Zwei fremde Augen, ein kurzer Blick,
die Braue, Pupillen, die Lider –
Was war das? vielleicht dein Lebensglück ...
vorbei, verweht, nie wieder.

Du gehst dein Leben lang
auf tausend Straßen;
du siehst auf deinem Gang,
die dich vergaßen.
Ein Auge winkt,
die Seele klingt;
du hast's gefunden,
nur für Sekunden ...
Zwei fremde Augen, ein kurzer Blick,
die Braue, Pupillen, die Lider;
Was war das? kein Mensch dreht die Zeit
zurück ...
Vorbei, verweht, nie wieder.

Du musst auf deinem Gang
durch Städte wandern;
siehst einen Pulsschlag lang
den fremden Andern.
Es kann ein Feind sein,
es kann ein Freund sein,
es kann im Kampfe dein
Genosse sein.
Es sieht hinüber
und zieht vorüber ...
Zwei fremde Augen, ein kurzer Blick,
die Braue, Pupillen, die Lider.
Was war das?
Von der großen Menschheit ein Stück!
Vorbei, verweht, nie wieder.

Kurt Tucholsky, 1930

Les yeux dans la grande ville

Quand tu vas au travail
le matin, de bonne heure,
quand tu es à la gare
avec tes soucis :
la ville te montre alors,
luisante d'asphalte,
dans l'entonnoir humain
des millions de visages :
deux yeux inconnus, un bref regard,
le sourcil, les pupilles, les paupières.
Qu'était-ce ? Peut-être ton bonheur...
parti, effacé, à jamais.

Toute ta vie durant tu marches
dans mille rues,
tu vois dans ce parcours
ceux qui t'ont oublié.
Un œil fait signe,
l'âme résonne ;
tu as trouvé
pour quelques secondes...
Deux yeux inconnus, un bref regard,
le sourcil, les pupilles, les paupières ;
qu'était-ce ? Personne ne remonte
à rebours le temps.
Parti, effacé, à jamais.

Tu dois dans ce parcours
passer par des cités ;
tu vois le temps d'une pulsation
l'autre inconnu.
Ce peut être un ennemi,
ce peut être un ami,
ce peut être dans la lutte
ton camarade,
ça regarde au-delà
et passe à côté de toi...
Deux yeux inconnus, un bref regard,
le sourcil, les pupilles, les paupières.
Qu'était-ce ?
Un exemplaire de la vaste humanité,
parti, effacé, à jamais.

Kurt Tucholsky, traduit par Jean-Pierre Lefebvre
in *Anthologie bilingue de la poésie allemande*,
Bibliothèque de la Pléiade

Wortschatz

- **die Großstadt(¨-e):** la métropole
- **der Arbeiter(-):** le travailleur
- **schlechte Arbeitsbedingungen:** de mauvaises conditions de travail
- **arm:** pauvre ≠ **reich:** riche
- **über (+ A) empört sein:** être indigné par
- **sich fremd / verloren fühlen:** se sentir étranger / perdu
- **empfinden (a, u):** ressentir
- **die Einsamkeit:** la solitude

Gesagt – getan!

Verfassen Sie eine vierte Strophe zu Kurt Tucholskys Gedicht, die einen anderen Aspekt des damaligen Lebens in der Großstadt illustriert.

Blick auf...

Eine Gesellschaft vor dem Zusammenbruch

▸▸ Ist die expressionistische Kunst ein Spiegelbild der damaligen Ängste?

1 Entmenschlichung durch Industrialisierung

A2-B1

a. Lesen Sie den Text und machen Sie sich Notizen zur Darstellung der Industrialisierung und ihren Folgen auf den Menschen und die Gesellschaft (Atmosphäre, Gefühle der Arbeiter, Beziehungen zwischen den sozialen Schichten).

b. Finden Sie im Text Elemente, die zeigen, dass dieser Film von Fritz Lang die Angst vor den sozialen Konsequenzen des industriellen Fortschritts thematisiert.

B1-B2

c. „*Metropolis* ist der schlagende Beweis gegen das Vorurteil, je älter ein Film sei, desto uninteressanter sei er heute." Wie interpretieren Sie diesen Satz? Diskutieren Sie in der Klasse.

Recherchieren Sehen Sie sich den Trailer von *Metropolis* an und berichten Sie über die Darstellung der Gesellschaft im Film.

Metropolis ist der schlagende Beweis[1] gegen das Vorurteil[2], je älter ein Film sei, desto uninteressanter sei er heute. (...)
Gleich zu Beginn eröffnet Lang die Schreckensvision einer nahen Zukunft: (...) Unter der Stadt eröffnet sich eine triste, kalte Welt, die Welt der Arbeiter, die mit gesenkten Häuptern[3] und in uniformer Kleidung in Kolonnen ihre Schichten antreten[4], in Fahrstühlen in die Maschinenstadt fahren oder in ihre ebenso tristen Wohnsilos. (...)
Lang entwirft mit dieser Geschichte eben auch das Bild einer möglichen, diktatorischen Zukunft vor einem futuristischen Hintergrund (...). Ein Diktator, der sowohl die Ökonomie, als auch die politische Macht usurpiert hat, herrscht mit seinen Adlaten über eine völlig unterjochte[5] Arbeiterschaft.
(...) Auch hier ist Langs Film weit vorausschauend[6]. Er erkennt (...) die Risiken einer Wissenschaft, die nach dem Motto handelt: Was ich machen kann, das darf ich auch machen. Rotwang konstruiert den Maschinenmenschen, der nur auf seinen Befehl[7] hört, einen Sklaven, der nicht mehr rebellieren wird.

1. der Beweis(e): *la preuve* **2.** das Vorurteil(e): *le préjugé* **3.** mit gesenkten Häuptern: *la tête baissée* **4.** ihre Schichten an/treten (i, a, e): *prendre leur service* **5.** unterjocht: *soumis* **6.** vorausschauend = visionär **7.** der Befehl(e): *l'ordre, le commandement*

Filmplakat, 1927

2 Angst vor der Apokalypse

MP3

A2-B1 **a.** Lesen Sie das Gedicht. Wie wirkt es auf Sie (Bilder, Farben, Atmosphäre, Gefühle ...)?

b. Lesen Sie nun die Biografie der Dichterin. Inwiefern spiegelt das Gedicht ihr Leben und den historischen Kontext wider?

B1-B2 **c.** Schauen Sie sich nun das Bild von Alfred Kubin an. Was fällt Ihnen auf?

BAC Könnte Ihrer Meinung nach dieses Bild das Gedicht illustrieren? Erklären Sie warum (nicht).

Else Lasker-Schüler (1869-1945) ist eine deutsch-jüdische avantgardistische Dichterin, die viele Kontakte zu anderen Expressionisten, z.B. Gottfried Benn, hatte. Dieses Gedicht wurde vor dem Ersten Weltkrieg geschrieben.

Weltende

Es ist ein Weinen in der Welt,
als ob der liebe Gott gestorben wär,
und der bleierne Schatten[1], der niederfällt,
lastet grabesschwer[2].

Komm, wir wollen uns näher verbergen[3] ...
Das Leben liegt in aller Herzen
wie in Särgen[4].

Du, wir wollen uns tief küssen ...
Es pocht[5] eine Sehnsucht an die Welt,
an der wir sterben müssen.

Else Lasker-Schüler, 1903

1. der bleierne Schatten: *l'ombre de plomb* **2.** das Grab(¨er): *la tombe* **3.** sich verbergen (i, a, o): *se cacher* **4.** der Sarg(¨e): *le cercueil* **5.** pochen: *palpiter, battre*

Alfred Kubin, *Der Mensch*, 1903

3 Der Krieg: Fluch oder Segen für Otto Dix?

A2-B1 **a.** Sehen Sie sich die Reportage an und machen Sie sich Notizen zu Otto Dix' Erfahrungen im Ersten Weltkrieg (Rolle? Wo? Gefühle am Anfang? Gefühle im Krieg?).

B1-B2 **b.** Otto Dix war fasziniert von dem Krieg. Listen Sie alle Elemente auf, die seine Faszination und deren Darstellung in seinen damaligen Werken erklären.

Vidéo

Otto Dix – Der Schonungslose Maler, WDR, 2017

Wortschatz

- **vor (+ D) Angst haben:** avoir peur de
- **versinnbildlichen** = symbolisieren
- **(als ...) dar/stellen** = (als ...) repräsentieren
- **(voraus)ahnen:** pressentir
- **aus/lösen:** déclencher, susciter
- **von (+ D) geprägt sein / werden:** être marqué / influencé par
- **entsetzlich:** effroyable
- **beängstigend:** angoissant

Gesagt – getan!

Wählen Sie ein expressionistisches Werk und drehen Sie für einen Kunstkanal eine kleine Reportage dazu. Berichten Sie darin über seine Autorin oder seinen Autor sowie über die Darstellung der damaligen Ängste.

Grammatik macht Sinn

Le subjonctif II

REPÈRES GRAMMATICAUX P. 252

KURZ UND GUT

a. Lisez les phrases suivantes et observez les verbes en rouge. Déduisez-en les règles de construction du subjonctif II (pour les auxiliaires, les verbes de modalité et les autres verbes).

b. Traduisez ensuite les phrases en français. Dans quelles situations emploie-t-on ce mode ?

A2-B1

- ***Möchtest*** *du mehr über die damaligen Lebensbedingungen erfahren?*
- *Was* ***würde passieren****, wenn die Arbeiter gegen die Fabrikbesitzer* ***rebellieren würden****?*
- ***Könnte*** *diese Rebellion eine bessere und gerechtere Welt erschaffen?*
- *Die Expressionisten dachten, ein Krieg* ***wäre*** *die Möglichkeit eines Neuanfangs und* ***hätte*** *eine positive Auswirkung auf die Gesellschaft.*

B1-B2

- *Für die Menschen von damals war es, als ob Gott tot* ***wäre*** *und es keine Hoffnung mehr* ***gäbe****.*
- *Viele befürchteten, dass das Ende* ***nahte*** *und es bald zur Apokalypse* ***käme****.*
- *Wenn sie* ***gewusst hätten****, wie grausam der Krieg war,* ***wären*** *sie davon nicht so fasziniert* ***gewesen****.*
- ***Hätten*** *sie schon vorher von den Grausamkeiten des Krieges* ***gewusst****, so* ***wären*** *die Soldaten nicht so begeistert in den Krieg* ***gezogen****.*

A2 **1 Conjuguez les verbes entre parenthèses au subjonctif II.**

a. In einer gerechten Gesellschaft ... es keine sozialen Konflikte. (geben)

b. Alle Menschen ... unter guten Bedingungen ... (arbeiten)

c. Die Familien ... in Wohnungen leben, die groß genug für sie sind. (können)

d. Alle Bürger ... nicht Verlierer sondern Gewinner des technischen Fortschritts und ... einen besseren Lebensstandard. (sein / haben)

e. ... es dann überhaupt zum Ersten Weltkrieg gekommen? (sein)

A2-B1 **2 Complétez les phrases en employant le subjonctif II et en utilisant les éléments dans l'encadré.**

a. Die Expressionisten dachten, dass ...

b. Viele hatten den Eindruck, dass ...

c. Ihrer Meinung nach ... die Verstädterung ...

d. Die technischen Fortschritte ...

e. Der Großstadtmensch ...

- die Apokalypse: bevor/stehen (a, a)
- Gott: nicht existieren
- die soziale Ungleichheit vergrößern
- das Großstadtleben hektischer machen
- anonym und orientierungslos sein

B1 **3 Transformez les phrases suivantes selon le modèle.**

Exemple : ***Wenn*** *wir nach Berlin gefahren wären, hätte ich dir Otto Dix' Kunstwerke gezeigt.*
→ ***Wären*** wir nach Berlin gefahren, ***(so / dann) hätte*** ich dir Otto Dix' Kunstwerke gezeigt.

a. Wenn sie von den Grausamkeiten des Krieges gewusst hätten, wären die Menschen nicht so kriegsbegeistert gewesen.

b. Wenn du dir dieses Gemälde genauer angesehen hättest, hättest du es besser verstehen können.

c. Wenn ich mehr Zeit gehabt hätte, wäre ich ins Museum gegangen, um mir die Ausstellung über die Expressionisten anzusehen.

B1-B2 **4 Écrivez un petit texte sur les croyances et les angoisses des expressionnistes. Employez le subjonctif II.**

Die Expressionisten dachten, ... / Für sie war es, als ob ... / Die damalige Gesellschaft ... / Sie hatten Angst davor, dass ...

Wortschatz macht Sinn

Vokabeln lernen

Die Welt um 1900

- **der Fortschritt(e):** le progrès
- **fortschrittlich:** progressiste
- **die Industrialisierung:** l'industrialisation
- **die Verstädterung = die Urbanisierung:** l'urbanisation
- **die soziale(n) Ungleichheit(en):** l'inégalité sociale
- **gerecht:** juste ≠ **ungerecht:** injuste
- **die Arbeitsbedingungen:** les conditions de travail
- **das Elend:** la misère
- **der Krieg(e):** la guerre
- **der Zusammenbruch:** l'effondrement
- **die bürgerliche Gesellschaft:** la société bourgeoise
- **verursachen:** causer
- **sich verändern:** changer

Die expressionistische Kunst

- **ausdrucksvoll:** expressif
- **eine Wirkung auf (+ A) haben:** avoir un effet sur
- **beängstigend:** angoissant
- **bunt:** multicolore
- **gegen gesellschaftliche Normen verstoßen (ö, ie, o):** aller à l'encontre des valeurs traditionnelles
- **die Ästhetik des Hässlichen:** l'esthétique de la laideur
- **düster:** sinistre
- **versinnbildlichen = symbolisieren:** symboliser
- **die Realität wider/spiegeln:** refléter la réalité
- **dar/stellen = repräsentieren:** représenter
- **der Realität (nicht) entsprechen (i, a, o):** (ne pas) correspondre à la réalité

Expressionistische Gefühle

- **begeistert:** enthousiaste
- **vor (+ D) Angst haben:** avoir peur de
- **ängstlich:** angoissé
- **wehmütig ≈ nostalgisch**
- **von (+ D) fasziniert sein:** être fasciné par
- **von (+ D) traumatisiert sein:** être traumatisé par
- **über (+ A) empört sein:** être indigné par
- **die Entfremdung:** l'aliénation
- **einsam = allein:** seul
- **sich verloren fühlen:** se sentir perdu
- **orientierungslos:** désorienté
- **voraus/ahnen:** pressentir

Vokabeln aktiv

1 Associez un élément de la colonne de gauche à un verbe de la colonne de droite. Utilisez ensuite ces expressions dans une phrase.

A. die Gesellschaft	**a.** haben
B. Angst	**b.** darstellen
C. von der Wirklichkeit	**c.** entsprechen
D. dem historischen Kontext	**d.** fasziniert und traumatisiert werden
E. von dem Krieg	**e.** geprägt sein

2 Complétez les phrases avec le mot qui convient.

ahnten – verursachte – symbolisierten – gesellschaftliche – geprägt

a. Die expressionistische Kunst verstößt gegen ... Normen.
b. Sie ist nämlich von dem historischen Kontext sehr ...
c. Die Industrialisierung ... viele soziale Probleme.
d. Die expressionistischen Werke ... die damaligen Ängste.
e. Viele Expressionisten ... die Konsequenzen ihrer Epoche voraus.

3 Retrouvez les mots cachés dans la colonne de gauche puis associez-les à leur traduction.

A. GLUNHEITCHEI	**a.** le progrès
B. SVREOßTNE	**b.** indigné
C. SITTCHORFT	**c.** l'inégalité
D. NNISENCHRVEILDB	**d.** seul
E. PTEÖMR	**e.** symboliser
F. SANMEI	**f.** aller à l'encontre

Prosodie und Phonetik

MP3

L'absence de liaison en allemand

a. Écoutez l'enregistrement. Quelle différence remarquez-vous entre l'allemand et le français ?
b. Prononcez les phrases suivantes puis écoutez la correction.
- *Ich heiße Otto Dix. Ich arbeite jeden Tag in meinem Atelier. Ich arbeite als Maler.*

c. Entraînez-vous à mettre en voix le poème „Weltende“ de Else Lasker-Schüler en adoptant un débit fluide et un ton adapté.

FINALE

Projekt

Eine expressionistische Ausstellung in der Klasse organisieren

Erstellen Sie ein Kunstwerk (Collage, Gedicht ...), das Ihre Vision der heutigen Stadt und / oder Gesellschaft im Stil des Expressionismus darstellt. Schreiben Sie dazu eine kleine Erklärtafel. Suchen Sie Infos über Ihre(n) expressionistische(n) Lieblingskünstler(in) und erklären Sie, inwiefern er / sie Sie zu Ihrem persönlichen Kunstwerk inspiriert hat.

Médiation

Zwischen den Kulturen

Bitten Sie Schüler, die eine andere Fremdsprache lernen, an Ihrer Ausstellung teilzunehmen: Fragen Sie sie, wie der Expressionismus in anderen Ländern (z.B. in den USA) zum Ausdruck kam und wie die damalige Wirklichkeit dargestellt wurde. Organisieren Sie dann eine internationale Ausstellung in der Schulaula.

Über die Grenzen hinaus

Präsentieren Sie Ihre Ausstellung Ihrer Partnerklasse und fragen Sie sie, was sie über den französischen Expressionismus und dessen Folgen wissen.

Schritt für Schritt

Ein Kunstwerk schriftlich kommentieren

Max Beckmann, *Der Eiserne Steg*, 1922

1 **Réfléchissez aux thèmes ou aux problèmes de la société actuelle que vous souhaitez aborder dans votre œuvre (relations humaines, internet, travail, chômage, multiculturalisme, migrations, environnement, etc.).**

Expliquez ensuite clairement les enjeux contemporains que vous voulez représenter.

- *Die heutige Welt / Gesellschaft / Wirklichkeit ist von ... geprägt.*
- *Prägend ist heute ...*
- *Angst vor einem neuen Krieg haben*
- *Entfremdung in der Großstadt oder in der digitalen Welt*

2 **Réalisez votre œuvre en pensant à la symbolique des différents éléments qui la composent, en lien avec les thèmes choisis.**

3 **Rédigez ensuite votre commentaire en explicitant votre projet.**

- *Mein Kunstwerk symbolisiert ...*
- *Mit diesem Element möchte ich ... versinnbildlichen.*
- *Die Farben / Die chaotischen Linien auf meinem Werk stellen ... dar.*
- *Ich habe ausdrucksvolle Linien / bunte Farben benutzt, weil ...*
- *Mein Stil / Dieses Element entspricht* (+ D) *...*

4 **Précisez, le cas échéant, le nom de l'artiste expressionniste qui vous a inspiré(e) et expliquez pourquoi.**

- *Genauso wie Alfred Kubin / Else Lasker-Schüler ...*
- *Ich habe mich von Otto Dix inspirieren lassen, denn ...*
- *Seinen / Ihren Stil finde ich ...*

Partie 1 Compréhension de l'oral

Auf den Spuren des Rattenfängers von Hameln

Euromaxx, Deutsche Welle, 02.07.2016 / Durée : 1 min. 39

En rendant compte, en français, du document, vous montrerez que vous avez compris :
- le thème principal du document ;
- le déroulement des faits, la chronologie des événements, les informations ;
- l'identité des personnes et éventuellement les liens entre elles ;
- la fonction et la portée du document (relater, informer, convaincre, critiquer, dénoncer, etc.).

MÉTHODOLOGIE

→ Méthodologie p. 232

ÉTAPE 1 ▶ Identifier la situation d'énonciation et le contexte externe
- Anticipez à partir du titre pour déterminer le lieu et le thème du document.
- Qui parle ? De quoi ? À qui ?

ÉTAPE 2 ▶ Identifier les réseaux de sens
- Aidez-vous des images pour identifier la structure et les différentes parties du document. Soyez attentif à ce qui relève de la fiction ou de la réalité.
- Relevez le maximum de mots transparents ou connus pour identifier les différents sous-thèmes abordés.
- Organisez votre prise de notes afin de reconstituer les informations à partir des mots entendus.

ÉTAPE 3 ▶ Relever les stratégies de communication
- Quelle est la nature du document (reportage, interview, publicité...) ?
- Quel est l'objectif de ce document (promouvoir, informer, critiquer...) ?

Partie 2 Expression écrite

Behandeln Sie Thema A oder Thema B (mindestens 100 Wörter).

Thema A

Während einer Klassenfahrt haben Sie die Stadt Hameln besichtigt. Schreiben Sie Ihrer Austauschpartnerin bzw. Ihrem Austauschpartner eine E-Mail, um von Ihren Erfahrungen und Eindrücken zu erzählen.

Thema B

Auf dem Forum märchen.de lesen Sie folgende Beiträge zum Thema „Mit welcher Märchenfigur können Sie sich am besten identifizieren?"

Amel Meine Lieblingsmärchenfigur ist Schneewittchen. Ich möchte gern so sein wie sie: schön, freundlich und fleißig! Sie ist mein Vorbild!

Tom Am besten kann ich mich mit dem kleinen Däumling (*le petit Poucet*) identifizieren: Ich will so mutig sein wie er!

Lisa Märchenfiguren sind alle naiv, voller Klischees und dumm! Sie inspirieren mich gar nicht.

Mit wem sind Sie einverstanden? Mit Amel, Tom, Lisa oder mit niemandem? Schreiben Sie einen Beitrag auf dem Forum.

MÉTHODOLOGIE Thema A

→ Méthodologie p. 237

ÉTAPE 1 ▶ Lisez le sujet. Repérez les mots-clés pour cibler le contexte, le destinataire, la forme d'écrit attendue et le niveau de langue à utiliser.

ÉTAPE 2 ▶ Racontez à la 1re personne en utilisant des connecteurs chronologiques (*zuerst*, *dann*, *am Nachmittag* ...). Exprimez au fil du récit vos sentiments et opinions. Veillez à utiliser les temps du passé.

ÉTAPE 3 ▶ Relisez votre texte. Vérifiez la cohérence et la correction orthographique et grammaticale. Identifiez dans le sujet quel rôle vous devez jouer et signez de ce nom-là. Attention : ne signez jamais de votre propre nom une copie de bac, elle doit rester anonyme.

Partie 1 Compréhension de l'écrit

Der „Blaue Reiter" stirbt als Kriegsfreiwilliger

a. Lesen Sie den Text. Geben Sie wieder, was Sie verstanden haben. Beachten Sie dabei folgende Punkte:
- das Hauptthema;
- die Hauptperson;
- der Ort des Geschehens und die Epoche.

b. Kommentieren Sie folgende Textstelle: „Fast nüchtern greift er zur Waffe, glaubt daran, dass ein „krankes" Europa durch einen solchen Krieg „gesunden" könnte. Von einer „Reinigung" ist bei ihm wie anderen Intellektuellen die Rede." (Z. 19-23)

c. Bewerten sie die Haltung des Journalisten: Ist sie neutral-informativ oder engagiert? Begründen Sie Ihre Antwort mit Beispielen aus dem Text.

MÉTHODOLOGIE

→ Méthodologie p. 234

ÉTAPE 1 ▶ Identifier le contexte externe et la situation d'énonciation
- Quelle est la nature du document (article, interview, tract...) ? Dans quel contexte a-t-il été écrit ? Analysez bien la source et le chapeau en italiques.
- À la première lecture, concentrez-vous sur la situation d'énonciation : de quoi ou qui parle-t-on ? Quand ? Où ? Quel est le thème de chaque paragraphe ?
- Pensez aux différentes stratégies pour déduire le sens d'un mot : décomposez les mots-composés, identifiez les familles de mots, les mots transparents...

ÉTAPE 2 ▶ Repérer les réseaux de sens
- Notez les mots-clés de chaque paragraphe en identifiant à quelles personnes renvoient les pronoms et les noms propres pour repérer les liens entre les personnes.
- Soyez attentif à la ponctuation pour identifier si les éléments lus sont des informations, des points de vue ou des propos rapportés.

ÉTAPE 3 ▶ Relever les stratégies de communication
- Quel est l'objectif de ce document (promouvoir, informer, critiquer...) ?
- Identifiez si et à quel(s) moment(s) le journaliste donne un avis sur les faits relatés.

Der „Blaue Reiter" stirbt als Kriegsfreiwilliger

Zwischen Kriegsbegeisterung und Skepsis: Wie haben die Deutschen den Ausbruch des Ersten Weltkriegs vor 100 Jahren erlebt? Wir zeigen deutsche Schicksale 1914. Diese Woche: Franz Marc.

Wenn Soldaten in diesem Krieg ihren Angehörigen[1] einen Brief von der Front schicken, dann versuchen sie oft, diese trotz der großen Gefahr zu beruhigen. Das tut am 4. März 1916 auch der Künstler Franz Marc, als er seiner Frau schreibt: „Sorg Dich nicht, ich komme schon durch, auch gesundheitlich. Ich fühl mich gut und geb sehr acht auf mich." Noch am selben Tag wird er als Leutnant der Reserve bei einem Melderitt[2] an der Front nahe Verdun von einem Granatsplitter tödlich getroffen. Mit dem Maler, der schon damals zu den größten expressionistischen Talenten im Umkreis der Gruppe „Blauer Reiter" gehört, fällt wieder einer jener prominenten Künstler, die sich im Sommer 1914 freiwillig[3] zum Kriegsdienst gemeldet haben.

Dabei ist es keineswegs ein überschäumender Patriotismus, der Franz Marc als 34-Jährigen dazu veranlasst, sich gleich zu Kriegsbeginn an die Front zu melden. Fast nüchtern greift er zur Waffe, glaubt daran, dass ein „krankes" Europa durch einen solchen Krieg „gesunden[4]" könnte. Von einer „Reinigung[5]" ist bei ihm wie anderen Intellektuellen die Rede. Da der gesamte Expressionismus von einer eigentümlichen Sehnsucht nach Reinigung und einer diffusen Hoffnung auf einen neuen Morgen erfüllt ist, sind gerade diese Künstler paradoxerweise besonders anfällig für eine eigentümliche Romantisierung des Krieges. Franz Marc will nicht abseits stehen. Im November 1914 schreibt er seiner Mutter, dass er trotz der schmerzhaften Trennung von Zuhause doch froh ist, an den Kämpfen teilnehmen zu können: „Ich würde mich zu Hause bedrückt und krank fühlen. So lebe und erlebe ich alles mit." Zumindest aus der Distanz muss er allerdings bald auch erleben, dass sein enger Freund August Macke, der sich ebenfalls freiwillig zum Kriegsdienst gemeldet hatte, im September 1914 getötet wird. Aber Franz Marc lässt sich von diesem persönlichen

Verlust zunächst nicht von seiner generellen Zustimmung zu diesem Krieg abbringen.
Erst allmählich wird dem Künstler immer klarer, dass dieser Krieg in Wirklichkeit keine neuen Perspektiven für Europa bietet und dass von jedweder Form der „Reinigung" überhaupt nicht die Rede sein kann. „Die Welt ist um das blutigste ihres vieltausendjährigen Bestehens reicher", notiert er stattdessen am Neujahrstag 1916. Jetzt gelte es eigentlich nur noch, diese Katastrophe in ihren Ursachen zu begreifen und „Gegengedanken zu bilden". Doch dazu wird Franz Marc keine Gelegenheit mehr haben.

Tillmann Bendikowski, 09.05.2014

1. die Angehörigen: *les proches*
2. bei einem Melderitt: *lors d'une mission de transmission à cheval*
3. freiwillig: *volontaire(ment)*
4. gesunden: *guérir*
5. die Reinigung: *l'assainissement, la purification*

Franz Marc, *Tierschicksale*, 1913
Das Gemälde wurde schon zu Marcs Lebzeiten als Vorahnung der Grausamkeiten des Krieges interpretiert – eines Krieges, dem 17 Millionen Menschen zum Opfer fielen.

Partie 2 Expression écrite

Behandeln Sie Thema A oder Thema B (mindestens 100 Wörter).

Thema A

Kurz nachdem Franz Marc sich freiwillig für den Kriegsdienst gemeldet hat, schreibt er einen Brief an einen Freund. Darin erklärt er unter anderem die Gründe für seine Entscheidung und seine Gefühle. Schreiben Sie diesen Brief.

Thema B

Sie sind Pazifist(in) und möchten in einem Pamphlet die jungen Männer davon überzeugen, 1914 nicht in den Krieg zu ziehen. Schreiben Sie dieses Pamphlet.

MÉTHODOLOGIE Thema B

→ Méthodologie p. 239

ÉTAPE 1 ▶ Lisez le sujet. Repérez le rôle qui vous est attribué et l'écrit attendu. Mobilisez directement le lexique en allemand. Cherchez des synonymes si vous butez sur un mot ou une formulation.
ÉTAPE 2 ▶ Organisez votre plan, notez les connecteurs logiques que vous pouvez utiliser. Passez à la rédaction en gardant en tête le ton et la visée d'un pamphlet. Adressez-vous à vos lecteurs en utilisant des expressions formelles comme *Liebe Leser / Meine Damen und Herren* ... et en les vouvoyant.
Utilisez la forme de politesse et recourez à des moyens rhétoriques pour convaincre (questions rhétoriques, anaphores, impératif...).
ÉTAPE 3 ▶ En conclusion, faites une phrase de synthèse claire et convaincante. Relisez votre pamphlet. Vérifiez-en la cohérence et la correction grammaticale et orthographique.

Partie 1 Compréhension de l'oral

→ Méthodologie p. 232

Doc. 1 **Live-Rollenspiel „Conquest of Mythodea“**

Vidéo

Y-Kollektiv, 10.08.2017 / Durée : 1 min. 43

En rendant compte, en français, du document, vous montrerez que vous avez compris :

- le thème principal du document ;
- le déroulement des faits, la chronologie des événements, les informations ;
- l'identité des personnes et éventuellement les liens entre elles ;
- la fonction et la portée du document (relater, informer, convaincre, critiquer, dénoncer, etc.).

Partie 2 Compréhension de l'écrit

→ Méthodologie p. 234

Doc. 2 **Gespielte Welten**

Antworten Sie auf Deutsch.

a. Lesen Sie den Text. Geben Sie wieder, was Sie verstanden haben. Beachten Sie dabei folgende Punkte:
– das Hauptthema;
– das Konzept und die Organisation der Veranstaltung;
– die Ziele und Reaktionen der Teilnehmer.

b. Im Text sagt Jorina Clara Hilfsberg: „Das ist etwas, worauf wir hier sehr viel Wert legen. Dass eine Art politische Bildung stattfindet.“ (Z. 20-22)
Erklären Sie, was sie damit meint, und wie dies bei der Veranstaltung der Fall sein kann.

Compréhension de l'ensemble du dossier

c. Kommentieren Sie die Haltung der Reporterin im Video und des Journalisten im Artikel: Ist ihr Ton Ihrer Meinung nach rein informativ? Begründen Sie Ihre Antwort mit Beispielen aus dem Video und aus dem Text.

Gespielte Welten

Eine Katastrophe hat unseren Planeten unbewohnbar gemacht. Die letzten Überlebenden konnten sich unter der Oberfläche[1] in Sicherheit bringen. Dort haben sie eine diktatorische Gesellschaft aufgebaut. Was sich nach dystopischer Fantasie anhört, wird beim Live-Rollenspiel drei Tage lang Realität.

200 Teilnehmende treffen sich in einer verlassenen Fabrikhalle im Ruhrgebiet[2], um die Außenwelt drei Tage lang vollständig hinter sich zu lassen. Für die Geschichte gibt es kein festgelegtes Drehbuch[3]. Die komplexe Handlung aus Korruption, Intrige und geheimen Liebesaffären improvisieren alle gemeinsam während des Spiels. Drei Tage lang legen die Teilnehmenden ihre privaten Identitäten ab und werden ganz zum selbstgewählten Charakter einer postapokalyptischen Welt. Sie schlafen, essen, leben in ihren Rollen und verinnerlichen so die fiktive Gesellschaftsordnung. Sie sind Schauspieler und Publikum zur selben Zeit.

Demokratieverständnis erspielen
„Natürlich soll das Wochenende in erster Linie Spaß machen", sagt Jorina Clara Hilsberg, eine der beiden Hauptorganisatoren. „Die Erfahrungen in so einem Unterdrückungssystem sollen aber auch ein Mittel sein, unseren Blick auf die Realität zu schärfen, uns bewusst zu machen, dass unsere Demokratie nicht unverwundbar ist: Das ist etwas, worauf wir hier sehr viel Wert legen. Dass eine Art politische Bildung stattfindet."

Ein Selbsttest
Die Vorbereitung des Rollenspiels hat Monate in Anspruch genommen: „In dem Setting, was wir schaffen, ist die Möglichkeit, weil so viel Druck da ist, so viel Stress da ist, dass die Leute sich ausprobieren[4] können und dann was über sich lernen", sagt Mitgründer Armin Saß. „Wie fühlt es sich an, mal Täter zu sein in einer simulierten Welt? Was macht das mit mir im Nachhinein, wenn ich das reflektiere? Wenn ich in einem System stecke, was mir die Macht gibt, laufe ich Gefahr, dem zu folgen?" (...)

Fiktion und Realität verschwimmen
Bevor die düstere Gesellschaft zum Leben erwacht, geben alle Teilnehmenden ihre persönlichen Gegenstände ab. Während des Rollenspiels leben sie Tag und Nacht in der Logik ihrer komplexen Charaktere. Wer sich entschieden[5] hat, mit der stärksten von drei Intensitätsstufen[6] zu spielen, muss sogar damit rechnen, nachts aus dem Schlaf gerissen zu werden[7], wenn es die Dramaturgie verlangt. Von „Immersion" sprechen die Rollenspieler, wenn es gelingt, die Grenzen zwischen fiktiver und realer Welt während des Spiels vollständig verschwimmen zu lassen. (...)

Psychologische Betreuung ist wichtig
Das intensive Spiel wird dabei ununterbrochen durch eine psychologische Psychotherapeutin begleitet. Sie ist dauerhaft als Ansprechpartnerin vor Ort: „Wir müssen uns immer bewusst machen, dass wir gerade gemeinsam ein Spiel gestalten und dass das nicht wir-gegen-die ist! Es geht nicht darum, dass die Leute, die in-character Machtpositionen innehaben, die anderen runtermachen und das ausnutzen, sondern gerade Personen, die Täter spielen, haben unglaubliche Verantwortung denen gegenüber, denen sie Spiel bieten, indem sie sie zu Opfern machen!"

Danach geht's weiter
Das Ende des Rollenspiels nach knapp 40 Stunden bildet erst den Auftakt für eine intensive Nachbereitung unter Spielern und Machern. In seitenlangen Spielberichten tauschen sich viele in sozialen Netzwerken selbst Wochen später noch über ihre intensiven Erlebnisse aus, diskutieren, wie sich ihr Blick auch auf Gesellschaft verändert hat.

Eine große Vielfalt an Spielenden
Im Deutschen Liverollenspiel Verband (DLRV) haben sich Anbieter unterschiedlichster Rollenspielveranstaltungen[8] zusammengetan: „Man kann davon ausgehen, dass es mindestens 40.000 bis 45.000 Menschen gibt, die in Deutschland Liverollenspiel aktiv betreiben", sagt Vera Scholten, die für den Verband arbeitet – und die Zahl wachse stetig. „Da gibt es unglaublich viele verschiedene Genres, von Fantasy über Science-Fiction und spezielle Settings in Richtung Endzeit. Alles, was man sich eigentlich aus Film und Fernsehen und aus Büchern vorstellen kann, ist auch in Deutschland in irgendeiner Form vorhanden." Unter den Spielern seien Ärzte und Rechtsanwälte genauso wie einfache Bauarbeiter.

Aus: Jakob Schmidt, Deutschlandfunk, 16.11.2018

1. die Oberfläche(n): *la surface*
2. das Ruhrgebiet: eine Region im Westen Deutschlands
3. das Drehbuch(¨er): *le scénario*
4. sich aus/probieren: *se tester*
5. (sich) entscheiden (ie, ie): *(se) décider*
6. die Stufe(n): *le niveau*
7. aus dem Schlaf gerissen werden: *être arraché à son sommeil*
8. die Veranstaltung(en) = das Event(s)

Partie 3 Expression écrite

Behandeln Sie Thema A oder Thema B (mindestens 100 Wörter).

Thema A

Sie möchten am Live Rollenspiel „Conquest of Mythodea" teilnehmen. Schreiben Sie den Organisatoren eine E-Mail, in der Sie Ihre Motivation erklären und den fiktiven Charakter vorstellen, den Sie gerne spielen möchten.

→ **Méthodologie p. 237**

Thema B

Finden Sie persönlich die Fiktion oder die Realität faszinierender? Erklären Sie Ihren Standpunkt, indem Sie konkrete Beispiele geben.

→ **Méthodologie p. 239**

Partie 4 Expression orale

Vous disposez de cinq minutes maximum pour expliquer en allemand quel document (A ou B) ou quelle citation (C ou D) illustre le mieux, à votre sens, l'axe « Fictions et réalités » et pour justifier votre choix.

A Berlin in der Zukunft. Am Halleschen Tor, 1905, Postkarte

MÉTHODOLOGIE

→ Méthodologie p. 241

ÉTAPE 1 ▶ Choisissez le document qui vous semble le plus parlant et le plus riche.

- Pour expliciter et justifier votre choix, appuyez-vous :
  Pour le document iconographique,
  – sur différents aspects de l'image (type d'image, source, composition, atmosphère, couleurs, situation, texte, etc.) ;
  – sur le message délivré.
  Pour la citation,
  – sur les mots-clés de la citation, l'auteur (sa fonction, son statut, etc.), le contexte (historique, sociologique, politique) ;
  – sur son sens et sa portée.

  Ich habe dieses Bild / dieses Zitat gewählt, weil ...
  Meiner Meinung nach illustriert dieses Bild / dieses Zitat am besten ...
  Dieses Bild / dieses Zitat passt am besten zur Thematik ...

- Vous pouvez également interroger la pertinence du document.

  Aber ich finde, dass ...
  Dieses Bild entspricht meiner Meinung nach nicht genau (+ D).

ÉTAPE 2 ▶ Mobilisez les connaissances et expériences que vous évoque le document choisi pour approfondir et/ou élargir le sujet.

Faites le lien avec des documents étudiés en classe : *Dieses Bild / dieses Zitat erinnert mich an einen Text, an ein Bild ...*

B Buchumschlag einer Anthologie mit 30 „modernen" Märchen verschiedener Autoren

C

> Die Fiktion von gestern gehört zur Realität von heute.
>
> Daniel Mühlemann, Naturfotograf und Aphoristiker

D

> Jeder meint, dass seine Wirklichkeit die richtige Wirklichkeit ist.
>
> Hilde Domin (1909-2000), Dichterin

KAPITEL 14

Mobil um jeden Preis?

▸▸ Ist Deutschland für die Verkehrswende bereit?

Stau und Feinstaubalarm in der Stuttgarter Innenstadt, 2016

Auf geht's!
Schauen Sie sich das Foto an. Was meinen Sie zu dieser Situation?

Blick auf...

Ein Statussymbol made in Germany

▸▸ Hat das Auto noch Zukunft?

1 Das Ende des Autos?

A2-B1 **a.** Lesen Sie den Text und machen Sie sich Notizen (Textart, Hauptthema, Struktur). Geben Sie jedem Teil einen Titel.

b. Nennen Sie die Gründe, die diesen „Ausstieg aus dem Auto“ erklären.

B1-B2 **c.** Ist die Elektrifizierung des Verkehrs schon Realität? Was meinen Sie?

Autowracks auf einem Schrottplatz, Bottrop, 2018

Der große Ausstieg aus dem Auto beginnt

Hohe Kosten, lange Stauzeiten, fehlende Parkplätze (...). Ein ganz anderer Faktor, aber nach Einschätzung vieler Experten nicht weniger bedeutend, ist die Abkehr vom Auto als Statusobjekt. (...) Doch den 20- bis 29-jährigen Männern gelten Autos oft nur noch als Gebrauchsobjekt[1]. (...)
Diese Entwicklung kann Stephan Rammler, Mobilitätsforscher (...), nur begrüßen. „Privatautos sind im doppelten Sinne ineffizient“, sagt er und bezieht sich damit auf die benötigte Energie für Bau und Betrieb sowie den Platzbedarf der Fahrzeuge, die immer öfter ungenutzt herumstehen. „Kein Unternehmer würde seine Maschinen 22 bis 23 Stunden am Tag stillstehen lassen.“ (...)
Die flächendeckende Verbreitung[2] von Elektroautos wird sich mit besseren Akkus, sinkenden Kosten und steigender Reichweite[3] in den kommenden Jahrzehnten kaum aufhalten lassen. Ohne eine Elektrifizierung des Verkehrs – gespeist mit regenerativ erzeugtem Strom – wird sich auch der Treibhausgasausstoß[4] in diesem Segment nur schwer verringern[5] lassen. „Städte, in denen gar keine Autos mit Verbrennungsmotoren mehr fahren, werden Wirklichkeit“, ist Rammler überzeugt.

© Jan Oliver Löfken, „Völlig stehengeblieben“, first published on fluter.de, 18.04.2016, Herausgeber: Bundeszentrale für politische Bildung/bpb

1. das Gebrauchsobjekt(e): *l'objet utilitaire* **2.** die flächendeckende Verbreitung: *la généralisation sur l'ensemble du territoire* **3.** die Reichweite: *l'autonomie* **4.** der Treibhausgasausstoß(¨-e): *l'émission de gaz à effet de serre* **5.** verringern: *réduire*

2 Der neue Trend: das Elektroauto

Gruppenarbeit

A2-B1 **a.** Überlegen Sie zu zweit: Welches sind die Vorteile von Elektroautos? Besprechen Sie die Ergebnisse in der Klasse und machen Sie einen Wortigel dazu.

b. Sehen Sie sich nun das Video an und machen Sie sich Notizen (Hauptthema, Off-Stimme, Zweck).

B1-B2 **c.** Listen Sie die Nachteile des Elektroautos auf. Machen Sie Vorschläge, um diese Situation zu ändern und ergänzen Sie den Wortigel.

Recherchieren Informieren Sie sich zu deutschen Elektroautos. Berichten Sie darüber in der Klasse und zeigen Sie eine Werbung dazu.

▷ Vidéo

Wie umweltfreundlich sind Elektroautos?, BR24, 2018

3 Das Auto der Zukunft?

Gruppenarbeit

A2-B1
a. Lesen Sie den Text und sammeln Sie Informationen zum autonomen Fahren (Was? Wann? Wie?).
b. **Gruppe A:** Welche Vorteile hat das Auto der Zukunft?

B1-B2
c. **Gruppe B:** Welche Fragen bleiben ungeklärt?
Mischen Sie dann die Gruppen und besprechen Sie, was Sie erfahren haben.

BAC | Welches Problem werfen Bild und Text auf? Nehmen Sie Stellung dazu.

Autonomes Fahren: größere Sicherheit, mehr ethische Fragen

Ingenieure und Wissenschaftler arbeiten am Auto der Zukunft, das keinen Fahrer mehr benötigt – doch wie sieht das Verhältnis zwischen Mensch und Maschine aus?

Das Auto selbst nimmt bald die Dinge in die Hand. Es übernimmt die Verantwortung, es fährt, man wird gefahren. Man döst[1], das Auto passt auf, es fährt autonom, kann alles besser, weiß alles besser. (...) „Was sich andeutet, ist spannend und faszinierend", schätzt Marion Jungbluth den Umbruch ein[2]. Sie leitet das Team Mobilität und Reisen beim Bundesverband Verbraucherzentrale in Berlin. „In zehn oder zwanzig Jahren werden wir das autonome Fahren in Deutschland haben", sagt sie. Für sie gibt es viele Gründe, das Lenkrad[3] langfristig einem Rechner[4] zu überlassen: „Wir haben immer noch 3400 Verkehrstote pro Jahr in Deutschland. Das ist doch unvorstellbar", sagt sie. Automatisiertes Fahren sei einfach sicherer. Ein Computer wird nicht müde, kennt keinen Stress, trinkt kein Bier, nimmt keine Drogen, lässt sich nicht provozieren. (...)
Markus Maurer (...) ist Berater einer Ethikkommission, die sich mit den rechtlichen und moralischen Fragen befasst, die in diesem Thema stecken. (...)
Es ist ein Berg aus ungeklärten Fragen. Wahrscheinlich schwieriger zu beantworten als alle technischen Probleme. (...) „Was ist sicher? Wie sicher ist sicher genug?", fragt er. „Es muss ein Standard festgelegt werden. Autonomes Fahren sollte so gut sein wie die zwei Prozent besten Autofahrer", schlägt er vor. Was ist mit der Verantwortung, wenn ein Unfall passiert? Wer trägt sie? Der Eigentümer[5]? Der Fahrer, wenn er doch keiner mehr ist? Der Hersteller[6]? (...)
Was macht ein Roboterauto, wenn plötzlich auf einer Straße Menschen stehen und es nur zwei Möglichkeiten gibt: Entweder es fährt in die Gruppe oder es weicht aus und fährt gegen einen Baum? Im ersten Fall sterben fremde Menschen, im zweiten Fall der Mitfahrer. Was macht der Rechner? Wen lässt er leben?

© *Badische Zeitung*, 08.02.2017

1. dösen: *sommeiller, dormir* **2.** den Umbruch ein/schätzen: *évaluer la mutation, le bouleversement* **3.** das Lenkrad(¨er): *le volant* **4.** der Rechner(-): *l'ordinateur* **5.** der Eigentümer(-): *le propriétaire* **6.** der Hersteller(-): *le constructeur*

Wortschatz

- **sauber:** propre ≠ **schmutzig:** sale
- **für (+ A) verantwortlich sein:** être responsable de
- **um/denken (a, a):** changer de façon de penser
- **vernünftig:** raisonnable
- **der Verbrennungsmotor(en):** le moteur à combustion
- **der Elektroantrieb(e):** le moteur électrique
- **effizient:** performant, efficace
- **sich fort/bewegen:** se déplacer

Gesagt – getan!

Schreiben Sie für das Webmagazin *Autozeitung.de* einen Artikel mit dem Titel: „Geht das Zeitalter des Autos zu Ende?".

Blick auf...

Die neue Mobilität

▸▸ Sollte der Verkehr völlig neu überdacht werden?

1 Der Weg wird zum Ziel

A2-B1

a. Schauen Sie sich das Bild an. Schreiben Sie zu zweit den inneren Monolog des jungen Mannes.

b. Lesen Sie dann den Text und nennen Sie das Hauptthema.

c. Stellen Sie das Projekt „Leipzig mobil" vor (von wem konzipiert? und für wen?).

B2

d. Erklären Sie, wie die Mobilität von morgen aussehen soll.

MULTIMODALE PROJEKTE FÖRDERN

Wie sind wir in der Stadt von morgen unterwegs? Wenn wir die Stadt lebenswerter[1] und den Verkehr umweltfreundlicher gestalten wollen, ist die Antwort darauf: Multimodal. (...) Die Straßen sind nicht mehr nur für den Autoverkehr da – ob fahrend oder parkend – sondern für die Menschen.

Ein hochwertiges[2] Bus- und Bahnangebot[3] oder gute Radwege erreichen bereits viele Bürgerinnen und Bürger, doch längst noch nicht genug. Jedes Verkehrsmittel hat seine spezifischen Vorteile, ist allein aber nicht in der Lage[4], für alle ein ausreichendes Maß[5] an Mobilität zu bieten. Das Ziel muss daher sein, ein überzeugendes, multimodales Gesamtpaket zu schnüren, mit dem sich die Vorteile der verschiedenen Verkehrsmittel einfach nutzen und kombinieren lassen.

LEIPZIG MOBIL MACHT MULTIMODALITÄT SICHTBAR

Die Leipziger Verkehrsbetriebe[6] haben mit dem Projekt „Leipzig mobil – neue Wege zur öffentlichen Mobilität" eine Vernetzung von Angeboten im Nahverkehr[7] geschaffen. Zentrale Elemente des Angebots sind die hauseigenen Mobilitätsstationen mit Carsharing, E-Ladesäule[8] und Bikesharing; eine Online-Plattform mit Smartphone- und Web-App; die Beauskunftung[9] verschiedener Verkehrsmittel; die einmalige Anmeldung, der einfache Zugang und die Buchung[10] aller Fahrzeuge per App oder Chipkarte bzw. Telefon und die gemeinsame monatliche Endabrechnung aller genutzten Verkehrsmittel.

1. lebenswert: *vivable* **2.** hochwertig: *de grande qualité* **3.** das Angebot(e): *l'offre* **4.** in der Lage sein: *être en mesure de* **5.** ein ausreichendes Maß an (+ D): *un éventail suffisant de* **6.** der Verkehrsbetrieb(e): *la société de transport* **7.** der Nahverkehr: *le trafic urbain et péri-urbain* **8.** die E-Ladesäule: *la borne de recharge pour véhicule électrique* **9.** die Beauskunftung: *la diffusion d'information* **10.** die Buchung(en): *la réservation*

2 Vernetzt unterwegs

A2-B1 **a.** Sehen Sie sich das Video an und erklären Sie, von wem und zu welchem Zweck diese Videosequenz konzipiert wurde.

B1-B2 **b.** Listen Sie alle Prinzipien auf, nach welchen das „Zukunftsnetz Mobilität NRW“ erdacht wurde und nennen Sie seine Vorteile.

Médiation Geben Sie den Inhalt des Videos auf Französisch wieder.

Recherchieren Wie entwickelt sich diese Vernetzung der Verkehrsmittel in deutschen Städten wie Stuttgart, Freiburg, Osnabrück? Erkundigen Sie sich danach und berichten Sie in der Klasse darüber.

Vidéo

Das Zukunftsnetz Mobilität NRW stellt sich vor, Verkehrsverbund Rhein-Sieg, 2018

3 Fliegen statt fahren?

A2-B1 **a.** Sehen Sie sich das Video an. Machen Sie sich Notizen zum Hauptthema des Videos (Was? Wo? Zu welchem Anlass? Mit wem?).

B1-B2 **b.** Beschreiben Sie den CityAirbus mit all seinen Vorteilen.

c. Stellen Sie die beiden entgegensetzten Standpunkte zu dem neuen Fahrzeug dar, von dem hier berichtet wird. Wie würden Sie die Haltung der Journalistin charakterisieren?

Recherchieren Gehen Sie auf die Webseite von Volocopter und berichten Sie über den anderen Flugtaxiprototypen, den diese Firma entwickelt hat.

Vidéo

Der CityAirbus, Reuters, 2019

Wortschatz

- **nacheinander benutzen:** utiliser de manière successive
- **an/bieten (o, o):** offrir
- **eine Herausforderung dar/stellen:** poser un défi
- **die Nachhaltigkeit:** le développement durable
- **vereinfachen:** simplifier
- **der Luftverkehr:** le trafic aérien
- **bahnbrechend:** innovant
- **sich etw. (D) an/passen:** s'adapter à

Gesagt – getan!

Stellen Sie ein innovatives Mobilitätsangebot vor, das Ihrer Meinung nach den Herausforderungen der Zukunft am meisten gerecht wird.

Grammatik macht Sinn

Le comparatif et le superlatif

REPÈRES GRAMMATICAUX PP. 245-246

KURZ UND GUT

A2-B1

a. **Observez les phrases suivantes et traduisez-les. Quelles différences d'emploi remarquez-vous entre *wie* et *als* ? Quelles sont les différences avec l'anglais ? Que remarquez-vous pour l'emploi de *mehr* ?**

b. **Retrouvez les adjectifs qui ont des formes irrégulières et faites un tableau de synthèse.**

c. **Déduisez les règles de construction des différentes formes de comparaison (comparatif d'égalité, d'infériorité, de supériorité, superlatif).**

- *Das Auto war und bleibt das „lieb**ste** Kind" der Deutschen. Deutsche Autos sind die **besten** und fahren **am** schnell**sten**.*
- *Das Elektroauto ist viel leis**er** **als** das „alte" Auto, und auch umweltfreundlich**er**.*
- *Es kann **nicht so** weit fahren **wie** ein „normales" Auto. Und es ist viel teur**er**.*
- *Nur wenn es **so** preisgünstig ist **wie** ein traditionelles Auto, wird es sich gut verkaufen.*
- *Die Autoindustrie interessiert sich heutzutage **mehr** für das Thema Umweltschutz **als früher**.*

B1-B2

Observez les phrases suivantes, notez pour chaque proposition la place du verbe conjugué et traduisez. Formalisez ensuite la règle de formation des comparaisons proportionnelles.

- *Je leicht**er** das Auto ist, **desto** wenig**er** Energie braucht es zur Fortbewegung.*
- *Je schnell**er** ein Fahrzeug ist, **umso mehr** Treibstoff verbraucht es und **umso** gefährlich**er** kann es sein.*
- *Für die Umwelt ist dieses Elektroauto **umso** sauber**er**, **als** es mit Ökostrom fährt.*

A2-B1 **1** **Mettez les adjectifs entre parenthèses à la forme qui convient pour former des phrases comparatives et superlatives en effectuant le cas échéant les modifications nécessaires.**

Elektroautos oder fossile Verbrenner

Welche Technologie ist (gut) für die Umwelt? Ist die Ökobilanz von Elektroautos wirklich (positiv) die von Autos mit Verbrennungsmotoren? Das Elektroauto hat heutzutage die Nase vorne, und es wird in Zukunft noch (effizient) werden. Beim Fahren setzen E-Autos viel (wenig) CO_2-Emissionen frei die Verbrenner. Elektroautos sind nicht (schädlich) für die Luftqualität das herkömmliche Auto. Bilanz: Obwohl Elektroautos (viel) kosten Benziner, sind sie (umweltschonend).

A2-B1 **2** ***Wie* ou *als* ? Complétez le texte, puis traduisez-le.**

Die Verkehrswende ist umso wichtiger, ... der Klimawandel und die Luftverschmutzung Umwelt und Menschen schon stark bedrohen. Das Thema Mobilität ist genauso wichtig in der Stadt ... auf dem Land. Man müsste sich noch intensiver mit diesem Thema beschäftigen ... manche Politiker es tun. Es gehört zu den größten Herausforderungen der Zukunft, ... die Energiewende oder die Migrationsfrage.

B1-B2 **3** **Comparez les deux voitures cultes en vous appuyant sur les éléments donnés.**
alt / lang / breit / hoch / schwer / berühmt / schnell / leistungsfähig (Motor) / gut / schön / praktisch

	AUDI e-tron (SUV)	**Der VW Käfer (Untere Mittelklasse)**
Produktionszeitraum	Seit 2018	1938-2003
Motor	Elektromotor 300 kW	1,1–1,6 Liter (18–40 kW)
Länge	4901 mm	4070–4140 mm
Breite	1935 mm	1540–1585 mm
Leergewicht	2565 kg	730–930 kg

Wortschatz macht Sinn

Vokabeln lernen

Das Fortbewegungsmittel

- **zu Fuß gehen (i, a):** aller à pied
- **die öffentlichen Verkehrsmittel (pl.):** les transports publics
- **das Fahrzeug(e):** le véhicule
- **mit dem Bus fahren (ä, u, a):** se déplacer en bus
- **den Zug nehmen (i, a, o):** prendre le train
- **die Straßenbahn nehmen (i, a, o):** prendre le tramway
- **fliegen (o, o):** prendre l'avion
- **das E-Bike(s) = das Elektrofahrrad(¨er):** le vélo électrique
- **der E-Scooter(s):** la trottinette électrique
- **umweltschonend:** qui respecte l'environnement
- **umweltschädlich:** qui nuit à l'environnement
- **gefährlich:** dangereux
- **praktisch:** pratique

Die Mobilität

- **der Verkehr:** la circulation
- **die Fortbewegung:** le déplacement
- **sich fort/bewegen:** se déplacer
- **von A nach B kommen (a, o):** aller d'un point A à un point B
- **unterwegs sein:** circuler, se déplacer
- **parken:** se garer
- **der Parkplatz(¨e):** la place de parking
- **die Strecke(n):** le parcours, le trajet
- **eine Distanz zurück/legen:** parcourir une distance
- **der Stau(s):** l'embouteillage
- **unabhängig sein:** être indépendant
- **auf (+ A) angewiesen sein:** être tributaire de

Die Mobilitätswende

- **der ökologische Fußabdruck(¨e):** l'empreinte écologique
- **die CO_2-Emissionen:** les émissions de CO_2
- **giftige Abgase aus/stoßen (ö, ie, o):** rejeter des gaz d'échappement toxiques
- **auf (+ A) um/steigen (ie, ie):** passer à, changer pour
- **auf (+ A) verzichten:** renoncer à
- **etw. entbehren:** se passer de
- **nachhaltig:** durable
- **die Vernetzung:** l'interconnexion
- **der Verbrennungsmotor(en):** le moteur à combustion
- **der Elektroantrieb(e):** le moteur électrique
- **vernetzt sein:** être interconnecté en réseau
- **der Kraftstoff(e) = der Treibstoff(e):** le carburant

Vokabeln aktiv

1 Associez chaque proposition à sa définition.

A. das öffentliche Verkehrsmittel
B. das E-Bike
C. sich fortbewegen
D. umweltschädlich
E. auf etwas angewiesen sein

a. schlecht für die Umwelt
b. von A nach B kommen
c. der Bus oder die U-Bahn
d. etwas brauchen
e. ein Fahrrad mit Batterie

2 Complétez par le verbe qui convient. Plusieurs solutions sont parfois possibles.

nehmen – verzichten – zurücklegen – umsteigen – angewiesen sein

a. auf die Straßenbahn ...
b. auf seinen Komfort ...
c. den Zug ...
d. auf die öffentlichen Verkehrsmittel ...
e. eine Distanz ...

3 Reformulez les phrases en vous servant du lexique de la rubrique *Vokabeln lernen*.

a. Ich will frei sein und nicht auf den Bus oder die Straßenbahn warten.
b. Für meine Arbeit muss ich immer mobil sein.
c. Die CO_2-Emissionen bei Elektroautos sind quasi null.
d. Aber die Herstellung von Elektroautos ist nicht umweltschonend.

Prosodie und Phonetik

MP3

[s] ou [z] ?

a. Écoutez les mots enregistrés une première fois. Lors d'une seconde écoute, classez-les dans deux colonnes selon le son que vous entendez.
b. Observez la place du son dans les mots notés. Formulez la règle de prononciation de la lettre « s ».
c. Lisez la phrase suivante sans vous tromper.
- *Am Sonntag sausen sieben russische Touristen in Elektroautos leise und abgaslos von Düsseldorf nach Gelsenkirchen.*

Projekt

Beim Ideenwettbewerb des Deutschen Mobilitätspreises mitmachen

„Digital, sozial, nachhaltig: Welche Ideen würden die Mobilität in Ihrem Alltag verbessern?“
Setzen Sie sich in Gruppen zusammen und präsentieren Sie ein Projekt, das für den Ideenwettbewerb des Deutschen Mobilitätspreises innovative Antworten auf diese Frage vorschlägt.
Sie können von den Preisträgern berichten oder sich von ihren Ideen inspirieren lassen.

Médiation

Zwischen den Kulturen

Sammeln Sie Informationen über innovative Mobilitätsformen in der Welt und präsentieren Sie sie: Hyperloop, Personal Rapid Transit (PRT) in Abu Dhabi, Flyboard Air von Franky Zapata in Frankreich ...

Über die Grenzen hinaus

Erkundigen Sie sich, wie französische Städte das drohende Verkehrschaos lösen und stellen Sie ihre Initiativen vor: die neue Straßenbahn in Nizza, Tempo 30 für alle Straßen in Grenoble usw. Berichten Sie Ihrer Partnerklasse darüber.

Schritt für Schritt

Ein Projekt vorstellen und dafür plädieren

1 Relisez attentivement vos notes.

Choisissez une innovation qui corresponde aux principes du concours (*digital*, *sozial*, *nachhaltig*) et justifiez votre choix.
– Ich möchte an dem Ideenwettbewerb des deutschen Mobilitätspreises teilnehmen.
– Ich habe ... gewählt, denn ich bin der Meinung, dass ... / Besonders wichtig ist diese Innovation, weil ...
– Ich möchte hervorheben, dass ... / Ich finde ... ideal für diesen Wettbewerb, weil ...

2 Préparez votre argumentaire.

Appuyez-vous sur vos connaissances, recherchez des exemples et anticipez des objections éventuelles. Faites un plan (progression, titre des parties, mots-clés, exemples, éléments de conclusion).
Diese Erfindung ist wirklich zukunftsorientiert / Sie ist umweltschonend und ... / Zwar könnte man denken, dass ... / Aber in Wirklichkeit ist sie ...

3 Présentez votre projet de façon convaincante après vous être entraîné(e) en binômes.

4 Après avoir découvert toutes les présentations, procédez au vote et attribuez des prix aux différents projets (prix du projet le plus convaincant, le plus original, le plus écologique, le plus futuriste...).

Innovations scientifiques et responsabilité

KAPITEL 15

Es brennt: umdenken oder untergehen?

▸▸ Energiewende in Deutschland: Geht es nur um Technologie?

„Fridays-for-future"-Demonstration in Berlin, 2019

Vidéo

Auf geht's!

a. Schauen Sie sich das Bild und das Video an. Was wissen Sie über diese Bewegung?

b. Wie stehen Sie dazu?

Blick auf...

FINALE → p. 162

Projekt An einer Gesprächsrunde über die Energiewende teilnehmen

Schritt für Schritt Ein Rollenspiel organisieren

Blick auf...

Die Energiequellen in Deutschland

▸▸ Gibt es bereits Alternativen zu Kohle- und Atomstrom?

1 Rekord für Strom aus erneuerbaren Energien

A2-B1
- **a.** Lesen Sie den Text und sammeln Sie Informationen zum EEG.
- **b.** Sehen Sie sich nun die Grafik an. Was stellen Sie fest?
- **c.** Wie lassen sich diese Veränderungen erklären?

B1-B2
- **d.** Welche Fortschritte müssen noch erzielt werden? Welches sind Ihrer Meinung nach die Schwierigkeiten, die dabei auftreten könnten?

Médiation Informieren Sie sich über die Stromproduktion in Frankreich. Stellen Sie einen Vergleich mit Deutschland an.

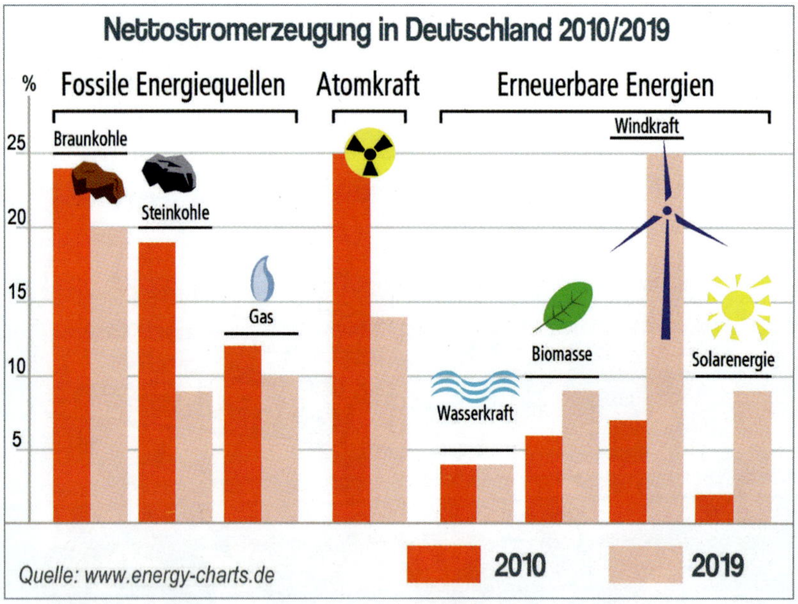

DAS ERNEUERBARE-ENERGIEN-GESETZ (EEG)

Das Erneuerbare-Energien-Gesetz ist ein Gesetz[1], das seit 2000 in Deutschland gilt und immer wieder verbessert und angepasst[2] wurde. Es besagt, dass die deutsche Stromversorgung[3] immer mehr aus erneuerbaren Energien bestehen soll. Bis zum Jahr 2020 soll mindestens 35% und bis 2050 mindestens 80% des Stroms in Deutschland aus erneuerbaren Energien kommen. Viele Länder der ganzen Welt haben sich das EEG zum Vorbild[4] genommen und ähnliche Programme entwickelt.

© jbn.de

1. das Gesetz(e): *la loi* **2.** etw. an/passen: *adapter qqch.* **3.** die Stromversorgung: *l'approvisionnement en électricité* **4.** das Vorbild(er): *(ici) l'exemple*

2 Deutschland als Vorzeigeland

A2-B1
- **a.** Sehen Sie sich das Video an. In welcher Reihenfolge werden folgende Themen erwähnt?
die Lösungen – die Probleme – das EEG – die Vorteile der Energiewende

B1-B2
- **b.** Wählen Sie eines der Themen, sehen Sie sich das Video noch einmal an und machen Sie sich Notizen dazu.

Gruppenarbeit Bilden Sie Vierergruppen und rekonstruieren Sie die Geschichte der Energiewende seit 2000. Sie können dann auch ein Quiz erstellen und mit den anderen Gruppen spielen.

Recherchieren Informieren Sie sich über die Geschichte des Atomausstiegs in Deutschland.

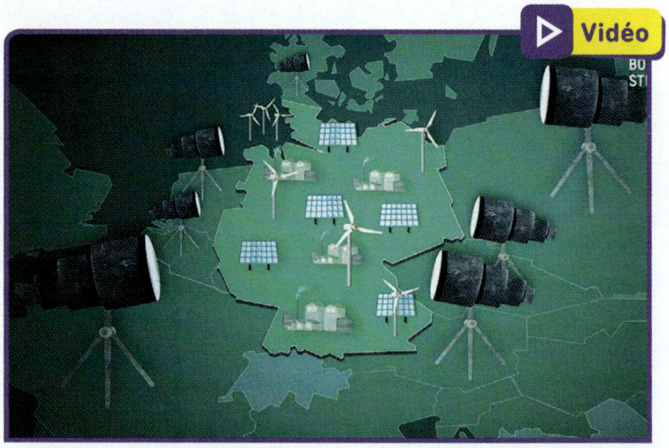

Die Energiewende einfach erklärt: Mit Europa, für Europa!, Heinrich-Böll-Stiftung, 2018

3 Power-to-X, eine Zukunftstechnologie?

A2-B1 **a.** Sehen Sie sich das Video an und lesen Sie den Text. Erklären Sie dann auf Französisch, wie Power-to-X funktioniert und was man damit machen kann.

B1-B2 **b.** Fassen Sie alle Vorteile zusammen. Welche Lösungen bringt diese Technologie?

Vidéo

Power-to-X, Cleaner Production Germany, 2018

Power-to-Gas: Ein Speicher für überflüssigen Strom

Hamburg plant weltgrößte Wasserstoff-Anlage, zehnmal größer als bestehende Anlagen.

Eine 100-Megawatt-Elektrolyse (...) würde nach Angaben des Anlagenbauers Siemens ungefähr zwei Tonnen (...) Wasserstoff pro Stunde produzieren. Mit dieser Stundenproduktion könnte zum Beispiel ein Auto 200.000 Kilometer weit fahren, ein LKW[1] 25.000 Kilometer.

In Hamburg arbeiten unweit des Hafens große Fabriken für Stahl[2], Aluminium und Kupfer[3]. Der Energieträger könnte aber ebenso in schweren LKW Verwendung finden, der Schifffahrt und im Hamburger öffentlichen Nahverkehr sowie in der Versorgung des Stadtgebietes mit Fernwärme[4].

© NDR, 05.09.2019

1. der LKW: *le poids-lourd* **2.** der Stahl: *l'acier* **3.** das Kupfer: *le cuivre*
4. die Fernwärme: *le chauffage urbain*

4 Energieautark leben, eine Utopie?

A2-B1 **a.** Hören Sie sich den ersten Teil der Reportage an und machen Sie sich Notizen (Wer? Wo? Wann? Was?). Inwiefern ist Wildpoldsried ein Zukunftslabor?

B1-B2 **b.** Wie lässt sich der Erfolg erklären? Nehmen Sie Stellung dazu.

A2-B1 **c.** Hören Sie sich nun den zweiten Teil der Reportage an. Was erfahren Sie über die Firma Sonnen?

BAC Was halten Sie von diesem Wirtschaftsmodell? Was ist daran besonders innovativ?

Médiation Es gibt andere energieautarke Dörfer in Deutschland (Feldheim), in der Schweiz (Thierrens), in Österreich (Güssing), in Frankreich (Le Méné, Béganne). Wählen Sie eines und präsentieren Sie es.

MP3

Bei erneuerbaren Energien gilt Wildpoldsried in Bayern als Vorbild, denn es hat die Energiewende schon geschafft: Was ist das Rezept des 2600-Einwohner-Dorfes?

Wortschatz

- **die Energiewende:** la transition énergétique
- **neue Wege ein/schlagen (ä, u, a):** trouver de nouvelles solutions
- **Strom erzeugen:** produire du courant
- **die Energiequelle(n):** la source d'énergie
- **etw. fördern:** promouvoir qqch.
- **eine nachhaltige Entwicklung:** un développement durable
- **die Bürgerbeteiligung:** la participation des citoyens
- **die (Energie)versorgung sichern:** assurer l'approvisionnement (en énergie)

Gesagt – getan!

Erstellen Sie eine kleine Reportage über die Energiewende für die Tagesschau zum Thema „Deutschland, ein Vorbild?".

Blick auf… Ein gesellschaftliches Dilemma

▸▸ Hat die Energiewende nur gute Seiten?

1 Umweltschutz versus Arbeitsplätze

A2-B1 **a.** Sehen Sie sich die Reportage an. Beschreiben Sie die Situation in der Lausitz im Hinblick auf die Energiewende: Mit welchen Problemen wird die Region konfrontiert?

B1-B2 **b.** Mit welchen Gefühlen blickt die Bevölkerung der Zukunft entgegen?

Vidéo

Kohleausstieg im „Revier des Ostens“, Deutsche Welle, 2019

2 Gesellschaftliche Veränderungen

A2-B1 **a.** Lesen Sie den Text. Erarbeiten Sie den Hauptgedanken von Prof. Dr. Grunwald.

B1-B2 **b.** Wie verstehen Sie den letzten Satz des Interviews? Was bedeutet wohl „damit nicht allein gelassen werden“?

Recherchieren Informieren Sie sich über die Gegner des Kohleausstiegs in der Lausitz und präsentieren Sie ihre Argumente.

Spiegel Reporter Ralph Diermann interviewt Prof. Dr. Armin Grunwald, Technikphilosoph.

SPIEGEL ONLINE: Warum tun wir uns so schwer mit der Energiewende?

Grunwald: Wir haben lange Zeit gedacht, dass es genügt, die Atom- und Kohlekraftwerke durch erneuerbare Energien und die Benzin- und Dieselfahrzeuge durch Elektroautos zu ersetzen[1]. Und alles andere bleibt, wie es ist. Alte Technik raus, neue Technik rein – so einfach funktioniert das aber nicht. Wir haben die Komplexität der Energiewende massiv unterschätzt[2].

SPIEGEL ONLINE: Was meinen Sie genau?

Grunwald: (...) Die Energiewende bringt starke gesellschaftliche Veränderungen mit sich. Sie stellt etablierte Rollen, Regeln und Geschäftsmodelle in Frage, verlangt neue Verhaltensweisen[3] und den Abschied[4] von alten Gewohnheiten. (...) Wenn wir diese Systeme ändern, müssen wir uns auch selbst ändern. (...) Diese Dynamik schafft Fortschritt, bedeutet für viele Menschen aber auch eine Bedrohung[5]. Sie dürfen damit nicht allein gelassen werden.

© *Spiegel Online*, 20.01.2019

1. etw. (A) durch (+ A) ersetzen: *remplacer qqch. par* **2.** etw. unterschätzen: *sous-estimer qqch.* **3.** die Verhaltensweise(n): *le type de comportement* **4.** der Abschied von (+ D): *les adieux à, la fin de* **5.** die Bedrohung(en): *la menace*

3 Energiewende: ja, aber ohne mich!

MP3

B1 **a.** Lesen Sie den Text. Nennen Sie alle Gründe, warum Gerhard gegen die geplante Windparkanlage ist.

B2 **b.** Inwiefern kann man sagen, dass seine Reaktion paradox ist?

Gerhard und seine Frau Jule sind seit kurzem aufs Land gezogen und leben jetzt in Unterleuten, einem Dorf in Brandenburg, wo Gerhard im Vogelschutzreservat arbeitet und sich dort besonders um den Schutz der Kampfläufer, einer besonderen Vogelart, kümmert.

Er war nicht aufs Land gezogen, um zu erleben, wie der urbane Wahnsinn[1] die Provinz erreichte. Er verzichtete nicht auf Theater, Kino, Kneipe, Bäcker, Zeitungskiosk und Arzt, um durchs Schlafzimmerfenster auf einen Maschinenpark zu schauen, dessen Rotoren die ländliche Idylle zu einer beliebigen[2] strukturschwachen Region verquirlten[3]. (...)
Unterleuten bedeutete Freiheit, Symbol der Freiheit war ein unverstellter Horizont. Unverstellte Horizonte gehörten zu Gerhards Job.
Mit Grauen dachte er daran, dass moderne Windkraftwerke die Höhe des Kölner Doms erreichten. (...)
Wenn auf der Anhöhe im Westen ein Windpark stünde, wäre Gerhards Haus, für dessen Sanierung er sich bis an sein Lebensende verschuldet[4] hatte, keinen Pfifferling mehr wert[5]. (...)
Mal abgesehen von ihrer persönlichen Betroffenheit, machte schon die Existenz der Kampfläufer das Vorhaben zur Farce. Man investierte doch nicht Millionen in ein EU-finanziertes Naturschutzgebiet, um es dann durch das Aufstellen von Windrädern in sein Gegenteil zu verkehren. (...)
Selbstverständlich war Gerhard als Umweltschützer der ersten Stunde ein leidenschaftlicher Befürworter der Energiewende. Auch Jule vertrat die Auffassung, dass die Zukunft der Menschheit von der Umstellung auf erneuerbare Energien abhing. Aber alles auf Augenmaß[6]. (...)
Windkraftanlagen zerstörten[7] nicht nur die Landschaft, töteten Vögel und beeinträchtigten die Gesundheit der Anwohner. Sie waren auch unwirtschaftlich und ergaben in ökologischer Hinsicht überhaupt keinen Sinn. Da sich Strom nicht effizient speichern ließ, führte die Unzuverlässigkeit[8] des Windes zu einer miserablen Energiebilanz.

1. der Wahnsinn: *la folie* **2.** beliebig: *quelconque* **3.** zu (+ D) verquirlen: *(ici) transformer en* **4.** sich verschulden: *s'endetter* **5.** keinen Pfifferling mehr wert sein: *ne plus valoir un sou* **6.** auf Augenmaß: *avec discernement* **7.** etw. zerstören: *détruire qqch.* **8.** die Unzuverlässigkeit: *le manque de fiabilité*

Wortschatz

- **sich neu orientieren:** s'orienter dans une autre direction
- **seine Gewohnheiten ändern:** changer ses habitudes
- **sich dem Wandel widersetzen:** s'opposer aux changements
- **jdn von (+D) überzeugen:** convaincre qqn de
- **die Arbeitslosigkeit:** le chômage
- **jdn im Stich lassen:** abandonner qqn
- **zukunftsorientiert sein:** être tourné vers l'avenir
- **vertrauenswürdig sein:** être digne de confiance

Gesagt – getan!

Auf dem Forum der Landesagentur für erneuerbare Energien werden die Schwierigkeiten der Energiewende diskutiert. Ein Post lautet:

Wieso kommt die Energiewende so langsam voran?
Wir beherrschen ja schon längst die Technologie!

Antworten Sie auf diesen Forumsbeitrag.

Grammatik macht Sinn

Les subordonnées relatives

REPÈRES GRAMMATICAUX P. 254

KURZ UND GUT

a. Lisez les phrases suivantes et traduisez-les. Repérez les subordonnées relatives et leur construction (virgule, place du verbe).

b. Justifiez la forme des pronoms relatifs (genre, cas).

A2-B1

- *Klimaschutz ist ein Thema,* ***das*** *den Jugendlichen Sorgen macht.*
- *Der Strom,* ***den*** *wir in Zukunft nutzen werden, soll „grün" sein.*
- *Die Unternehmen,* ***denen*** *die Windparks gehören, wollen den Strom speichern.*

B1-B2

- *An Tagen,* ***an denen*** *kein Wind weht, können Windräder keinen Strom produzieren.*
- *Der Umweltschützer,* ***mit dem*** *wir gesprochen haben, ist gegen das Projekt.*
- *Das Haus,* ***dessen Dach*** *renoviert wurde, ist jetzt umweltfreundlicher.*
- *Die Besitzer von Solaranlagen,* ***deren Stromproduktion*** *nicht ausreicht, brauchen Strom vom Netz.*
- *Die Lausitz ist eine Region,* ***wo*** *die Braunkohle seit vielen Jahrzehnten eine wichtige wirtschaftliche Rolle spielt.*
- *Alles,* ***was*** *die Einwohner sich dort wünschen, ist der Erhalt ihrer Arbeitsplätze.*

A2-B1 **1** **Complétez les phrases suivantes par un pronom relatif, après avoir ciblé sa fonction dans la subordonnée.**

a. Feldheim ist ein Dorf, ... in Norddeutschland liegt.
b. Der Strom, ... die Bewohner nutzen, kommt aus ihrem eigenen Netz.
c. Der Strom, ... dort produziert wird, stammt von Wind, Sonne und Biomasse.
d. Die neuen Einwohner, ... nach Feldheim ziehen, sind überzeugte Umweltschützer.
e. Die Besucher, ... man das erklärt, staunen darüber.

A2-B1 **2** **Réunissez les deux phrases en transformant la deuxième en subordonnée relative. Traduisez ensuite les phrases ainsi formées.**

a. Das Start-up-Unternehmen „Energiequelle" hat das Projekt vorgeschlagen. Es wurde 1995 gegründet.
b. Die Gegend ist sehr windig. Windräder wurden in dieser Gegend aufgebaut.
c. 2004 wurde eine Biogasanlage installiert. Sie funktioniert heute noch.
d. Diese Anlage produziert Strom. Der Strom versorgt das ganze Dorf.

B1-B2 **3** **Complétez les phrases par le pronom relatif qui convient.**

a. Die Bürger aus Feldheim, ... die Klimaziele erklärt wurden, waren anschließend überzeugt.
b. Die Dorfbewohner, ohne ... nichts möglich gewesen wäre, haben persönlich Geld investiert.
c. Die neuesten Windräder, ... Stromproduktion heute 2.250 Haushalte versorgen kann, sind sehr modern.
d. Der Strom, mit ... ungefähr 40.000 Haushalte versorgt werden, wird umweltfreundlich erzeugt.
e. Der gesamte Windpark, ... Überfluss an Stromerzeugung exportiert wird, ist also sehr rentabel.

B1-B2 **4** **Traduisez les phrases suivantes en allemand.**

a. La transition énergétique est une évolution qui est nécessaire.

b. Les gens qui la refusent ont souvent peur de changer leurs habitudes.

c. Les énergies fossiles sont des énergies auxquelles on doit aujourd'hui renoncer.

Wortschatz macht Sinn

Vokabeln lernen

Innovative Lösungen

- **die Energiewende:** la transition énergétique
- **Ökostrom produzieren:** produire de l'électricité verte
- **auf erneuerbare Energien um/stellen:** passer aux énergies renouvelables
- **den CO_2-Ausstoß reduzieren:** réduire les émissions de CO_2
- **die energetische Selbstversorgung:** l'autosuffisance énergétique
- **der wissenschaftliche Fortschritt(e):** le progrès scientifique
- **auf (+ A) verzichten:** renoncer à
- **etw. speichern:** stocker qqch.
- **auf (+ A) setzen:** miser sur

Die Energiequellen

- **das Erdöl:** le pétrole
- **die Steinkohle:** la houille
- **die Braunkohle:** le lignite
- **die Kernenergie = die Atomkraft:** l'énergie nucléaire
- **die Solarenergie:** l'énergie solaire
- **der Wasserstoff:** l'hydrogène
- **fossile Energien:** des énergies fossiles ≠ **erneuerbare Energien:** des énergies renouvelables
- **der Energieverbrauch:** la consommation énergétique
- **Strom erzeugen:** produire de l'électricité

Der Klimawandel

- **die Natur schützen:** protéger la nature
- **der Atomausstieg:** la sortie du nucléaire
- **die nachhaltige Entwicklung:** le développement durable
- **auf (+ A) angewiesen sein:** être dépendant de
- **die Erderwärmung:** le réchauffement climatique
- **die Umweltverschmutzung:** la pollution
- **die Treibhausgasemissionen:** les émissions de gaz à effet de serre

Angst, Protest und Widerstand

- **Angst vor Veränderungen haben:** avoir peur des transformations
- **etw. ab/lehnen:** refuser qqch.
- **etw. befürworten:** plébisciter qqch.
- **die Landschaft verunstalten:** défigurer le paysage
- **seinen Arbeitsplatz verlieren (o, o):** perdre son emploi
- **gegen (+ A) protestieren:** protester contre

Vokabeln aktiv

1 Retrouvez pour chaque nom le verbe correspondant, puis traduisez les mots.

Exemple : *die Verschmutzung*: la pollution → *verschmutzen*: polluer

der Energieverbrauch / der Ausstieg / die Reduzierung / die Speicherung / die Versorgung / die Entwicklung

Utilisez ensuite ces mots ou ces verbes dans des phrases en lien avec la thématique de l'unité.

2 Reliez chaque amorce avec le verbe qui convient, puis faites une phrase reprenant ce que vous avez appris dans cette unité. Plusieurs réponses sont parfois possibles.

A. auf Atomkraft	**a.** Angst haben
B. die Energiewende	**b.** schützen
C. die Landschaft	**c.** in Frage stellen
D. auf Solar- und Windenergie	**d.** verzichten
E. vor dem Kohleausstieg	**e.** befürworten
F. alte Verhaltensweisen	**f.** umstellen

3 Formez des mots composés avec *Energie* en utilisant les éléments suivants. Traduisez ensuite les mots obtenus.

Exemple : *die Wende*: le tournant → *die Energiewende*: la transition énergétique

die Quelle / die Versorgung / die Krise / der Träger / die Debatte / der Wind / das Atom / arm / die Erzeugung / -los / sparend / der Kern

Prosodie und Phonetik

MP3

Les sons [f] et [v]

a. Écoutez les mots et notez-les en veillant à leur orthographe. Classez-les en deux colonnes, selon le son présent dans le mot.

b. Complétez cette liste avec d'autres mots que vous connaissez.

Projekt

An einer Gesprächsrunde über die Energiewende teilnehmen

Sie sind JournalistIn, WissenschaftlerIn, UnternehmerIn, Mitglied eines Vereins oder BesitzerIn eines Aktivhauses ... Sie nehmen an einer Gesprächsrunde zum Thema „Alle für die Energiewende?“ teil. Nehmen Sie Stellung und führen Sie konkrete Argumente an: Wie können wir heute die Akzeptanz für erneuerbare Energien fördern? Welche Hindernisse müssen noch überwunden werden?

Médiation

Zwischen den Kulturen

Sammeln Sie Informationen über den Strommix in den europäischen Ländern und erstellen Sie Grafiken, die Sie dann auf eine Europakarte kleben.

Über die Grenzen hinaus

Erkundigen Sie sich, wie das Thema „Energiewende“ in Ihrer Stadt oder in Ihrer Region angegangen wird und berichten Sie Ihrer Partnerklasse darüber.

Schritt für Schritt

Ein Rollenspiel organisieren

1 Le modérateur (ou journaliste) annonce le débat et la thématique, introduit chaque intervenant, répartit la parole, prévient les conflits possibles.

Das Thema dieser Gesprächsrunde lautet ...
Wir haben einen ersten Gast ... eine zweite Teilnehmerin ...
Sie haben jetzt das Wort.
Und was meinen Sie dazu? / Was halten Sie davon?
Bitte, Ruhe!

2 Les invités se présentent, puis chacun expose brièvement son point de vue.

Ich heiße / ich bin ...
Ich finde, dass ...
Meiner Meinung nach (+ V) / Ich bin der Meinung, dass ...
Ich bin da gar nicht einverstanden. / Das möchte ich bestreiten.

Argumente des Wissenschaftlers
Energiewende dringend nötig / die Erderwärmung: eine ernste Bedrohung / handeln müssen / die CO_2-Emissionen reduzieren müssen / auf erneuerbare Energien umsteigen / auf Ökostrom setzen

Argumente des Unternehmers
Energiewende als Chance für die Wirtschaft / neue Arbeitsplätze schaffen / Deutschland als Vorbild / innovative Patente anmelden und in die ganze Welt verkaufen / neue Konzepte auf den Markt bringen

Argumente des Mitglieds eines Vereins gegen Windparkanlagen
Windräder: hässlich und gefährlich / die Landschaft zerstören / die Vögel töten / laut / der Gesundheit schaden / die Heimat nicht wiedererkennen

Argumente des Besitzers eines Aktivhauses
bei der Energiewende individuell mitmachen können / weniger Strom verbrauchen / energieautark sein / stolz sein, die Umwelt weniger zu verschmutzen

3 À la fin, le modérateur clôt la discussion, formule une conclusion et remercie ses invités.

Jetzt müssen wir unsere Diskussion abschließen ... Ich danke Ihnen für das Gespräch ...

Partie 1 Compréhension de l'oral

MP3

Angela Merkel über die Mobilität in der Zukunft

Bundesregierung, 03.11.2019 / Durée : 1 min. 33

En rendant compte, en français, du document, vous montrerez que vous avez compris :

- le thème principal du document ;
- à qui peut s'adresser le document ;
- la situation, les informations ;
- la fonction et la portée du document (relater, informer, convaincre, critiquer, dénoncer, etc.).

MÉTHODOLOGIE

→ Méthodologie p. 231

ÉTAPE 1 ▶ Identifier le contexte et la situation d'énonciation

- Lisez tout d'abord le titre du document, sa source et la date de publication. Formulez des hypothèses.
- Identifiez la personne qui parle, son statut, son rôle. À qui s'adresse-t-elle ? Notez le thème général et les principales informations ?
- Quelle est la nature du document (reportage, interview, publicité...) ?

ÉTAPE 2 ▶ Identifier les réseaux de sens.

- Repérez les différents thèmes abordés. Dans quel ordre apparaissent-ils ?
- Notez l'organisation du document (thématique, linéaire, chronologique...).

ÉTAPE 3 ▶ Relever les stratégies de communication.

- Indiquez l'objectif de ce document (promouvoir, informer, alerter, communiquer, etc.).
- Dans quel contexte (politique, social, économique) s'inscrit-il ?

Partie 2 Expression écrite

Behandeln Sie Thema A oder Thema B (mindestens 100 Wörter).

Thema A

Reagieren Sie auf folgenden Beitrag aus einem Autofahrerforum zum Thema „Elektroauto".

> Elektroautos? Ach was! Der Akku (Energiespeicher) ist schwer, teuer und hat eine lange Ladedauer. Null Emission? Der Strom kommt ja aus der Steckdose 😕 ...

Thema B

Berichten Sie über die Schwierigkeiten der Mobilität in Deutschland. Wie kann man Ihrer Meinung nach diese Probleme lösen?

MÉTHODOLOGIE Thema A

→ Méthodologie p. 239

ÉTAPE 1 ▶ Analysez le sujet et déterminez le type d'écrit attendu (argumentatif, narratif...). Ciblez les mots-clés du sujet pour repérer la thématique et la question posée. Déterminez la forme de la réponse attendue (lettre, post, article).

ÉTAPE 2 ▶ Lisez l'opinion exprimée. Repérez le point de vue énoncé et les arguments avancés.

Pour chacun des arguments, exprimez votre accord ou désaccord. Mobilisez les outils linguistiques (lexique et connecteurs logiques) pour étayer votre argumentation par des exemples.

Ich bin damit einverstanden.
Ich teile diese Meinung.

ÉTAPE 3 ▶ Organisez vos notes en fonction du point de vue adopté. Rédigez une réponse nuancée à ce post.

Pour lister les arguments :
zuerst / dann / außerdem / hinzu kommt, dass ... / schließlich / zum Schluss

Pour introduire un exemple :
zum Beispiel / beispielsweise

Partie 1 Compréhension de l'écrit

Kohlebergbau und Energiewende – passt das zusammen?

a. Lesen Sie den Text. Geben Sie wieder, was Sie verstanden haben. Beachten Sie dabei folgende Punkte:
– das Hauptthema;
– die verschiedenen Personen, ihre Funktion;
– die geografische und wirtschaftliche Lage der verschiedenen Orte.

b. Kommentieren Sie folgende Textstelle: „Die Schwierigkeit ist, auch die sozialen Aspekte der Transformation in den Griff zu bekommen." (Z. 41-43) Berücksichtigen Sie dabei auch das Bild.

c. Bewerten Sie die Haltung des Journalisten: Ist sie neutral, informativ oder engagiert? Begründen Sie Ihre Antwort mit Beispielen aus dem Text.

MÉTHODOLOGIE

→ Méthodologie p. 234

ÉTAPE 1 ▶ Identifier le contexte externe et la situation d'énonciation
- Observez l'image, lisez attentivement les bulles du dessin, le titre et la source du texte. Appuyez-vous notamment sur les mots transparents, le lexique connu et celui travaillé dans l'unité. Quelle est la thématique abordée ?
- Mobilisez vos connaissances sur le sujet pour le contextualiser et faites des hypothèses.

ÉTAPE 2 ▶ Repérer les réseaux de sens
- Lisez une première fois le texte, surlignez le nom des personnes citées, les lieux, les moments et étapes. Notez en face de chaque paragraphe quelques mots-clés pour pouvoir rendre compte de son contenu. Utilisez des couleurs différentes pour identifier ce qui se rapporte aux personnages, aux lieux, aux principales informations.
- Infirmez ou confirmez vos hypothèses, reconstruisez le ou les fils conducteurs et la cohérence de l'ensemble.

ÉTAPE 3 ▶ Relever les stratégies de communication
- Les documents (texte et image) sont-ils complémentaires ? En opposition ? Quel est l'objectif de chaque document (informer, critiquer, sensibiliser...) ?
- Au fil des lectures, mettez en lien de nouveaux indices pour accéder à une compréhension plus approfondie du texte. Repérez les paradoxes et les défis économiques et sociaux, la critique latente qui sous-tend le discours. Dans quelle mesure l'image illustre-t-elle un des aspects du texte ?

Kohlebergbau und Energiewende – passt das zusammen?

Esteban Falconi staunt. Der Rechtsanwalt aus Ecuador steht mit anderen internationalen Besuchern auf dem Aussichtspunkt am Rande des Tagebaus Jänschwalde in der ostdeutschen Region Lausitz. Die 18 Teilnehmerinnen und Teilnehmer der Themenreise „Climate Policy for 2050", die das Goethe-Institut im Rahmen des Besucherprogramms der Bundesrepublik Deutschland organisiert hatte, blicken hinab auf das zweitgrößte Braunkohlerevier[1] Deutschlands. Tief in der aufgerissenen Landschaft sind Lastwagen stecknadelgroß zu erkennen. In der Ferne dampfen die Türme des Kraftwerks Jänschwalde. Mit 3.000 Megawatt installierter Leistung ist es das drittgrößte Kraftwerk Deutschlands.

Sebastian Zoepp, Geschäftsführer der Spreeakademie Cottbus informiert die internationalen Gäste über den Braunkohlebergbau in Deutschland. „Braunkohle ist bis heute ein wichtiger Teil der Region", erklärte Zoepp auf der Busfahrt zur Mine. In der DDR spielte die Lausitz eine Schlüsselrolle für die Energieproduktion des ganzen Landes. 100.000 Menschen arbeiteten Ende der 1980er-Jahre, kurz vor der Wiedervereinigung Deutschlands, im Energiesektor der DDR. „Von den 100.000 sind zwar heute nur noch rund 8.000 Jobs in der Braunkohleförderung übrig. Das Selbstverständnis[2] als Energieregion ist aber nach wie vor stark ausgeprägt", sagt Zoepp. Ganz abgesehen davon sei Deutschland immer noch stark von der Kohle als Energieträger abhängig – zu 22 Prozent von Braun- und zu 14 Prozent von Steinkohle.

Viele der Besucherinnen und Besucher sind davon überrascht. Deutschland gilt schließlich als internationales Vorbild für die erfolgreiche Transformation hin zu einer nachhaltigen Energieversorgung. (...) Auch das Energiewendeland Deutschland mit all seinen technologischen Möglichkeiten hat mit Herausforderungen[3] zu kämpfen. „Es geht nicht um

Technologie. Da wissen wir ziemlich genau, was wir tun müssen“, sagt Zoepp. „Die Schwierigkeit ist, auch die sozialen Aspekte der Transformation in den Griff zu bekommen.“

In Drehnow, gut eine halbe Stunde Busfahrt vom Tagebau Jänschwalde entfernt, ist das geglückt. 2002 entschied sich das 500-Einwohner-Dorf für den Bau eines Windparks. (...) Beim Bau wurden lokale Firmen eingebunden. Jährlich gibt es eine Gewinnbeteiligung[4], durch die ein Kindergarten subventioniert wird. Jeder Einwohner erhält außerdem 2.000 Euro im Jahr. „Wenn die Rahmenbedingungen stimmen und die Zusammenarbeit gut klappt, empfinden die Menschen die Energiewende als Steigerung ihrer Lebensqualität“, sagt Zoepp. (...)

Inwiefern ist Deutschland Vorbild für eine Energiewende? Wieso hält ein Land, das so viel für die Akzeptanz erneuerbarer Energien weltweit geleistet hat, immer noch an der Energiegewinnung durch Braunkohle fest? Diese Fragen diskutierten die Gäste später in Berlin unter anderem mit der Brandenburger Landtagsabgeordneten Heide Schinowski (Bündnis 90/Die Grünen), dem Journalisten Carel Mohn vom Informationsdienst Clean Energy Wire und dem Umweltökonomen Benjamin Görlach vom Ecologic Institute.

Schinowski, die selbst aus der Lausitz stammt, betonte die Notwendigkeit eines Identitätswandels[5] in der ehemaligen Kohleregion. „Ohne neue Perspektiven für die Menschen wird es schwer.“ (...)

Energiewende paradox, Schwarwel, 2014

Aber reicht das aus, den Wettlauf gegen die Zeit zu gewinnen, wie ihn der aktuelle IPCC-Klimareport kürzlich angemahnt hat? (...) Eine globale Lösung kann es nur dann geben, wenn wir aufhören zu glauben, unsere hohe Lebensqualität nur mit einem hohen Energieverbrauch aufrecht erhalten zu können.

Aus: Klaus Lüber, deutschland.de, 05.11.2018

1. das Braunkohlerevier: *la région minière d'exploitation du lignite*
2. das Selbstverständnis: *l'image de soi*
3. die Herausforderung: *le défi*
4. die Gewinnbeteiligung: *l'intéressement aux bénéfices*
5. der Identitätswandel: *le changement d'identité*

Partie 2 Expression écrite

Behandeln Sie Thema A oder Thema B (mindestens 100 Wörter).

Thema A

Nach seinem Besuch in der Lausitz schreibt Esteban Falconi einen Bericht für das Goethe-Institut, in dem er von seinen Erfahrungen erzählt. Schreiben Sie diesen Bericht.

Thema B

Ist Deutschland ein Vorbild für die Energiewende? Argumentieren Sie und geben Sie Beispiele.

MÉTHODOLOGIE Thema B

→ Méthodologie p. 239

ÉTAPE 1 ▶ Analysez le sujet pour déterminer le type d'écrit attendu (argumentatif, narratif...). Ciblez les mots-clés pour identifier la problématique.

ÉTAPE 2 ▶ Notez vos idées sous forme de mots-clés en allemand, des arguments, des exemples. Organisez vos arguments en deux colonnes (*ja / nein*). Trouvez un ou deux arguments pour chaque colonne pour apporter une réponse nuancée à la question posée.

Mobilisez les outils linguistiques (vocabulaire, structures grammaticales...) que vous pouvez utiliser dans ce contexte.

ÉTAPE 3 ▶ Assurez-vous que vous répondez de façon cohérente à la question posée. Après avoir exposé l'objet du débat, rédigez en suivant votre plan, faites une ou deux phrases d'introduction et de conclusion et veillez à la place du verbe.

Pour apporter des arguments contradictoires :
Auf der einen Seite ... auf der anderen Seite / zwar ... aber / jedoch

Pour introduire un exemple :
zum Beispiel, beispielsweise

Partie 1 Compréhension de l'oral

→ Méthodologie p. 232

Doc. 1 **Alles inklusive: energieautarke Mietshäuser**

Vidéo

mdr Wissen, 23.09.2019 / Durée : 1 min. 41

En rendant compte, en français, du document, vous montrerez que vous avez compris :
- le thème principal du document ;
- à qui peut s'adresser le document ;
- la situation, les informations ;
- la fonction et la portée du document (relater, informer, convaincre, critiquer, dénoncer, etc.).

Partie 2 Compréhension de l'écrit

→ Méthodologie p. 234

Doc. 2 **Klimadebatte: Wie die Klimakrise unsere Familie spaltet**

Antworten Sie auf Deutsch.

a. Lesen Sie den Text. Geben Sie wieder, was Sie verstanden haben. Beachten Sie dabei:
- das Hauptthema des Textes;
- den Standpunkt der Erzählerin und ihrer Verwandten;
- wie sie sich für ihre Ideen engagieren;

b. Interpretieren Sie diese Aussage: „Erneuerbare Energien? Ja! But not in my backyard." (Z. 39)

Compréhension de l'ensemble du dossier

c. Wie kann man die Energiewende für alle akzeptabel machen?

Klimadebatte: Wie die Klimakrise unsere Familie spaltet

Über Politik hat sich unsere Autorin mit ihrer Familie kaum gestritten. Bis ihre Mutter zur Aktivistin gegen Windkraft wurde. Ein Versuch, wieder ins Gespräch zu kommen.

Meine Mutter und ich sind dieses Jahr beide schon zum Demonstrieren vors Brandenburger Tor gezogen, aber nicht zusammen. Es waren entgegengesetzte Anlässe: Meine Mutter war eigens zur ersten überregionalen Anti-Windkraftdemo viele Hunderte Kilometer nach Berlin angereist. Der Termin stand Monate im Voraus in ihrem Kalender. In meinem Kalender stand der 20. September. Ich demonstrierte beim Klimastreik.

Dass uns unsere unterschiedlichen Anliegen[1] im Grunde zu politischen Gegnern machen, wissen wir unterschwellig schon länger. Dass wir es nicht aussprechen, liegt eher an mir. Sie erzählt gern und viel von ihren Aktivitäten, auch als wir nach der Anti-Windkraftdemo wie immer freundschaftlich zusammen essen gehen. Ich versuche meistens, das Thema zu wechseln. Damit fühle ich mich aber umso schlechter, je stärker ein verschärftes Bewusstsein für die Klimakrise meinen eigenen Lebensstil beeinflusst.

Das Spaltungspotenzial[2], das Klimapolitik zu einem so dankbaren Thema für Rechtspopulisten macht, erfahre ich seitdem ständig: Jung gegen Alt, Stadt gegen Land, (...). Aber machen wir es konkret. Meine Mutter ist mit vielen Geschwistern in einem kleinen Dorf in einem westdeutschen Mittelgebirge aufgewachsen und zum Studieren nach Süddeutschland gezogen. (...)

Als die Nachricht aufkam, dass mehrere Windräder rund um das Dorf aufgestellt werden sollen, formierte sich wie überall in Deutschland schnell Widerstand. (...)

Dahinter steckte für mich nichts anderes als die übliche Instrumentalisierung des Artenschutzes, die man derzeit überall in Deutschland antrifft. Ebenso wenig überzeugte mich die Erklärung „Wir sind nicht gegen erneuerbare Energien!" auf der Website der örtlichen „Gegenwind"-Interessengemeinschaft: Erneuerbare Energien? Ja! But not in my backyard. Doch je aktivistischer meine Verwandten[3] wurden, desto mehr versuchte ich, dem Thema aus dem Weg zu gehen. Sie umzustimmen[4] schien mir unmöglich. Wie sollte ich mit abstrakten Klima-Appellen ankommen gegen das Gefühl meiner Mutter, ihre emotionale Heimat würde zerstört, wenn nicht mehr hohe Tannen die Sterne weisen, sondern dreimal so hohe Rotorenblätter? Gegen die Sorge von Onkel Peter, dass deren Lärm seiner Familie Schlaf und Gesundheit rauben[5] wird? Wenn die Windräder kämen, zöge er weg, sagt er. Was bedeuten würde: Auch ich würde dann wohl nur noch selten in das Dorf reisen. Warum auch, wenn die mir lieb gewordenen Menschen gar nicht mehr da wären.

Wenn ich ohnehin nichts ändern kann, dachte ich, warum soll ich mir selbst die Laune verderben und unnötigen Streit provozieren? (...)

Auch wenn ich daraus andere Schlüsse ziehe, stimme ich meinen Verwandten in einigen Punkten (...) zu: Der gesamte Energiemarkt steckt noch voller ungelöster Probleme wie mangelnde Speicher- und Transportmöglichkeiten. Auch dass die Entscheidung über den Standort der Windräder von zweifelhaften wirtschaftlichen und lokalpolitischen Einzelinteressen beeinflusst wurde, glaube ich. (...) Über all das werde ich mich mit meiner Familie wohl auseinandersetzen müssen, so ehrlich und empathisch wie möglich. Nicht, um sie umzustimmen. Sondern weil ich es für gesellschaftlich fahrlässig halte, es nicht zu tun. (...) Um auf Augenhöhe mit meinen Verwandten über das Thema diskutieren zu können, werde ich mich mehr mit den komplexen Details der Energiewende und ihren Widersprüchen[6] beschäftigen müssen, so wie sie es längst getan haben. Ich werde mich mit den Eigenschaften der neuesten Turbinengenerationen und den Realitäten der Lokalpolitik befassen müssen. (...)

Mal sehen, wie gut es uns gelingt, über das Wie der Mammutaufgabe Klimaschutz zu sprechen. Die Weihnachtsspaziergänge durch die Fichtenwälder werden dieses Jahr vielleicht weniger beschaulich[7] ausfallen, die Gespräche anstrengender. Aber vielleicht ja sogar interessanter.

Aus: Julia Schmidt, *DIE ZEIT*, 12.11.2019

1. das Anliegen: *la préoccupation*
2. das Spaltungspotenzial: *la capacité à diviser*
3. die Verwandten: *la famille élargie*
4. jdn umstimmen: *faire changer qqn d'avis*
5. rauben: *enlever, dérober*
6. der Widerspruch: *la contradiction*
7. beschaulich: *paisible*

Partie 3 Expression écrite

→ Méthodologie p. 239

Behandeln Sie Thema A oder Thema B (mindestens 100 Wörter).

Thema A

Die Interessengemeinschaft „Gegenwind" wehrt sich gegen Pläne für Windräder. Schreiben Sie einen Beitrag auf ihrer Webseite. Nehmen Sie Stellung zu dieser Bürgerinitiative.

Thema B

Ist die Energiewende heutzutage in Deutschland Realität? Begründen Sie Ihre Meinung mit konkreten Beispielen.

Partie 4 Expression orale

Vous disposez de cinq minutes maximum pour expliquer en allemand quel document (A ou B) ou quelle citation (C ou D) illustre le mieux, à votre sens, l'axe « Innovations scientifiques et responsabilité » et pour justifier votre choix.

MÉTHODOLOGIE

→ Méthodologie p. 241

ÉTAPE 1 ▶ Choisissez le document qui vous semble le plus parlant et le plus riche.

- Pour expliciter et justifier votre choix, appuyez-vous :
  Pour le document iconographique,
  – sur différents aspects de l'image (type d'image, source, composition, atmosphère, couleurs, situation, texte, etc.) ;
  – sur le message délivré.
  Pour la citation,
  – sur les mots-clés de la citation, l'auteur (sa fonction, son statut, etc.), le contexte (historique, sociologique, politique) ;
  – sur son sens et sa portée.

Ich habe dieses Bild / dieses Zitat gewählt, weil ...
Meiner Meinung nach illustriert dieses Bild / dieses Zitat am besten ...
Dieses Bild / dieses Zitat passt am besten zur Thematik ...

- Vous pouvez également interroger la pertinence du document.

Aber ich finde, dass ...
Dieses Bild entspricht meiner Meinung nach nicht genau (+ D).

ÉTAPE 2 ▶ Mobilisez les connaissances et expériences que vous évoque le document choisi pour approfondir et/ou élargir le sujet.
Faites le lien avec des documents étudiés en classe : *Dieses Bild / dieses Zitat erinnert mich an einen Text, an ein Bild ...*

A Karikatur von Gerhard Mester, 2017

B Illustration von Jeanne Klöpfer für ein satirisches Gedicht, 2017

C

Wir stehen am Beginn einer epochalen Transformation vom fossilen Verkehr zu einer postfossilen Mobilität.

Jörg Schindler und Martin Held unter Mitarbeit von Gerd Würdemann, *Postfossile Mobilität, Wegweiser für die Zeit nach dem Peak Oil*, 2009

D

Dieses Ding – nennen wir es ruhig weiterhin Auto – wird sich wahrscheinlich in drei Dimensionen bewegen können. Solche Fahrzeuge oder besser ‚Fliegzeuge' werden sich dann ausschließlich mit regenerativer Energie bewegen.

Daimler-Chef Dieter Zetsche, Interview mit dem *Stern*, März 2011

Diversité et inclusion

Schaffen wir das?

KAPITEL **16**

▶▶ Willkommenskultur in Deutschland: Realität oder Wunschdenken?

Demonstration für den Bau eines Flüchtlingsheims in Klein Borstel, Hamburg, 2015

Auf geht's!

a. Sehen Sie sich das Bild an. Wer sind diese jungen Leute? Wofür engagieren sie sich?

b. Was wissen Sie über die aktuelle Situation von Flüchtlingen in Deutschland und in Europa?

Blick auf...

FINALE → p. 176

Projekt Ein Schulprojekt zum Thema „Integration" vorstellen

Schritt für Schritt Ein Projekt präsentieren

Blick auf...

Neuankömmlinge

▸▸ Geht Integration von selbst?

1 Zahlen und Fakten

A2-B1 **a.** Machen Sie sich Notizen zu dieser Statistik (Quelle, Datum, Ziel, Informationen). Berichten Sie dann darüber.

B1-B2 **b.** Beschreiben Sie und analysieren Sie die Kurve und die Statistik. Stellen Sie Hypothesen auf, warum so viele Menschen nach Deutschland zogen. Tauschen Sie sich aus und überprüfen Sie dann im Internet, ob Sie Recht hatten.

Herkunftsländer der Asylantragsteller 2019

Herkunftsland	Asylanträge
Syrien	41.094
Irak	15.348
Türkei	11.423
Afghanistan	11.306
Nigeria	10.533
Iran	9.498
andere Länder	16.005

Quelle: BAMF © MEDIENDIENST INTEGRATION 2019

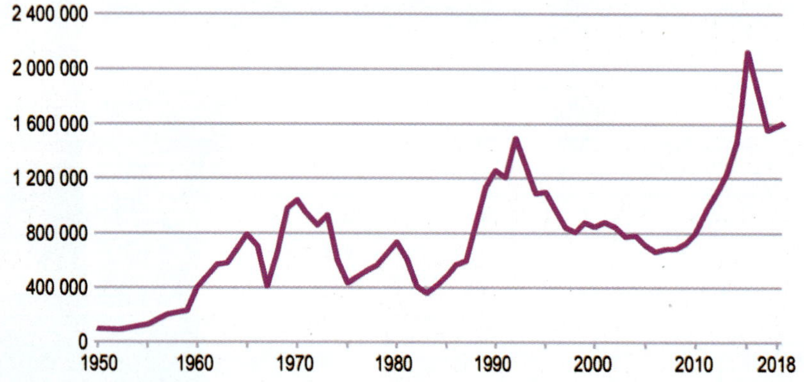

Quelle: Statistisches Bundesamt

2 „Wir schaffen das!"

A2-B1 **a.** Sehen Sie sich das Video an. Notieren Sie Informationen über die Flüchtlingskrise (Jahr, Ursprungsländer und Zahl der Flüchtlinge, Fluchtbedingungen, Menschen, die auf diese Krisensituation reagiert haben ...).

B1-B2 **b.** Notieren Sie Merkels Argumente, um ihre Flüchtlingspolitik zu rechtfertigen. Erklären Sie dann ihr Motto „Wir schaffen das".

Vidéo

„Wir schaffen das!" Merkel und die Flüchtlinge, Deutsche Welle, 2016

3 Die Männer streiken

MP3

A2-B1 **a.** Lesen Sie den Text und sammeln Sie Informationen über die streikenden Personen (Wer? Wann? Wo? Wie viele? Wie sehen sie aus? Woher kommen sie? Was machen sie? Was wollen sie? ...).

B1-B2 **b.** Analysieren Sie die Reaktion der Polizei und der Beamten des Senats auf diese Gruppe und erklären Sie, wie diese argumentieren.

BAC Inwiefern illustriert Ihrer Meinung nach die Karikatur den Text?

Kostas Koufogiorgos, Willkommenskultur, 2015

An einem Donnerstag Ende August versammeln[1] sich zehn Männer vor dem Roten Rathaus in Berlin. Sie haben beschlossen, heißt es, nichts mehr zu essen. Drei Tage später beschließen sie, nun auch nichts mehr zu trinken. Ihre Hautfarbe ist schwarz. Sie sprechen Englisch, Französisch, Italienisch. Und noch andere Sprachen, die hierzulande[2] niemand versteht. Was wollen die Männer? Arbeit wollen sie. Und von der Arbeit leben. In Deutschland bleiben wollen sie. Wer seid ihr, werden sie von der Polizei und von Beamten[3] des Senats, die hinzugeholt werden, gefragt. Wir sagen es nicht, sagen die Männer. Das müsst ihr aber sagen, sagen die andern, sonst wissen wir nicht, ob ihr unter das Gesetz fallt und hier bleiben und arbeiten dürft. Wir sagen nicht, wer wir sind, sagen die Männer. Würdet ihr denn, wenn ihr an unserer Stelle wärt, einen Gast aufnehmen, den ihr nicht kennt, sagen die andern. Die Männer schweigen. Wir müssen prüfen, ob ihr wirklich in Not[4] seid, sagen die andern. Die Männer schweigen. Vielleicht, sagen die andern, seid ihr Verbrecher[5], das müssen wir prüfen. Die Männer schweigen. Oder einfach Schmarotzer[6]. Die Männer schweigen. Wir haben selbst nicht genug, sagen die andern. Es gibt Regeln hier, sagen sie, an die müsst ihr euch halten, wenn ihr bleiben wollt. Und zuletzt sagen sie: Erpressen[7] könnt ihr uns nicht. Die Männer mit schwarzer Hautfarbe aber sagen nicht, wer sie sind. Sie essen nicht, sie trinken nicht, sie sagen nicht, wer sie sind. Sie sind einfach da. Das Schweigen der Männer, die lieber sterben wollen als sagen, wer sie sind, vereint sich mit dem Warten der andern auf Beantwortung all der Fragen zu einer großen Stille mitten auf dem Alexanderplatz in Berlin.

Jenny Erpenbeck, *Gehen, ging, gegangen*
© 2015 Knaus Verlag, München

1. sich versammeln: *se rassembler* **2.** hierzulande = in Deutschland **3.** der Beamte(n): *le fonctionnaire*
4. in Not sein: *être en détresse* **5.** der Verbrecher(-): *le criminel* **6.** der Schmarotzer(-): *le parasite*
7. jdn erpressen: *faire du chantage à qqn*

Wortschatz

- **das Herkunftsland(¨er):** le pays d'origine
- **der Flüchtling(e):** le réfugié
- **nach Deutschland ziehen (o, o):** partir en Allemagne
- **aus (+ D) stammen:** être originaire de
- **aus politischen Gründen fliehen (o, o):** fuir pour des raisons politiques
- **die Behörden:** les institutions, l'administration
- **in Schwierigkeiten geraten (ä, ie, a):** se retrouver en difficulté

Gesagt – getan!

Schreiben Sie einen kurzen, informativen Zeitungsartikel, in dem Sie über den Hungerstreik vor dem Roten Rathaus berichten. Erwähnen Sie dabei auch Zahlen und Fakten über die Einwanderung in Deutschland sowie die Realität der Flüchtlinge in diesem Land.

Blick auf… Willkommenskultur

▸▸ Ist Integration nur Sache des Staates?

1 Ein Bundesland reagiert

A2-B1 **a.** Sehen Sie sich das Plakat an und analysieren Sie es (Bundesland, Ziel des Plakats, Informationen über die dargestellte Person ...).

B1-B2 **b.** Interpretieren Sie das Zitat. Von welchen Träumen spricht Ihrer Meinung nach die im Plakat dargestellte Person? Erklären Sie, was der Begriff „Heimat“ für diese Person bedeuten könnte.

Recherchieren Gehen Sie auf die Internetseite **https://ichduwir.nrw** und wählen Sie eine weitere Person aus. Erzählen Sie die Geschichte dieser Person.

Nordrhein-Westfalen ist ein weltoffenes Land. Die Vielfalt der Menschen und der gesellschaftliche Zusammenhalt[1] machen unsere Stärke aus. Mehr als ein Viertel der Menschen, die hier leben, haben eine Einwanderungsgeschichte. Wir möchten, dass in Nordrhein-Westfalen jeder – unabhängig von seiner Herkunft – Chancen auf sozialen Aufstieg hat.

#IchDuWirNRW

1. der Zusammenhalt: *la cohésion*

2 Eine engagierte Schule

A2-B1 **a.** Sehen Sie sich das Video an und stellen Sie das Projekt vor (Wer? Was? Für wen? Wozu? ...). Erklären Sie den Titel der Reportage, „Die Farbe der Freundschaft“.

B1-B2 **b.** Berichten Sie über die verschiedenen Meinungen zu dem Projekt. Welche positive Rolle können solche Kunstprojekte Ihrer Meinung nach bei der Integration von ausländischen Jugendlichen spielen?

Vidéo

Die Farbe der Freundschaft, LZplay, 05.11.2018

3 Vereine helfen mit

A2-B1 **a.** Lesen Sie den Text. Stellen Sie den Verein Multitude vor: Wer nimmt daran teil? Was wird hier angeboten? Zu welchem Zweck?

B1-B2 **b.** Um die deutsche Staatsbürgerschaft zu erhalten, muss man zuerst einen Sprachtest bestehen. Welches sind die Ziele dieses Vereins? Welche Vorteile oder Nachteile haben die Aktivitäten Ihrer Meinung nach?

Der Verein Multitude

Die allgemeine Forderung nach einem unbeschränkten[1] Recht aller auf kostenlose Bildung soll natürlich auch für Menschen gelten, die in Deutschland leben wollen oder gar keine andere Möglichkeit mehr sehen als hierher zu kommen. (...)

Wir leisten Sprachförderung nicht mit dem Ziel der „Integration", sondern mit dem Anspruch[2], eine von vielen Bedingungen dafür zu schaffen, dass verschiedene Menschen mit verschiedenen Lebensläufen in verschiedenen Lebenssituationen ihren Bedürfnissen[3] nachkommen und ihre Interessen durchsetzen – ihre Stimme erheben können. Für uns bedeutet die Förderung der deutschen Sprache nicht die Erziehung zu einer „deutschen" Lebensweise, sondern die Grundlage für ein selbstbestimmtes Leben hierzulande, in dem die eigene Herkunft und eigene Ziele nicht aufgegeben[4] werden.

Wir legen Wert darauf, unabhängig von staatlichen, kommerziellen und religiösen Institutionen zu agieren.

Deutschunterricht

Multitude gibt in Berliner Flüchtlingsheimen regelmäßig kostenlosen Deutschunterricht. Alle Schüler_innen kommen freiwillig so oft, so lange und wann sie wollen und bekommen dafür Materialien gestellt.

JugendKultur

Einige Aktive von Multitude haben sich zur JugendKultur-Gruppe zusammengeschlossen, um gemeinsam mit jungen Geflüchteten regelmäßige Freizeitaktivitäten zu realisieren. Von Ausflügen über Schlittschuhfahren, Kinoabenden bis hin zu einem Stammtisch[5] (...) ist vieles mit dabei. Unser wichtigstes Anliegen dabei ist es, miteinander ins Gespräch zu kommen: Wir tauschen uns über unsere unterschiedlichen Kulturen aus, unseren Alltag, Pläne und Träume.

1. unbeschränktes Recht: *le droit absolu* **2.** der Anspruch(¨-e): *(ici) l'ambition* **3.** das Bedürfnis(se): *le besoin* **4.** etw. auf/geben (i, a, e): *renoncer à qqch.* **5.** der Stammtisch: *la table des habitués, (ici) le lieu de rencontre*

Wortschatz

- **jdm helfen (i, a o):** aider qqn
- **fördern:** promouvoir
- **eine Initiative unterstützen:** soutenir une initiative
- **ein Projekt aus/arbeiten:** mettre en place un projet
- **der Sprachkurs(e):** le cours de langue
- **mit jdm ins Gespräch kommen (a, o):** engager la conversation avec qqn
- **die Patenschaft(en):** le parrainage
- **sich freiwillig für (+ A) engagieren:** s'engager bénévolement pour qqch.

Gesagt – getan!

Schreiben Sie eine E-Mail an einen Verein, der sich für geflüchtete Menschen einsetzt, und bieten Sie Ihre Mitarbeit im Verein oder an einem bestimmten Projekt an. Erklären Sie dabei auch kurz, warum Sie daran teilnehmen wollen.

Grammatik macht Sinn

Les prépositions

REPÈRES GRAMMATICAUX P. 247

KURZ UND GUT

Lisez le texte ci-dessous. Repérez les prépositions et le cas qu'elles entraînent (accusatif, datif, génitif). Regroupez-les selon le cas. Traduisez ensuite le texte.

A2-B1

Viele Flüchtlinge, die nach Deutschland kommen, stammen aus Syrien, aus dem Irak oder aus Nigeria. In ihrer Heimat herrscht seit einigen Jahren Krieg. In Deutschland fühlen sie sich sicher. Viele von ihnen fliehen mit ihrer ganzen Familie unter sehr schwierigen Bedingungen. Manche reisen auf einem Boot über das Mittelmeer, andere versuchen, Europa auf dem Landweg zu erreichen. Sie flüchten in ein anderes Land mit der Hoffnung, ein neues und besseres Leben beginnen zu können. Für sie ist der Anfang oft schwer, da die meisten von ihnen ohne deutsche Sprachkenntnisse ankommen.

B1-B2

Trotz der schwierigen Anfangsbedingungen schaffen es viele Flüchtlinge, sich in die Gesellschaft zu integrieren. Für eine gelungene Integration ist es wichtig, dass Deutsche und Flüchtlinge eine gute Beziehung zueinander aufbauen und miteinander viel kommunizieren. Es kann sein, dass sie sich während einiger Jahre in der neuen Kultur fremd fühlen, aber sie helfen sich oft untereinander.

A2-B1 **1** **Complétez le tableau établi précédemment en triant les prépositions ci-dessous. En binôme, mémorisez les prépositions et leur cas.**

durch – seit – während – um – mit – aus – ohne – gegen – trotz – bei – nach – für – wegen – von – zu

+ accusatif	+ datif	+ génitif
...	...	...

A2-B1 **2** **a. Lisez la liste des verbes et classez-les : quels sont ceux qui induisent une réponse à la question *Wo?*, à la question *Wohin?*, à la question *Woher?* Certains verbes peuvent être utilisés dans deux contextes différents.**

fliehen – stammen – leben – ziehen – bleiben – zurückkehren
fliegen – flüchten – kommen – ankommen – wohnen – gehen

b. À l'aide des verbes ci-dessus, construisez des phrases en utilisant les compléments de lieu proposés ci-dessous. Vous pouvez en utiliser plusieurs dans une seule phrase.

Exemple : *2015 sind viele Menschen aus ihrer Heimat nach Europa geflohen.*

in ein fremdes Land – in München – in Deutschland – nach Hause – in einer neuen Stadt
nach Europa – nach Deutschland – aus Syrien – in seine Heimat
zu Hause – aus ihrer Heimat – aus einem Kriegsgebiet

B1-B2 **3** **Complétez le texte avec les prépositions suivantes.**

nach – vor – für (2×) – aus – in (3×) – durch – während – trotz – mit – dank – seit – unter

Reza Gamsavar stammt ... dem Iran und ist ... fünf Jahren ... Deutschland gezogen. ... einem halben Jahr ist er Deutschlehrer ... Flüchtlinge ... Berlin. ... seinem Sprachtalent und ... seine deutschen Freunde hat er ... der letzten Jahre in Deutschland so schnell und gut Deutsch gelernt, dass es ... ihn nicht schwer war, ... seiner iranischen Staatsbürgerschaft Deutschlehrer zu werden. Er mag sein Leben ... diesem Land, fühlt sich ... den Deutschen sehr wohl und hat jetzt viele deutsche Freunde, ... denen er über alle möglichen Themen sprechen kann. Er möchte deshalb momentan nicht ... den Iran zurückkehren.

Wortschatz macht Sinn

Vokabeln lernen

Migrationspolitik

- **die Migrationspolitik / die Integrationspolitik:** la politique migratoire / d'intégration
- **die Sprachkenntnisse:** les connaissances linguistiques
- **der Asylbewerber(-):** le demandeur d'asile
- **um Asyl bitten (a, e):** demander l'asile
- **hoffnungsvoll sein:** être plein d'espoir
- **einen Sprachtest bestehen (a, a):** réussir un test de langue
- **die Verwaltung:** l'administration
- **jdn willkommen heißen (ie, ei):** souhaiter la bienvenue à qqn
- **jdn auf/nehmen (i, a, o) = jdn empfangen (ä, i, a):** accueillir qqn
- **freundlich sein:** être aimable, accueillant

Migration

- **die Migrationswelle(n):** la vague migratoire
- **ein/wandern ≠ aus/wandern:** immigrer, émigrer
- **der Flüchtling(e):** le réfugié
- **der Neuankömmling(e):** le nouvel arrivant
- **die Herkunft:** l'origine
- **das Herkunftsland(¨er):** le pays d'origine
- **aus (+ D) stammen:** être originaire de
- **die Heimat:** l'endroit où l'on se sent chez soi
- **die Flucht ergreifen (i, i):** prendre la fuite
- **aus (+ nom de pays) fliehen (o, o) = flüchten:** s'enfuir de, prendre la fuite
- **sein Land verlassen (ä, ie, a):** quitter son pays

Integration

- **sich in etw. (A) integrieren:** s'intégrer dans qqch.
- **der Austausch:** l'échange
- **jdm Hilfe leisten:** apporter son aide à qqn
- **etw. durch ein Projekt unterstützen:** soutenir qqch. par un projet
- **solidarisch:** solidaire
- **sich näher kommen (a, o):** se rapprocher
- **die Annäherung(en):** le rapprochement
- **gegenseitige Ängste ab/bauen:** éliminer des peurs mutuelles
- **die Staatsangehörigkeit erwerben (i, a, o):** obtenir la nationalité

Vokabeln aktiv

1 Associez les noms de chaque colonne pour former des mots composés (il y a parfois plusieurs possibilités), notez-les avec l'article adéquat, puis traduisez-les.

Herkunfts-	-krise
Kunst-	-kultur
Migrations-	-projekt
Flüchtlings-	-politik
Sprach-	-antrag
Asyl-	-kurs
Willkommens-	-land

2 Trouvez l'intrus parmi les listes ci-dessous et justifiez votre choix.

a. der Einwanderer | der Freiwillige | der Immigrant | der Neuankömmling

b. streiken | auswandern | emigrieren | fliehen

c. helfen | unterstützen | fördern | verachten

d. empfangen | begrüßen | ausschließen | aufnehmen

3 Complétez le texte avec le terme adéquat.

Behörden – Staatsangehörigkeit – Krisensituation – Flüchtlingspolitik – Migrationsanstieg

a. In ihrer Rede hat die Bundeskanzlerin ihre ... gerechtfertigt.

b. Den ... im Jahre 2014 kann man unter anderem durch die ... im Nahen Osten erklären.

c. Die Migranten machen einen Hungerstreik, damit die deutschen ... ihnen helfen.

d. Um die deutsche ... zu bekommen, müssen die Migranten zuerst einen Sprach- und Integrationstest bestehen.

Prosodie und Phonetik

MP3

La prononciation de « ng »

a. Écoutez les mots enregistrés et notez les différences de prononciation.

b. Que remarquez-vous à propos de la prononciation des deux lettres « ng » ?

c. Répétez les mots suivants pour vous entraîner à prononcer le son [ŋ], puis écoutez l'enregistrement pour vérifier.

- Einwanderung
- gelingen
- Anfang
- gegangen
- Bedingungen
- unabhängig
- Lösung
- Hungerstreik

FINALE

Projekt

Ein Schulprojekt zum Thema „Integration" vorstellen

Als Schülervertreter sollen Sie im Rahmen einer Schülerversammlung ein Projekt vorstellen, das zum Ziel hat, die Integration an der Schule oder im Stadtviertel zu fördern.
Seien Sie kreativ: Es kann sich zum Beispiel um Kunstprojekte, einen Gemeinschaftsgarten, Tandem-Partnerschaften, Kinoabende oder andere Aktivitäten handeln.

Médiation

Zwischen den Kulturen

Erkundigen Sie sich in Gruppen (jede Gruppe übernimmt ein europäisches Land) über die Voraussetzungen für den Erwerb der Staatsbürgerschaft in verschiedenen europäischen Ländern und vergleichen Sie Ihre Ergebnisse.

Über die Grenzen hinaus

Wie gelingt die Integration von Immigranten in Ihrer Partnerklasse, bzw. in der Stadt Ihrer Partnerschule? Berichten Sie Ihrerseits von der Situation an Ihrer Schule.

Schritt für Schritt

Ein Projekt präsentieren

1 Faites le bilan de tout ce que vous avez appris sur la situation des migrants et sur les questions d'intégration.

- *Schwierigkeiten der Migranten: Sprache, Kultur, Freundschaft, Schule ...*
- *Ideen zur Integration*
- *Hilfe, die geleistet werden kann ...*

2 Réfléchissez aux éléments que vous voulez présenter et déterminez la nature du projet (livret d'accueil, film sur votre établissement ou sur le quartier, élèves tuteurs...).

Für wen? *für alle Mitschüler, die nicht gut integriert sind, für ihre Familie, für die zukünftigen Schüler mit Migrationshintergrund ...*
Wozu? *das Zusammenleben in der Stadt fördern, das Schulklima verbessern, zur Integration aller Schüler beitragen ...*
Wie? *regelmäßige Treffen organisieren, Tutoren einsetzen, Plakate zeichnen und sich Slogans überlegen, Broschüren verfassen und verteilen ...*

3 Entraînez-vous à présenter votre projet de façon convaincante.

- Préparez tous les documents qui serviront de support à votre présentation.
- Mémorisez la structure de votre présentation et les mots-clés.
- Entraînez-vous à parler sans lire vos notes, en regardant votre auditoire.
- Veillez à votre débit et à votre prononciation.

Diversité et inclusion

KURZKAPITEL 17

Herkunft von Saša Stanišić

▸▸ **Inwiefern lässt sich hier von gelungener Inklusion sprechen?**

IHR PROJEKT

Eine Literaturkritik über den Schriftsteller Saša Stanišić und sein Buch *Herkunft* als Audio-Beitrag erstellen

1 Ankommen in Deutschland

A2-B1 **a.** Lesen Sie die Informationen über Saša Stanišić und machen Sie sich Notizen (Herkunft, Wohnort, Nationalität(en), Jahr seiner Ankunft in Deutschland, Schule, Studium, Beruf ...).

B1-B2 **b.** Lesen Sie dann den ersten Textauszug und ergänzen Sie Ihre Notizen (Beruf der Eltern vor ihrer Flucht und später in Deutschland, Jahr ihrer Abschiebung aus Deutschland ...).

c. Erläutern Sie, was der Autor unter „Herkunft" versteht. Wie beschreibt er das Leben seiner Eltern in Deutschland?

Recherchieren Suchen Sie Hintergrundinformationen zum Bosnienkrieg von 1992 bis 1995, um in der Klasse darüber zu berichten.

Um die deutsche Staatsbürgerschaft zu erwerben, muss man bei der Ausländerbehörde einen handgeschriebenen Lebenslauf einreichen.

Liebe Ausländerbehörde[1], ich bin am 7. März geboren in Jugoslawien in einer Regennacht. Ich lebe seit dem 24. August 1992, einem Regentag, in Deutschland. Ich bin ein höflicher Mensch. (...)
Herkunft sind die süß-bitteren Zufälle, die uns hierhin, dorthin getragen haben. Sie ist Zugehörigkeit, zu der man nichts beigesteuert[2] hat. (...)
Herkunft ist Krieg. Das war er für uns: Mutter und ich flohen über Serbien, Ungarn und Kroatien nach Deutschland. Am 24. August 1992 kamen wir in Heidelberg an. Vater hatte uns über die serbische Grenze gebracht und kehrte nach Višegrad[3] zurück, um bei seiner Mutter zu bleiben. Er kam ein halbes Jahr später nach und brachte mit: einen braunen Koffer, eine Schlaflosigkeit und eine Narbe[4] am Oberschenkel. Ich habe nach der Herkunft der Narbe bis heute nicht gefragt.
Kommst du vom Balkan, bist geflüchtet und sprichst die Landessprache nicht, sind das deine eigentlichen Qualifikationen und Referenzen. Mutter, die Politologin, landete in einer Großwäscherei[5]. Fünfeinhalb Jahre fasste sie in heiße Handtücher. Vater, den Betriebswirt[6], verschlug es auf den Bau.
Waren die beiden in Deutschland glücklich? Ja, manchmal. Und ja, zu selten. 1998 mussten sie das Land wieder verlassen.

1. die Ausländerbehörde(n): *l'office de l'immigration* **2.** etw. zu (+ D) bei/steuern: *apporter qqch. à* **3.** Višegrad: eine Stadt im Osten von Bosnien, in der bis 1991 unterschiedliche Bevölkerungsgruppen friedlich zusammenlebten **4.** die Narbe(n): *la cicatrice* **5.** die Wäscherei(en): *la blanchisserie* **6.** der Betriebswirt(e): *l'ingénieur en gestion d'entreprise*

Saša Stanišić wurde 1978 in Višegrad (Jugoslawien) geboren und flüchtete 1992 mit seinen Eltern vor dem Bosnienkrieg nach Deutschland. Er besuchte die internationale Gesamtschule Heidelberg (IGH) und studierte ab 1997 an der Universität Heidelberg Deutsch und Slawistik. Seine Werke wurden mit mehreren Preisen ausgezeichnet. 2019 erhielt er den deutschen Buchpreis für *Herkunft*. Saša Stanišić hat einen Sohn und lebt in Hamburg. Seit 2013 ist er deutscher Staatsbürger.

Etappe 1

Fassen Sie für eine erste Sprechprobe zusammen, was Sie bisher über Saša Stanišić und seine Familie erfahren haben, um den Autor vorzustellen.

2 Erlebnisse in der Schule ...

A2-B1 **a.** Lesen Sie den folgenden Text und listen Sie auf, welche Erfahrungen Saša an der Internationalen Gesamtschule Heidelberg (IGH) gemacht hat.

B1-B2 **b.** Erklären Sie, welches aus der Sicht des Autors die guten und die schlechten Seiten an seiner Schule waren.

Saša Stanišić als Kind mit seinem Großvater in Višegrad

Zurechtzukommen als Bedürfnis[1] und Handlung kannte fast jeder an der IGH. Manchen gelang es besser als anderen, das war der Hauptunterschied. Die Sehnsüchte[2] der Ankömmlinge ähnelten sich oder waren nachvollziehbar[3]. Zur Sprache kommen und zu Freunden. Zum Alltag kommen. Nach Hause zurückkehren, sofern ein Zuhause noch irgendwo existierte.

Die deutschen Schüler stellten gelegentlich die Minderheit[4] dar. Mal irgendwo die Minderheit zu sein, wenn man sonst die Mehrheit bildet, ist eine extrem wertvolle Erfahrung. Sie waren selbstverständlich in den Schulbetrieb integriert. Sie ließen uns abschreiben und schrieben von uns ab. Wir siegten und scheiterten für dieselbe – unsere – Schulmannschaft, und beschlossen demokratisch die Anschaffung[5] von fleischfressenden Pflanzen für den Schulgarten. Andere Schulen in Heidelberg hielten uns für eine wilde, anarchische Meute, was nicht das Schlechteste ist, wenn du zwischen vierzehn und achtzehn bist.

Als Nicht-Muttersprachler besuchte ich zuerst eine Förderklasse mit Schwerpunkt Spracherwerb und integrative Themen. Inhalte aus dem Schulplan wurden nebenbei vermittelt, damit der Übergang[6] in den Regelunterricht später leichter gelang. Es gab Hausaufgabenbetreuung und Ruhezeiten, die zu Hause bei den meisten nicht oft zu haben waren.

Die Lehrer waren ausgestattet[7] mit einem Zusatzzertifikat Deutsch als Fremdsprache und wussten in etwa, was sie taten, oder sie wussten es nicht wirklich, waren aber motiviert, was quasi dasselbe ist. Mit Neuankömmlingen gingen die meisten behutsam[8] um. Stellten die wichtigen Fragen und davon nicht zu viele, man wusste ja nie, vor welchem Trauma man gerade stand oder was bei uns zu Hause lauerte[9].

Es gab auch solche, die unsere Sätze für uns beendeten, und mancher zog seinen Unterricht wohl genau so durch[10], wie er es vor bayerischen Jungkatholiken einer Privatschule getan hätte. Auch das war in Ordnung. Unsereiner[11] wollte sich auch nicht ständig schuldig fühlen[12] müssen, dass der Unterricht schleppend ging. (...)

Die IGH war Schutzraum, Raum für Spracherwerb, Alltäglichkeit, war Plastiktabletts mit den immer zu weichen Mensa-Pommes drauf. Ich stand in der Raucherecke, ohne geraucht zu haben, und unterhielt mich über Grunge-Musik. Ich spielte Basketball, alberte herum[13]. Dort und dann war es bisweilen so, als sei man als migrantischer Jugendlicher ein komplett normaler Jugendlicher in einer komplett normalen Zeit in einer komplett normalen Stadt. Also wurde ich selbstbewusster. Schrieb gute Noten. Die Schule bezahlte mir ein Jahr lang Gitarrenunterricht. Ich wollte eigentlich Songs von Nirvana spielen lernen, es wurden dann Menuette von Bach. In der Elften wollte ich sogar Verantwortung übernehmen und stellte mich zur Klassensprecherwahl, meine Klasse war aber noch nicht reif[14] für den Realsozialismus.

1. das Bedürfnis(se): *le besoin* **2.** die Sehnsucht(¨-e): *la nostalgie, (ici) le désir* **3.** nachvollziehbar sein = verständlich sein **4.** die Minderheit(en): *la minorité* **5.** die Anschaffung(en): *l'acquisition* **6.** der Übergang(¨-e): *la transition* **7.** mit (+ D) ausgestattet sein: *être doté de* **8.** behutsam = vorsichtig **9.** lauern: *guetter* **10.** den Unterricht durch/ziehen (o, o): *suivre (strictement) le programme* **11.** unsereiner: *nous autres, (ici) des élèves comme nous* **12.** sich schuldig fühlen: *se sentir coupable* **13.** herum/albern: *faire le pitre* **14.** für (+ A) reif sein: *(ici) être prêt pour*

Etappe 2

Schreiben Sie für das Jahrbuch der Internationalen Gesamtschule Heidelberg einen kurzen Beitrag über den Schüler Saša Stanišić.

3 ... und in der Gesellschaft

A2-B1 **a.** Lesen Sie nun den dritten Textauszug. Geben Sie dann wieder, welche Situationen Migranten in Deutschland erleben können.

B1-B2 **b.** Analysieren Sie die Vorurteile, mit denen Sašas Familie konfrontiert war.

Geschenke für bosnische Flüchtlingskinder am 30.09.1992

Außerhalb der Schule wähnte[1] ich mich noch lange als Migrant identifizierbar und auch angreifbar. Als sei mir das, was mich selbst störte, das sprachlich nicht Reibungslose[2], das Prekäre auch, anzusehen, und es war wohl tatsächlich zu erkennen: an meiner Unsicherheit, an meinem Akzent, an meinen Klamotten. Einmal fluchte ich während eines Basketballspiels auf Serbokroatisch, beim nächsten Angriff haute mich einer brutal um[3], brutal mit blödem Spruch. Ich traf beide Freiwürfe. (...)

Anders als mich die Schule führte die Arbeit meine Eltern an die Ränder des sozialen und des körperlich ertragbaren[4] Lebens. Vater verbrachte seines auf Baustellen in Ludwigshafen und in der brandenburgischen Provinz. Er machte sich den Rücken kaputt und war nur an den Wochenenden zu Hause.

Mutter starb tausend heiße Tode in der Wäscherei. Als nicht-deutsche Frau, vom Balkan gar, stand sie auf der untersten Stufe der Beschäftigungstrittleiter[5], und das ließ man sie spüren.

Wir wurden auch oft daran erinnert, dass man sich in Deutschland an die „Regeln" zu halten habe. Als seien Regeln anderswo völlig unbekannt. „Do reddä märr Daidsch" an meinen Cousin und mich in der Straßenbahn gerichtet, war keine ernst zu nehmende Regel natürlich, der Spruch allerdings durchaus ernst gemeint. Meine Eltern unterhielten sich im öffentlichen Raum auf Serbokroatisch ohnehin schon vorbeugend[6] leise. Wer sich an Regeln hielt, auch an solche, die gar keine waren, dem könnte man, so unser Eindruck, das Migrantendasein eher verzeihen. Und mit jeder Regel, an die man uns erinnerte, erinnerte man uns auch daran: Ihr seid fremd hier.

Mit der Zeit kannten wir die Vorurteile und lernten, gemeint zu sein, ohne so zu sein. Aggressiv und primitiv und illegal. Zwiebeln und Keime. Ausgewandert, um zu unterwandern[7]. Im Grunde betrieben wir Aufklärungsarbeit, indem wir uns verhielten, wie wir uns überall verhalten hätten: als Menschen, die zufällig nicht da sein konnten, wo sie lieber wären. Wir mussten uns nicht verstellen.

1. sich als Migrant identifizierbar wähnen: *se croire reconnaissable en tant que migrant* **2.** das sprachlich nicht Reibungslose: *le fait de ne pas parler sans trébucher sur la langue* **3.** jdn um/hauen: *bousculer, renverser qqn* **4.** ertragbar: *supportable, tolérable* **5.** auf der untersten Stufe der Beschäftigungstrittleiter: *(ici) au plus bas de l'échelle salariale* **6.** vorbeugend: *(ici) par précaution* **7.** unterwandern: *infiltrer, miner de l'intérieur*

Wortschatz

- **Migrationshintergrund haben:** être issu de l'immigration
- **zu einer Minderheit gehören:** appartenir à / faire partie d'une minorité
- **der Spracherwerb:** l'acquisition de la langue
- **sich an geltende Regeln halten (ä, ie, a):** respecter les règles en vigueur
- **benachteiligt werden = diskriminiert werden**
- **etw. (D) ausgesetzt sein:** être exposé à qqch.
- **Hürden überwinden (a, u):** surmonter des obstacles
- **sich an/passen:** s'adapter

Etappe 3

Gruppenarbeit

Sašas Eltern und sein Cousin geben ein kurzes Interview zu ihren Erlebnissen in der deutschen Gesellschaft. Spielen Sie Ihre Rollen und nehmen Sie die Interviews auf.

4 Integration trotz Hürden

A2-B1 **a.** Lesen Sie den letzten Auszug. Erstellen Sie eine Liste mit Argumenten, die aus Sicht des Autors zeigen, welche Aspekte zu seiner erfolgreichen Integration in die deutsche Gesellschaft beitrugen und welche dagegen sprachen.

B1-B2 **b.** Inwiefern betrachtet der Autor seine Integration in Deutschland als gelungen? Welches Fazit zieht er?

2019 erhält Saša Stanišić den Deutschen Buchpreis.

Ich sehe am eigenen glücklichen Beispiel, wie breitflächig die strukturelle Benachteiligung[1] der Geflüchteten damals war und heute noch ist. Mit meinem Geflüchtetenstatus verschwanden die praktischen Hürden[2]. Ich bekam die Chance, mich auszubilden und während des Studiums zu arbeiten. Je mehr Chancen ich nutzen durfte, desto schwieriger wurde es, mich ins Abseits zu stellen[3] oder zum Opfer zu machen. Der existenzielle Druck, dem meine Eltern ausgesetzt waren[4], blieb mir erspart.

Ich kann nicht sagen, ob es gut gewesen ist, nicht zu wissen, was die beiden damals umtrieb und quälte. Oder, anders gesagt, ob es gut gewesen ist, davon auszugehen, dass es um sie besser stand, als es wirklich der Fall war. (...)

Ich wollte Freiräume, und meine Eltern ließen sie mir. Durch Zuspruch[5], Zuneigung und ein kleines Taschengeld erhöhten sie meine Chancen, ein einigermaßen normaler Teenager zu sein, allen Hürden des Migrantischen zum Trotz. (...)

Das ist ein Fazit, in dem der Satz steht: Meine Rebellion war die Anpassung[6]. Nicht an eine Erwartung, wie man in Deutschland als Migrant zu sein hatte, aber auch nicht bewusst dagegen. Mein Widerstreben[7] richtete sich gegen die Fetischisierung von Herkunft und gegen das Phantasma nationaler Identität. Ich war für das Dazugehören. Überall, wo man mich haben und wo ich sein wollte. Kleinsten gemeinsamen Nenner finden[8]: genügte.

Saša Stanišić, *Herkunft*,

1. die Benachteiligung(en) = die Diskriminierung(en) **2.** die Hürde(n): *l'obstacle* **3.** jdn ins Abseits stellen: *écarter, marginaliser qqn* **4.** einer Sache ausgesetzt sein: *être exposé à qqch.* **5.** der Zuspruch = die Ermutigung **6.** die Anpassung(en): *le fait de rentrer dans le moule, de s'adapter* **7.** das Widerstreben: *l'aversion* **8.** der kleinste gemeinsame Nenner: *le plus petit dénominateur commun*

Wortschatz

- **ein anerkannter Schriftsteller:** un écrivain reconnu
- **ein Werk vor/stellen:** présenter une œuvre
- **etw. schildern = etw. beschreiben (ie, ie)**
- **veröffentlicht werden = erscheinen (ie, ie)**
- **sich von (+ D) inspieren lassen (ä, ie, a):** s'inspirer de
- **von (+ D) berichten = von (+ D) erzählen**
- **auf (+ A) ein/gehen (i, a):** aborder qqch.
- **Alltagssituationen dar/stellen:** représenter des situations tirées du quotidien

IHR PROJEKT

Letzte Etappe

Sie sind Journalist/in bei einem Radiosender, bei dem Sie jede Woche neue Bücher vorstellen. Zu dem Thema „Deutsche Schriftsteller mit ausländischer Herkunft" sollen Sie in Ihrem nächsten Beitrag von Saša Stanišić und seiner Autobiografie *Herkunft* berichten.
Fassen Sie die Ergebnisse Ihrer Lektüren und Recherchen zusammen: Titel, Einleitung, Aufhänger, Problemstellung, Wiedergabe / Zusammenfassung des Textes, Kommentar und Bewertung ...
Nehmen Sie dann mithilfe Ihres Tablets oder Ihres Handys Ihren Beitrag auf.

Diversité et inclusion

Alle inklusiv?

KAPITEL **18**

▸▸ **Inklusion von Menschen mit Behinderung: überall und für alle?**

Europäischer Protesttag für die Gleichstellung von behinderten Menschen 2016

Auf geht's!

a. Sehen Sie sich das Bild an. Wo wurde es aufgenommen?

b. Warum demonstrieren die Leute gerade an diesem Ort?

Blick auf… Inklusion in Deutschland

Ist Inklusion heute eine Realität?

1 Das Leben mit Behinderung und der Blick der anderen

A2 **a.** Sehen Sie sich das Video an. Präsentieren Sie die Person (Name, Beruf, Wohnort, Behinderung ...) und geben Sie wieder, was andere Leute oft über sie denken.

B1 **b.** Erklären Sie, wie die Person auf die Vorurteile anderer Leute reagiert. Welche Ratschläge gibt sie den Zuschauern?

B2 **c.** Erläutern Sie das Ziel dieses Videos.

Vidéo

Heldin vs. Opfer: Der Real Talk von Laura Gehlhaar, BARMER, 2017

A2-B1 **d.** Sehen Sie sich das Bild an und machen Sie sich Notizen (Personen, Situation, welche Art von Bild ...).

B1-B2 **e.** Erläutern Sie, was der Zeichner mit diesem Bild denunzieren will. Was meinen Sie dazu?

BAC Illustriert das Bild für Sie das Thema „Diversité et inclusion“? Warum? Warum nicht?

2 Benachteiligung an Schulen

A2-B1 **a.** Lesen Sie den Text Seite 183 und stellen Sie ihn vor (welche Art von Text, Datum, Titel).

b. Stellen Sie das Thema des Textes vor.

B1-B2 **c.** Erläutern Sie die Problematik „Sonderschulen und Inklusion“: Beschreiben Sie den Wandel an den deutschen Schulen (früher, jetzt).

d. Wie lässt sich dieser Wandel erklären? Geben Sie Ihre eigene Meinung dazu.

Recherchieren Informieren Sie sich über die Behindertenrechtskonvention der Vereinten Nationen und erklären Sie Ihrem Nachbarn / Ihrer Nachbarin, worin sie besteht.

Wortschatz

- **im Rollstuhl sitzen (a, e):** être en fauteuil roulant
- **Vorurteile ab/bauen:** déconstruire les préjugés
- **das Opfer(-):** la victime
- **der Held(en, en), die Heldin(nen):** le héros, l'héroïne
- **jdn aus/schließen (o, o):** exclure qqn
- **jdn benachteiligen:** défavoriser qqn
- **jdn anders, ungleich behandeln:** traiter qqn autrement, de façon inégalitaire
- **zu (+ D) Zugang haben:** avoir accès à

Sonderschule ade: Wie Inklusion unser Miteinander bereichert

Lange hielt sich in Deutschland ein hartnäckiges Gerücht[1]: Kinder mit speziellen Bedürfnissen[2] gehören auf spezielle Schulen. Das ohnehin stark untergliederte[3] deutsche Schulsystem kennt also neben den verschiedenen Schulformen wie Grund-, Haupt- und Realschule, Gymnasium und Gesamtschule etc. auch separate Förderschulen. (...)

Ein Grund dafür liegt über 100 Jahre zurück. Schulen für blinde oder taube Kinder gab es schon länger – gegen Ende des 19. Jahrhunderts wurden die sogenannten „Hilfsschulen" für lernschwache[4] Kinder eingerichtet, um die Volksschulen mit ihren „gesunden" Schülern von den anderen zu „entlasten"[5]. (...)

Sonderschule als Stigma

Kinder mit speziellen Bedürfnissen wurden lange Zeit in einem schulischen Paralleluniversum unterrichtet – und blieben unter sich. Nur jedes vierte erlangte einen Abschluss. Entsprechend wenige Sonderschüler schafften auch den erfolgreichen Berufseinstieg. Das Label „Sonderschule" haftet[6] an vielen, auch lange nach dem Schulbesuch.

Dabei ist Inklusion rechtlich zwingend notwendig: Deutschland hat die Behindertenrechtskonvention der Vereinten Nationen unterzeichnet und sich damit verpflichtet, ein „inklusives Bildungssystem auf allen Ebenen" zu gewährleisten[7]. Jeder hat das Recht auf höchstmögliche Bildung, unabhängig von besonderen Bedürfnissen. Und einige Bundesländer lösen Sonderschulen schon auf[8].

© www.change-magazin.de, 21.11.2018

1. ein hartnäckiges Gerücht: *une rumeur qui a la vie dure* **2.** das Bedürfnis(se): *le besoin* **3.** untergliedert: *divisé* **4.** lernschwach: *ayant des difficultés d'apprentissage* **5.** jdn entlasten: *décharger qqn* **6.** an jdm haften: *(ici) coller à la peau de qqn* **7.** etw. gewährleisten: *garantir* **8.** auf/lösen: *(ici) fermer*

3 Barrierefrei?

A2-B1 **a.** Sehen Sie sich das Plakat an. Analysieren Sie es und erklären Sie das Ziel dieser Kampagne.

B2 **b.** Was hat Ihrer Meinung nach die Mondlandung mit Barrierefreiheit zu tun?

Gesagt – getan!

Schreiben Sie einen kurzen Blogeintrag, in dem Sie folgende Fragen behandeln: Ist die heutige Gesellschaft in Deutschland schon ganz barrierefrei? Falls nicht, welche Barrieren müssen noch abgebaut werden?

Blick auf...

Eine Gesellschaft im Wandel

▸▸ Inklusion: Aufgabe und Chance für alle?

1 Weg mit den Barrieren!

A2 **a.** Sehen Sie sich das Video an. Präsentieren Sie kurz Swantje Köbsell und die Bremer Krüppelgruppe (der Krüppel: *l'estropié*).

B1-B2 **b.** Berichten Sie über die Aktionen dieser Gruppe (Was? Warum? Wozu?).

c. Waren diese Aktionen effizient? Was halten Sie davon?

Recherchieren Informieren Sie sich über Städte in Deutschland, die sich für Barrierefreiheit einsetzen und berichten Sie davon in der Klasse.

Vidéo

Sie nannten sich Krüppel, ZEIT ONLINE, 2019

2 Sieger Inklusionspreis 2019

MP3

A2-B1 **a.** Hören Sie sich die Reportage an. Präsentieren Sie die vorgestellte Firma (Name, Ort, Zahl der Mitarbeiter, Zahl der angestellten Menschen mit Behinderung ...).

B2 **b.** Erklären Sie das Ziel dieser Aktion. Was halten Sie selbst davon? Inwiefern kann sie effizient sein?

Recherchieren Recherchieren Sie andere Unternehmen, denen der Inklusionspreis verliehen wurde. Berichten Sie dann darüber.

Verleihung des Inklusionspreises für die Wirtschaft 2019

3 Party für alle: eine inklusive Disko in Berlin

A2 **a.** Lesen Sie den Text. Bestimmen Sie Textsorte und Kontext. Notieren Sie das Hauptthema und geben Sie den Inhalt kurz wieder.

B1 **b.** Erklären Sie die Reaktion der verschiedenen Personen.

B1-B2 **c.** Warum ist es wichtig, dass solche Initiativen Menschen mit Behinderung vorgeschlagen werden? Können Sie sich vorstellen, an einem solchen Projekt teilzunehmen?

Hier isses immer schön

Im Mensch Meier feierten am Samstag Menschen mit und ohne Behinderung. Mit und ohne Glitzer. Ein Besuch bei der Partyreihe Spaceship.

Momentaufnahme bei der Spaceship inklusiven Party im Mensch Meier, Berlin, 2017

Es ist kurz nach sieben an einem Samstagabend in Berlin. Doch der Club Mensch Meier ist schon gut gefüllt. In der Schlange[1] vor dem Club in Lichtenberg wird diskutiert. (...) Jogginghosenträger findet man in der Reihe genauso wie eine Frau mit blinkenden Schuhen, einen Mann mit Hertha-Jacke oder einen jungen Mann im schwarzen Hemd. Er hat das Downsyndrom[2]. Auch viele Menschen im Rollstuhl warten auf den Einlass (...). Die inklusive Partyreihe ist von der Aktion Mensch[3] gefördert: „Sonst könnten wir uns diese Aktionen und den geringen Eintritt von zwei Euro nicht leisten", sagt Markus Lau von der Lebenshilfe Berlin. Er organisiert zum vierten Mal die Party in Zusammenarbeit mit dem linken Kollektiv Mensch Meier. (...) Für die inklusive Partyreihe werden bekanntere Bands angefragt, um viele Berliner anzusprechen. „Letztes Mal waren über 200 Leute da, vielleicht knacken wir heute Abend den Rekord", sagt Lau. Am Ende sind über 300 Menschen gekommen. „Besonders schön finde ich, dass man irgendwann am Abend nicht mehr merkt, wer ein Freak von uns und wer ein Freak vom Club ist", witzelt[4] Lau über die linke Partylocation. (...) Den Glitzer verteilt an diesem Abend die Studentin Helena. Sie schminkt[5] die Discogäste ehrenamtlich: „Alle freuen sich total. Und geben uns damit viel zurück." (...) Dann beginnen die Brüder Elias und David von Tanga Electra zu spielen. Vor der kleinen Bühne sitzen mehrere Menschen in Rollstühlen. Auf der Bühne feuert die Jungs eine Besucherin mit Downsyndrom an. Der Raum ist gefüllt mit alten und neuen Fans der Band. Zu ihrem Elektrosoul wird gewippt, gehüpft, geklatscht.

1. die Schlange(n): *la queue* **2.** das Downsyndrom: *le syndrome de Down ou trisomie 21* **3.** Aktion Mensch = der Name eines Vereins **4.** witzeln: *plaisanter* **5.** jdn schminken: *maquiller qqn*

Wortschatz

- **die Bürgerbewegung(en):** le mouvement citoyen
- **jdm einen Preis verleihen (ie, ie):** décerner un prix à qqn
- **das Unternehmen(-):** l'entreprise
- **der Arbeitgeber(-):** l'employeur
- **behindertengerecht:** adapté aux personnes handicapées
- **ehrenamtlich:** bénévole, bénévolement
- **sich für (+ A) ein/setzen, engagieren:** s'engager pour
- **fördern:** favoriser, encourager

Gesagt – getan!

Bereiten Sie ein Plädoyer vor, in dem Sie sich für das harmonische Zusammenleben aller Menschen an Ihrer Schule und in der Gesellschaft einsetzen.

Grammatik macht Sinn

Les verbes de modalité et de modalisation

REPÈRES GRAMMATICAUX PP. 249-250

KURZ UND GUT

A2-B1

a. Lisez et traduisez le texte ci-dessous. Repérez les verbes de modalité et leur sens premier (« pouvoir », « vouloir », « devoir »...).

Mein Name ist Tom und seit einem schweren Unfall **muss** ich im Rollstuhl sitzen. Ich **kann** seither nicht mehr laufen. Auf meinem Blog **möchte** ich euch über mein Leben in München berichten. Ich **will** euch auch zeigen, wie barrierefrei meine Heimatstadt ist. Mit einem blauen Parkausweis **darf** man auf den öffentlichen Behindertenparkplätzen parken. Aber auch die öffentlichen Transportmittel sind zum Großteil barrierefrei. Wer in der U-Bahn umsteigen **muss**, **kann** einen Aufzug nehmen.

B1-B2

b. Lisez et traduisez le texte ci-dessous. Repérez l'emploi des verbes de modalité comme modalisateurs.

Nur leider **kann** es manchmal sein, dass ein Aufzug defekt ist. Dann **dürfte** man eine gewisse Hilflosigkeit spüren. Manche Leute denken, dass ich als Rollstuhlfahrer hilflos und traurig sein **muss**. Das **mag** manchmal zwar richtig sein, aber meistens ist das nicht der Fall. Wenn ich dann die Menschen auf ihre Vorurteile anspreche, **wollen** sie das nicht so gemeint haben.

A2-B1 **1** **Complétez les phrases suivantes avec les verbes de modalité qui conviennent. Parfois, plusieurs verbes sont possibles. Traduisez ensuite les phrases avec leurs variantes.**

a. Eine Person, die nicht laufen ... und im Rollstuhl sitzt, wird manchmal als Held und manchmal als Opfer betrachtet.
b. ... du wissen, wie man Inklusion fördern kann?
c. Menschen mit Behinderung ... genauso am Leben teilhaben wie Menschen ohne Behinderung.
d. Wir ... keine Unterschiede zwischen Menschen mit und ohne Behinderung machen.
e. Wir ... in unserer Gesellschaft dafür sorgen, dass es keine Diskriminierung mehr gibt.
f. In einer inklusiven Gesellschaft ... Menschen mit Behinderung auf allen Ebenen teilhaben.

B1 **2** **Reformulez les phrases suivantes en choisissant dans la liste ci-dessous le verbe de modalité qui convient.**

dürfen | müssen | mögen | sollen | können | wollen

a. Ich habe heute Abend vor, in die inklusive Disko zu gehen.
b. Die bunte und freundliche Atmosphäre in dieser Disko gefällt mir.
c. Es ist verboten, Menschen mit Behinderung schlecht zu behandeln.
d. Es ist notwendig, dass ich meine Vorurteile abbaue.
e. Denk nicht in Schubladen!
f. Ich habe die Möglichkeit, dort neue Freunde zu finden.

B2 **3** **a. Verbe de modalité ou verbe de modalisation ? Lisez les phrases suivantes et optez pour une des deux solutions.**

a. Er dürfte seit einem Jahr im Rollstuhl sitzen.
b. Darf er den Behindertenparkplatz benutzen?
c. Ihr Kind muss auf eine Sonderschule gehen.
d. Das muss ein Missverständnis sein.
e. Es mag sein, dass er nie wieder wird laufen können.
f. Du magst Menschen, die engagiert sind.

b. Reformulez ensuite uniquement les phrases avec les verbes de modalisation en utilisant les adverbes suivants : *sicher – wahrscheinlich / vermutlich – möglicherweise / vielleicht*

Wortschatz macht Sinn

Vokabeln lernen

Die Barrierefreiheit
- **die barrierefreie Stadt:** une ville accessible (aux personnes à mobilité réduite)
- **das Hindernis(se):** l'obstacle
- **die Treppe(n) / die Rolltreppe(n):** l'escalier, l'escalier roulant
- **der Lift(e) = der Aufzug(¨e):** l'ascenseur
- **die Rampe(n):** la rampe d'accès
- **die Einrichtung(en):** l'infrastructure
- **Zugang zu (+D) haben:** avoir accès à

Die Behinderung
- **Menschen mit Behinderung:** des personnes handicapées
- **behindert sein:** être handicapé
- **im Rollstuhl sitzen (a, e):** être en fauteuil roulant
- **benachteiligt sein:** être désavantagé
- **stumm:** muet
- **blind:** aveugle
- **taub:** sourd
- **es schwer haben:** avoir des difficultés

Der Blick der anderen
- **Vorurteile haben:** avoir des préjugés
- **jdn als ... behandeln:** traiter qqn comme
- **das Opfer(-):** la victime
- **hilflos:** impuissant, désarmé
- **mutig:** courageux
- **vorurteilslos, -frei:** ne pas avoir de préjugés
- **Vorurteile ab/bauen:** déconstruire les préjugés
- **mitleidig:** compatissant

Das Engagement
- **die Inklusion fördern:** encourager l'inclusion
- **eine inklusive Gesellschaft:** une société inclusive
- **für mehr Gleichberechtigung kämpfen:** lutter pour l'égalité des droits
- **sich für (+ A) ein/setzen, engagieren:** s'engager pour
- **ehrenamtlich:** bénévole
- **der/die Freiwillige(n, n) (Adj. subst.):** le/la bénévole
- **hilfsbereit:** prêt à aider, serviable

Vokabeln aktiv

1 **Formez des mots en ajoutant au radical un préfixe, un suffixe ou les deux, puis employez les dans des phrases.**

Exemple : vor- + -urteil(s)- + -frei = vorurteilsfrei:

Préfixes	Radicaux		Suffixes
mit-	-leidig	-urteil(s)-	-los
auf-	barriere-	-hilf-	-frei
vor-	-zug	-bild	

2 **Formez des mots composés en associant un élément de la colonne A à un élément de la colonne B, puis traduisez les mots obtenus.**

A	B
frei-	-amtlich
ehren-	-berechtigt
gleich-	-willig
Roll-	-behindert
geh-	-stuhl

3 **Complétez les phrases avec le terme adéquat.**

stumm · gehbehindert · blind · taub

a. Jemand, der nicht hören kann, ist ...
b. Jemand, der nicht sprechen kann, ist ...
c. Jemand, der nicht gehen kann, ist ...
d. Jemand, der nicht sehen kann, ist ...

Prosodie und Phonetik

MP3

L'accentuation des mots avec préfixe

a. Écoutez les mots et notez-les. Indiquez pour chaque mot où se situe la syllabe accentuée. Qu'en déduisez-vous ?

b. Recopiez les mots suivants en indiquant où se situe l'accent. Écoutez ensuite l'enregistrement pour vérifier si vous l'avez correctement placé.
die Anwendung • umsteigen • die Erwartung • verbieten • das Vorurteil • abschaffen • behindert • erleben • miteinander

c. Établissez des règles d'accentuation à partir de ce que vous avez observé.

FINALE

Projekt

Freiwillige Helfer für Konzerte anwerben

Sie sind bei einem Verein für die Anwerbung freiwilliger Begleitpersonen für Menschen mit Schwerbehinderung verantwortlich. Verfassen Sie eine Annonce, um Freiwillige für eine bestimmte Veranstaltung (Konzert, Festival, Disko ...) zu finden.

Médiation

Zwischen den Kulturen

Sammeln Sie Informationen über die Anwendung der UNO-Behindertenrechtskonvention in europäischen Ländern und erstellen Sie eine Europakarte, die anhand der Ampelfarben (grün, gelb, rot) zeigt, wo diese Konvention gültig ist, wo sie zum Teil gültig ist und wo nicht.

Über die Grenzen hinaus

Beschreiben Sie die aktuelle Situation an Ihrer Schule, was die Barrierefreiheit betrifft. Erkundigen Sie sich dann, wie barrierefrei die Schule der Partnerklasse ist und machen Sie Vorschläge, damit beide Schulen barrierefreier werden.

Schritt für Schritt

Eine Internet-Annonce schreiben

1 **Lisez la présentation de l'association *Inklusion Muss Laut Sein*, regardez sa bannière internet et ses slogans.**

2 **Faites le bilan de ce qui pose problème à des personnes handicapées dans la vie de tous les jours.**

den Weg zu einer Veranstaltung finden, öffentliche Verkehrsmittel benutzen, mit dem Rollstuhl Taxi fahren, sich auf einem Stehkonzert setzen können ...

INKLUSION MUSS LAUT SEIN

Unsere Dienstleistungen

Wir bieten Service mit Herz und tatkräftiger Unterstützung als Vermittler von ehrenamtlichen Begleitungen (BUDDIES). Zusammen machen wir Teilhabe zur Normalität. Inklusion Muss Laut Sein kümmert sich um die Barrierefreiheit von öffentlichen Kulturveranstaltungen. Mit BUDDIES erleben Behinderte und nicht behinderte Fans gemeinsam Festivals, Events und kulturelle Veranstaltungen.

Buddie werden

© www.i-m-l-s.com

3 **Listez tous les éléments qui doivent figurer dans l'annonce.**

Wo? *in welcher Stadt? in welchem Bundesland?*
Wann? *ein einziges Mal? einmal im Monat / im Jahr?*
Wer? *jemand, der motiviert ist, der bereit ist, sich freiwillig zu engagieren, der keine Vorurteile hat ...*
Wofür? *welche Konzerte? andere Kulturveranstaltungen?*
Wozu? *helfen / begleiten / sich wohl fühlen ...*

4 **Réfléchissez au ton que vous voulez adopter.**

Vous adressez-vous à un public plutôt jeune ? Préférez-vous le tutoiement ou le vouvoiement ? Souhaitez-vous adopter un ton plutôt sérieux ? enjoué ?

5 **Rédigez l'annonce en pensant à sa forme ainsi qu'aux informations pratiques.**

Préférez un texte court, une langue simple et efficace. Donnez des informations pratiques sur la mission et des indications pour répondre à l'annonce ou pour joindre l'association.

Partie 1 Compréhension de l'oral

Initiative vernetzt Geflüchtete und Locals

Vidéo

rbb Abendschau, 13.11.2018 / Durée : 1 min. 33

En rendant compte, en français, du document, vous montrerez que vous avez compris :
- le thème principal du document ;
- le contexte, les faits, les informations ;
- l'identité des personnes et les liens entre elles ;
- la fonction et la portée du document (relater, informer, convaincre, critiquer, dénoncer, etc.).

MÉTHODOLOGIE

→ Méthodologie p. 232

ÉTAPE 1 ▶ Identifier le contexte et la situation d'énonciation
- Où se passe la scène ? Qui parle ? De quoi ? À l'aide du titre, identifiez la situation et le contexte. Notez ensuite le thème général et les principales informations.
- Quelle est la nature du document (reportage, interview, campagne de sensibilisation...) ?

ÉTAPE 2 ▶ Identifier les réseaux de sens
- Notez les informations que vous pouvez recueillir sur la situation (histoires personnelles, situation actuelle de chaque personne, lien entre elles et leur rôle dans la situation).
- Décrivez le but du projet présenté.

ÉTAPE 3 ▶ Relever les stratégies de communication
- Quel est l'objectif de ce document (promouvoir, informer, critiquer...) ?
- Dans le contexte, en quoi le projet présenté peut-il être une réponse aux problématiques actuelles ?

Partie 2 Expression écrite

Behandeln Sie Thema A oder Thema B (mindestens 100 Wörter).

Thema A

Sie möchten bei „Start with a Friend" mitmachen, um einen ausländischen Tandempartner zu finden, und registrieren sich deshalb auf der Webseite des Vereins. Stellen Sie sich in einer E-Mail kurz vor und erklären Sie, warum Sie an einer Tandempartnerschaft interessiert sind.

Thema B

Wie können Flüchtlinge besser in die Gesellschaft integriert werden? Schlagen Sie konkrete Initiativen vor.

MÉTHODOLOGIE Thema B

→ Méthodologie p. 239

ÉTAPE 1 ▶ Analysez le sujet : identifiez le type d'écrit attendu (argumentatif, narratif...). Mobilisez vos connaissances culturelles et lexicales (situation des migrants, difficultés d'intégration, initiatives...).

ÉTAPE 2 ▶ Pour chacune des difficultés recensées, notez l'action concrète que vous proposez. Appuyez-vous sur la vidéo, sur les exemples étudiés dans le chapitre et sur vos expériences. Pour assurer la cohérence de votre développement, utilisez des connecteurs logiques (*um ... zu ... / damit ...*), les verbes de modalité et la modalisation (*Wir könnten ... / Um das zu verhindern, sollte man ... / Wenn man ihnen helfen will, ...*).

ÉTAPE 3 ▶ Après avoir introduit la question de l'intégration des réfugiés, rédigez votre argumentation illustrée d'exemples concrets, en utilisant des expressions comme *In dieser Situation ...; Ich würde ...; Ich meine, dass ...*, et en veillant à la place des verbes dans les phrases.

Partie 1 Compréhension de l'écrit

So anders wie alle anderen

a. Lesen Sie den Text. Geben Sie wieder, was Sie verstanden haben. Beachten Sie dabei folgende Punkte:
- das Hauptthema;
- wer an dieser Aktion teilnimmt;
- Ort und Dauer;
- Sinn und Zweck der Aktion für die Initiatoren.

b. Kommentieren Sie folgende Textstelle: „Behinderung ist Rebellion – Wir sehen unverschämt gut aus. Wir rebellieren gegen das Mittelmaß. Wir sind anders, wir rollen, wir sprechen anders, wir fühlen anders, wir denken anders. Und trotzdem sind wir nur so anders wie alle anderen auch. Rebelliert mit!" (Z. 34-40)

c. Bewerten sie die Haltung des Journalisten: Ist sie neutral-informativ oder engagiert? Begründen Sie Ihre Antwort mit Beispielen aus dem Text.

MÉTHODOLOGIE

→ Méthodologie p. 234

ÉTAPE 1 ▶ Identifier le contexte externe et la situation d'énonciation
- Lisez attentivement le titre et l'introduction du texte pour en repérer le thème. Appuyez-vous sur les mots transparents, le lexique connu et celui travaillé dans l'unité.
- À partir du thème, mobilisez vos connaissances pour émettre des hypothèses sur le contenu du texte.

ÉTAPE 2 ▶ Repérer les réseaux de sens
- Quel événements, quelles personnes sont présentés dans le texte ? Comment sont-ils caractérisés ? Repérez le lexique utilisé (positif, négatif, critique, humoristique, etc.).
- Notez les mots-clés et les idées principales pour chaque situation présentée, pour le projet général et pour chaque personne citée.

ÉTAPE 3 ▶ Relever les stratégies de communication
- Quel est l'objectif du texte (informer, critiquer, sensibiliser, dénoncer...) ? Recherchez dans le texte les indices qui permettent de qualifier la position du locuteur (choix des personnes interviewées, humour, récit d'anecdotes...).

So anders wie alle anderen

Parade des Köşkivals: Menschen mit Einschränkungen[1] zeigen, wie offen sie mit ihrer Behinderung umgehen.

Es ist kurz vor 18 Uhr. Ein Kombi hält an der Luisenstraße/Ecke Sophienstraße, am Karl-Stützel-Platz. (...) Zwei Personen in gelben T-Shirts steigen aus: Die eine holt einen Rollstuhl aus dem Kofferraum, in den sich die andere setzt. Sie rollt los, während ihr die andere folgt – die Hände voller Schilder[2]. Die Rollstuhlfahrerin fährt über die Straße. Kommt nicht den Bürgersteig[3] hinauf, er ist zu hoch. Schnell kommt jemand zu Hilfe und schiebt den Rollstuhl über den Bordstein, ihre Begleitung hat ja schließlich die Hände voll. Eine gefährliche Situation. An manchen Straßenübergängen kommen Rollstuhlfahrerinnen und Rollstuhlfahrer auf der einen Seite zwar gut hinunter, auf der anderen aber nur schwerlich wieder hinauf – und stehen dann auf der Straße, statt auf dem Bürgersteig. (...)

Es kommen noch mehr Menschen in gelben T-Shirts mit Schildern am Karl-Stützel-Platz an. Auf den Schildern stehen Sachen wie „redet mit uns, wir beißen[4] nicht!", auf den Shirts steht „Abart – Performance, Theater, Tanz". Das ist ein Verein, dessen Ziel es ist, Menschen mit unterschiedlichen körperlichen Voraussetzungen mit Hilfe der Kunst zu verbinden und sie so sichtbar[5] zu machen. Deshalb sind sie hier, denn es startet die Parade des Köşkival, das Festival für inklusive Kunst und Kultur in München. Unter dem Motto „Behinderung ist Rebellion" findet vom 29. Juni bis zum 29. September ein buntes Programm mit Workshops, Ausstellungen, Kurzfilmprojekten statt. Das Festival wird vom Köşk, einem Projekt für junge Kunst des Kreisjugendrings München-Stadt, ausgetragen. Auf der Website des Projekts lässt Organisator Maximilian Dorner alias Käptn Wheelchair verlauten: „Behinderung ist Rebellion – Wir sehen unverschämt gut aus[6]. Wir rebellieren gegen das Mittelmaß[7]. Wir sind anders, wir rollen, wir sprechen anders, wir fühlen anders, wir denken anders. Und trotzdem sind wir nur so anders wie alle anderen auch. Rebelliert mit!"

Dorner will keine politischen Forderungen an die Parade knüpfen, sträubt[8] sich gegen den Begriff Demonstration. Bereits zum dritten Mal findet das Köşkival statt, er möchte, dass es irgendwann ein großes Sommerfest für alle wird. „Wenn wir durch die Straßen ziehen, fängt jeder an zu lächeln", erzählt er. „Das ist viel wert". (...) Die Parade wird wie in den Jahren zuvor von der Express Brass Band begleitet, eine Gruppe unermüdlicher Blasinstrumentalisten (...). Die Stimmung ist so ausgelassen[9] – befeuert von den Passanten an den Straßen, an den Fenstern und auf den Balkonen, die dem Spektakel freudig mit ihren Blicken folgen – dass sich ein junger Mann mit Downsyndrom beherzt das Shirt vom Leib reißt. Er tanzt überschwänglich zu den Liedern der Blaskapelle, dirigiert das Orchester, ist omnipräsent und bester Laune.

Das ist Dennis Fell-Hernandez. Er ist 28 Jahre alt und seit fünf Jahren Schauspieler, derzeit im Ensemble der Freien Bühne München (FBM). Er hat schon Hamlet gespielt und Woyzeck, aktuell laufen die Proben zu einer Inszenierung von Alban Bergs Oper „Lulu". Egal, mit wem man über das Köşkival spricht, sein Name fällt immer als erster. Dennis Fell-Hernandez sei (...) eine Energiequelle, sind sich alle einig. Natürlich nimmt er auch an der Modenschau teil, die sich der Parade anschließt (...). Die rund 20 Teilnehmerinnen und Teilnehmer haben je genau sieben Minuten Zeit, auf dem Laufsteg[10] zu performen. (...)

Dennis Fell-Hernandez hat sich für ein Outfit mit floralem Print, gelber Leggins und grünem Kopfschmuck entschieden. Auf dem Laufsteg wirft er Luftküsse ins Publikum und posiert nach allen Seiten. (...) Bis etwa 23 Uhr habe er noch im Köşk gefeiert, am Freitag stand er um 10 Uhr schon wieder im Proberaum des „Kult 9" im Stadtteilzentrum Neuhausen. (...) Wer ihm auf dem Laufsteg am besten gefallen hat, außer ihm selbst? „Alle Leute!", sagt er. Nächstes Jahr ist Dennis Fell-Hernandez bestimmt wieder dabei – und zeigt sich.

Aus: Jann-Luca Künßberg, *Süddeutsche Zeitung*, 07.07.2019

1. Einschränkungen = Behinderungen
2. das Schild(er): *la pancarte*
3. der Bürgersteig(e): *le trottoir*
4. beißen (i, i): *mordre*
5. jdn sichtbar machen: *rendre qqn visible*
6. unverschämt gut aussehen: *être vachement beau*
7. das Mittelmaß: *la moyenne, la médiocrité*
8. sich gegen etw. sträuben: *s'opposer à qqch.*
9. ausgelassen: *(ici) en liesse*
10. der Laufsteg(e): *le podium*

Partie 2 Expression écrite

Behandeln Sie Thema A oder Thema B (mindestens 100 Wörter).

Thema A

Sie sind während des „Köşkivals" als Tourist in München und sehen zufällig die Parade und die Modenschau. Am nächsten Tag schreiben Sie eine E-Mail an eine Freundin/einen Freund, in der Sie von diesem originellen Festival erzählen. Verfassen Sie diese E-Mail.

Thema B

Auf dem Schild eines Teilnehmers des „Köşkivals" steht „redet mit uns, wir beißen nicht!" (Z. 19-20). Was sagt dieses Schild über die Vorurteile, die Leute gegenüber Menschen mit Behinderungen haben, aus? Was kann Ihrer Meinung nach gegen diese und andere Vorurteile getan werden? Geben Sie konkrete Beispiele.

MÉTHODOLOGIE Thema A

→ Méthodologie p. 237

ÉTAPE 1 ▶ Analysez le sujet : identifiez le type d'écrit attendu (argumentatif, narratif...).
Ciblez les mots-clés pour contextualiser votre réponse (perspective narrative, circonstances, etc.).
Vous devez vous adresser à un ami, adoptez donc le tutoiement, un ton plutôt familier, des formules de salutations adaptées (*liebe Grüße aus München, bis nächste Woche* ...). Pour commencer, saluez le destinataire du mail (*Hallo, Liebe(r)* ...), puis précisez par exemple le contexte de l'événement dont vous allez parler (voyage touristique, visite de la ville, etc.).

ÉTAPE 2 ▶ Choisissez ensuite les différents points que vous voulez évoquer (ce que vous avez vu, les pancartes, les situations concrètes, les personnes sur place...). Vous pouvez vous appuyer sur les pistes données dans le texte pour lister les points que vous évoquez.
Notez en face les sentiments que vous avez éprouvés (surprise, émotion, satisfaction...) : *Ich fand das wirklich beeindruckend. / Das hatte ich nie gesehen. / Das kannst du dir nicht vorstellen!* ...

ÉTAPE 3 ▶ Rédigez à la première personne en adaptant votre niveau de langue. Vous devez raconter un événement vécu, soyez attentif à la conjugaison des verbes au passé.

Partie 1 Compréhension de l'oral MP3

→ Méthodologie p. 231

Doc. 1 **Interkulturelle Kompetenz fördern – Das Ländercafé**

Das Deutsche Schulportal, 17.12.2019 / Durée : 1 min. 50

En rendant compte, en français, du document, vous montrerez que vous avez compris :
- le thème principal du document ;
- le déroulement des faits, la chronologie des événements, les informations ;
- l'identité des personnes et éventuellement les liens entre elles ;
- la fonction et la portée du document (relater, informer, convaincre, critiquer, dénoncer, etc.).

Partie 2 Compréhension de l'écrit

→ Méthodologie p. 234

Doc. 2 **Ein Kind, drei Sprachen**

Antworten Sie auf Deutsch.

a. Lesen Sie den Text. Geben Sie wieder, was Sie verstanden haben. Beachten Sie dabei folgende Punkte:
- das Hauptthema;
- die Kita (Geschäftsführerin, Gründung, Lernmethoden);
- die Vorteile von Mehrsprachigkeit;
- Unterschiede zwischen früher und heute.

b. Kommentieren Sie folgende Textstelle: „Doch in Deutschland sahen einflussreiche Germanisten wie Leo Weisgerber die frühe Zweisprachigkeit lange als ‚nachteilig' für das Kind an." (Z. 51-54)

Compréhension de l'ensemble du dossier

c. Erklären Sie, inwiefern Mehrsprachigkeit eine Chance für Kinder ist.

Ein Kind, drei Sprachen

Andrej spricht mit Jegor Russisch, Jegor mit Andrej lieber Deutsch. Yuko war in den Ferien bei den Großeltern in Japan und hat seither Probleme mit dem R. Und der dreijährige Simon redet beim Früchtespiel laufend von „Apples" und „Birnens". Ein solches babylonisches Sprachengewirr[1] bereitet Pädagogen gewöhnlich Kopfzerbrechen. In der Kita[2] Multi Lingua in Berlin-Charlottenburg ist es ausdrücklich erwünscht. „Wir freuen uns über jedes Kind, das nicht nur Deutsch spricht", sagt Dina Chubukova.

Die 32-jährige Kita-Geschäftsführerin stammt aus Russland, hat dort die deutsche Schule besucht und lebt mit ihrem kanadischen Lebensgefährten in Berlin. Russisch, Englisch, Deutsch: In diesen Sprachen sollte sich auch ihre Tochter heimisch fühlen, zu Hause wie in der Kita. Doch das Paar fand keine trilinguale Einrichtung. Da beschloss die studierte Pädagogin, selbst eine Kita zu gründen. Fast vier Jahre ist das jetzt her. Seitdem hat Chubukova die Kita erweitert, und noch immer stehen auf der Warteliste mehr als 100 Namen. (...)

Mehrsprachigkeit liegt im Trend, nicht nur bei Eltern und Pädagogen, sondern auch unter Wissenschaftlern. Linguisten, Psychologen und Hirnforscher loten seit einiger Zeit den „kognitiven Nutzen" der Bilingualität aus[3]. Wer polyglott ist, hat demnach nicht nur bessere Chancen im Job oder beim Eintauchen in fremde Kulturen. Er soll auch flexibler im Denken und schneller im Kopf sein. Selbst die Anfälligkeit für Alzheimer soll der Multilinguismus verringern.

Laut EU soll jeder Bürger am Ende der Schullaufbahn drei Sprachen verstehen können. Bei Multi Lingua kommen die Kinder diesem Ziel schon vor der Einschulung näher. (...)

Als erfolgreichste Lernmethode gilt das sogenannte Immersionskonzept. Dabei bleibt jeder Erzieher bei einer Sprache, an der sich die Kinder orientieren. Am Ende der Kitazeit sollen sie dann Deutsch und Englisch so gut beherrschen, dass sie der Schule in beiden Sprachen problemlos folgen können. Fast noch wichtiger sei es, sagt Dina Chubukova, die Kinder für fremde Kulturen zu begeistern: „Mehrsprachigkeit ist ein großes Geschenk."

Lange Zeit wusste man diese Gabe in Deutschland kaum zu schätzen. Tief verankert ist hier die Vorstellung, der Mensch könne nur eine Sprache richtig sprechen. Zwar beweisen Milliarden weltweit das Gegenteil, 163 von 195 Nationen sind offiziell bi- oder trilingual. Doch in Deutschland sahen einflussreiche Germanisten wie Leo Weisgerber die frühe Zweisprachigkeit lange als „nachteilig[4] für das Kind an".

Bis heute haftet Bilingualität bei Kindern ein Makel an[5]: Mal gilt sie als Produkt überehrgeiziger[6] Eltern (Englisch, Chinesisch), mal als Indiz für Integrationsprobleme (Türkisch). „Nicht deutscher Herkunftssprache" heißt die Chiffre der Schulbürokratie. Und es ist nicht lange her, da erhielten Schulen Preise, wenn sie auf dem Pausenhof eine „Deutschpflicht" forderten.

Langsam aber ändere sich etwas, stellt die Erziehungswissenschaftlerin Ingrid Gogolin von der Universität Hamburg fest: „Man akzeptiert nicht nur zunehmend, dass Deutschland ein Einwanderungsland ist, sondern ebenso, dass die Migranten eine andere Sprache mitbringen." Jeder dritte Vorschüler hierzulande bringt eine Migrationsgeschichte mit, in Großstädten wie Frankfurt sind es sogar rund zwei Drittel.

Auch das Bildungsniveau der Neudeutschen verändert sich: Sie sind besser qualifiziert, weltgewandter und selbstbewusster als die Gastarbeiter früherer Zeiten. Mittlerweile liegt der durchschnittliche Bildungsstand der Zugezogenen (ohne Asylbewerber) über dem der Deutschen. Ebenso wächst der Zuzug von Fachkräften mit fremdem Pass. Die Stadt mit den meisten bilingualen Bildungseinrichtungen ist – Volkswagen sei Dank – Wolfsburg.

Zugleich zieht es immer mehr Deutsche in die Ferne, ob zum Schüleraustausch, Studium oder Job. Einige von ihnen kehren mit einem ausländischen Partner zurück – so wie Johannes Rittner. Er lernte seine Frau Claudia beim Studium in den USA kennen. Sie stammt aus Kolumbien. Heute arbeiten beide als Ingenieure in einem internationalen Unternehmen in Berlin. Untereinander spricht das Paar Englisch. Doch als Sohn Adrian auf die Welt kam, redete jeder mit dem Kind auch in der eigenen Muttersprache. (...)

In der Berliner Multi-Lingua-Kita gehören die Rittners zur typischen Klientel. „Viele der Eltern haben im Ausland eine Vielfalt erlebt, die sie in Deutschland nicht missen möchten", sagt Dina Chubukova.

Aus: Martin Spiewak, *DIE ZEIT*, 19.11.2015

1. das Sprachengewirr: *la confusion des langues*
2. die Kita = die Kindertagesstätte = der Kindergarten
3. aus/loten: *explorer*
4. nachteilig: *pénalisant*
5. an/haften: *coller à la peau*
6. überehrgeizig: *d'une ambition extrême*

Partie 3 Expression écrite

→ Méthodologie p. 239

Behandeln Sie Thema A oder Thema B (mindestens 100 Wörter).

Thema A

Dina Chubukova meint: „Mehrsprachigkeit ist ein großes Geschenk." Wie stehen Sie dazu?

Thema B

Anlässlich einer Sprachenwoche sollen Sie eine kurze Rede vor Ihren Mitschülerinnen und Mitschülern halten. Darin sollen Sie das Publikum von den Vorteilen einer kulturellen Vielfalt an einer Schule überzeugen. Schreiben Sie diese Rede.

Partie 4 Expression orale

Vous disposez de cinq minutes maximum pour expliquer en allemand quel document (A ou B) ou quelle citation (C ou D) illustre le mieux, à votre sens, l'axe « Diversité et inclusion » et pour justifier votre choix.

MÉTHODOLOGIE

→ Méthodologie p. 241

ÉTAPE 1 ▶ Choisissez le document qui vous semble le plus parlant et le plus riche.

- Pour expliciter et justifier votre choix, appuyez-vous :
  Pour le document iconographique,
  – sur différents aspects de l'image (type d'image, source, composition, atmosphère, couleurs, situation, texte, etc.) ;
  – sur le message délivré.
  Pour la citation,
  – sur les mots-clés de la citation, l'auteur (sa fonction, son statut, etc.), le contexte (historique, sociologique, politique) ;
  – sur son sens et sa portée.

Ich habe dieses Bild / dieses Zitat gewählt, weil ...
Meiner Meinung nach illustriert dieses Bild / dieses Zitat am besten ...
Dieses Bild / dieses Zitat passt am besten zur Thematik ...

- Vous pouvez également interroger la pertinence du document.

Aber ich finde, dass ...
Dieses Bild entspricht meiner Meinung nach nicht genau (+ D).

ÉTAPE 2 ▶ Mobilisez les connaissances et expériences que vous évoque le document choisi pour approfondir et/ou élargir le sujet.

Faites le lien avec des documents étudiés en classe :

Dieses Bild / dieses Zitat erinnert mich an einen Text, an ein Bild ...

A

B

C

> Wer fremde Sprachen nicht kennt, weiß nichts von seiner eigenen.
>
> Johann Wolfgang Goethe (1749-1832), Dichter und Schriftsteller

D

> Die Grenzen meiner Sprache sind die Grenzen meiner Welt.
>
> Ludwig Wittgenstein (1889-1951), Philosoph und Mathematiker

KAPITEL 19

Zwischen Geschichte und Hipster-Tourismus

▶▶ Berlin: nur eine Topografie seiner Vergangenheit?

Shimon Attie, *Mulackstrasse 37, Berlin (1932)*, 1991

Auf geht's!

a. **Was zeigt diese Fotomontage, die heute im MoMA in New York zu sehen ist?**
b. **Informieren Sie sich über das Projekt des Künstlers und erzählen Sie, was Sie erfahren haben.**

Blick auf...

Die Spuren des Dritten Reichs

▸▸ **Sollte die Erinnerung an die Nazizeit Teil des Alltags sein?**

1 Das Holocaust-Mahnmal

A2-B1 **a.** Lesen Sie den Text. Stellen Sie Peter Eisenmann vor.

B1-B2 **b.** Fassen Sie seinen Standpunkt zum Holocaust-Mahnmal zusammen.

A2-B1 **c.** Sehen Sie sich jetzt das Video an. Machen Sie sich Notizen zum Kontext, dem Hauptthema, dem Mahnmal und der Situation.

B1-B2 **d.** Notieren Sie die Meinung und Argumente von Lea Rosh und den anderen Personen. Nehmen Sie Stellung zu dieser Debatte und argumentieren Sie.

2015 ist der amerikanische Architekt Peter Eisenmann zum 10. Jahrestag des Holocaust-Mahnmals nach Berlin geflogen. Bis heute gehört die Gedenkstätte zu seinen wichtigsten Werken.

„Dass die Leute dieses Denkmal nicht mehr in Frage stellen würden, hätte ich nicht vorhergesehen. Als ich jetzt drüber gelaufen bin, fand ich, dass es sehr erfolgreich ist! Denn es kommen viele Menschen, die gar nichts über den Holocaust wissen. Und – so ist es ein Teil von Berlin geworden."

Dass es da Leute gibt, die auf den Stelen Picknick machen, auch mal laut sind – und dass es da Kinder gibt, die Verstecken spielen[1], das stört ihn überhaupt nicht:

„Ich denke, wenn ein Kind nach Hause kommt und gefragt wird: Wo warst du heute? Und das Kind sagt – ich war beim Holocaust-Mahnmal und es war ein toller Tag! Dann gibt es doch nichts Besseres! Egal, was die Geschichte der Eltern oder Großeltern sein mag. Ein Kind, das da rumrennt[2] – das finde ich wunderbar! Ich möchte, dass es ein Teil des Alltags in Deutschland ist – kein heiliger Ort! Ein ganz profaner Ort!"

Nur – es stellt sich natürlich die Frage: Sollten die Besucher – und auch die Kinder – nicht verstehen, worum es hier auf diesem Stelenfeld[3] geht?

„Man kann Menschen nicht zwingen[4], etwas zu verstehen. Wenn die Kinder kommen und sagen – was für ein komischer Ort! Sieht nicht aus wie ein Hotel, nicht wie eine Kirche, nicht wie eine Schule – dann fragen sie die Eltern und dann bekommen sie eine Antwort. Man muss sie nicht schon im Vorhinein anweisen, wie sie zu sein haben, dass sie zum Beispiel ganz ernst[5] zu sein haben. So sollte man Erinnerung nicht leben. Wenn sie aber sagen – was für ein seltsamer Ort und selbst die Antwort wollen – dann ist das besser!"

1. verstecken spielen: *jouer à cache-cache* **2.** rumrennen (a, a): *courir dans tous les sens* **3.** das Stelenfeld: *le champ de stèles* **4.** jdn zwingen (a, u): *obliger qqn* **5.** ernst: *sérieux*

▷ Vidéo

Wie soll man am Berliner Holocaust-Mahmal gedenken?, Das Erste, 2019

Der Tagesschau-Reporter Robert Holm besucht das Holocaust-Denkmal, das 1999 im Bundestag beschlossen wurde und das bis heute umstritten bleibt.

2 Stolpersteine

MP3

A2-B1 **a.** Hören Sie sich die Audiodatei an und machen Sie sich Notizen. Fassen Sie dann zusammen, was Sophia über die Stolpersteine in ihrer Straße (siehe Foto) und allgemein erzählt.

B1-B2 **b.** Was hält sie von dieser Form der Erinnerung? Und Sie?

Stolpersteine, Hindenburgdamm (Berlin)

3 Mahnmal zur Bücherverbrennung

A2-B1 **a.** Lesen Sie den Text. Machen Sie sich Notizen zum Bebelplatz in Berlin, und zu Aron.

b. Analysieren Sie das Verhalten und die Gefühle der Personen.

B1-B2 **c.** Was meint der Vater vielleicht mit den Worten „eine gute Therapie"?

Recherchieren Informieren Sie sich über die Bücherverbrennung auf dem Bebelplatz in Berlin (welche Bücher, Autoren, Gründe, Konsequenzen ...). Berichten Sie darüber.

MP3

Am 10. Mai 1933 veranstalteten nationalsozialistische Studenten auf dem Bebelplatz vor der Humboldt-Universität eine Bücherverbrennung, an die heute ein in den Boden eingelassenes Mahnmal erinnert. Der Erzähler führt seinen Cousin aus Israel durch Berlin.

Ich gehe zusammen mit Aron zu dem Platz gegenüber der Universität, der heute Bebelplatz heißt. Aron blickt durch die Glasplatte, die in den Boden eingelassen ist, an der Stelle, an der damals das Feuer brannte. Unter der Glasplatte ist ein dunkler Raum mit leeren Bücherregalen zu sehen. (...) Aron steht lange schweigend[1] da. Ich frage mich, ob es ein Fehler war, ihn hierherzubringen. Warum konfrontiere ich ihn mit etwas, das er gar nicht sehen will? Warum verscheuche[2] ich die Berliner Leichtigkeit, die er gerade genießt? Aron scheint meine Gedanken zu erraten[3]. Er sagt, er habe vor Kurzem mit seinem Vater telefoniert, dabei habe er ein paar Sätze auf Deutsch gesagt, was für den Vater nicht einfach zu ertragen[4] gewesen sei. Die Sprache der verhassten Mörder aus dem Mund seines geliebten Jungen. „Er hat dann gesagt, ich soll ruhig weiter mit ihm Deutsch sprechen, es sei eine gute Therapie."

Aus: Maxim Leo, *Wo wir zu Hause sind*

1. schweigen (ie, ie): *se taire* **2.** verscheuchen: *(ici) chasser* **3.** erraten, (ä, ie, a): *deviner* **4.** ertragen (ä, u, a): *supporter*

Micha Ullmann, Denkmal zur Erinnerung an die Bücherverbrennung, Bebelplatz, Berlin

Wortschatz

- **sich an (+A) erinnern:** se souvenir de
- **das Denkmal(¨-er), das Mahnmal(e):** le mémorial
- **die Touristenattraktion(en):** l'attraction touristique
- **sich respektvoll / respektlos verhalten (ä, ie, a):** se comporter de façon respectueuse / irrespectueuse
- **etw. in den Alltag integrieren:** intégrer qqch. dans la vie quotidienne
- **sich an (+ A) gewöhnen:** s'habituer à
- **vor (+ D) fliehen (o, o):** fuir qqn / qqch.
- **jdn verfolgen:** persécuter qqn

Gesagt – getan!

Wie und warum sollte man sich erinnern? Diskutieren Sie in der Klasse über die Vor- und Nachteile der verschiedenen Formen des Gedenkens (im Museum, auf der Straße, Gedenktag ...).

Blick auf...

Die Spuren der geteilten Stadt

▸▸ Inwiefern wird die Erinnerung an die DDR-Zeit heute wiederbelebt?

1 Schloss ... Palast der Republik ... oder doch lieber Schloss?

A2-B1 **a.** Lesen Sie den Text und sammeln Sie Informationen über die Geschichte des Ortes. Erstellen Sie dann eine Chronologie: Was befand sich auf dem Berliner Schlossplatz in den letzten 100 Jahren (vor 1945; von 1951 bis 1974; von 1974 bis 1990; 2003; von 2003 bis heute)?

B1-B2 **b.** Wie kann der politische Kontext erklären, was passiert ist?

Recherchieren Hier können Sie sich das Video zum Wiederaufbau des Berliner Stadtschlosses ansehen: lyceen.nathan.fr/impulse-1re-term

Wo sich heute das neue Stadtschloss befindet, stand früher in Ost-Berlin der Palast der Republik – gleichzeitig Sitz des DDR-Parlaments und offizielles Kulturhaus für das Volk. Die Autorin war als elfjähriges Mädchen bei der Eröffnung 1974 dabei.

Palast der Republik, Oktober 2002

Der 18. November 1974 war ein Montag und das Wetter war so, wie Novembermontage eben so sind. Dort, wo heute das Schloss, pardon, das „Humboldt-Forum", empor wächst, stand an diesem Montag in den Siebzigern ein kleines Mädchen und betrachtete staunend etwas, das in ihren Augen auch schon wie ein Schloss aussah. Elf Jahre alt war das Mädchen und gerade einmal ein paar Monate in der großen Hauptstadt der DDR beheimatet. Natürlich hatte sie keine Ahnung davon, warum an diesem Tag so viele Menschen auf dem Platz versammelt[1] waren und was die alten Männer ganz vorn in die Mikrofone sagten. Das Mädchen war einfach überwältigt[2] von dem großen Haus mit den riesigen Glasfenstern (...).

Oft ist das Mädchen später in diesen „Palast" gegangen, hat mit Schulkameraden nachmittags auf den roten Ledersesseln gelümmelt[3], das beste Schoko-Eis in der ganzen Stadt geschleckt und später in der Disko Cola-Wodka geschlürft[4]. Längst ist das alles Vergangenheit, das Mädchen von damals hat inzwischen den Fall der Mauer erlebt, einen Jahrtausendwechsel und die Unendlichkeit des Internets.

Und nun steht es wieder hier an diesem Platz in der Hauptstadt, und wieder werden Reden gehalten, Gläser erhoben und das Richtfest[5] für einen neuen Palast, pardon, ein Schloss, pardon, das „Humboldt-Forum", erhoben. Verschwunden ist der gläserne Bau von damals und mit jedem Stein, der seinen Nachfolger formt, auch die Erinnerung daran, wie er aussah, wie es war auf den roten Ledersesseln unter den Glitzerkugeln[6] überall. Zeit für ein bisschen Wehmut[7] und die Erkenntnis, wie viel und wie wenig zugleich der große weltpolitische Zeitenlauf für so ein kleines menschliches Leben Bedeutung hat.

Wo wir einst glücklich im „Palast der Republik" unser Eis schleckten, musste zwanzig Jahre zuvor ein Schloss weichen[8], weil die Palast-Erbauer in ihm ein Symbol des untergegangenen preußischen Revanchismus sahen. Und wo wir bald die Kulturgüter der Welt besichtigen werden, wich ein Schloss, pardon, ein Palast, der für die Erbauer des Humboldt-Forums zum Symbol der untergegangenen Diktatur des Sozialismus geworden war.

© *Der Tagesspiegel*, 12.06.2015

1. versammeln: *rassembler* **2.** überwältigen: *terrasser* **3.** lümmeln: *se prélasser* **4.** schlürfen: *boire en faisant du bruit* **5.** das Richtfest: *la fête de fin de travaux* **6.** die Glitzerkugel: *la boule scintillante* **7.** die Wehmut: *la nostalgie* **8.** (D) weichen (i, i): *céder la place à*

2 Der Teufelsberg

A2 **a.** Sehen Sie sich das Video an und machen Sie sich Notizen dazu (Kontext, Hauptthema).

A2-B1 **b.** Sammeln Sie Informationen über den Teufelsberg (Wo? Wann? Wie entstand er? Die verschiedenen Etappen?).

B1-B2 **c.** Berichten Sie über den Teufelsberg im Kalten Krieg und heute.

Recherchieren Suchen Sie Bilder von anderen Graffitis in Berlin und berichten Sie darüber (Wo? Was stellen sie dar? Bezug zur Vergangenheit? ...). Tauschen Sie sich in der Klasse aus.

Vidéo

Lost Places – Abhörstation Teufelsberg Berlin, digitalphat, 2018

3 Die MauAR – eine historische App

A2-B1 **a.** Lesen Sie den Text und sammeln Sie Informationen über diese App.

b. Schauen Sie sich dann das Video an. Stellen Sie Peter Kolski vor.

B1-B2 **c.** Erklären Sie seine Arbeitsmethode. Welche Vorteile hat die App seiner Meinung nach?

Gruppenarbeit Was halten Sie von dieser Art der historischen Erinnerung durch erweiterte Realität? Machen Sie eine Umfrage in der Klasse, sammeln Sie Standpunkte und Argumente.

Vidéo

Augmented Reality-App „MauAR" macht Berliner Mauer erlebbar, Euronews, 2019

Der Weg zum Brandenburger Tor ist versperrt. „Achtung! Sie verlassen jetzt West-Berlin", warnt ein Schild – zum Glück nur, wenn man auf sein iPhone schaut. Mit der App „MauAR" wird das Smartphone zum Zeitfenster in die Vergangenheit: Eine virtuelle Berliner Mauer blockiert die Sicht zum ehemaligen Ost-Berlin. Es ist erstaunlich, wie echt[1] das aussieht. Vorbeifahrende Autos und die Menschen auf der anderen Straßenseite, die Richtung Pariser Platz schlendern[2], verschwinden auf dem Bildschirm hinter der Mauer. Möglich ist diese Zeitreise mit Hilfe von modernster Technologie: Durch Augmented Reality und GPS-Lokalisierung erscheint die Berliner Mauer wieder an den Originalorten.

© *Berliner Zeitung*, 06.11.18

1. echt = authentisch
2. schlendern: *flâner*

Wortschatz

- **etw. zerstören:** détruire qqch.
- **verschwinden (a, u):** disparaître
- **die Trümmer:** les ruines, les décombres
- **etw. wieder auf/bauen:** reconstruire qqch.
- **der Kalte Krieg:** la guerre froide
- **etw. wieder/beleben:** redonner vie à qqch.
- **etw. erleben:** vivre qqch.
- **die künstliche Intelligenz:** l'intelligence artificielle

Gesagt – getan!

Médiation Sie haben eine Reise nach Berlin gemacht und deutsche Freunde kennen gelernt, die neugierig auf die Erinnerungskultur in Frankreich sind. Schreiben Sie auf Ihrem Blog darüber, wie man die Erinnerung an die Vergangenheit in Berlin und in Ihrer Heimatstadt vergleichen kann.

Grammatik macht Sinn

Les subordonnées temporelles

REPÈRES GRAMMATICAUX P. 258

KURZ UND GUT

A2-B1

a. **Lisez les phrases suivantes, observez leur construction puis traduisez-les.**

b. **Déduisez la règle d'utilisation des conjonctions *wenn* et *als*.**

- ***Als*** *die DDR-Regierung 1961 die Mauer gebaut hat, waren die Berliner schockiert.*
- *Ein West-Berliner konnte Ost-Berlin gut sehen,* ***wenn*** *er auf die Aussichtstürme an der Mauer stieg.*

B1-B2

a. **Lisez les phrases suivantes et traduisez-les. En binôme, déduisez et mémorisez le sens des conjonctions temporelles.**

b. **Quelles prépositions de temps retrouvez-vous dans *bevor*, *nachdem* et *seitdem* ?**

- ***Bevor*** *die Mauer Berlin teilte, konnten alle über die Grenze.*
- *Die Menschen sangen und tanzten auf der Straße,* ***nachdem*** *die Mauer am 9. November 1989 geöffnet worden war.*
- ***Bis*** *die Mauer wieder fiel, waren viele Familien getrennt.*
- *Der Teufelsberg ist ein Ort für Graffiti-Künstler,* ***seitdem*** *der kalte Krieg zu Ende ist.*
- ***Sobald*** *der Palast der Republik demoliert worden war, begann man mit der Planung für den Wiederaufbau des Stadtschlosses.*

A2 **1** ***Wenn* ou *als* ? Complétez les phrases avec la conjonction qui convient.**

a. ... der Kölner Künstler Günter Demnig sein Projekt „Stolpersteine" 1992 initiierte, waren viele Menschen begeistert.

b. ... man an ein Opfer des Nationalsozialismus erinnern möchte, ist das mit einem Stolperstein möglich.

c. Es gab aber auch Kritik, ... Demnigs Idee sich verbreitete.

d. Einige finden es problematisch, ... man mit den Füßen auf die Namen der Toten tritt.

e. Die Stadt München zum Bespiel hat sich gegen Stolpersteine entschieden, ... Charlotte Knobloch, selbst Überlebende des Holocaust, das Projekt kritisiert hat.

A2-B1 **2** **Inversez l'ordre de la subordonnée et de la principale dans chaque phrase. Attention à la position du verbe !**

a. Viele internationale Künstler bemalten das längste erhaltene Mauerstück, nachdem die East Side Gallery 1990 eröffnet worden war.

b. Bevor sie nach Berlin kommen, haben sich fast alle Touristen schon im Internet über die East Side Gallery informiert.

Die East Side Gallery, Berlin

B1-B2 **3** **À partir des éléments suivants, formez des phrases au prétérit avec des subordonnées introduites par *wenn* ou *als* selon le cas. Traduisez-les.**

a. der alte Mann / jedesmal nach Berlin kommen / an die geteilte Stadt denken müssen

b. der alte Mann / zum ersten Mal seine Verwandten im Osten wiedersehen dürfen / tief erschüttert sein

c. John F. Kennedy / im Juni 1963 in Berlin eine Rede halten / „Ich bin ein Berliner!" sagen

Wortschatz macht Sinn

Vokabeln lernen

Berlin heute

- **das Schloss(¨-er):** le château
- **das Volk(¨-er):** le peuple
- **die Bedeutung(en):** la signification
- **berühmt:** célèbre
- **die Veränderung(en):** le changement
- **sich verändern:** changer
- **sich verbreiten:** se répandre
- **beseitigen:** faire disparaître
- **die Kunst(¨-e):** l'art
- **der Künstler(-), die Künstlerin(nen):** l'artiste
- **künstlich:** artificiel
- **echt:** authentique ≠ **künstlich:** artificiel
- **um/bauen:** transformer

Die Geschichte

- **die Bücherverbrennung:** l'autodafé (le fait de détruire des livres par le feu)
- **die Trümmer:** les ruines, les décombres
- **die Teilung, die geteilte Stadt:** la division, la ville divisée
- **der Westteil, der Ostteil:** la partie ouest, la partie est
- **die Besatzung der Alliierten:** l'occupation par les Alliés
- **die Grenze(n):** la frontière
- **der Mauerbau:** la construction du mur
- **der Mauerfall:** la chute du mur
- **der Grenzübergang(¨-e):** le point de passage de la frontière
- **die Regierung(en):** le gouvernement
- **die Diktatur:** la dictature
- **die Demokratie:** la démocratie

Die Erinnerung

- **die Vergangenheit:** le passé
- **die Gegenwart:** le présent
- **die Zukunft:** l'avenir
- **die Spur(en):** la trace
- **das Denkmal(¨-er), das Mahnmal(e):** le mémorial
- **das Gedächtnis:** la mémoire
- **sich an (+ A) erinnern:** se souvenir
- **vergessen: (i, a, e):** oublier
- **bauen = errichten:** construire
- **Spuren beseitigen:** éliminer les traces
- **verschwinden (a, u):** disparaître

besichtigen: visiter

- **etw. (D) gedenken (a, a):** commémorer qqch.
- **ehemalig:** ancien, ex-
- **der Alltag:** le quotidien
- **die Abwesenheit:** l'absence
- **etw. ertragen (ä, u, a):** supporter qqch.

Vokabeln aktiv

1 Complétez les phrases suivantes à l'aide du lexique ci-dessus et de vos connaissances.

a. Der Teufelsberg wurde aus den ... des Zweiten Weltkriegs gebaut.
b. Die DDR hat am Ort des ... den Palast der Republik errichtet.
c. Nach ... beseitigte das vereinte Deutschland die ... der DDR.
d. Das Stadtbild hat sich in den letzten Jahren stark ...
e. Die ... an die Geschichte ist wichtig, damit die Fehler der ... sich nicht wiederholen.

2 *Die Geschichte der Stadt Berlin*
Associez chaque événement à la date qui lui correspond, et formulez ensuite cinq phrases en prenant en compte la chronologie des événements (*bevor*, *nachdem* ...).

a. Bau des Palasts der Republik auf dem Schlossplatz in Ostberlin
b. Eröffnung des Holocaust-Mahnmals
c. Verlegung des ersten Stolpersteins
d. Bücherverbrennung durch das Nazi-Regime
e. Installierung einer US-Abhörstation auf dem Teufelsberg

1957
1933
2005
1996
1976

Prosodie und Phonetik

MP3

Le *Umlaut*

a. Lisez la phrase suivante à voix haute en veillant à la prononciation des voyelles en gras. Écoutez-la ensuite. Que remarquez-vous ?
• *S**o**nja s**a**gt, dass sie S**ä**ngerin ist, und spricht **ü**ber zwei sch**ö**ne j**u**nge Frauen.*
• *s**a**gt / S**ä**ngerin* • *j**u**ng / **ü**ber* • *sch**o**n / sch**ö**n*

b. Cherchez dans l'unité d'autres mots comprenant un *Umlaut* et entraînez-vous à les prononcer.

c. Notez les voyelles qui peuvent prendre un *Umlaut*, et celles qui ne peuvent pas en prendre.

Projekt Eine historische Bustour für Touristen vorschlagen

Erstellen Sie für eine historische Touristenbustour durch Berlin eine Audiodatei. Präsentieren Sie dabei die historische Bedeutung der heutigen deutschen Hauptstadt und sprechen Sie auch von den Veränderungen, die diese in den letzten hundert Jahren erfahren hat.
Sie können sich dazu von der Übung „Die Geschichte der Stadt Berlin“ (S. 201) inspirieren lassen oder auch zu folgenden Stichworten recherchieren, die für Ihre Präsentation interessant sein könnten:

- der Flughafen Tempelhof (und die Luftbrücke);
- die Berlin-Karte mit dem Verlauf der Mauer;
- der Potsdamer Platz;
- der Checkpoint Charlie;
- die „Geisterbahnhöfe“ ...

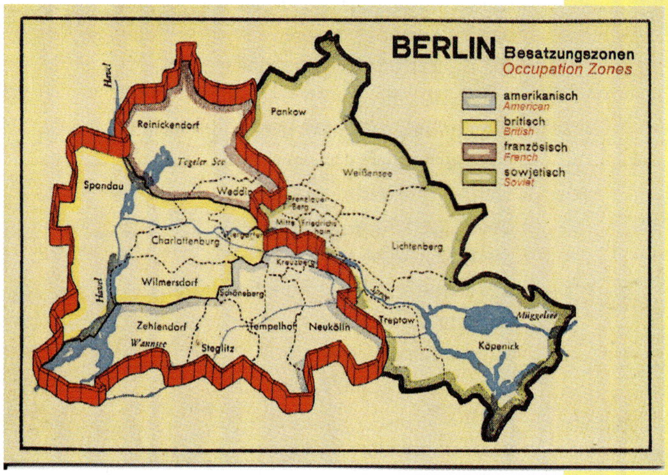

Berlin Besatzungszonen (1945-1949)

Médiation

Zwischen den Kulturen

Wählen Sie ein Land, das Ihnen vertraut ist. Berichten Sie über einen Ort, ein Denkmal oder ein Gebäude, die Ihrer Meinung nach für die Geschichte dieses Landes eine große Rolle spielen.

Über die Grenzen hinaus

Erzählen Sie nun Ihrem deutschen Austauschpartner oder Ihrer deutschen Austauschpartnerin etwas über die Geschichte Ihrer Heimatstadt.

Schritt für Schritt

Einen Text vortragen

1 Commencez votre présentation en montrant l’intérêt du tour que vous proposez. Pensez à bien vous adresser à vos auditeurs. Comme vous ne les connaissez pas, il convient de les vouvoyer.
Liebe Gäste / Besucher, bei unserer Tour werden Sie ... entdecken.

2 Intégrez les directions dans votre présentation, comme si vous étiez sur place.
zu Ihrer Linken / links; zu Ihrer Rechten / rechts; vor Ihnen, neben Ihnen ...

3 Choisissez les lieux, bâtiments, monuments qui constitueront les étapes de votre tour et situez-les sur une carte. Annoncez ensuite le programme du tour.
Wir werden ... sehen; Danach ...; Zum Schluss ...

4 Pour chaque étape, préparez un petit topo historique en insistant sur les transformations que la ville a subies.
– Die Stadt hat sich verändert, weil ...
– Früher stand hier ... Heute ist es ...
– Das Gebäude ist verschwunden / wurde wiederaufgebaut, als ...

5 Remerciez vos visiteurs de leur attention.
– Ich hoffe, diese Tour hat Ihnen gefallen.
– Hoffentlich hat Sie diese Rundfahrt interessiert.

Tipp!
Attention, pas de *in* devant les années :
Die Mauer ***wurde 1961*** *gebaut und* ***ist 1989*** *gefallen.*

Cleo

KURZKAPITEL 20

▸▸ Berlin, Stadt der mythischen Erinnerungen?

IHR PROJEKT

Eine Kurzversion des Films *Cleo* als Storyboard erstellen

1 Worum geht es wohl?

A2-B1

a. Sehen Sie sich das Filmplakat von *Cleo* an. Stellen Sie Hypothesen auf: Was könnte Ihrer Meinung nach das Thema dieses Films sein? Beachten Sie dazu auch die Angabe zum Filmgenre.

b. Sehen Sie sich den Trailer im Internet an und überprüfen Sie Ihre Hypothesen. Notieren Sie dann alle visuellen Elemente, die Sie mit der Stadt Berlin verbinden.

c. Achten Sie nun auf die zwei Kategorien von Personen, die im Trailer vorkommen. Wer sind die Personen in Farbe? In schwarz-weiß?

Recherchieren Als Cleo die Schatzkarte zeigt, erwähnt sie die Brüder Sass. Informieren Sie sich über den Berliner Mythos der Brüder Sass und ihren Schatz.

Deutschland 2019, 101 Minuten
Regie: Erik Schmitt
Drehbuch: Stefanie Ren, Erik Schmitt
Darsteller*innen: Marleen Lohse, Jeremy Mockridge u.a.
Genre: Abenteuerfilm, Komödie, modernes Märchen
FBW: Prädikat „wertvoll“
Festivals: Berlinale 2019: Eröffnungsfilm Sektion Generation K+

Etappe 1

Sammeln Sie Ihre Notizen zum eventuellen Thema, zu den visuellen Elementen der Stadt Berlin und den Personen des Trailers. Überlegen Sie sich erste Ideen für Ihr Storyboard.

2 Auf der Suche nach der Berliner Vergangenheit

A2-B1 Lesen Sie nun den Text und sammeln Sie weitere Elemente zur Geschichte des Films.

Cleo lebt in Berlin. Sie wurde dort an einem historischen Tag geboren, am 9. November 1989. An diesem Tag starb auch ihre Mutter. Cleo hat eine sehr intensive Beziehung zu ihrer Heimatstadt. Sie liebt Berlin, die „Seele[1]" und die Geschichte der Stadt, die sie mit ihrem Vater zusammen entdeckt.

Cleo hat die Gabe, dabei mit berühmten[2], aber schon verstorbenen Berliner Persönlichkeiten kommunizieren zu können. Als der Vater bei einer dieser Erkundungstouren tödlich verunglückt[3], ist Cleo mit 10 Jahren ganz allein und wird zu einem verschlossenen[4] Mädchen.

Jahre später konzipiert sie Führungen für eine Touristenagentur und trifft dabei Paul, der auf der Suche nach dem mythischen Schatz[5] der Brüder Sass ist. Cleo weiß, dass dieser Schatz eine Zeitmaschine[6] in Form einer Uhr enthalten soll. Diese magische Uhr hat Cleo schon als Kind mit ihrem Vater gesucht, weil sie hoffte, damit den Tod ihrer Mutter rückgängig machen zu können. Jetzt wird die Zeitmaschine zu ihrer einzigen Hoffnung, beide Eltern ins Leben zurückzubringen.

Paul und Cleo machen sich also auf die Suche nach dem Schatz, der im Berliner Untergrund[7] versteckt ist. Die Suche führt sie immer tiefer in die Vergangenheit der Großstadt, bis unter den Teufelsberg. Bekannte Persönlichkeiten der Geschichte wie Marlene Dietrich, Albert Einstein und Max Planck tauchen auf[8] und helfen Cleo dabei, nicht nur das Rätsel des Schatzes zu lösen, sondern auch ihr Herz zu öffnen.

1. die Seele(n): *l'âme* **2.** berühmt: *célèbre* **3.** verunglücken: *avoir un accident* **4.** sich verschließen (o, o): *se renfermer* **5.** der Schatz(¨e): *le trésor* **6.** die Zeitmaschine(n): *la machine à remonter le temps* **7.** der Untergrund: *le sous-sol* **8.** auf/tauchen: *surgir, apparaître*

Der Teufelsberg ist ein künstlicher, 120 m hoher Berg. Er entstand nach dem Zweiten Weltkrieg aus Trümmern der durch Bomben zerstörten Gebäude der Stadt. 1940 hatte Hitler begonnen, hier eine Militäruniversität bauen zu lassen. Nach Kriegsende wurde diese gesprengt und teilweise abgerissen. Im Kalten Krieg nutzten die Spionageagenturen der amerikanischen und britischen Alliierten den Teufelsberg als Abhörstation. Der Legende nach gibt es dort heute noch unterirdische Gänge und Bunker.

3 Die Geschichte der Stadt Berlin

A2-B1 Schauen Sie sich die erste Szene an. Welche Ereignisse erkennen Sie wieder? Sammeln Sie die Ergebnisse in der Klasse.

Gruppenarbeit

Zeichnen Sie nun gemeinsam einen Zeitstrahl, auf dem Sie diese Ereignisse chronologisch einordnen.

Etappe 2

Erstellen Sie auf der Grundlage des Zeitstrahls eine Chronologie der Ereignisse in Berlin ab Beginn des 20. Jahrhunderts. Sie können die historischen Personen des Trailers miteinbeziehen, aber auch die fiktiven.

Vidéo

Szene 1. Zu Beginn des Films fasst der Archivar die letzten 800 Jahre der Geschichte von Berlin und Deutschland in Bildern zusammen.

4 Die Schatzsuche

A2-B1 **a.** Sehen Sie sich die zwei Szenen aus Cleos Kindheit an. Erklären Sie, um was für eine Uhr es sich handelt und welche Geschichte sie hat.

b. Erzählen Sie, was Cleo mit der Uhr machen möchte und warum.

B1-B2 **c.** Was würden Sie selbst machen, wenn Sie die Zeit zurückdrehen könnten?

Vidéo

Szene 2.a. Einstein und die Zeitmaschine
Szene 2.b. Die Schatzsuche mit dem Vater

5 Unterm Teufelsberg

A2-B1 **a.** Schauen Sie sich die dritte Szene an. Erklären Sie, wen und was Cleo und Paul unter dem Teufelsberg vorfinden.

B1-B2 **b.** Definieren Sie den Beruf des Historikers, so wie der Archivar ihn sieht. Nehmen Sie dann persönlich zu dieser Definition Stellung.

Vidéo

Szene 3. Eine Schatzkarte führt Cleo auf der Suche nach der Uhr unter den Teufelsberg.

Wortschatz

- **die geteilte Stadt:** la ville divisée
- **die wiedervereinigte Stadt:** la ville réunifiée
- **die Unterwelt:** le monde souterrain
- **die Vergangenheit verändern:** changer le passé
- **die Nachkriegszeit:** l'après-guerre
- **eine Rede halten:** faire un discours
- **etw. erfinden (a, u):** inventer qqch.
- **jdn retten:** sauver qqn
- **der Neuanfang:** le nouveau départ

Etappe 3

Stellen Sie sich vor, wie die Geschichte weitergehen könnte: Was erzählt der Archivar vielleicht noch über die Geschichte des Teufelsbergs? Gibt er Tipps zur Schatzsuche? Findet Cleo den Schatz? ...

6 Die Leinwand in der Stadt

A2-B1
a. Schauen Sie sich diese Szene zuerst ohne Ton an. Kommentieren Sie die filmischen Mittel, die der Regisseur einsetzt.

b. Versuchen Sie, Berliner Sehenswürdigkeiten in der Szene zu entdecken.

c. Stellen Sie sich vor, was Cleo zu diesen Bildern auf der Leinwand sagen könnte, und schreiben Sie eine mögliche Vertonung (oder nehmen Sie sie auf). Sehen Sie sich dann die Szene mit dem Originalton an.

B1-B2
d. Cleo erzählt von sich und von ihrem Verhalten in dieser Passage. Fassen Sie in anderen Worten zusammen, was sie sagt, und welche Rolle die Stadt Berlin in ihrer Entwicklung gespielt hat.

Vidéo

Szene 4

Recherchieren Informieren Sie sich über die schon verstorbenen Berliner Persönlichkeiten, die Cleo im Film begegnen und ihr bei ihrer Suche helfen, z.B. Albert Einstein, Heinrich Schliemann, Max Planck, Marlene Dietrich ... Wählen Sie eine und berichten Sie in der Klasse (Wann hat die Person gelebt? Wofür ist sie berühmt geworden?).

Wortschatz

- **der Geist(er):** l'esprit, le fantôme
- **die Hilfe aus dem Jenseits:** l'aide venant de l'au-delà
- **die Fantasie:** l'imagination
- **verzaubert:** envoûté, ensorcelé, magique
- **verzweifelt:** désespéré
- **die Zeit zurück/drehen:** remonter le temps
- **das Geheimnis(se):** le secret
- **das Rätsel(-):** le mystère
- **die Schatzkarte, die Schatzsuche:** la carte au trésor, la chasse au trésor

IHR PROJEKT

Letzte Etappe

Erfinden Sie jetzt mit Hilfe der Informationen, die Sie im Kapitel gesehen, gelesen und recherchiert haben, Ihre eigene Kurzversion des Films und erstellen Sie ein Storyboard.

Tragen Sie die verschiedenen Elemente zusammen, die Sie im Laufe des Kapitels erarbeitet haben:
– Ihre Hypothesen und Notizen zu Personen und Orten des Films;
– die Chronologie der Geschichte Berlins ab dem Beginn des 20. Jahrhunderts;
– die Szene mit dem Archivar unter dem Teufelsberg;
– Cleos persönliche Entwicklung im Laufe ihrer Schatzsuche (mit ihrem Vater, allein und am Ende mit Paul).

Sie können die inhaltlichen Akzente so setzen, wie Sie persönlich Lust haben, aber die wichtigsten Elemente (Tod der Eltern, Suche nach der Zeitmaschine, Geschichte der Stadt Berlin ...) sollten präsent sein.

KAPITEL 21

Vom Traum zum Trauma

Kolonialismus: eine Lücke im deutschen Gedächtnis?

Altes Amtsgericht in Swakopmund, Namibia

Auf geht's!

a. Machen Sie sich Notizen zu diesem Foto. Was fällt Ihnen auf?
b. Was verbinden Sie spontan mit dem Wort Kolonialismus? Was wissen Sie über die deutsche bzw. die französische Kolonialgeschichte?

Blick auf…

Eine verdrängte Geschichte

▸▸ **Hat die Kolonialgeschichte Spuren in Deutschland hinterlassen?**

1 Wettlauf um Afrika

A2 **a.** Sehen Sie sich die Karte an und lesen Sie den Text. Nennen Sie dann alle deutschen Kolonien in Afrika 1914. Wann wurde jede dieser Kolonien unter deutsche Schutzherrschaft gestellt?

B1 **b.** Stellen Sie Otto von Bismarck und seine Rolle im deutschen Wettlauf um Kolonien in Afrika vor.

B1-B2 **c.** Finden Sie im Text Indizien, die zeigen, dass die Kolonisation in Afrika „grausam" war.

d. Geben Sie die Argumente des Historikers Jürgen Zimmerer wieder, die erklären, warum die deutsche Kolonisation so lange im Schatten blieb. Was könnte dies Ihrer Meinung nach noch erklären?

Recherchieren Deutschland hatte auch Kolonien in China und in der Südsee. Suchen Sie im Internet Informationen dazu und berichten Sie darüber in der Klasse.

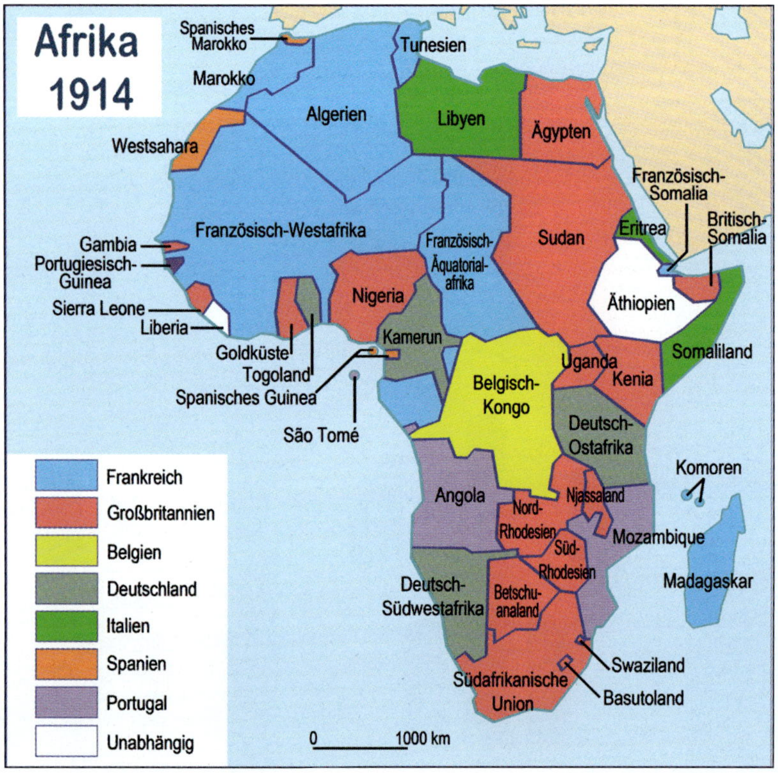

Der lange Schatten des deutschen Kolonialismus

Die deutsche Kolonialherrschaft war relativ kurz, da alle Kolonien nach dem Ende des Ersten Weltkrieges unter dem siegreichen Bündnis[1] aus Großbritannien, Frankreich, Belgien und Portugal aufgeteilt wurden. Einer der Gründe, warum die deutsche Kolonialgeschichte lange in den Hintergrund gedrängt wurde, sagt Zimmerer[2] (...).
Namibia (ehemals Deutsch-Südwestafrika), Ghana und Togo in West- und Kamerun im zentralen Afrika wurden 1884, Tansania (ehemals Deutsch-Ostafrika) 1885 unter deutsche Schutzherrschaft gestellt. Der damalige Reichskanzler Otto von Bismarck stand innen- wie außenpolitisch unter Druck und machte deshalb 1884 den Weg für die Kolonisierung frei. Ungleiche Verträge, Rassismus und Gewalt prägten die ersten 15 Jahre unter deutscher Schutzherrschaft. Besonders grausam[3] war die Entwicklung in Deutsch-Südwestafrika (...). Zimmerer: „30 Jahre vor den Nürnberger Gesetzen[4] gab es bereits eine ‚Rassengesetzgebung' in Südwestafrika, das Verbot von sogenannten Misch-Ehen[5], die Stigmatisierung von sexuellen Beziehungen von deutschen Männern und afrikanischen Frauen (...)."

Julia Hitz, 14.10.2016

1. das siegreiche Bündnis(se): *l'alliance des vainqueurs* 2. Jürgen Zimmerer: ein deutscher Historiker 3. grausam: *cruel* 4. das Gesetz(e): *la loi* 5. die Ehe(n): *le mariage*

Eine Initiative des berühmten ersten deutschen Reichskanzlers Otto von Bismarck war es, zwischen November 1884 und Februar 1885 die sogenannte „Kongo-Konferenz" in Berlin zu organisieren. Da diskutierten Vertreter aus 13 europäischen Ländern, um die Regeln der Kolonisation in Afrika festzulegen.

2 Raubkunst im Humboldt-Forum

A2-B1 **a.** Sehen Sie sich das Video an und machen Sie sich Notizen zu der Raubkunst (Definition, Anzahl, Ausstellungsorte, heutige Debatte ...).

B1-B2 **b.** Geben Sie die verschiedenen Standpunkte wieder. Was halten Sie persönlich davon?

Recherchieren Was ist das Humboldt-Forum? Berichten Sie darüber.

Vidéo

Koloniale Raubkunst, Das Erste, 2018

3 Spuren des Kolonialismus in Hamburg

A2-B1 **a.** Lesen Sie den Text. Listen Sie alle konkreten Spuren der Kolonialgeschichte auf, die heute noch in Hamburg zu finden sind.

b. Erklären Sie, inwiefern Hamburg vom Kolonialismus profitierte.

B1-B2 **c.** Sehen Sie sich nun das Bild genau an und machen Sie sich Notizen zu diesem Denkmal. Was halten Sie von der Forderung der Demonstranten?

Viele Spuren des Kolonialismus führen nach Hamburg. Die [Spuren] der Hagenbecks, die damals mit ihren „Völkerschauen", dem Zurschaustellen von Afrikanern, Reibach machten. (...) Die [Spuren] von Heinrich Carl von Schimmelmann, dem dänischen Finanzminister und einem der größten Sklavenhändler seiner Zeit, der in Hamburg noch heute mit einer Straße geehrt wird. Oder eben die Speicherstadt[1], die nun Unesco-Weltkulturerbe ist, und in der zahllose Kaufleute ihre Kolonialwaren lagerten[2]. Die [Spuren] der Askari, afrikanische Söldner, denen von den Nationalsozialisten ein Denkmal aus Terrakotta gebaut wurde und das noch heute, hinter verschlossenen Türen, im Tansania-Park steht. (...)
In Harburg[3] entstand Europas größtes Zentrum für Kautschuk- und Palmölverarbeitung[4], in Altona und Wandsbek eine florierende Margarineindustrie. Hamburg entwickelte sich rasch zu einer der führenden Städte des Welthandels (...). „Hamburgs Aufstieg zur führenden Wirtschaftsmetropole geht auch auf seine zentrale Rolle im Kolonialismus zurück", resümiert Zimmerer.

© *Die Welt*, 17.04.2016

1. die Speicherstadt: das Hafen-Viertel in Hamburg **2.** lagern: *entreposer* **3.** Harburg, Altona und Wandsbek: Stadtteile von Hamburg **4.** die Palmölverarbeitung: *la transformation de l'huile de palme*

Aktion der Gesellschaft für bedrohte Völker vor dem Askari-Relief im Tansania-Park, Hamburg, 2004

Wortschatz

- **unter Schutzherrschaft stellen:** placer sous protectorat / domination
- **aufgeteilt werden:** être partagé, découpé
- **verdrängt werden:** être refoulé
- **Spuren hinterlassen (ä, ie, a):** laisser des traces
- **zum wirtschaftlichen Aufstieg bei/tragen (ä, u, a):** contribuer à l'essor économique
- **jdn ehren:** mettre qqn à l'honneur / honorer la mémoire de qqn
- **erobern:** conquérir
- **umstritten sein:** être controversé

Gesagt – getan!

Schreiben Sie einen Artikel über die deutsche Kolonialgeschichte und ihren Spuren in Deutschland für ein Kinderlexikon.

Blick auf… Namibia

▸▸ Hat die Kolonisation Namibias heute noch Folgen?

1 Spuren in Namibia

A2-B1 **a.** Lesen Sie den Text und schauen Sie sich das Bild an. Nennen Sie alle konkreten Spuren der deutschen Präsenz in Namibia.

B1-B2 **b.** Erklären Sie, was das heutige Namibia charakterisiert.

Wer in Namibia das Deutsche sucht, wird es in den Städten finden. Zwischen Bismarckstraße, Kaiserhof und wilhelminischen[1] Fassaden grüßt man sich noch mit „Wie geht's?". (...)

Wer das Deutsche will in Namibia, kann es heute noch haben. Im „Café Anton" in Swakopmund zum Beispiel. (...) Die Schwarzwälder Kirschtorte und dazu ein Kännchen Kaffee, alles in einem Ambiente wie in Großmutters Lieblingscafé in den 1970ern. (...) Doch wer nur das Deutsche sucht, der verpasst[2] alles, was dieses Land in seinem Wesen ausmacht. Namibia – in seinem Kern, seinen Traditionen – ist zutiefst afrikanisch. (...) Land der Himba, der San, der Nama, Herero und Ovambo (...). Was vom Deutschen übrig blieb, ist zunächst der Eindruck, hier sei ein Deutschland bewahrt worden, das im wahren Deutschland längst untergegangen ist. Eine in Plexiglas gegossene Vergangenheit. (...) Seit der Unabhängigkeit[3] Namibias 1990 ist alles im Wandel[4] (...). Überall im Land findet man die neuen Namibier, die vieles sein wollen, nur keine Südwester[5] mehr. Menschen, die Deutsch sprechen, als Kinder zur deutschen Schule gegangen sind, aber nicht Deutsch denken. Die einstigen[6] nationalen Abgrenzungen sind aufgeweicht[7].

1. wilhelminisch: typisch für die Epoche des Kaisers Wilhelms II. (1888-1918) **2.** verpassen: *manquer, rater* **3.** die Unabhängigkeit: *l'indépendance* **4.** im Wandel sein: *changer* **5.** die Südwester: die Einwohner der Kolonie „Deutsch-Südwestafrika" **6.** einstig ≈ alt **7.** auf/weichen: *s'affaiblir*

Ankerplatz in Swakopmund, Namibia

2 Keine deutschen Denkmäler?

A2-B1 **a.** Sehen Sie sich das Video an und machen Sie sich Notizen zur Geschichte der deutschen Kolonisation in Namibia und zu ihren Spuren in der Stadt Swakopmund.

b. Fassen Sie das Thema der Kontroverse zusammen, von der im Video die Rede ist.

B1-B2 **c.** Geben Sie die Meinungen und Argumente der verschiedenen Protagonisten dieser Kontroverse wieder.

d. Mit wem sind Sie persönlich einverstanden? Welche Form von Denkmal ist für Sie das beste Mittel, um dieser Gräueltaten zu gedenken? Diskutieren Sie.

Vidéo

Namibia: Keine deutschen Denkmäler, Deutsche Welle, 2017

In der Kolonie Deutsch-Südwestafrika (heute Namibia) wurde zwischen 1907 und 1908 (30 Jahre vor dem Holocaust) ein Genozid an den Herero und Nama begangen. Rund 80.000 Herero und 10.000 Nama kamen ums Leben.

3 Die Aufarbeitung der Kolonialgeschichte

A2-B1 **a.** Lesen Sie den Text. Fassen Sie den Artikel kurz zusammen. Berichten Sie dabei über Gerd Müller, den Kontext, und seine Position zum Thema „Aufarbeitung der kolonialen Vergangenheit".

B1-B2 **b.** Inwiefern konnten Müllers Aussagen 2018 einen Wendepunkt in der Aufarbeitung der Kolonialgeschichte in Namibia und in Deutschland darstellen?

c. Was halten Sie persönlich von dieser Vision der Aufarbeitung?

Bundesentwicklungsminister Gerd Müller trifft Vertreter der Herero und Nama in Windhuk am 29. August 2019.

Entwicklungsminister Müller will die Zusammenarbeit mit Namibia auf eine neue Basis stellen. Er wünscht sich eine engere Partnerschaft mit der früheren Kolonie und die endgültige Aufarbeitung der Kolonialverbrechen.

„(...) [W]ir wollen nach vorne blicken; die Vergangenheit nicht vergessen, aber einen neuen Schritt nach vorne machen hin zur Partnerschaft und Freundschaft der beiden Länder", sagte der Bundesentwicklungsminister bei einem Besuch in Namibia, der früheren Kolonie Deutsch-Südwestafrika. Die offene und ehrliche Auseinandersetzung mit der Vergangenheit sei Fundament für die gemeinsame Zukunft.
Ein Treffen mit Vertretern der Volksgruppen der Herero und Nama in Windhuk, die Opfer der Gräueltaten[1] der deutschen Kolonialherren waren, bezeichnete Gerd Müller als freundschaftlich. „Wir haben zu lange vergessen und auch zu lange verdrängt, was war in den Jahren der Kolonialzeit", meinte Müller. „Es ist zwischenzeitlich klar, dass die Verbrechen[2] und Gräueltaten 1904 bis 1908 das waren, was wir heute als Völkermord bezeichnen – und dies auch so benennen." Deutschland werde daher auch „in aller gebotenen Form" um Entschuldigung bitten, kündigte Müller an. (...)
Müller versprach zudem eine Intensivierung des deutschen Engagements in dem südwestafrikanischen Staat. „Wir werden unsere Zusammenarbeit weiter ausbauen und neue Schwerpunkte setzen – insbesondere die Bereiche Ausbildung, Gesundheit und Energie wird Deutschland unterstützen[3]". Geplant ist auch ein Austauschprogramm für junge Handwerker.

© dpa, 29.08.2019

1. die Gräueltaten: *les atrocités* 2. das Verbrechen(-): *le crime* 3. unterstützen: *soutenir*

Wortschatz

- **jdn an (+ A) erinnern:** rappeler qqch. à qqn
- **im Gedächtnis bewahren / erhalten (ä, ie, a):** garder en mémoire
- **der Opfer gedenken (a, a):** rendre hommage aux victimes
- **jdn um Entschuldigung bitten (a, e):** présenter ses excuses à qqn
- **die Zusammenarbeit fördern:** encourager la coopération
- **eine gemeinsame Zukunft wieder/aufbauen:** reconstruire un avenir commun
- **(kulturelle) Grenzen ab/schaffen:** abolir, supprimer les frontières (culturelles)
- **sich mit (+ D) auseinander/setzen:** se confronter à

Gesagt – getan!

Debattieren Sie in der Klasse: Wie kann die koloniale Vergangenheit am besten aufgearbeitet werden? Warum ist es wichtig? Nennen Sie Beispiele aus der deutschen oder der französischen Geschichte.

Grammatik macht Sinn

La voix passive

REPÈRES GRAMMATICAUX P. 253

KURZ UND GUT

Observez les formes verbales dans les phrases ci-dessous. Repérez les règles de construction de la voix passive en allemand. Traduisez ensuite ce résumé.

A2-B1

- *Afrika **wird** im 19. Jahrhundert von vielen europäischen Ländern **kolonisiert**.*
- *Viele Eingeborene **werden** zu dieser Zeit von den Kolonialmächten **ausgebeutet**.*

B1-B2

- *Die sogenannte „Kongo-Konferenz" **wurde** von Otto von Bismarck **organisiert**.*
- *1884 **ist** das heutige Namibia von Deutschland **erobert worden**.*
- *Diese Geschichte **wurde** lange **verdrängt**, sie **muss** heute **aufgearbeitet werden**.*
- *Die Kolonialvergangenheit **darf** nicht **vergessen werden**.*

A2-B1 **1** **a. Relevez toutes les formes de passif dans le texte ci-dessous, puis traduisez-le.**

Auf der „Kongo-Konferenz" in Berlin werden neue Grenzen in Afrika festgelegt. Für den Historiker Jürgen Zimmerer wird dabei keine Rücksicht auf die damaligen lokalen Strukturen genommen: Ethnien, die früher gerne kooperierten, werden durch die kolonialen Grenzen getrennt. Umgekehrt werden Ethnien, die traditionell in Konkurrenz standen, in einem kolonialen Territorium vereint. Heute noch prägen diese postkolonialen Grenzen das afrikanische Territorium.

b. Toutes ces formes sont au présent. Réécrivez le texte au prétérit, puis au parfait.

A2-B1 **2** **Complétez les phrases suivantes en conjuguant le verbe entre parenthèses à la voix passive au présent, puis au prétérit et enfin au parfait.**

a. Namibia ... von Deutschland im Jahre 1884 ... (kolonisieren)

b. Viele Ressourcen aus dem afrikanischen Boden ... von den Europäern für ihren eigenen Profit ... (ausbeuten)

c. Viele afrikanische Kunstwerke ...von den deutschen Kolonialisten nach Europa ... (bringen)

d. „Wir ... von Europa ...", klagen viele Afrikaner. (berauben)

e. Die Rückgabe der sogenannten Kolonialraubkunst ... von vielen Bürgern ... (verlangen)

f. In den letzten Jahren ... an deutschen und europäischen Universitäten viele Forschungen ... (durchführen)

g. Im Jahre 2018 ... der Genozid an den Herero und Nama vom deutschen Minister Gerd Müller offiziell ... (anerkennen)

A2-B1 **3** **En vous appuyant sur les documents étudiés, associez un élément de la colonne de gauche à un élément de la colonne de droite puis formulez les phrases correspondantes à la voix passive. Soyez attentif à la conjugaison et à la place des éléments dans la phrase.**

A. Togo	**a.** von Bismarck organisiert
B. Die „Kongo-Konferenz"	**b.** als Sklaven ausgebeutet
C. Viele Eingeborene	**c.** in Hamburg von den Nazis gebaut
D. Das Askari-Relief	**d.** 1884 von Deutschland kolonisiert

B1-B2 **4** **À partir des informations tirées des différents documents de l'unité, formulez des énoncés vrais / faux à soumettre à vos camarades. Vous devez forcément utiliser une forme de la voix passive, au présent ou au passé.**

Exemple : *Togo wurde 1885 unter deutsche Schutzherrschaft gestellt. Richtig oder falsch?*

Wortschatz macht Sinn

Vokabeln lernen

Eine verdrängte Geschichte?

- **vergessen (i, a, e):** oublier
- **verschweigen (ie, ie):** passer sous silence
- **verdrängen:** refouler
- **im Schatten der Geschichte bleiben (ie, ie):** rester dans l'ombre de l'histoire
- **Spuren hinterlassen (ä, ie, a):** laisser des traces
- **das Straßenschild(er):** la plaque avec le nom d'une rue
- **zum wirtschaftlichen Aufstieg bei/tragen (ä, u, a):** contribuer à l'essor économique
- **fordern = verlangen:** revendiquer, exiger
- **sich für (+ A) schämen:** avoir honte de

Die Kolonisation

- **das Schutzgebiet(e):** le protectorat
- **der / die Eingeborene(n):** l'indigène
- **unter fremde(r) Herrschaft stellen/stehen (a, a):** mettre / être sous domination étrangère
- **ein Land erobern:** conquérir un pays
- **gewalttätig:** violent
- **die Ungerechtigkeit:** l'injustice
- **die Menschen und die Ressourcen aus/beuten:** exploiter les gens et les ressources
- **grausam:** cruel
- **rauben:** voler
- **plündern:** piller
- **der Völkermord:** le génocide
- **ermorden:** assassiner

Die Aufarbeitung der Vergangenheit

- **die Vergangenheit auf/arbeiten:** faire un travail de mémoire sur le passé
- **geehrt werden:** être mis à l'honneur
- **ein Denkmal errichten:** ériger un monument commémoratif
- **seine Schuld anerkennen (a, a):** avoir honte de qqch.
- **sich für (+ A) verantwortlich fühlen:** se sentir responsable de
- **sich an (+ A) erinnern:** se souvenir de
- **der Opfer gedenken (a,a):** rendre hommage aux victimes
- **etw. zurück/geben (i, a, e):** rendre qqch.
- **um Entschuldigung bitten (a, e):** demander pardon

Vokabeln aktiv

1 Trouvez l'intrus dans chaque série. Justifiez votre choix.

a. die Gewalt / die Eingeborenen / der Rassismus / die Ungerechtigkeit

b. anerkannt werden / vergessen werden / im Schatten bleiben / verdrängt werden

c. ausbeuten / kolonisieren / erobern / ehren

2 Complétez les phrases avec le mot qui convient.

a. Die deutsche Kolonialgeschichte wurde lange ...

b. Aber sie ... viele Spuren in Deutschland und in Afrika.

c. Heute möchten viele diese Vergangenheit ...

d. Zum Beispiel wurde 2015 der ... an den Herero und Nama offiziell anerkannt.

e. Viele fragen aber heute noch, ob die koloniale Raubkunst ... werden muss.

f. Die Ex-Kolonialisten haben ihre Schuld ... und engagieren sich nun für eine echte Kooperation mit den Ex-Kolonien.

3 Formez des groupes verbaux cohérents en associant les éléments des deux colonnes. Utilisez-les ensuite dans des phrases.

A. die Ressourcen	a. geehrt werden
B. Entschuldigungen	b. fordern
C. den Völkermord	c. ausbeuten
D. mit einem Straßenschild	d. anerkennen

Prosodie und Phonetik

MP3

La prononciation de « ch », « sch », « st » et « sp »

a. Lisez les mots suivants. Écoutez ensuite l'enregistrement puis classez les mots en trois colonnes :
– colonne 1 : [ʃ] comme dans *schön*
– colonne 2 : [ç] comme dans *ich*
– colonne 3 : [x] comme dans *machen*

• *noch*	• *Spuren*	• *Bücher*
• *Ungerechtigkeit*	• *sich erinnern*	• *brauchen*
• *Straßenschild*	• *Reich*	• *auch*
• *Entschuldigung*	• *Verbrechen*	• *Stadt*
• *achten*	• *sich rächen*	• *Geschichte*

b. Entraînez-vous à prononcer correctement les mots suivants : *Ausstieg / wirtschaftlich / im Schatten stehen / Kolonialmacht / Kolonialmächte / afrikanisch / noch*

FINALE

Projekt – Eine Aktion gegen das koloniale Vergessen organisieren

Organisieren Sie eine Kampagne, um über die deutsche Kolonialgeschichte zu informieren und um die Menschen für die heutigen Spuren und Folgen dieser Kolonialvergangenheit zu sensibilisieren. Ihre Kampagne kann ein Flugblatt oder ein Video sein.

Sie können auch die heutigen Debatten über Raubkunst oder Straßennamen in Deutschland erwähnen und Stellung dazu nehmen.

Médiation

Zwischen den Kulturen

Bitten Sie Schüler, die eine andere Fremdsprache lernen, an Ihrer Kampagne teilzunehmen: Fragen Sie sie, wie die Kolonialgeschichte in anderen Ländern aufgearbeitet wird und organisieren Sie gemeinsam eine Ausstellung zum Thema „Aufarbeitung der Kolonialgeschichte" in der Schulaula.

Über die Grenzen hinaus

Präsentieren Sie Ihre Kampagne Ihrer Partnerklasse und fragen Sie sie, was sie über ihre koloniale Vergangenheit und über die französische Kolonialgeschichte wissen. Diskutieren Sie dann: Wie kann man am besten die koloniale Vergangenheit aufarbeiten?

Schritt für Schritt

Eine Sensibilisierungskampagne veranstalten

1 Réfléchissez à la forme à donner à votre campagne : tract ou vidéo ? Dans un cas comme dans l'autre, choisissez les points essentiels et les arguments que vous voulez aborder et structurez-les.

Vous devez informer sur les faits historiques essentiels, sensibiliser les gens à la nécessité d'un travail de mémoire et proposer une ou des action(s) commémorative(s) (un jour, un lieu, une exposition, une inauguration de monument, un discours...).

Zuerst möchte ich / möchten wir ...
Dann muss auch gesagt werden, dass ...
Muss ich / müssen wir noch daran erinnern, dass ...?
Zum Schluss möchte ich / möchten wir betonen, dass ...

2 Adressez-vous à votre public, que ce soit à l'écrit ou à l'oral. Votre présentation doit être vivante pour convaincre.

Wusstet ihr, dass ...?
Habt ihr schon davon gehört?
Ist es euch klar, dass ...?
Habt ihr da (keine) Lust zu reagieren / mitzumachen?

Aktion für die Umbenennung kolonialer Straßennamen

3 Formulez des conseils et des revendications pour évoquer la nécessité et les formes possibles du travail de mémoire. Créez un slogan pour votre campagne. Insérez-le sur votre tract ou scandez-le dans votre vidéo.

Wir sollten (+ inf.)
Es ist heute wichtig / dringend ...
Es wäre schön / besser / eine gute Idee, wenn ...

4 Si vous réalisez une vidéo, entraînez-vous à employer un ton adapté et convaincant. Si vous réalisez un tract, illustrez-le avec une ou des image(s) pertinente(s).

Tipp!

Pour formuler des conseils et des revendications, vous pouvez, entre autres, utiliser l'impératif (cf. p. 252).

Partie 1 Compréhension de l'oral

100% Tempelhofer Feld – Der Film zum Volksbegehren

Vidéo

100% Tempelhofer Feld, 29.09.2013 / Durée : 1 min. 36

En rendant compte, en français, du document, vous montrerez que vous avez compris :
- le thème principal du document ;
- le déroulement des faits, les informations ;
- l'identité des personnes ;
- la fonction et la portée du document (relater, informer convaincre, critiquer, dénoncer, etc.).

MÉTHODOLOGIE

→ Méthodologie p. 232

ÉTAPE 1 ▶ Identifier le contexte et la situation d'énonciation
- Qui parle ? De quoi ? À qui ? Notez le thème général et les principales informations.
- Quelle est la nature du document (reportage, interview, publicité...) ? Appuyez-vous sur les indices visuels.

ÉTAPE 2 ▶ Identifier les réseaux de sens
- Notez les informations que vous pouvez recueillir sur le lieu dont il est question (situation, dates, fonction actuelle et passée). Appuyez-vous sur les images de la vidéo, l'alternance entre les séquences en couleur et en noir et blanc et faites le lien avec le discours du locuteur.
- Quelle est l'organisation du document (thématique, linéaire, chronologique...) ? Notez les éléments visuels et sonores qui vous permettent de reconstituer l'histoire de ce lieu.

ÉTAPE 3 ▶ Relever les stratégies de communication
- Quel est l'objectif de ce document (promouvoir, informer, critiquer...) ?

Partie 2 Expression écrite

Behandeln Sie Thema A oder Thema B (mindestens 100 Wörter).

Thema A

Mit welchem der drei Zitate sind Sie einverstanden? Begründen Sie Ihre Wahl.

Mia Ich finde es wichtig, sich an die Vergangenheit zu erinnern. Ich war ein paar Tage mit meiner Klasse in Berlin. Wir haben das Deutsche Historische Museum besucht, da konnte ich am besten die deutsche Geschichte entdecken.

Emil Ich finde Berlin toll, weil es so eine coole Stadt ist und man sich hier so gut amüsieren kann. Die deutsche Geschichte ist mir nicht so wichtig, das ist vorbei.

Katharina In Berlin kann man deutsche Geschichte im Alltag auf der Straße erleben. Viele Orte haben sich verändert und haben heute eine neue Identität. Das ist total interessant!

Thema B

Ein Schüler / Eine Schülerin berichtet in seinem / ihrem Reisetagebuch über seine / ihre Reise durch Berlin auf den Spuren der Vergangenheit. Schreiben Sie diesen Tagebucheintrag.

MÉTHODOLOGIE Thema B

→ Méthodologie p. 237

ÉTAPE 1 ▶ Analysez le sujet et identifiez le type d'écrit attendu (argumentatif, narratif...). Précisez pour commencer le contexte de votre voyage (voyage scolaire, échange, voyage en famille, entre amis, etc.).

ÉTAPE 2 ▶ Choisissez ensuite les différentes étapes de votre parcours dans Berlin sur les traces du passé (*Holocaust-Denkmal, Stolpersteine, Museum* ...).
Pour chaque monument, notez la ou les période(s) historique(s) dans laquelle il s'inscrit.

ÉTAPE 3 ▶ Rédigez à la première personne en précisant à chaque fois : quand ? Où ? Quoi ? Relatez les événements historiques liés au lieu, vos impressions, vos espoirs ou déceptions, vos expériences similaires.

Partie 1 Compréhension de l'écrit

„Gegen das koloniale Vergessen“

a. Lesen Sie beide Texte. Geben Sie wieder, was Sie verstanden haben. Beachten Sie dabei folgende Punkte:
– das Prinzip, die Organisatoren und die Teilnehmer beider Veranstaltungen;
– die praktische Organisation beider Veranstaltungen (Wo? Wann? ...);
– das Ziel dieser beiden Veranstaltungen.

b. Im Text A steht Z. 39-41: „Was fehlt, ist eine Erinnerungskultur, die eine Brücke zwischen dem Leid der Opfer und der Schuld der Täter baut.“ Welche Elemente der beiden Veranstaltungen illustrieren für Sie diesen Vorwurf?

c. Charakterisieren Sie die Art und die Funktion dieser Texte.

MÉTHODOLOGIE

→ Méthodologie p. 234

ÉTAPE 1 ▶ Identifier le contexte externe et la situation d'énonciation
- Lisez attentivement les titres de chaque texte et leur source pour en identifier le thème. Appuyez-vous notamment sur les mots transparents, le lexique connu et celui travaillé dans l'unité.
- Identifiez à qui s'adressent ces documents.

ÉTAPE 2 ▶ Repérer les réseaux de sens
- Quels lieux et période historique sont cités dans chaque texte ? Comment sont-ils caractérisés ? Repérez le lexique utilisé (positif, négatif, critique, etc.).
- Notez les mots-clés et les idées principales de chaque paragraphe.

ÉTAPE 3 ▶ Relever les stratégies de communication
- Les textes sont-ils complémentaires ? en opposition ? Notez les points communs ou les divergences pour dégager les réseaux de sens et le rapport entre les deux textes.
- Quel est l'objectif de chaque texte (informer, critiquer, sensibiliser...) ?

Text A

Postkolonialer Spaziergang

Sonntag 30.09.2018 10:30 Uhr und Samstag 10.11.2018, 11:00 Uhr

Die Initiative Kiel Postkolonial setzt sich für die Sichtbarmachung und Aufarbeitung kolonialer Kontinuitäten im Kieler Stadtbild ein.
Mit ihrer Arbeit will sie zur kritischen öffentlichen Diskussion über die anhaltende Ehrung[1] kolonial-rassistischer Akteur*innen durch Straßennamen und Denkmäler anregen und sich für deren Umbenennung einsetzen[2]. Ziel ist es, Perspektiven und Erinnerungskulturen von schwarzen Menschen und *People of color* sowie die Geschichte des antikolonialen Widerstands sichtbar zu machen.
Auf dem Weg vom Wilhelmplatz bis nach Gaarden besteht die Gelegenheit[3], nach Spuren der (Kieler) Kolonialgeschichte zu suchen, Straßennamen und koloniale Strukturen im Stadtbild kritisch zu hinterfragen und gemeinsam über einen möglichen Umgang mit dieser „Überbleibinsel“ der Kolonialzeit zu diskutieren.
Der deutsche Kolonialismus sucht bis heute seinen Platz im kollektiven Gedächtnis der deutschen Bevölkerung. Nur den wenigsten sind die Ausmaße der deutschen Gräueltaten in den afrikanischen Kolonialgebieten und darüber hinaus bekannt. Dabei sind ihre Spuren auch hierzulande immer noch allgegenwärtig. So ist es zugleich bemerkenswert und beschämend, dass sich das koloniale Vergessen in der deutschen Bevölkerung derart Bahn brechen und wie ein Schleier über die Schrecken der Vergangenheit legen konnte. Ein souveräner, verantwortungsvoller Umgang wird damit schlichtweg verunmöglicht.
Die deutsche Schuld reicht weit vor die Zeit des Nationalsozialismus; erste Formen von Konzentrationslagern systematisierten bereits die Verbrechen der « deutschen Schutztruppe » an den Ovaherero und Nama im heutigen Namibia. Doch bis zum heutigen Tag wird den Opfern und deren Nachkommen eine angemessene Anerkennung, Entschuldigung und Entschädigung verwehrt[4]. Was fehlt, ist eine Erinnerungskultur, die eine Brücke zwischen dem Leid der Opfer und der Schuld der Täter baut und somit eine kritische Aufarbeitung des deutschen Kolonialismus und seiner Nachwirkungen ermöglicht.
Mit der Veranstaltungsreihe[5] „gegen das koloniale Vergessen“ wollen wir uns mit euch gemeinsam der kolonialen Vergangenheit und Gegenwart stellen: Erinnern – Aufklären – Diskutieren – Gegen das koloniale Vergessen.

1. die Ehrung: *l'hommage, l'honneur réservé à*
2. sich für (+ A) ein/setzen = sich für (+ A) engagieren
3. die Gelegenheit(en): *l'opportunité*
4. etw. verwehren: *refuser, contester qqch.*
5. die Veranstaltung(en): *l'événement culturel, la manifestation*

Text B

Film & Gespräch: „Weiße Geister – der Kolonialkrieg gegen die Ovaherero“

Dienstag, 11.12.18 19:30 Uhr, Hansastraße 48, 24118 Kiel

Anlässlich des 100. Jahrestags des Kolonialkrieges in Südwestafrika, dem heutigen Namibia, im Jahre 2004 beleuchtet der Film „Weiße Geister – der Kolonialkrieg gegen die Ovaherero“ dieses dunkle Kapitel deutscher Kolonialgeschichte und fragt nach einem angemessenen Umgang mit der Vergangenheit. Geht es allein um finanzielle Entschädigung oder muss sich Wiedergutmachung politisch umfassender[1] gestalten?

Der Film begleitet den in Berlin lebenden Ovaherero Israel Kaunatjike und folgt den Spuren und Erinnerungen des Genozids an den Ovaherero und Nama in den Jahren 1904-1908.

Wir freuen uns, Israel Kaunatjike persönlich zur Veranstaltung begrüßen zu können. Der Ovaherero-Aktivist ist Mitglied im Bündnis „Völkermord verjährt[2] nicht“ sowie Ehrenmitglied der Ovaherero-Stiftung in Namibia. Im Anschluss an den Film wird er vom andauernden Kampf der Ovaherero um Anerkennung und Entschädigung berichten sowie Fragen aus dem Plenum beantworten.

1. umfassend: *complet, global*
2. verjähren: *être prescrit*

Aus: Flyer „Gegen das koloniale Vergessen“ – Eine Veranstaltungsreihe zu Deutschem Kolonialismus und dem Genozid an den Ovaherero und Nama, September – Dezember 2018

Partie 2 Expression écrite

Behandeln Sie Thema A oder Thema B (mindestens 100 Wörter).

Thema A

Sie haben mit dem internationalen Verein „Erinnern und Aufklären“ an einer Aktion gegen das koloniale Vergessen in Deutschland teilgenommen. Erzählen Sie auf dem Blog des Vereins davon (Was? Wo? Wie? Warum?), um die deutschen Leser dafür zu sensibilisieren.

Thema B

Viele Menschen kämpfen schon seit Jahren für eine Umgestaltung postkolonialer Denkmäler oder für die Umbenennung von Straßen, die Kolonialherren statt deren Opfer ehren. Was halten Sie persönlich davon? Argumentieren Sie.

MÉTHODOLOGIE Thema B

→ Méthodologie p. 239

ÉTAPE 1 ▶ Analysez le sujet et identifiez le type d'écrit attendu (argumentatif, narratif...). Appuyez-vous sur les mots transparents (*postkolonial*), repérez les mots connus (*Straßen, Jahren*) et ceux appris en classe (lexique de l'unité, de l'axe, etc.)

ÉTAPE 2 ▶ Prenez position : que pensez-vous de ces actions ? Notez les mots-clés. Classez vos arguments en deux colonnes : *Auf der einen Seite ... Auf der anderen Seite ...*

ÉTAPE 3 ▶ Après avoir exposé l'objet du débat, rédigez un avis personnel argumenté – qui peut être nuancé – en utilisant des expressions comme *Meiner Meinung nach ..., Ich halte ... für ..., Ich meine ..., Ich denke ...* et en veillant à la place des verbes dans la phrase.
N'hésitez pas à faire appel à ce que vous avez étudié dans l'unité (*Askari-Relief ...*), à des expériences ou connaissances personnelles.

Partie 1 Compréhension de l'oral MP3

→ Méthodologie p. 231

Doc. 1 **Kult und Kulturgut – das ostdeutsche Ampelmännchen**

Deutsche Welle, 30.01.2019 / Durée : 1 min. 27

En rendant compte, en français, du document, vous montrerez que vous avez compris :

- le thème principal du document ;
- la situation, les informations ;
- l'identité et le rôle des personnes citées ;
- la fonction et la portée du document (relater, informer, convaincre, critiquer, dénoncer, etc.).

Partie 2 Compréhension de l'écrit

→ Méthodologie p. 234

Doc. 2 **Beliebte Ost-Autos: Trabi und Wartburg auf großer Fahrt**

Antworten Sie auf Deutsch auf folgende Fragen.

a. Fassen Sie alle konkreten Informationen aus dem Text über den Trabi und dessen Beliebtheit heute in Deutschland zusammen (Was? Wie? Woher? Wo? Aktivitäten heute? Heutiger Preis? …).

b. Wie kann man erklären, dass der Trabi trotz seiner einfachen Technik heute so beliebt ist? Nennen Sie Argumente aus dem Text.

Compréhension de l'ensemble du dossier

c. Charakterisieren Sie den Ton der beiden Journalisten im Video und im Text: rein informativ? nostalgisch? ironisch? Belegen Sie Ihre Antwort mit präzisen Elementen aus beiden Quellen.

Beliebte Ost-Autos: Trabi und Wartburg auf großer Fahrt

Kunststoff-Karosserie, keine Klimaanlage und eine Höchstgeschwindigkeit[1] von rund 100 Stundenkilometern. Selbst für hartgesottene Oldtimer-Freaks klingt das gewöhnungsbedürftig[2] – möchte man meinen. Und doch haben Trabi, Wartburg und Co. mittlerweile Kult-Status. Inzwischen haben auch gut betuchte Sammler ihre Leidenschaft für die Ost-Autos entdeckt.

Und weil es immer weniger gibt, schießen die Preise in die Höhe. (...) Für einen Trabi werden auf dem Automarkt rund 4300 Euro verlangt.

Auch künftig werden Zweitakter auf den Straßen knattern

Die alten DDR-Fahrzeuge sind also längst mehr als reine Überbleibsel[3] vergangener Zeiten. Unabhängig von dem Kult, der um Trabi und Co. entstanden ist, haben die alten Autos aber einen großen Nachteil: Aufgrund der alten Technik sind sie alles andere als umweltfreundlich und werden dementsprechend hoch besteuert[4]. Selbst findige Bastler sagen, dass auch mit nachgerüstetem Kat maximal die Schadstoffklasse Euro 1 zu erreichen ist.

Günstiger wird es erst wieder, wenn das Fahrzeug offiziell als Oldtimer (ab 30 Jahre) klassifiziert wird. Dafür darf ein Auto aber nicht mit modernen Bauteilen getunt oder jahrelang in einem Schuppen ver-

gammelt sein. Man müsse „klar erkennen, dass es sich bei dem Auto um ein Liebhaberstück handelt oder das Auto zumindest gut gepflegt wurde", sagt ein TÜV-Prüfer.
Da das bei den meisten der noch erhältlichen Trabis und Wartburgs der Fall sein dürfte, kann man also sicher sein: Auch künftig werden Zweitakter[5] auf den Straßen knattern.

Mit dem Trabi durch Berlin

Fast jeder Berliner hat sie vermutlich schon mindestens einmal gesehen: Die Kolonne bunter Trabis, die durch die Stadt fahren (und dabei auch gerne mal den Verkehr aufhalten). Einige davon sind abenteuerlich lackiert, haben ein Zebra- oder Leopardenmuster. Andere dagegen sehen noch genauso aus wie zu Zeiten des Eisernen Vorhangs. An der Spitze des Konvois fährt stets ein Stadtführer, verbindet den, na ja, Fahrspaß aus vergangenen Zeiten mit Berliner Anekdoten. Die werden per Funk erzählt. 365 Tage im Jahr bieten die Macher ihre Stadt-Safari an. So können die oftmals belächelten Trabis auch bei Eis und Schnee beweisen, dass sie richtige Autos sind. Und auch wenn nicht jeder Tourist auf Anhieb mit der Revolverschaltung[6] und der mitunter etwas ruppigen Kupplung[7] der Sachsen-Autos klarkommt: Ein Trabi verzeiht vieles. Vielleicht sogar, dass die Erfinder der Safari mittlerweile auch Touren mit ganz anderen Autos anbieten, die so etwas wie der Gegenentwurf zum Trabant sind: Wer nicht auf knatternden und ruckeligen Ost-Charme, sondern eher auf dröhnende Motoren und weiche Ledersitze steht, kann statt in einen Trabi auch in einen Ford Mustang steigen. Zwölf Autos stehen zur Auswahl, jedes davon ist ein echter Hingucker. Doch den Charme einer Trabi-Tour und die damit verbundenen Erinnerungen an die Zeit, als die Stadt noch geteilt war, die kann ein Mustang nicht bieten. Sei er noch so wild.

Trabi-Safari, Checkpoint Charlie, Berlin

Aus: Philippe Debionne, *Berliner Zeitung*, 03.11.18

1. die Geschwindigkeit(en): *la vitesse*
2. gewöhnungsbedürftig: *qui nécessite des capacités d'adaptation*
3. das Überbleibsel(-): *la relique*
4. etw. besteuern: *imposer, taxer qqch.*
5. der Zweitakter(-): *la voiture avec moteur à deux temps*
6. die Revolverschaltung: *un type de levier de vitesse*
7. die Kupplung(en): *l'embrayage*

Partie 3 Expression écrite

Behandeln Sie Thema A oder Thema B (mindestens 100 Wörter).

Thema A

Sie haben bei einer Klassenfahrt eine Trabi-Safari durch Berlin gemacht. Erzählen Sie davon auf dem Deutschblog Ihrer Klasse: Was haben Sie da gemacht oder gesehen? Was hat Ihnen dabei gefallen (oder nicht)?

→ **Méthodologie p. 237**

Thema B

Heute gibt es viele Kultobjekte aus der DDR-Zeit (*Trabant, Ampelmann-Tassen* ...). Sind solche Objekte für Sie wirklich ein Mittel, sich an die Vergangenheit zu erinnern, oder sind es reine Konsumartikel? Argumentieren Sie.

→ **Méthodologie p. 239**

Partie 4 Expression orale

Vous disposez de cinq minutes maximum pour expliquer en allemand quel document (A ou B) ou quelle citation (C ou D) illustre le mieux, à votre sens, l'axe « Territoire et mémoire » et pour justifier votre choix.

MÉTHODOLOGIE

→ Méthodologie p. 241

ÉTAPE 1 ▶ Choisissez le document qui vous semble le plus parlant et le plus riche.

- Pour expliciter et justifier votre choix, appuyez-vous :

  Pour le document iconographique,
  – sur différents aspects de l'image (type d'image, source, composition, atmosphère, couleurs, situation, texte, etc.) ;
  – sur le message délivré.

  Pour la citation,
  – sur les mots-clés de la citation, l'auteur (sa fonction, son statut, etc.), le contexte (historique, sociologique, politique) ;
  – sur son sens et sa portée.

  Ich habe dieses Bild / dieses Zitat gewählt, weil ...
  Meiner Meinung nach illustriert dieses Bild / dieses Zitat am besten ...
  Dieses Bild / dieses Zitat passt am besten zur Thematik ...

- Vous pouvez également interroger la pertinence du document.

  Aber ich finde, dass ...
  Dieses Bild entspricht meiner Meinung nach nicht genau (+ D).

ÉTAPE 2 ▶ Mobilisez les connaissances et expériences que vous évoque le document choisi pour approfondir et/ou élargir le sujet.

Faites le lien avec des documents étudiés en classe : *Dieses Bild / dieses Zitat erinnert mich an einen Text, an ein Bild ...*

A Tafel zum Gedenken an deutsche Kolonialsoldaten in Hamburg

B „Es gilt viele Mauern abzubauen", East Side Gallery, Berlin

C

> Vergessen ist Gefahr und Gnade[1] zugleich.
>
> Theodor Heuss, Bundespräsident 1949-1959

D

> Wer vor der Vergangenheit die Augen verschließt, wird blind für die Gegenwart.
>
> Richard von Weizsäcker, Bundespräsident 1984-1994

1. die Gnade: *la grâce*

Lexique

Reisen

Substantifs

- **die Reise(n):** le voyage
- **die Welt:** le monde
- **der Urlaub = die Ferien:** les vacances
- **die Begegnung(en):** la rencontre
- **die Erfahrung(en):** l'expérience (vécue)

Verbes

- **reisen:** voyager
- **fliegen (o, o):** prendre l'avion
- **entdecken:** découvrir
- **erleben:** vivre (qqch.)
- **sich entspannen:** se détendre
- **jdn kennen/lernen:** faire la connaissance de qqn
- **bereichern:** enrichir
- **verbessern:** améliorer
- **sammeln:** collectionner

Adjectifs

- **neugierig:** curieux
- **weltoffen:** ouvert au monde
- **lehrreich:** instructif

Gegeneinander, miteinander

Substantifs

- **die Grenze(n):** la frontière
- **der Unterschied(e):** la différence
- **der Austausch:** l'échange
- **die Fremdsprache(n):** la langue étrangère
- **der Feind(e):** l'ennemi
- **der Alliierte(n):** l'allié
- **der Gegner(-):** l'opposant, l'adversaire
- **der Freund(e):** l'ami

Verbes

- **überwinden (a, u):** surmonter
- **jdn / etw. besiegen:** vaincre qqn / qqch.
- **zusammenarbeiten = kooperieren:** coopérer
- **jdm vertrauen:** faire confiance à qqn

Adjectifs

- **zu (+ D) bereit:** prêt à qqch.
- **kompromissbereit:** prêt à faire des compromis
- **sinnvoll ≠ sinnlos:** sensé ≠ absurde
- **friedlich:** pacifique

Identités et échanges

Fernweh, Heimweh

Substantifs

- **das Abenteuer(-):** l'aventure
- **das Ausland:** l'étranger
- **die Sehnsucht(¨e):** la nostalgie
- **die Gewohnheit(en):** l'habitude
- **das Heimweh:** le mal du pays

Verbes

- **nach Hause zurück/kehren:** rentrer à la maison
- **sich nach (+ D) sehnen:** avoir la nostalgie de
- **auf (+ A) verzichten:** renoncer à qqch.
- **sich an (+ A) erinnern = an (+ A) zurück/denken (a, a):** se souvenir de

Adjectifs

- **geborgen:** en sécurité
- **fremd:** étranger
- **abenteuerlustig:** aimant l'aventure

Lexique

Schutz der Privatsphäre

Substantifs

- **die Privatsphäre = das Privatleben:** la sphère / la vie privée
- **die Meinungsfreiheit:** la liberté d'opinion
- **das Grundrecht(e):** le droit fondamental
- **der Datenschutz:** la protection des données
- **das Briefgeheimnis:** le secret de la correspondance
- **die Privatangelegenheit(en):** l'affaire privée

Verbes

- **jdn / etw. vor (+ D) schützen:** protéger qqn / qqch. de
- **seine Meinung äußern:** exprimer son opinion
- **etw. verteidigen:** défendre qqch.
- **Respekt vor (+ D) haben:** avoir du respect pour
- **etw. verbergen (i, a, o):** cacher, dissimuler qqch.

Adjectifs

- **geheim:** secret
- **heimlich:** en secret, en cachette
- **respektvoll:** respectueux ≠ **respektlos:** irrespectueux

Bedrohung der Privatsphäre

Substantifs

- **die Überwachung:** la surveillance
- **die Wanze(n):** le mouchard
- **die (Überwachungs)Kamera(s):** la caméra (de surveillance)
- **der Spitzel(-):** l'informateur, l'indic
- **das Verhör(e):** l'interrogatoire

Verbes

- **Daten speichern:** stocker des données
- **jdn ab/hören:** mettre qqn sur écoute
- **jdn verraten (ä, ie, a):** trahir qqn
- **jdn überwachen:** surveiller qqn
- **jdn beobachten:** observer qqn
- **jdn verfolgen:** persécuter qqn

Adjectifs

- **grausam:** cruel
- **unmenschlich:** inhumain
- **verdächtig:** suspect

Espace privé et espace public

Freie und gleichgestellte Bürger

Substantifs

- **die selben Rechte und Pflichten haben:** avoir les mêmes droits et devoirs
- **das Wahlrecht erhalten (ä, ie, a):** obtenir le droit de vote
- **die Frauenbewegung(en):** le mouvement féministe
- **die Emanzipation:** l'émancipation
- **die neue Rollenverteilung:** la nouvelle répartition des rôles

Verbes

- **sich für (+ A) ein/setzen = sich für (+ A) engagieren:** s'engager en faveur de
- **fordern:** exiger
- **für / gegen (+ A) kämpfen:** lutter pour / contre
- **demonstrieren:** manifester
- **sich von (+ D) befreien:** se libérer de
- **Familienleben und Karriere vereinbaren:** concilier vie de famille et carrière

Adjectifs

- **gleich:** égal
- **gleichberechtigt:** égaux en droit
- **gleichgestellt:** sur un pied d'égalité
- **frei:** libre
- **selbstständig:** indépendant

Art et pouvoir

Die Kunst

Substantifs

- **der Künstler(-), die Künstlerin(nen):** l'artiste
- **die Malerei:** la peinture
- **der Maler(-):** le peintre
- **das Gemälde(-):** le tableau
- **die Skulptur(en):** la sculpture
- **der Bildhauer(-):** le sculpteur
- **die bildenden Künste:** les arts plastiques
- **die Ausstellung(en):** l'exposition
- **der Regisseur(e):** le metteur en scène
- **der Sänger(-), die Sängerin(nen):** le chanteur, la chanteuse
- **das Orchester(-):** l'orchestre
- **der Chor(¨-e):** la chorale
- **der Zuschauer(-):** le spectateur
- **der Zuhörer(-):** l'auditeur

Verbes

- **ein Kunstwerk schaffen:** créer une œuvre d'art
- **ein Werk aus/stellen:** exposer une œuvre
- **etw. komponieren:** composer qqch.
- **Musik komponieren:** composer de la musique
- **seine Gefühle aus/drücken:** exprimer ses sentiments
- **etw. dar/stellen:** représenter qqch.
- **etw. gestalten:** façonner, former qqch.

Adjectif

- **künstlerisch:** artistique
- **kreativ:** créatif

Kunst als Propaganda

Substantifs

- **die Inszenierung der Macht:** la mise en scène du pouvoir
- **der Einfluss(¨-e):** l'influence

Verbes

- **den Machthabern dienen:** servir les personnes au pouvoir
- **zu Propagandazwecken verwenden:** utiliser à des buts de propagande
- **Kunst instrumentalisieren:** instrumentaliser l'art
- **ein Ziel verfolgen:** poursuivre un but
- **jdn manipulieren:** manipuler qqn
- **jdn beeinflussen:** influencer qqn
- **etw. missbrauchen:** abuser de qqch.
- **sich in den Dienst von (+ D) stellen:** se mettre au service de
- **jdn verherrlichen:** glorifier qqn

Adjectifs

- **monumental = überdimensional**
- **regimetreu:** fidèle au régime
- **systemkonform:** conforme au système
- **verboten:** interdit
- **erlaubt:** permis, autorisé

Kunst als Rebellion

Substantifs

- **die Revolte:** la révolte
- **der Widerstand:** la résistance
- **die versteckte Botschaft(en):** le message caché

Verbes

- **gegen (+ A) Widerstand leisten:** faire de la résistance contre
- **(D) widerstehen (a, a):** résister à
- **etw. verändern:** transformer qqch.
- **etw. vermitteln:** transmettre qqch.
- **sich selbst treu bleiben (ie, ie):** rester fidèle à soi-même
- **ins Exil gehen (i, a):** s'exiler
- **fliehen (o, o):** s'enfuir
- **etw. zensieren:** censurer qqch.

Adjectifs

- **mutig:** courageux
- **anders:** différent
- **unbeugsam:** inflexible
- **begeistert:** enthousiaste

Lexique

Das Internet

Substantifs

- **der Computer(-):** l'ordinateur
- **der virtuelle Raum:** le monde virtuel
- **die Nachricht(en):** la nouvelle, le message
- **der Nutzer(-), die Nutzerin(nen):** l'utilisateur, l'utilisatrice

Verbes

- **etw. digitalisieren:** numériser qqch.
- **etw. online / ins Netz stellen:** mettre qqch. en ligne
- **im Internet surfen:** surfer sur internet
- **Zugang zum Internet haben:** avoir accès à internet
- **auf einen Link klicken:** cliquer sur un lien

Adjectifs

- **digital:** numérique
- **kostenfrei:** gratuit
- **online zugänglich:** accessible en ligne

Informierte oder manipulierte Bürger

Substantifs

- **die Quelle(n):** la source
- **die Daten:** les données
- **die Medien:** les médias
- **die Fake News, die Falschmeldung(en):** les fake news, l'infox
- **der Hasskommentar(e):** le commentaire haineux

Verbes

- **etw. verbreiten:** diffuser qqch.
- **mit (+ D) um/gehen (i, a):** manier qqch.
- **Medien im Unterricht ein/setzen:** utiliser les médias en cours
- **sich nach (+ D) erkundigen:** s'informer sur
- **etw. beweisen (ie, ie):** prouver qqch.
- **etw. überprüfen:** contrôler l'exactitude de qqch.
- **fälschen:** falsifier

Adjectifs

- **echt = authentisch:** véritable, authentique
- **wahr:** vrai ≠ **erlogen:** mensonger
- **medienkompetent:** compétent dans le domaine des médias
- **relevant:** pertinent
- **verantwortungsbewusst:** de façon responsable
- **vertrauenswürdig:** digne de confiance
- **irreführend:** trompeur

Citoyenneté et mondes virtuels

Engagierte Bürger

Substantifs

- **die App(s):** l'app
- **das Recht(e):** le droit
- **die Pflicht(en):** le devoir
- **die Meinungsfreiheit:** la liberté d'expression

Verbes

- **sich für (+ A) engagieren = sich für (+ A) ein/setzen:** s'engager pour
- **Geld für (+ A) spenden:** faire un don pour
- **etw. unterstützen:** soutenir qqch.
- **zu einer Aktion auf/rufen (ie, u):** appeler à agir
- **zu (+ D) bei/tragen (ä, u, a):** contribuer à
- **für / gegen (+ A) kämpfen:** se battre pour / contre
- **die Demokratie fördern:** encourager, favoriser la démocratie

Adjectifs

- **ehrenamtlich:** bénévole
- **nützlich:** utile

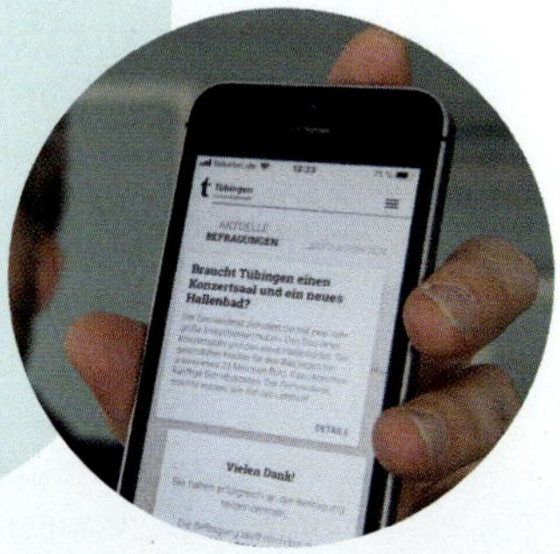

Die Darstellung der Realität

Substantifs

- **die Wirklichkeit:** la réalité, le réel, la vérité
- **der Schriftsteller(-):** l'écrivain
- **der Dichter(-), die Dichterin(nen):** le poète, la poétesse
- **der Künstler(-), die Künstlerin(nen):** l'artiste
- **der Maler(-):** le peintre
- **der historische Kontext:** le contexte historique
- **das Ereignis(se):** l'événement

Verbes

- **etw. dar/stellen:** représenter qqch.
- **etw. versinnbildlichen = etw. symbolisieren:** symboliser qqch.
- **etw. widerspiegeln:** refléter qqch.
- **der Wirklichkeit entsprechen (i, a, o):** correspondre à la réalité
- **sich an (+ A) an/passen:** s'adapter à
- **von (+ D) inspiriert werden:** s'inspirer de
- **gegen (+ A) verstoßen (ö, ie, o):** aller à l'encontre de

Adjectifs

hässlich: laid ≠ **schön:** beau
düster: sinistre

Märchenwelten

Substantifs

- **das Märchen(-):** le conte
- **der Mythos (en):** le mythe
- **die Geschichte(n):** l'histoire
- **der Held(en, en), die Heldin(nen):** le héros, l'héroïne
- **die Hexe(n):** la sorcière
- **die (gute / böse) Fee(n):** la (bonne / méchante) fée
- **der Zauberer(-):** le magicien

Verbes

- **jdm Geschichten erzählen, vor/lesen (ie, a, e):** raconter, lire des histoires à qqn
- **etw. auf/schreiben (ie, ie):** mettre qqch. par écrit
- **um/schreiben (ie, ie):** réécrire
- **mündlich überliefern:** transmettre oralement
- **alte Märchen sammeln:** collecter des contes anciens

Adjectifs

- **märchenhaft = wunderbar:** féérique, merveilleux
- **mythisch:** mythique
- **zauberhaft = magisch:** magique

Fictions et réalités

Die Macht der Fiktion

Substantifs

- **die Fantasie:** l'imagination
- **die Botschaft(en):** le message
- **die Moral = die Lehre:** la morale
- **die Wirkung auf (+A):** l'effet sur

Verbes

- **bezaubern = faszinieren:** fasciner
- **die Fantasie beflügeln:** nourrir l'imagination
- **ein gutes / schlechtes Vorbild sein:** être un bon / mauvais exemple
- **sich von (+ D) beeinflussen lassen (ä, ie, a):** se faire / se laisser influencer par
- **(voraus)ahnen:** pressentir
- **traumatisieren:** traumatiser
- **eine Botschaft vermitteln:** transmettre un message

Adjectifs

- **zeitgemäß:** actuel, dans l'air du temps
- **ausdrucksvoll:** expressif
- **visionär:** visionnaire

Lexique

Die Energie- und Mobilitätswende

Substantifs

- **erneuerbare Energien:** des énergies renouvelables
- **die Solarenergie:** l'énergie solaire
- **der Wasserstoff:** l'hydrogène
- **der Atomausstieg:** la sortie du nucléaire
- **das Elektroauto(s):** la voiture électrique
- **die öffentlichen Verkehrsmittel:** les transports publics
- **der wissenschaftliche Fortschritt(e):** le progrès scientifique

Verbes

- **Strom erzeugen:** produire de l'électricité
- **auf erneuerbare Energien um/stellen:** passer aux énergies renouvelables
- **vernetzt sein:** être interconnecté en réseau
- **auf (+ A) um/steigen (ie, ie):** passer à, changer pour
- **um/denken (a, a):** changer sa façon de penser

Adjectifs

- **bahnbrechend:** innovant
- **erfinderisch:** ingénieux
- **zukunftsorientiert:** tourné vers l'avenir
- **emissionsfrei:** sans émission (de gaz toxiques)
- **autark:** autarcique
- **sauber:** propre ≠ **schmutzig:** sale

Die Verantwortung

Substantifs

- **der Klimawandel:** le changement climatique
- **die Erderwärmung:** le réchauffement climatique
- **die Umweltverschmutzung:** la pollution
- **die nachhaltige Entwicklung:** le développement durable
- **der ökologische Fußabdruck(¨e):** l'empreinte écologique
- **die Bürgerbeteiligung:** la participation des citoyens

Verbes

- **die Natur schützen:** protéger la nature
- **fördern:** promouvoir
- **für (+ A) verantwortlich sein:** être responsable de
- **die (Energie)versorgung sichern:** assurer l'approvisionnement (en énergie)
- **seine Gewohnheiten ändern:** changer ses habitudes

Adjectifs

- **notwendig:** nécessaire
- **vernünftig:** raisonnable
- **umweltschädlich:** qui nuit à l'environnement
- **umweltschonend:** qui respecte l'environnement

Innovations scientifiques et responsabilité

Auswirkungen und Reaktionen

Substantifs

- **die Veränderung(en):** le changement, la transformation
- **der Widerstand(¨e):** la résistance
- **der Protest(e):** la contestation
- **der Arbeitsplatz(¨e):** l'emploi
- **die Landschaft(en):** le paysage

Verbes

- **gegen (+ A) protestieren:** protester contre
- **Angst vor Veränderungen haben:** avoir peur du changement
- **sich dem Wandel widersetzen:** s'opposer aux changements
- **etw. ab/lehnen:** refuser qqch.
- **etw. befürworten:** plébisciter qqch.
- **die Landschaft verunstalten:** défigurer le paysage
- **seinen Arbeitsplatz verlieren (o, o):** perdre son emploi
- **jdn von (+ D) überzeugen:** convaincre qqn de
- **etw. in Frage stellen:** remettre qqch. en question
- **auf (+ A) verzichten:** renoncer à

Diversité et inclusion

Willkommenskultur

Substantifs

- **das Herkunftsland(¨er):** le pays d'origine
- **der Flüchtling(e):** le réfugié
- **der Neuankömmling(e):** le nouvel arrivant
- **die Heimat:** l'endroit où l'on se sent chez soi

Verbes

- **aus (+ D) stammen:** être originaire de
- **etw. verlassen (ä, ie, a):** quitter qqch.
- **aus politischen Gründen fliehen (o, o):** fuir pour des raisons politiques
- **zu/wandern, ein/wandern:** immigrer
- **aus/wandern:** émigrer
- **um Asyl bitten (a, e):** demander l'asile
- **die Staatsangehörigkeit erwerben (i, a, o):** obtenir la nationalité

Adjectifs

- **fremd:** étranger
- **verzweifelt:** désespéré
- **willkommen:** bienvenu

Menschen mit Behinderung

Substantifs

- **der Rollstuhlfahrer(-), die Rollstuhlfahrerin(nen):** la personne en fauteuil roulant
- **das Hindernis(se):** l'obstacle
- **die Benachteiligung = die Diskriminierung:** la discrimination
- **das Vorurteil(e):** le préjugé
- **die ungleiche Behandlung:** l'inégalité de traitement

Verbes

- **auf Schwierigkeiten stoßen (ö, ie, o):** rencontrer des difficultés
- **jdn anders behandeln:** traiter qqn autrement
- **im Rollstuhl sitzen (a, e):** être en fauteuil roulant
- **mit jdm Mitleid haben:** avoir de la pitié pour qqn
- **jdn aus/schließen (o, o):** exclure qqn
- **jdn benachteiligen:** désavantager, défavoriser qqn
- **(keinen) Zugang zu (+ D) haben:** (ne pas) avoir accès à

Adjectifs

- **behindert:** handicapé
- **barrierefrei:** accessible (aux personnes à mobilité réduite)
- **benachteiligt:** désavantagé

Die inklusive Gesellschaft

Substantifs

- **die Behörde(n):** l'administration
- **die Einrichtung(en):** l'infrastructure, l'institution
- **der Verein(e):** l'association
- **die Gleichberechtigung:** l'égalité des droits
- **der/die Freiwillige (Adj. subst.):** le/la bénévole

Verbes

- **sich in (+ A) integrieren:** s'intégrer dans
- **jdn auf/nehmen (i, a, o):** accueillir qqn
- **gegenseitige Ängste ab/bauen:** éliminer des peurs mutuelles
- **Vorurteile ab/bauen:** déconstruire les préjugés
- **jdn / etw. unterstützen:** soutenir qqn / qqch.
- **jdm helfen (i, a, o):** aider qqn
- **etw. fördern:** encourager qqch.
- **etw. fordern:** exiger qqch.

Adjectifs

- **vorurteilslos, -frei:** sans préjugés
- **hoffnungsvoll:** plein d'espoir
- **gleichberechtigt:** être égal en droit
- **ehrenamtlich:** bénévole
- **freiwillig:** volontaire, bénévole
- **hilfsbereit:** serviable

Lexique

Territoire et mémoire

Die Kolonisation

Substantifs

- **das Opfer(-):** la victime
- **das (Kriegs)Verbrechen(-):** le crime (de guerre)
- **der Völkermord(e), der Genozid:** le génocide
- **die Gräueltat(en):** l'atrocité

Verbes

- **erobern:** conquérir
- **ermorden:** assassiner
- **statt/finden (a, u):** avoir lieu
- **rauben:** voler
- **über (+ A) herrschen:** régner sur

Adjectifs

- **grausam:** cruel
- **schrecklich:** effroyable
- **gewalttätig:** violent
- **rücksichtslos:** sans égards

Berlin in der Geschichte

Substantifs

- **die Trümmer:** les ruines, les décombres
- **die Bücherverbrennung:** l'autodafé
- **die geteilte Stadt:** la ville divisée
- **der Ostteil, der Westteil:** la partie est, la partie ouest
- **die Grenze(n):** la frontière
- **der Mauerbau:** la construction du mur
- **der Mauerfall:** la chute du mur
- **der Grenzübergang(¨-e):** le point de passage de la frontière

Verbes

- **zerstören:** détruire
- **trennen:** séparer
- **wieder/vereinigen:** réunifier
- **wieder auf/bauen:** reconstruire
- **(sich) verändern:** (se) transformer

Adjectifs

- **ehemalig:** ancien, ex-
- **berühmt:** célèbre

Die Spuren der Geschichte

Substantifs

- **das Gedächtnis:** la mémoire
- **die Erinnerung(en) an (+ A):** le souvenir de
- **das Denkmal(¨-er), das Mahnmal(e):** le mémorial
- **die Bedeutung(en):** l'importance, la signification
- **die Tat(en):** l'acte

Verbes

- **die Vergangenheit auf/arbeiten:** faire un travail de mémoire sur le passé
- **(sich) an (+ A) erinnern:** (se) rappeler qqch.
- **Spuren hinterlassen (ä, ie, a):** laisser des traces
- **etw. beseitigen:** faire disparaître qqch.
- **etw. bewahren:** conserver qqch.
- **jdn ehren:** honorer qqn, mettre qqn à l'honneur
- **etw. an/erkennen (a, a):** reconnaître qqch.
- **fordern:** revendiquer, réclamer
- **verdrängen:** refouler
- **etw. zurück/geben (i, a, e):** rendre qqch.

Adjectifs

- **umstritten:** contesté
- **wichtig:** important
- **(un)gerecht:** (in)juste
- **schuldig:** coupable
- **für (+ A) verantwortlich:** responsable de

1 Stratégies pour prendre des notes

Prendre des notes est une compétence générale interdisciplinaire qui se construit progressivement au fil des années. Des notes bien organisées facilitent la mémorisation, la réflexion, la structuration des idées.

1. PRENDRE DES NOTES, POUR QUOI ?

- Prendre des notes lors des épreuves du baccalauréat, c'est – en fonction du document et de la consigne – **sélectionner et classer des informations**, puis **organiser les informations** de façon à en faire un support utile pour préparer le compte rendu dans les tâches de réception (CE, CO) ou vos productions dans les tâches d'expression écrite.
- Aérer la mise en page permet de compléter, préciser, ajouter sans nuire à la clarté et à la lisibilité des notes. N'écrivez pas de phrases complètes, mais notez des mots-clés et indiquez l'enchaînement des idées : cela permet de gagner du temps.

2. UN OBJECTIF, PLUSIEURS MÉTHODES

Prendre des notes est une affaire personnelle. Mettez au point vos propres stratégies, en fonction de vos habitudes et de vos préférences visuelles (couleurs, surlignage, type de présentation) : choisissez le modèle de prise de notes qui convient au sujet et vous correspond.

Par exemple, pour traiter le sujet d'expression écrite suivant : ***Hat das Auto Ihrer Meinung nach noch Zukunft?***, vous pouvez utiliser :

- **un tableau** a : cet outil est particulièrement adapté pour organiser des informations de manière chronologique (*früher / heute / morgen*) ou logique (*Vor- und Nachteile / dafür und dagegen*).
- **un schéma spiralaire** b : il permet visualiser un enchainement de causes et de conséquences.
- **une carte mentale** c : cet outil permet de visualiser les différentes sous-thématiques d'une question.

3. UTILISER UN CODE PERSONNEL

Pour prendre des notes efficacement, vous pouvez utiliser :
– **des signes empruntés aux sciences :** + – ± = ≠ > < ¯ → ← ∞ ♀ ♂ etc.
– **des abréviations en français :** bcp = beaucoup ; càd = c'est-à-dire ; cf. = se reporter à ; déf. = définition ; ex. = exemple ; etc.
– **des abréviations en allemand :**
frz. = *französisch* • *Dtld* = *Deutschland*
• *jd, jn, jm* = *jemand, jemanden, jemandem*
• *etw.* = *etwas* • *z.B.* = *zum Beispiel.*

a

Ja	Nein
Statussymbol	zu viele Autos
Individuelle Freiheit	Staus
Lobby der Autohersteller	Abgase / Luftverschmutzung
...	...

b

c

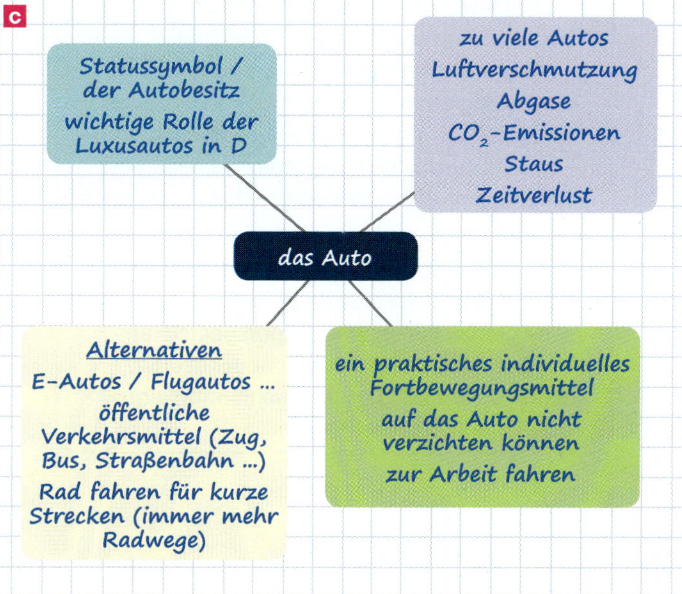

Tipps!

Les notes constituent un matériau de base à partir duquel il vous faut ensuite élaborer une réponse adaptée à la consigne et à la production demandée. Un travail de réflexion, de mise en cohérence est nécessaire pour rendre votre production accessible et claire pour votre lecteur.

2 Stratégies générales pour l'épreuve de compréhension de l'oral

À partir des notes prises lors des trois écoutes séparées par des pauses d'une minute, vous devrez rendre compte de ce que vous avez compris. La copie n'est ramassée qu'à l'issue des épreuves.
Dans votre compte rendu en français, vous devez montrer votre capacité à :
– identifier le contexte externe du document ou la situation d'énonciation ;
– repérer les réseaux de sens ;
– déterminer les stratégies de communication.

DESCRIPTIF DES ÉPREUVES PP. 18-19

Étape 1
ANTICIPEZ AVANT L'ÉCOUTE

Concentrez-vous sur **les indices accessibles** : quelles informations le titre et la source du document vous donnent-t-ils sur le thème du document ? Quel lien voyez-vous entre ce titre et l'axe du sujet ? De quand date ce document ? Que pouvez-vous dire de la source ?

Tipp!
Le sujet contient parfois des questions ou consignes d'écoute. N'oubliez pas de vous y référer. Elles peuvent être un guide précieux pour organiser vos notes.

Étape 2
PREMIÈRE ÉCOUTE

- Soyez attentifs aux **indices sonores** (voix-off, dialogues, musique, environnement, etc.) et visuels dans le cas d'une vidéo.
- Focalisez votre attention sur le **repérage de la situation d'énonciation** :
  – les locuteurs : une seule personne ? plusieurs ? Relevez des informations sur leur identité ;
  – le thème principal ;
  – des dates ou des lieux, le contexte.
- Repérez également la **structure du document**, les liens entre les locuteurs, les époques ou situations évoquées.
- À la fin de la première écoute, profitez de la minute de pause pour noter les informations que vous avez pu relever en utilisant un type de prise de notes adéquat.
  ➔ Stratégies pour prendre des notes p. 229

Étape 3
DEUXIÈME ET TROISIÈME ÉCOUTE

- Concentrez-vous sur **les réseaux de sens** :
  – complétez, validez ou réfutez les informations recueillies ;
  – repérez **les articulations logiques et/ou chronologiques** (connecteurs, lien entre les paragraphes, les idées, les événements, etc.) ;
  – construisez ainsi des réseaux de sens pour comprendre et rendre compte de la cohérence du document.
- Relevez **les stratégies de communication** : déterminez la visée de ce document, son sens global, son intérêt, sa perspective et sa visée (relater, informer, critiquer, alerter, distraire, vendre...) sa tonalité (humoristique, dramatique, neutre…).

Tipp!
Ne perdez pas de vue le sens global du document. Appuyez-vous sur vos différents repérages, mais aussi sur vos connaissances, vos expériences et votre sens logique pour déceler la cohérence du texte et son implicite.

Étape 4
APRÈS LES TROIS ÉCOUTES

- À partir de vos notes réorganisées, rédigez un compte rendu en français, en mettant en relief les informations clés, le contexte, le sens et la portée du document.
- Utilisez des connecteurs chronologiques pour rendre compte d'une évolution, d'une énumération ou des connecteurs logiques pour rendre compte d'un raisonnement, d'une argumentation, d'un point de vue.

Tipp!
Veillez à écrire lisiblement et relisez-vous !

3 Stratégies pour comprendre un document audio

SUJET

L'ensemble du sujet porte sur l'axe 4 du programme : Citoyenneté et mondes virtuels.

1. Compréhension de l'oral (10 points)

Titre du document : Bildung: Künstliche Intelligenz steuert Schüler (kla.tv, 29 juin 2019) MP3

Étape 1 IDENTIFIEZ LE CONTEXTE EXTERNE ET LA SITUATION D'ÉNONCIATION

- Avant la première écoute, lisez **le titre** et **la source** :
  – même si vous ne comprenez ni le mot *steuern* ni le mot *Bildung* : vous avez déjà quelques informations sur le contexte à partir du mot *Schüler* et du mot transparent *Intelligenz* ;
  – la source vous fournit un indice quant à la nature du document : *.tv* indique sans doute une chaîne de télévision, donc peut-être un reportage.
- Lors de la première écoute, **identifiez le contexte et le thème principal** en vous appuyant sur ce que vous comprenez (mots transparents, mots courants, etc.). Prenez des notes en laissant des espaces pour compléter.
- Formulez pendant la pause **les premières hypothèses de sens** : s'agit-il d'un reportage sur l'usage des nouveaux média à l'école ? sur l'évolution du rôle du professeur ? de l'avis et recommandations d'un professeur d'université ? des intérêts économiques d'une entreprise et de son influence sur le monde scolaire ? des progrès de l'intelligence artificielle ? etc.

Étape 2 IDENTIFIEZ DES RÉSEAUX DE SENS ET RELEVEZ LES STRATÉGIES DE COMMUNICATION

- Lors des deuxièmes et troisièmes écoutes et pendant les pauses d'une minute :
  – complétez vos notes et précisez chacune des rubriques, par exemple en surlignant ;
  – infirmez ou confirmez les hypothèses émises : barrez sur votre brouillon celles qui ne conviennent pas.
- **Établissez des liens** entre les différents éléments, repérez l'articulation entre les différents passages.
- **Déterminez le contexte et la portée** du document (reportage sur l'intelligence artificielle en milieu scolaire, expression d'un point de vue, celui du professeur d'université qui met en garde : *stoppen*)
- Repérez éventuellement **le lien avec l'axe du programme** concerné.

Étape 3 RÉDIGEZ VOTRE COMPTE RENDU

Voix off féminine avec un léger accent / musique électronique en fond
Noms cités : Professor / Pädagoge an der Universität
Mots-clés : Schüler / Lehrer / Konzern / Lobby / auf künstliche Intelligenz reagieren / Professor / Universität / Eltern / Privatsphäre/ Computer / Daten sammeln
Nouveaux outils
Contexte scolaire et périscolaire
Contexte économique

- Il s'agit de rendre compte du document en français. Pour ce faire :
  – reprenez toutes vos notes, vos schémas ;
  – passez en revue tous les mots notés : ceux en français ou en allemand que vous connaissez ; les mots inconnus notés en allemand mais dont vous pouvez deviner le sens à partir du contexte ;
- Rédigez votre compte rendu en mettant bien en évidence **la nature du document**, **son sens global** ainsi que **l'articulation des paragraphes**. Mettez aussi en évidence, dans la mesure du possible, le lien avec l'axe du programme abordé.

Tipp!
Téléchargez un exemple rédigé.
Exemple rédigé

4 Stratégies pour comprendre un document vidéo

SUJET

L'ensemble du sujet porte sur l'axe 1 du programme : Identités et échanges

1. Compréhension de l'oral (10 points)

▷ Vidéo

Titre du document : Eine deutsch-südafrikanische Begegnung (TV Kultur 2.0, dw.com)

En rendant compte, en français, du document, vous montrerez que vous avez compris :
- le thème principal du document ;
- la situation, les informations ;
- la fonction et la portée du document (relater, informer, convaincre, critiquer, dénoncer, etc.).

Étape 1 IDENTIFIER LE CONTEXTE EXTERNE ET LA SITUATION D'ÉNONCIATION

- Avant la première écoute, lisez **la source** et **le titre** de la vidéo :
  – en vous appuyant sur le mot *deutsch-südafrikanisch*, faites des hypothèses : le document va évoquer les relations germano-africaines. Le terme *Begegnung* précise un peu le sujet.
  – la vidéo a été diffusée à la télévision (cf. source) : on peut supposer qu'il s'agit d'un reportage. Y aura-t-il une voix off ? Des interviews ? Quel sera le point de vue du commentateur ?
- Lors du premier visionnage, appuyez-vous sur **les images** et **la bande son** pour vérifier vos hypothèses : il s'agit d'une rencontre entre un groupe de jeunes chanteuses allemandes et des chanteurs sud-africains. L'atmosphère est enjouée, dynamique : tous ont un réel plaisir à chanter ensemble, a capella.
- Pendant la minute de pause, notez les premières indications en laissant des espaces pour compléter vos notes ultérieurement.

Die Begegnung:
Wo? Johannesburg (Südafrika)
Wie lange? Eine Woche lang
Wozu? Ein gemeinsames Repertoire erarbeiten

Das deutsche Ensemble:
Name: Staella / Herkunft: aus Leipzig
Wer? 6 junge Frauen; Sängerinnen
Was? A Capella singen

Indications plus précises : leur formation → eine breite musikalische Ausbildung / que chantent elles ? Nordische, geistliche Lieder

Die südafrikanische Gruppe:
Name Just six / Herkunft: Johannesburg
Wer? 6 junge Männer; Sänger
Was? A Capella singen

Indications plus précises : leur formation → durch Zuhören lernen; ohne Noten, Musikalität, Intuition / Beats

Musique = langage universel qui ne connait pas de frontières et permet de dépasser les différences et surmonter les préjugés.

Étape 2 IDENTIFIEZ DES RÉSEAUX DE SENS ET RELEVEZ LES STRATÉGIES DE COMMUNICATION

Lors des deuxièmes et troisièmes écoutes et pendant les pauses d'une minute :

- Complétez vos notes et précisez chacune des rubriques
- En faisant appel à votre sens logique, établissez **des liens** entre les différents éléments. Repérez **l'articulation, l'implicite**. Appuyez-vous sur :
  – la question exprimée dans la vidéo : *Wie werden die nordischen und geistlichen Lieder von Siaella zu ihren afrikanischen Beats passen?* ;
  – des expressions utilisées (*eine eigene Tradition, das Temperament und die Begeisterungsfähigkeit des afrikanischen Publikums*) ;
  – les images diffusées (hommes / femmes / ensemble religieux et rythmes africains).
- À partir de ces repérages, **formulez la problématique** que pose cette rencontre de deux ensembles si différents en vous appuyant : « Comment des ensembles si différents par leur culture et leurs traditions musicales peuvent-ils chanter ensemble, créer un répertoire commun ? »
- Concentrez-vous ensuite sur **les réponses apportées** : *Neugier auf die Musiktradition der anderen* mais aussi sur votre intuition, vos connaissances ; sur l'atmosphère qui se dégage de la vidéo.
- Déterminez **le contexte** et **la visée** du document.

Étape 3 RÉDIGEZ VOTRE COMPTE RENDU

- Appuyez-vous sur vos notes organisées et sur la cohérence interne construite au fil des écoutes sans perdre de vue son sens global.
- Structurez votre écrit :
  – commencer par indiquer la nature du document, sa source et son thème. Situez cette rencontre musicale ;
  – présentez ensuite le projet (les participants, le but, les modalités…)
  – indiquez le sens de cet événement, sa portée ;
  – mettez en évidence, dans la mesure du possible, le lien avec l'axe du programme abordé.

5 Stratégies pour l'épreuve de compréhension de l'écrit

Les épreuves communes de contrôler continu E3C2 et E3C3 incluent une partie de compréhension écrite. Vous devrez rédiger un rendu en allemand de votre compréhension du ou des document(s), qui sera ou non guidé par des consignes de lecture.

DESCRIPTIF DES ÉPREUVES PP. 18-19

Étape 1 IDENTIFIEZ LE CONTEXTE EXTERNE ET LA SITUATION D'ÉNONCIATION

Faites une première lecture rapide et repérez :

- **la nature du texte ou des textes** (texte littéraire ? pièce de théâtre ? article de presse ? tribune ? texte informatif ?...) ;
- **le contexte externe**, c'est-à-dire les indices qui peuvent orienter la compréhension (titre du texte, source, date de parution du texte, auteur…) ;
- **la thématique générale**, la situation en repérant les mots transparents ou connus, les mots récurrents ;
- **les indications de temps et de lieu** : veillez à distinguer les lieux de l'action et lieux dont on parle, les temps du récit et de création du texte ;
- **les informations sur le narrateur** (perspective narrative ou point de vue) et sur les personnes – personnages dans le cas d'une fiction –- (nom, âge, situation, caractère, paroles, point de vue…) et sur la situation.

Nature du texte ?

Texte de fiction	Texte de presse
• **Qui :** *les différents personnages, le narrateur*	• **Qui :** *l'auteur de l'article (journaliste ? auteur ?, etc.)*
• **Quoi :** *les éléments principaux de l'intrigue*	• **Quand et où :** *la source, la date de publication, le contexte d'écriture*
• **Quand et où :** *le lieu et le moment de l'action, la date de publication, le contexte d'écriture*	• **Quoi :** *le sujet abordé, la thèse défendue, le point de vue du journaliste*

Tipp!
Appuyez-vous sur la mise en page, les graphies du texte, sa présentation générale (introduction ou non ; paragraphes ; présence de dialogues, de passages en italiques, d'exemples, d'illustrations, etc.).

Étape 2 REPÉREZ LES RÉSEAUX DE SENS

- Relisez le(s) texte(s) plusieurs fois et les questions susceptibles d'orienter votre lecture.
- Prenez des indices : repérez les connecteurs chronologiques (compte rendu d'une évolution, texte narratif…) ou logiques (texte argumentatif, expression d'un point de vue, explicitation...).
- Pour accéder au sens du texte :
  – construisez progressivement le sens du document, élucider sa cohérence, ses enjeux, sa portée ;
  – établissez des liens entre différents éléments en vous appuyant sur vos connaissances, vos expériences, vos capacités de raisonnement et vos intuitions ;
  – interprétez et décryptez l'implicite en vous appuyant sur ce que vous avez appris et sur ce que vous savez faire.
- Lorsque deux textes sont proposés, ils s'articulent autour d'une même thématique, mais sont-ils complémentaires (théorie/ pratique ; généralité/exemple ; même point de vue avec des arguments différents) ? Ou sont-ils plutôt contradictoires ? (thèses opposées, théorie et contre-exemple...).

Étape 3 RELEVEZ LES STRATÉGIES DE COMMUNICATION

- Déterminez, à partir de vos notes ou d'une lecture plus ciblée : l'objectif de chaque texte (informer, critiquer, sensibiliser, distraire…) ; les moyens stylistiques utilisés ; le lien du ou des textes avec l'axe dans lequel ils s'inscrit.

Étape 4 RÉDIGEZ LE COMPTE RENDU

- Dans une brève introduction, présentez la nature du ou des document(s) et sa/leur source, énoncez la thématique, les enjeux ou la problématique abordée.
- Rendez ensuite compte du sens global du ou des document(s) à partir des informations mises en lien.
- Relisez-vous en vérifiant la cohérence de votre propos, la lisibilité de votre écriture et la correction.

Tipp!
Téléchargez un exemple rédigé.

Exemple rédigé

Quelques tournures utiles

- Bei diesem Text handelt es sich um einen Zeitungsartikel / einen Auszug aus einem Roman von ... / eine Werbung für ...
- Der Journalist berichtet über (+ A) / kritisiert ...
- Er vertritt den Standpunkt, dass ... • Er spricht sich für (+ A) / gegen (+ A) ... aus.
- Wir erfahren, dass ....
- In diesem Text wird das Problem ... behandelt. Im ersten Text ... Im zweiten Text ...
- Der Ton: ironisch / dramatisch / neutral.

6 Stratégies pour comprendre un texte argumentatif

Étape 1 LISEZ LE TITRE, LA SOURCE ET L'INTRODUCTION

- **Source :** il s'agit d'un article de presse de 2018
- **Titre :** appuyez-vous sur les mots transparents. *Durch* indique un moyen. Si vous ne comprenez pas le titre, faites des hypothèses.
- **Introduction :** confirmez ou infirmez les hypothèses faites à partir du titre concernant le thème principal de l'article (*Pilotprojekt*, mot transparent).

Étape 2 LISEZ LE TEXTE À PLUSIEURS REPRISES

Relevez toutes les informations qui vous sont accessibles sur le *Pilotprojekt* :

- **Où ?** Déterminez le champ sémantique des mots surlignés en orange. La note 1 vous fournit par ailleurs une indication précieuse pour déterminer le cadre : une prison.
- **Quand ?** Le texte a été écrit en 2018.
- **Quoi ? Comment ?** Tous les mots surlignés en bleu – dont beaucoup sont transparents – relèvent du même champ lexical. Vous pouvez ainsi construire le sens et deviner la nature du projet.
- **Qui ?** Repérez l'identité et le statut des différents locuteurs. Observez la ponctuation : les guillemets indiquent les paroles retranscrites. Qui s'exprime ? Que dit-il du projet ?
- **But ?** Repérez les connecteurs logiques indiquant le but (*um … zu, zur …*) ou le moyen (*durch*).
- **Détracteurs du projet** les expressions *Vorwurf* et *Luxusknast* expriment le point de vue des détracteurs.
- Bilan pour réfuter les arguments des détracteurs.

Étape 3 RÉDIGEZ VOTRE COMPTE-RENDU

- Ne perdez pas de vue le sens global du texte.
- Utilisez des connecteurs logiques pour rendre compte de ce projet pilote, de ses modalités, de sa mise en œuvre, des buts poursuivis.
- Mettez en évidence les différents points de vue, les arguments avancés, la visée du texte. Montrez l'importance de ce projet pour l'intégration et la citoyenneté (lien à l'axe).

Tipp!
Veillez à écrire lisiblement et relisez-vous !

Axe 7 : Diversité et inclusion

Vernetzt im Knast[1]

Von Peggy Fiebig

Internetzugang gibt es in Gefängnissen eigentlich nicht. In Heidering wird nun ein Pilotprojekt gestartet.

Wer hierzulande im Gefängnis sitzt, lebt bis zu seiner Freilassung offline. In einem Berliner Pilotprojekt ist das anders: Gefangene verfügen über[2] einen eingeschränkten Internetzugang und sollen sich so besser auf die Zeit nach der Haft vorbereiten. (…)

Christian Reschke, ist Teilanstaltsleiter in Heidering und betreut das Projekt „Resozialisierung durch Digitalisierung". (…)

In dem bundesweit einmaligen Pilotprojekt können Gefangene im Internet surfen, E-Mails schreiben und anstaltsinterne, aber eben auch externe Verwaltungsangelegenheiten[3] erledigen. Das geht zum einen über den Computerterminal aber auch, und das ist das Besondere, über Tablets, die die Gefangenen in ihren Zellen nutzen können. (…)

Axel muss noch ein Jahr und sieben Monate absitzen. Er profitiert allerdings schon von gewissen Haftlockerungen[4]. So kann er mehrmals in der Woche das Gefängnis verlassen, um Termine, beispielsweise beim Arbeitsamt, wahrnehmen zu können. Einmal in der Woche darf er nach Hause zu seiner Familie. Er sieht die Vorteile der Internetnutzung vor allem bei der Vorbereitung auf die Haftentlassung.

Axel: „Also ich finde interessant, dass man die Tablets jetzt nutzen kann oder die Laptops, dass man zum Beispiel sich informieren kann über Arbeitsangebote oder so. Dass man auch E-Mails verschicken kann. Gerade für Leute, die jetzt kurz vor der Entlassung stehen oder vor der Verlegung in den offenen Vollzug, um sich wieder zu integrieren. Das ist ja ein ganz großer Schritt. Und da ja heute in der digitalisierten Welt alles nur noch über E-Mails und so weitergeht, finde ich das schon sehr wichtig, dass man nicht so abgeschnitten ist. Und dass man nicht rauskommt und dann bei Null wieder anfängt. Sondern, dass es ein fließender Übergang wird." (…)

Wird das Gefängnis damit zum Luxusknast? Die Justizvollzugsanstalt Heidering als eine der modernsten Haftanstalten Deutschlands, hat seit ihrer Eröffnung vor fünf Jahren mit diesem Vorwurf zu kämpfen. Der Zugriff auf das Internet sei ein zeitgemäßes, notwendiges Werkzeug, um sich auf die Zukunft in Freiheit vorzubereiten, betont Markus Jahnsmüller, Vollzugsdienstleister in Heidering. (…)

„Der Gefangene wird zur Unselbstständigkeit im Gefängnis erzogen. (…) Hat er dagegen Zugriff auf das Internet, dann darf er nicht nur, sondern muss viele Dinge wieder selbst erledigen. Und gewöhnt sich so Stück für Stück wieder an das normale Leben draußen."

Deutschlandfunk Kultur, 02.02.2018

1. der Knast = das Gefängnis **2.** über (+ A) verfügen: *disposer de* **3.** die Verwaltungsangelegenheit(en): *la démarche administrative* **4.** die Haftlockerung(en): *l'assouplissement des conditions de détention*

7 Stratégies pour comprendre un texte littéraire

Étape 1 LISEZ LA SOURCE, LE TITRE ET L'INTRODUCTION

- Repérez la période historique, les dates, les lieux.
- Émettez des hypothèses à partir du titre en vous appuyant sur vos connaissances et le contexte.
- Observez le texte pour en identifier la nature (pièce de théâtre).

Étape 2 LISEZ LE TEXTE À PLUSIEURS REPRISES

Relevez toutes les informations qui vous sont accessibles :

- **Où se passe la scène ?**
- **Quand ?**
- **Qui ?** Les deux personnages principaux sont désignés par *der Mann* et *die Frau*, un couple qui n'est pas nommé et dont on ne sait rien. L'accent est mis sur leurs faits et gestes, leurs sentiments, leur désaccord qui se fait jour au fil des répliques :
  – Le pronom *sie* pluriel apparaît dès la première ligne : qui sont-ces gens ? Notez dans le texte leurs faits et gestes, les sentiments qu'ils inspirent (*blass* • *Ich geh nicht auf die Wache.*) et la comparaison *Das sind Tiere*. Appuyez-vous sur le contexte et sur vos connaissances pour émettre des hypothèses sur leur identité.
  – *Er* → *der Nachbar* (souvent repris par *ihm/ihn* objet) désignant également une personne anonyme. On devine son identité à travers les attitudes et paroles du couple. Que peut-on en conclure ? Que lui est-il arrivé ?
- **Quoi ?** Appuyez-vous sur l'emploi des temps, sur le repérage des pronoms et des actions, sur votre sens logique :
  – *an der Tür und horchen* : vous pouvez reconstituer l'action à partir de ce qu'entend le couple qui se tient juste derrière la porte.
  – *hört vielleicht Auslandssendungen, sie hatten aber keinen*.
  Relevez les indices qui montrent que l'homme a dénoncé son voisin à la Gestapo : *dass das Radio mit den Auslandssendungen nicht von hier kam.* • *Sie hatten Besuch am Samstag.*
  Repérez les sentiments des deux personnages / leur désaccord : quel sentiment domine dans toute cette scène ? La femme interroge son mari, l'amène à montrer son véritable visage, mais en même temps, elle le craint et n'ose le contredire.
- **Visée ?** Lisez le prologue et mettez-le en lien avec la scène étudiée. Qui sont les traîtres (*die Verräter*) ? Qui est désigné par la rue (*die Straße*) ? Quelle est la tonalité du prologue ?

Überwachung in der Nazizeit

Bertolt Brecht verfasste dieses Theaterstück im Exil zwischen 1935 und 1943.

Dort kommen Verräter, sie haben
Dem Nachbarn die Grube gegraben[1]
Sie wissen, dass man sie kennt.
Vielleicht: die Straße vergisst nicht?
Sie schlafen schlecht: noch ist nicht
Aller Tage End.

Breslau, 1933. Kleinbürgerwohnung. Eine Frau und ein Mann stehen an der Tür und horchen. Sie sind sehr blass.

Die Frau: Jetzt kommen sie drunten.
Der Mann: Noch nicht.
Die Frau: Sie haben das Geländer[2] zerbrochen. Er war schon bewusstlos, wie sie ihn aus der Wohnung geschleppt haben[3].
Der Mann: Ich habe doch nur gesagt, dass das Radio mit den Auslandssendungen[4] nicht von hier kam.
Die Frau: Du hast doch nicht nur das gesagt.
Der Mann: Ich habe nichts sonst gesagt.
Die Frau: Schau mich nicht so an. Wenn du nichts sonst gesagt hast, dann hast du eben nichts sonst gesagt.
Der Mann: Das meine ich auch.
Die Frau: Warum gehst du nicht hin auf die Wache[5] und sagst aus, dass sie keinen Besuch hatten am Samstag.
Pause.
Der Mann: Ich geh nicht auf die Wache. Das sind Tiere, wie sie mit ihm umgegangen sind.
Die Frau: Es geschieht ihm recht[6]. Warum mischt er sich in die Politik.
Der Mann: Aber sie hätten ihm nicht die Jacke zu zerreißen brauchen. So dick hat es unsereiner nicht[7].
Die Frau: Auf die Jacke kommt es doch nicht an.
Der Mann: Sie hätten sie ihm nicht zerreißen brauchen.

Bertolt Brecht, „Der Verrat", *Furcht und Elend des Dritten Reiches*, 1938

1. jdm die Grube graben (ä, u, a): *tendre un piège à qqn* 2. das Geländer: (ici) *la rampe* 3. schleppen: *traîner* 4. die Auslandssendung(en): *les émissions de la radio étrangère* 5. die Wache: *le poste de police* 6. Es geschieht ihm recht: *C'est bien fait pour lui.* 7. So dick hat es unsereiner nicht: *On ne roule pas sur l'or.*

Étape 3 RÉDIGEZ VOTRE COMPTE RENDU

Rédigez un compte rendu de ce texte sans en perdre de vue le sens global.

Tipp!
Téléchargez un exemple rédigé.
Exemple rédigé

8 Stratégies générales pour l'épreuve d'expression écrite

Chaque épreuve commune de contrôle continu prévoit une épreuve d'expression écrite. Les sujets proposés peuvent être de nature très variées, mais quel que soit le sujet, les étapes suivantes vous aideront dans l'élaboration de votre écrit.

Tipp!
Choisissez le sujet vous convient le mieux de par sa forme et son contenu. Ils sont évalués selon des critères identiques.

DESCRIPTIF DES ÉPREUVES PP. 18-19

Étape 1

ANALYSEZ LE SUJET

Surlignez les mots-clés (il n'y en a pas plus de 2 ou 3) et déduisez :
– **la nature du sujet** (argumentatif, narratif, descriptif). Êtes-vous invité à exprimer votre avis ?
– **la forme attendue** : dialogue, récit à la première personne, compte rendu neutre, expression d'un point de vue, lettre, mail…
– **les temps et modes à utiliser** (présent, passé, subjonctif II).
– **la situation d'énonciation** (narrateur omniscient, 1re ou 3e personne, dialogue, etc.).

Tipp!
Ihrer Meinung nach … Nehmen Sie Stellung dazu. Was halten Sie von …? indiquent qu'on vous demande votre avis.

Étape 2

PRENEZ DES NOTES

- Notez toutes les idées qui vous viennent à l'esprit.
- Faites le lien avec ce que vous connaissez dans cette thématique (cours, manuel, connaissances et expériences personnelles).
- Lorsque le sujet prend appui sur un document iconographique, analysez-le : que dit-il ? Quel est son rôle par rapport au sujet à traiter (illustratif ou en opposition ?)

→ Stratégies pour prendre des notes p. 229

Étape 3

FAITES UN PLAN

- Organisez vos idées en les numérotant, en les surlignant avec des couleurs différentes.
- Élaborez votre plan. Celui-ci dépend du type d'écrit attendu :
  – **pour un écrit argumentatif** : pensez à l'articulation des arguments. Recourez à des exemples pour étayer votre propos.
  – **pour un récit** : définissez l'enchaînement des événements que vous voulez introduire.
- Vérifiez la cohérence de votre projet : votre discours doit répondre de façon construite à la question posée.

Tipp!
Selon les objectifs visés, le plan sera chronologique, thématique, analytique, dialectique ou comparatif.

Étape 4

RÉDIGEZ

- Tenez compte du nombre de mots attendus : **100 mots minimum = environ 10 lignes**. Ne vous limitez pas, il n'est pas fixé de maximum.
- Écrivez des phrases simples (A2), et quelques phrases complexes (B1-B2).
- Soignez le début et la fin de votre développement (introduction et conclusion pour une argumentation, début et dénouement pour un récit).
- Pensez à **articuler les idées ou arguments** avec des connecteurs logiques et chronologiques.

Tipp!
- Enrichissez votre propos avec des adjectifs, des adverbes, des compléments de lieu ou de temps. Nuancez-le en utilisant des modalisateurs, des subordonnées, etc. Travaillez vos phrases complexes au brouillon si nécessaire.
- Pour introduire des exemples, utilisez : *das heißt …, damit meine ich …, zum Beispiel …*
- Pour conclure un texte argumentatif : *Zusammenfassend kann man also sagen, dass …, Schließlich / zum Schluss …, Meiner Meinung nach …*

Étape 5

RELISEZ POUR VÉRIFIER

- la correction de la langue (place du verbe ; conjugaisons ; déclinaisons, notamment après les prépositions) ;
- l'orthographe, les majuscules pour les noms, la place des virgules ;
- la cohérence globale ;
- la lisibilité de votre écrit (soignez votre écriture, évitez les ratures et renvois).

Tipp!
- Quand vous vous entraînez à la maison, utilisez un traitement de texte et servez-vous du correcteur d'orthographe pour repérer et comprendre vos erreurs. Attention, il n'a pas toujours raison !

9 Stratégies pour rendre compte d'une expérience

Certains sujets vous demanderont de rendre compte d'une expérience ou de raconter une histoire : il s'agira le plus souvent de rédiger une lettre, un mail, un post sur un blog, un article, une critique, en tenant compte des aspects formels de l'écrit demandé et du destinataire.

Étape 1 ANALYSER LE SUJET ET RÉFLÉCHIR

Schüleraustausch

WO?
in Birmingham

WER?
deutsche Freundin = Clara
Partnerin = Anna

WARUM?
Partnerin treffen
nach England

WANN?
am Samstag

WAS?
ankommen / 1.Tag
- zuerst: Partnerin suchen / lustig
- dann: im Auto / allein / nichts verstehen / Englisch vergessen / Angst
- nachher: Stadt, Geschäfte, Atmosphäre = anders, interessant / Hélène und Claire treffen / Sprachmix -> super Erfahrung

SUJET

Axe 1 : Identités et échanges :

Sie nehmen an einem Schüleraustausch nach Birmingham teil. Schreiben Sie Ihrer deutschen Freundin einen Brief, um Ihr von Ihren ersten Erfahrungen zu erzählen.

Étape 2 RÉDIGER

Birmingham, den 12. November

Liebe Clara,

Exposé de la situation

Wie versprochen erzähle ich Dir von meinen ersten Eindrücken. Wie du weißt, habe ich mich schon gefreut, meine Austauschpartnerin kennen zu lernen und nach England zu fahren. Letzten Samstag bin ich mit meiner Klasse für eine Woche nach Birmingham gefahren. Als wir ankamen, machte es Spaß, seinen Partner zu finden.

Aspects négatifs

Aber dann saß ich allein im Auto mit diesen Unbekannten. Sie haben viel gesprochen und ich habe fast nichts verstanden. Es war, als ob ich mein Englisch vergessen hätte. Plötzlich hatte ich einfach nur Angst. Warum war ich mitgefahren?

Aspects positifs

Am Nachmittag hat mir Anna vorgeschlagen, in die Stadt zu gehen. Bald haben wir andere Partnergruppen getroffen, auch Claire und Hélène. Es war echt interessant: die Straßen, die Häuser, die Geschäfte, alles ganz anders als zu Hause. Und auch „unsere Engländer" sind ganz anders als meine Mitschüler, und sooo nett! Wir haben ein Mix aus Englisch und Französisch benutzt. Und wir haben sooo viel gelacht.

Conclusion

Die Angst war weg. Plötzlich habe ich gewusst, dass es eine tolle Erfahrung ist, ein anderes Land und eine andere Lebensart zu entdecken. Anderes Essen, andere Schule, andere Mentalität ... Ich werde dir alles erzählen.

Ganz liebe Grüße von deiner

Isabelle

Tipp!

Pour écrire une lettre :
- indiquez la date et le lieu ;
- commencez par : *Sehr geehrte(r) Herr / Frau ...* (professionnel) ou *Lieber / liebe ...* (personnel) ;
- terminez par : *Mit freundlichen Grüßen* (formel) ou *Liebe Grüße von deiner / deinem ...* (amis, famille).

Tipp!

- L'email est plus informel. Commencez par un salut : *Lieber Herr / liebe Frau ...* (professionnel) ou *Hallo ...!* (personnel).
- Terminez votre courriel avec *mfG* (*mit freundlichen Grüßen*). Si c'est plus personnel : *Tschüss, Bis dann, LG* (*Liebe Grüße*).

10 Stratégies pour écrire un récit

Étape 1
LISEZ LE SUJET
Il s'agit de…

Rédiger une scène à partir d'un récit existant (avant ? après ?)

Inventer et raconter une histoire ?

Étape 2
FAITES DES REPÉRAGES
(Re)lisez le texte dont vous devez partir et repérez :

- la situation (lieu, époque, action) ;
- les personnages (nom, âge, personnalité, état d'esprit, opinions…) ;
- le narrateur (1re ou 3e personne ?) ;
- le temps du récit (présent, passé).

Étape 3
ANALYSEZ FINEMENT LE SUJET
Quel type de scène devez-vous rédiger ?

La scène qui précède ?
Dans le texte d'origine :
- *surlignez en deux couleurs différentes ce qui se rapporte au passé et au présent ;*
- *analysez les relations entre les personnages (en accord, en conflit) et leurs réactions.*

La scène qui suit ?
Dans le texte d'origine, identifiez bien la situation finale et imaginez un développement possible dans la logique de la situation.

La scène d'origine en changeant le point de vue ?
Dans le texte de départ, approfondissez votre analyse du personnage dont vous devez adopter le point de vue et notez toutes les informations à son sujet pour entrer dans sa logique.

Étape 4
RÉFLÉCHISSEZ AU CONTENU
Imaginez et choisissez :

- la situation que vous allez relater (Qui ? Quoi ? Quand ? Où ?) ;
- le point de départ, un événement ou élément perturbateur, le point d'arrivée ;
- l'évolution des personnages (leurs actions, leurs sentiments, etc.).

Étape 2
RÉFLÉCHISSEZ AU CONTENU
Imaginez et choisissez :

- la **situation initiale** (Qui ? Quoi ? Quand ? Où ?) ;
- les **personnages** : nom, âge, personnalité, positionnement, état d'esprit, sentiments et émotions ;
- l'**action**, le **thème**, la **progression** ;
- l'**atmosphère** (dramatique, comique, etc.) ;
- la **perspective narrative** (1re ou 3e personne ?) ;
- la **forme narrative** (descriptive, dialoguée) ;
- le **temps du récit** (présent, passé).

Étape finale
RÉDIGEZ

→ Stratégies générales pour l'EE p. 236

Tipp!
- Utilisez des marqueurs temporels pour augmenter la cohérence du récit :
  – *vor* • *nach* • *seit* ;
  – *bisher* • *damals* • *dann* • *danach* • *kurz darauf* • *später* • *bald* ;
  – *wenn* • *als* • *bevor* • *nachdem* + temps composé • *während*.
- Vous pouvez aussi utiliser le présent historique en cas de nécessité.

11 Stratégies pour écrire un texte argumentatif

Certains sujets vous demanderont de rédiger un texte argumentatif : il pourra s'agir de commenter une phrase, de réagir à une citation, de débattre d'une question…
La forme de la production pourra être imposée (article de presse, discours…) ou non, mais il s'agira toujours de produire une argumentation.

Étape 1 ANALYSER LE SUJET

- Identifiez les mots-clés du sujet et examinez la question posée (contexte, implications, etc.) à laquelle vous allez répondre.
- Posez-vous des questions et notez vos premières idées. Faites le lien avec ce que vous avez étudié en cours (problématiques traitées, chapitres, exemples), expériences ou connaissances personnelles.

SUJET

Axe 5 : Fictions et réalités

Thema A – Soll man Kindern heute noch Grimms Märchen erzählen?

Tipp!
Surlignez les mots-clés du sujet. Ici, la question est formulée, donc il n'est pas nécessaire d'identifier une problématique.

Étape 2 RÉFLÉCHIR ET PRENDRE DES NOTES

JA	NEIN
· Kinder > gern Geschichten hören · Prinzen und Prinzessinnen = Traum, Fantasie, Zauberwelt / alles möglich, Mut machen, Sieg des Guten (Rotkäppchen), spannend / lustig · über die Ängste reden und sie bekämpfen (Stiefmutter / Fortsetzungsfamilie = aktuell). Befreiung und Erlösung (Dornröschen): Ende gut, alles gut · Zeit mit den Eltern verbringen · Literatur / Kultur	altmodisch, unrealistisch, Tiere sprechen Wer? alte Rollenbilder: Frauen arbeiten zu Hause: kochen, Wolle spinnen Aschenputtel. Die Männer ziehen hinaus in die Welt. Wie? grausam, brutal: Kinder im Wald verlassen, die Hexe verbrennen, vom Wolf gefressen werden

- Dans un texte argumentatif, il s'agira d'évoquer différents types d'arguments (pour et contre) et de prendre position.
- Dans un deuxième temps, classez vos idées afin de préparer l'articulation de votre production. Identifiez :
  – un point de départ ;
  – une ou deux idée(s) centrale(s) que vous développerez chacune dans un paragraphe, en illustrant avec un exemple.
  – une conclusion : reprise du développement, avis personnel et/ou ouverture sur une autre question.

Étape 3 RÉDIGER

- Dans votre introduction, reprenez la question du sujet :
  Ob …? • Hier geht es um … • Diese Frage ist umstritten. • Hier muss man ab/wägen …
- Utilisez des structures variées pour :
  – **nuancer** : *Auf der einen Seite / auf der anderen Seite = einerseits / andererseits. • Dafür ≠ Dagegen spricht, dass… • Es liegt auf der Hand, dass … ≠ Ich sehe das ganz anders. • Im Gegenteil dazu … • Selbstverständlich • Es stimmt, dass … ≠ Jedoch … • auf keinen Fall ;*
  – **justifier** : *deshalb / aus diesem Grund ;*
  – **conclure** : *Zusammenfassend kann man also sagen / Meiner Meinung nach sollte man also … / Daraus folgt … / Letzten Endes …*

Tipp!
Téléchargez un exemple rédigé.
Exemple rédigé

12 Stratégies pour rendre compte de plusieurs documents

Lors de l'épreuve commune de fin de terminale (E3C3), vous devrez rendre compte de votre compréhension de l'ensemble des documents du sujet (un audio ou une vidéo et un ou deux textes). Il s'agit de regrouper et de croiser les informations issues de l'ensemble des documents du dossier.

Étape 1

APPROPRIEZ-VOUS L'ENSEMBLE DU DOSSIER

- **Lisez les textes** rapidement et **questionnez l'image** le cas échéant, en gardant à l'esprit ce que vous avez vu/entendu lors de la compréhension orale sur laquelle vous avez pris des notes. Appuyez-vous également sur le paratexte (titres, sources, auteurs, dates…).
- **Repérez les champs lexicaux** pour identifier la thématique du dossier. Identifiez le sujet principal, le sens général de chaque document.

Tipp!
Appuyez-vous sur la mise en page du texte : 1 paragraphe = 1 idée.

Étape 2

ANALYSEZ LA CONSIGNE

Visualisez les mots-clés pour cibler les attentes, faites de même avec les titres et les sous-titres éventuels. Ils pourront vous guider dans l'étape suivante.

SUJET

Analysieren Sie den Standpunkt der beiden Journalisten: Sind sie neutral-informativ oder engagiert? Begründen Sie Ihre Antwort mit Beispielen aus den Texten.

Étape 3

FAITES DES LIENS ENTRE LES DOCUMENTS

- Identifiez les **enjeux**, les **points de vue** de chaque document : quelles sont les questions qui se posent dans chacun ? À quelles thématiques étudiées en cours se rapportent-elles ?
- Reprenez les notes prises sur chaque document et organisez-les. Vous pouvez par exemple faire un tableau avec une colonne par document ou par axe de la problématique.

	Neutral-informativ		Engagiert	
	Idee	Beispiel	Idee	Beispiel
Journalist 1				
Journalist 2				

Tipp!
- Ne recopiez pas des phrases extraites des textes : reformulez les idées ou notez des mots-clés.
- Vous pouvez aussi surligner des passages du ou des texte(s) en utilisant des couleurs différentes selon les thématiques dont ils relèvent.

Étape 4

CONSTRUISEZ UN PLAN

- Prenez note de la **thématique commune aux différents documents** et construisez un plan pour montrer comment les différents documents la nourrissent (sont-ils complémentaires ? en opposition ? …)
- Formulez ensuite les **idées principales** à partir de votre carte mentale et de votre tableau : quels éléments chaque document vous fournit-il ? Dans quel ordre voulez-vous aborder les différents aspects pour construire une réponse cohérente ?

Tipp!
- Pour introduire : *Hier handelt es sich um … • Das Hauptthema ist …*
- Pour comparer ou opposer deux points de vue : *(So) wie …*
- *denselben Standpunkt vertreten • anderer Meinung sein • nicht einverstanden sein • während … • hingegen • im Gegensatz zu …*

Étape 5

RÉDIGEZ VOTRE COMPTE RENDU

- **Introduisez** les documents (titre, source, auteur…) et leur thématique commune.
- **Reconstruisez ensuite le sens :**
  – allez du plus général au plus détaillé et de l'explicite vers l'implicite ;
  – présentez les locuteurs ou narrateurs et leurs points de vue, le sujet traité, la visée et la tonalité du ou des document(s) ;
  – montrez la cohérence et les liens entre les documents à l'aide de connecteurs logiques et chronologiques.

13 Stratégies générales pour l'épreuve d'expression orale

L'épreuve d'expression orale de terminale se déroule sans temps de préparation. Il est donc indispensable de l'anticiper et de bien la préparer en amont. Vous disposerez de cinq minutes maximum pour expliquer en allemand quel document ou quelle citation illustre le mieux, à votre sens, l'axe choisi et pour justifier votre choix.

Tipp!

- Tout au long du cycle terminal, faites des fiches pour chaque axe : notez-y au fur et à mesure les problématiques abordées en classe, en prenant des exemples tirés des documents étudiés.
- Vous pouvez y ajouter quelques phrases récapitulatives et du vocabulaire spécifique. Ces fiches vous serviront avant les épreuves écrites et l'épreuve orale, pour vous remémorer ce que vous avez appris.

1. SI VOUS CHOISISSEZ DE COMMENTER UN DOCUMENT ICONOGRAPHIQUE

Étape 1

Explicitez en quoi l'image illustre (ou non) l'axe envisagé. Appuyez-vous sur :

- la nature du document : *Hier handelt es sich um ein Foto / ein Plakat / ein Gemälde / eine Karikatur …*
- sa composition : *Es stellt … dar. • im Hintergrund, im Vordergrund sieht man … • rechts / links / in der Mitte • die abgebildeten Personen • die Landschaft • das Transparent • das Plakat …*
- son atmosphère, ses couleurs : *Es macht einen … Eindruck • hell / dunkel • düster / fröhlich • gemütlich / unheimlich • ruhig / angespannt • fantasievoll • wild*
- la légende ou les textes présents dans l'image : *der Titel • die Überschrift • die Bildunterschrift • der Slogan • das Motto …*
- le message explicite/implicite : *Das Bild zeigt / illustriert / kritisiert / fördert / unterstützt … • Das Bild ist eindeutig / vieldeutig.*
- vos réactions personnelles : *Es gefällt mir (nicht). • Ich finde es (un)wirksam / treffend / interessant …*

Étape 2

- Justifiez en quelques mots le choix de l'image par rapport à l'axe: *Ich habe dieses Bild gewählt, weil … • in der Tat • Es thematisiert nämlich …*
- Donnez vos réactions personnelles : *Dieses Bild illustriert meiner Meinung nach das Thema (nicht) gut, weil … • Dieses Bild kommt für mich nicht in Frage, da … • Dieses Bild spricht mich (nicht) an …*

Étape 3

Faites le lien avec les documents étudiés, des films ou des livres, une expérience personnelle : *Dabei denke ich an … • Dieses Bild erinnert mich an … • Dazu möchte ich ... zitieren.*

2. SI VOUS CHOISISSEZ DE COMMENTER UNE CITATION

- Identifiez **la date** et si possible **l'auteur**.
- Ciblez **les mots-clés** pour **reformuler et expliciter le contenu**, le contexte et le lien avec l'axe retenu.
- Référez-vous aux documents étudiés, aux films que vous avez vus, à vos lectures, vos expériences personnelles...
- Exprimez votre point de vue.

3. CONSEILS POUR VOTRE PRISE DE PAROLE

- Lorsque vous vous entraînez pour cet oral, **enregistrez-vous**. Réécoutez-vous pour vous auto-évaluer. Vérifiez votre temps de parole (objectif final : 5 minutes).
- Le jour de l'épreuve, respirez profondément avant de prendre la parole, puis veillez à :
  – parler **distinctement** et **suffisamment fort** pour que l'examinateur vous entende ;
  – adapter **votre débit** : mettez en relief vos idées principales et faites des pauses quand vous passez d'une idée à l'autre ;
  – prononcer correctement et utiliser un lexique riche et varié.

14 Stratégies pour interagir avec l'examinateur

La partie d'interaction orale de l'épreuve nécessite de comprendre votre interlocuteur et de vous exprimer, mais également d'être prêt(e) à gérer l'imprévu, de réagir et de vous adapter à ses propos.

1. ÉCOUTER ET COMPRENDRE LES QUESTIONS

- Prêtez attention à la formulation des questions et repérez bien les mots-clés employés.
- Si le débit de votre interlocuteur est trop rapide ou si son élocution vous pose un problème, n'hésitez pas à lui demander de répéter ou de reformuler ses propos.

  Es tut mir leid, ich habe nicht richtig gehört / verstanden, was Sie gesagt haben.
  Können Sie bitte wiederholen?
  Heißt es, dass …
  Was verstehen Sie unter …
  Was bedeutet …
  Ich bin nicht sicher, Ihre Frage verstanden zu haben.
  Entschuldigen Sie, was meinen Sie damit?
  Können Sie bitte langsamer sprechen?

- Ne restez pas passif et montrez votre intérêt.

  Wirklich?
  Die Frage ist interessant / sehr aktuell.
  Wenn ich Sie richtig verstehe, so ...

Tipp!
- Regardez votre interlocuteur, adoptez une posture d'écoute active et réagissez à ce qu'il vous dit.
- Articulez, variez l'intonation, parlez avec conviction.

2. RÉPONDRE DE MANIÈRE ÉLABORÉE

- La réponse aux questions doit être **élaborée** et **ne peut se limiter à des mots isolés.** Montrez votre **capacité à argumenter en allemand.**
- N'hésitez pas à **réutiliser les termes de la question** ou **à les reformuler** pour commencer votre réponse : cela vous laisse le temps de réfléchir à ce qui suit.

  Es handelt sich um eine wichtige Frage.
  Diese Frage ist umstritten / heikel …
  Sie sagen, dass …
  Dabei denke ich an …
  Es erinnert mich an …

- **Votre réponse ne doit pas être un long monologue.** Assurez-vous que votre interlocuteur vous comprend, dialoguez avec lui.

  Um Ihre Frage zu beantworten, will ich ein Beispiel geben. Ich möchte mit einem Beispiel auf Ihre Frage antworten.
  Verstehen Sie, was ich meine?
  Nicht wahr ?

- **Soyez assuré(e)** et **convaincant(e)** et **donnez votre avis clairement** sur ce que dit votre interlocuteur en justifiant votre point de vue.

  Es stimmt schon, dennoch …
  Ich bin mit Ihnen (nicht) einverstanden.
  Sie haben Recht, aber ich frage mich, ob …
  Ich teile Ihre Meinung (nicht), weil …
  In der Tat
  Was mich betrifft, so …
  Mit diesem Beispiel will ich zeigen, dass …

- Reprenez-vous si nécessaire en **vous auto-corrigeant** ou en **nuançant vos propos.**

  Mit anderen Worten bedeutet das …
  Anders gesagt
  Ach, das war nicht so gemeint.
  Wir können das auch aus einer anderen Perspektive betrachten.

- **Mobilisez vos connaissances, vos expériences** en lien avec l'axe choisi.

  Dabei fällt mir ein, dass …
  Das habe ich selbst erlebt, als …
  Ich erinnere mich, dass ich … gelesen / gesehen / gehört habe.

Tipp!
Évitez les moments de silence et donnez-vous le temps de réfléchir : *also* • *Das muss ich mir noch überlegen.* • *Ich bin mir nicht ganz sicher.* • *Das hängt davon ab …*

Repères grammaticaux

Ces **repères grammaticaux** ne prétendent aucunement à l'exhaustivité d'une grammaire. Ils sont conçus pour vous guider dans l'usage de la langue, dans la compréhension de son fonctionnement.
Des codes couleur vous permettent de vous repérer aisément.
Les **déclinaisons** (marques du groupe nominal / des articles, noms, adjectifs) sont en **vert.**
Les **marques** du groupe verbal sont en **rouge.**
Les **connecteurs** (conjonctions de coordination, subordination…) sont en **bleu**.

I Le groupe nominal

Un groupe nominal comporte des **marques** qui sont autant d'indices pour déterminer le **genre** (masculin, neutre, féminin), le **nombre** (singulier, pluriel) et le **cas** (nominatif, accusatif, datif, génitif).

1 Les déterminants

Ils précèdent et précisent le nom.

Les articles

article	masculin	neutre	féminin	pluriel
défini	der Text	das Video	die Reportage	die Bilder
indéfini	ein / kein Text	ein / kein Video	eine / keine Reportage	Ø / keine Bilder

Les possessifs

Mein, dein, sein, ihr, unser, euer, ihr, Ihr (forme de politesse) se déclinent sur le modèle de l'article indéfini *kein*.
À la 3e personne du singulier, il faut – comme en anglais – réfléchir à l'identité du possesseur.
→ *his friend* → *sein Freund, seine Freundin*
→ *her friend* → *ihr Freund, ihre Freundin*
Pour les noms propres, on utilise le génitif saxon.
→ *Toms Freund. Erikas Freund. Goethes Roman.*

Les démonstratifs

Dieser, dieses, diese, diese (ce… ci) et *jener, jenes, jene, jene* (ce… là) se déclinent sur le modèle de l'article défini.

Les autres déterminants

Jeder, jedes, jede (chaque) et *mancher* (plus d'un) se déclinent également sur le modèle de l'article défini.
Wenige (peu de), *einige* (quelques), *mehrere* (plusieurs) et *alle* (tous) déterminent un nom au pluriel.

2 Le nom

Le genre

Pas plus qu'en français, on ne peut deviner le genre des mots en allemand *(der Stuhl*: la chaise, *das Buch*: le livre, *die Katze*: le chat*)*, sauf pour les mots qui renvoient à l'opposition homme / femme (*der Mann, der Vater, der Lehrer / die Frau, die Mutter, die Lehrerin*).

Quelques règles :

- les jours, les mois, les saisons, les voitures sont masculins : *der Montag, der Januar, der Winter, der Porsche.*
- les noms qui se terminent par les suffixes *-chen* et en *-lein* sont des diminutifs neutres (*das Mädchen, das Fräulein*). Les noms de villes et de la plupart des pays sans article sont neutres également.
- les noms qui se terminent par les suffixes *-heit, -keit, -ung* sont féminins, ainsi que les nombres (*die Eins, die Zwei* …).

Le nombre

Il existe différentes marques de pluriel. On peut retenir quelques règles :

Pour les noms masculins et neutres

La plupart des substantifs se terminant par *-el, -er, -en* ne changent pas au pluriel :
➜ *der Lehrer(-), der Spiegel(-), das Zimmer(-), das Mädchen(-)*
D'autres formes et terminaisons sont possibles, par exemple :

	masculin	**neutre**
¨	der Vater → die Väter	das Kloster → die Klöster
– e	der Monat → die Monate	das Jahr → die Jahre
¨ e	der Stuhl → die Stühle	
– er	der Geist → die Geister	das Kleid → die Kleider
¨ er	der Wald → die Wälder	das Dach → die Dächer

Les noms d'origine étrangère ont des pluriels particuliers :
➜ *die Firma → die Firmen, das Medium → die Medien, das Hobby → die Hobbys*

Pour les noms féminins

Le pluriel des noms féminins se forme généralement en ajoutant ***-n*** ou ***-en*** au singulier :
➜ *die Blume(n)* → la fleur, *die Tür(en)* → la porte, *die Schwester(n)* → la sœur
Les substantifs qui se terminent par *-in* forment le pluriel ***-innen*** :
➜ *die Lehrerin → die Lehrer**innen**, die Schülerin → die Schüler**innen***

Il existe quelques autres formations du pluriel possibles :
➜ ¨ *die Tochter → die Töchter, die Mutter → die Mütter*
➜ ¨ e *die Hand → die Hände, die Kraft → die Kräfte*

Le cas

Selon la fonction du mot dans la phrase, le groupe nominal porte des marques différentes.

	masculin	**neutre**	**féminin**	**pluriel**
nominatif	der Mann / einØ Mann	das Kind / einØ Kind	die Frau / eine Frau	die Brüder / meine Brüder
accusatif	den Mann / einen Mann	das Kind / einØ Kind	die Frau / eine Frau	die Brüder / meine Brüder
datif	dem Mann / einem Mann	dem Kind / einem Kind	der Frau / einer Frau	den Brüdern / meinen Brüdern
génitif	des Mann(e)s / eines Mann(e)s	des Kindes / eines Kindes	der Frau / einer Frau	der Brüder / meiner Brüder

Nominatif

- sujet (qui ?) : *Der Schriftsteller E.M. Remarque hat den Roman* Im Westen nichts Neues *geschrieben.*
- attribut du sujet : *E.M. Remarque ist einØ berühmter deutscher Schriftsteller.*

Accusatif

- Complément d'objet direct (que, quoi ?) : *Er schrieb den Roman* Im Westen nichts Neues.
- Après les prépositions : *durch, für, gegen, ohne, um, wider*
- Après les prépositions mixtes (compléments de lieu), pour répondre à la question *wohin?* (directionnel). VOIR P. 247

Datif

- Complément d'objet indirect / second (à qui, à quoi ?) : *Meine Eltern haben meiner Schwester diesen Roman geschenkt.*
- Après les prépositions : *aus, bei, mit, nach, seit, von, zu*
- Après les prépositions mixtes (compléments de lieu), pour répondre à la question *wo?* (locatif). VOIR P. 247

Génitif

- Complément du nom : appartenance (de qui, de quoi ?) : *Die Bücher dieses Schriftstellers wurden in viele Sprachen übersetzt.*
- Après les prépositions : *wegen, trotz, während, statt* VOIR P. 247
- Génitif des noms propres : *Remarques Bücher wurden in viele Sprachen übersetzt.*

Une marque de cas significative doit être portée par le déterminant, l'adjectif et / ou le nom.
➜ *In diesem Roman schildert Remarque die schrecklichen Ereignisse des Ersten Weltkrieges.*

3 L'adjectif

La déclinaison de l'adjectif

L'adjectif peut faire partie du groupe verbal en tant qu'attribut ; il est alors invariable.

→ *Dieser Roman ist interessantØ und spannendØ.*

Il peut faire partie du groupe nominal en tant qu'épithète :

- si le déterminant porte la marque forte permettant de repérer le genre et le cas, l'adjectif prend une marque faible.
- si le déterminant ne prend pas de marque forte, c'est l'adjectif qui la porte.

	masculin	neutre	féminin	pluriel
nominatif	der bekannte Dichter ein bekannter Dichter	das interessante Buch ein interessantes Buch	die fremde Sprache eine fremde Sprache	die schönsten Wörter Ø schönste Wörter
accusatif	den bekannten Dichter einen bekannten Dichter	das interessante Buch ein interessantes Buch	die fremde Sprache eine fremde Sprache	die schönsten Wörter Ø schönste Wörter
datif	dem bekannten Dichter einem bekannten Dichter	dem interessanten Buch einem interessanten Buch	der fremden Sprache einer fremden Sprache	den schönsten Wörtern Ø schönsten Wörtern
génitif	des bekannten Dichters eines bekannten Dichters	des interessanten Buches eines interessanten Buches	der fremden Sprache einer fremden Sprache	der schönsten Wörter Ø schönster Wörter

Les degrés de l'adjectif

L'adjectif peut être mis au comparatif de supériorité (plus), d'égalité (aussi) ou d'infériorité (moins). Il peut aussi être mis au superlatif (le plus).

degré 0	comparatif	superlatif
schnell	schneller	der schnellste / am schnellsten

Le comparatif de supériorité se forme en ajoutant ***-er*** à l'adjectif.

→ *Er fährt vorsichtiger als ich.*

La plupart des adjectifs courts (une syllabe) prennent un *Umlaut* sur la voyelle.

→ *groß → größer → der größte, klug → klüger → der klügste*

→ *kalt / warm, kurz / lang, schwach / stark, alt / jung*

Le superlatif se forme en ajoutant ***-ste*** à l'adjectif.

→ *Welches war 2019 das umweltfreundlichste Auto?*

La forme adverbiale est invariable.

am + adjectif au superlatif

→ *Das Fahrrad ist am umweltfreundlichsten.*

Les adjectifs et adverbes irréguliers

degré 0	comparatif	superlatif
gern	lieber	der liebste, am liebsten
viel	mehr	die meisten, am meisten
gut	besser	der beste, am besten
hoch	höher	der höchste, am höchsten
nah	näher	der nächste, am nächsten

L'adjectif épithète au comparatif ou au superlatif prend les marques de cas usuelles.

→ *Heute hat er eine bessere Leistung als gestern erbracht.*

→ *Nur die besten Ergebnisse zählen.*

Le complément du comparatif de supériorité est introduit par *als* + complément au cas exigé par la phrase sous-entendue :

→ *Er fährt sehr viel **besser als ich / als sein Bruder / als wir alle!***

Le comparatif d'égalité *so* + adj + *wie* + complément :

→ *Er fährt **so gut wie du.***

Le comparatif d'infériorité *nicht so* + adj + *wie* + complément / *weniger* + adj + *als* + complément

→ *Er fährt **nicht so gut wie du.***

La gradation

- la gradation absolue : *sehr* (très), *ganz* (tout à fait), *total* (totalement)
- la gradation relative

schnell genug / ziemlich schnell / relativ schnell / immer schneller / zu schnell

***Je mehr** er trainiert, **desto besser** sind seine Leistungen.*
V fin V2

4 Les pronoms

Un pronom remplace un groupe nominal. Il a le genre et le nombre de ce groupe. Il assure une fonction dans la phrase (sujet, COD, complément second…).

Ce pronom peut être un pronom personnel, démonstratif, indéfini, relatif, interrogatif.

Les pronoms personnels

singulier	1re personne	2e personne	3e personne	3e personne	3e personne
			masculin	neutre	féminin
nominatif	ich	du	er	es	sie
accusatif	mich	dich	ihn	es	sie
datif	mir	dir	ihm	ihm	ihr

pluriel	1re personne	2e personne	3e personne	forme de politesse
nominatif	wir	ihr	sie	Sie
accusatif	uns	euch	sie	Sie
datif	uns	euch	ihnen	Ihnen

Lorsqu'il y a deux pronoms (un au datif et un à l'accusatif), l'accusatif précède le datif.
→ *Sie schenkt **ihrem Freund ein Buch**. → Sie schenkt **es ihm**.*
Dat. Akk. Akk. Dat.

Les pronoms personnels réfléchis

Les formes du pronom réfléchi sont les mêmes que celles du pronom personnel, sauf pour la 3e personne du singulier et du pluriel. On utilise *sich* à l'accusatif et au datif.
→ *Er schaut **sich** an. Er interessiert **sich** für Kunst. Schau **dir** die Ausstellung an.*
Akk. Akk. Dat.

Les pronoms indéfinis

Man (on) est invariable, *einer, keiner, jeder, einige, mancher* se déclinent.

Les pronoms relatifs

VOIR P. 254

Les pronoms interrogatifs

Wer? (qui, nominatif) → *Wer wohnt jetzt in Berlin?*
Wen? (qui, accusatif) → *Wen kennt sie dort schon?*
Wem? (à qui, datif) → *Wem hat sie diesen Brief geschickt?*
Wessen? (de qui, génitif) → *Wessen Adresse hat sie vergessen?*
Was? (quoi, que) → *Was soll sie aus Berlin mitbringen?*
Woher? (d'où) *Wohin?* (où, directif) *Wo?* (où, locatif)
Wann? (quand) *Seit wann?* (depuis quand) *Bis wann?* (jusqu'à quand) *Wie lange?* (combien de temps)
Wie oft? (combien de fois)
Warum? Weshalb? Wieso? (pourquoi, pour quelle raison) *Wozu?* (pourquoi, dans quel but)
Wie? (comment) *Wie alt?* (quel âge) *Wie hoch?* (quelle hauteur) *Wie groß?* (quelle taille) *Wie breit?* (quelle largeur)

Les interrogatifs composés à partir de prépositions VOIR PP. 256-257
Wo + *(r)* + préposition
Woran denkst du? (À quoi penses-tu ?) *Wovon sprichst du?* (De quoi parles-tu ?)
Worüber wunderst du dich? (De quoi t'étonnes-tu ?)

5 Le groupe nominal prépositionnel

Les prépositions

Les prépositions toujours suivies de l'accusatif

bis	jusqu'à	*ohne*	sans
durch	à travers	*um*	autour de
für	pour	*wider*	à l'encontre de
gegen	contre		

Les prépositions toujours suivies du datif

aus	hors de (origine)	*seit*	depuis
bei	près de, chez	*von*	(venant) de
mit	avec	*zu*	vers, chez
nach	vers, après		

Les prépositions suivies du génitif

statt	au lieu de	*während*	pendant
trotz	malgré	*wegen*	à cause de

Ces prépositions se rencontrent aussi suivies du datif.

Les prépositions mixtes

Elles sont suivies du datif lorsqu'il n'y a pas de changement de lieu (question *Wo?*) ou d'état.
Elles sont suivies de l'accusatif lorsqu'il y a changement de lieu (question *Wohin?*) ou d'état.

an	contre (contact)	*in*	dans
unter	sous	*auf*	sur (contact)
neben	à côté de	*vor*	devant
hinter	derrière	*über*	au-dessus de, en passant par
zwischen	entre		

Cas particuliers

	locatif (lieu où l'on est)	directif (lieu où l'on va)
ville, pays sans article	**in** Berlin, **in** Italien	**nach** Berlin, **nach** Italien
pays avec article	**in** der Schweiz, **in** der Türkei, **in** den USA, **in** der BRD, **in** der DDR	**in** die Schweiz, **in** die Türkei, **in** die USA, **in** die BRD, **in** die DDR
personne	**bei** meinen Eltern (bei + D)	**zu** meinen Eltern (zu + D)
à la maison	**zu** Hause (zu + D)	**nach** Hause (nach + D)

L'expression du temps

les siècles	im 20. Jahrhundert / im nächsten Jahrhundert / im letzten Jahrhundert
les années	(im Jahre) 1989 / 1989
les saisons	im Winter, im Frühling, im Sommer, im Herbst, in dieser Jahreszeit
les mois	im Januar, im Februar, im März, im April, im Mai, im Juni …
les semaines	in der Woche
les jours	am Montag, an diesem Dienstag
les moments de la journée	am Vormittag, an diesem Abend, in der Nacht
les heures	um 9 Uhr / um halb vier / gegen Mittag / gegen 8 / nach Mitternacht / vor fünf

6 La négation

Lorsque le groupe nominal est indéfini ou partitif, la négation est *kein*. *Kein* se décline comme *ein*.

→ *Hast du einen Bruder? Nein, ich habe* ***keinen*** *Bruder.*

→ *Hast du heute Zeit? Nein, ich habe heute* ***keine*** *Zeit.*

Dans les autres cas, la négation est exprimée par *nicht*. *Nicht* se place généralement avant ce que l'on veut nier.

→ *Ich habe den ganzen Tag* ***nicht*** *gearbeitet.* Je n'ai pas travaillé de la journée.

→ *Ich habe* ***nicht*** *den ganzen Tag gearbeitet.* Je n'ai pas travaillé toute la journée (j'ai aussi fait autre chose).

On peut utiliser des négateurs complexes :

→ *nicht (nur) … sondern (auch)*: pas (seulement), … mais au contraire (aussi) ; *weder … noch …*: ni… ni…

II Le groupe verbal

1 *Sein, haben, werden*

Les verbes *sein*, *haben*, *werden* sont des verbes à part entière mais sont également utilisés comme auxiliaires.

Sein

Verbe « être », mais aussi auxiliaire pour former le parfait et le plus-que-parfait.
→ *Sie ist 18 Jahre alt. Sie ist jung, aber sie ist schon viel gereist!*

Haben

Verbe « avoir, posséder », mais aussi auxiliaire pour former le parfait et le plus-que-parfait.
→ *Er hat keine Zeit. Er hat viel Arbeit! Er hat den ganzen Tag gearbeitet.*

Werden

Verbe « devenir », mais aussi auxiliaire pour former le futur (suivi d'un infinitif) et pour former le passif (suivi d'un participe passé).
→ *Es wird interessant! Nächstes Jahr werde ich Kunstgeschichte studieren. Kunstgeschichte wird an vielen Universitäten unterrichtet.*

Indicatif

	sein	**haben**	**werden**
présent	ich bin du bist er / es / sie ist wir sind ihr seid sie sind Sie sind	ich habe du hast er / es / sie hat wir haben ihr habt sie haben Sie haben	ich werde du wirst er / es / sie wird wir werden ihr werdet sie werden Sie werden
prétérit	ich war du warst er / es / sie war wir waren ihr wart sie waren Sie waren	ich hatte du hattest er / es / sie hatte wir hatten ihr hattet sie hatten Sie hatten	ich wurde du wurdest er / es / sie wurde wir wurden ihr wurdet sie wurden Sie wurden
parfait	ich bin gewesen	ich habe gehabt	ich bin geworden
plus-que-parfait	ich war gewesen	ich hatte gehabt	ich war geworden
futur	ich werde sein	ich werde haben	ich werde werden

Subjonctif II

	sein	**haben**	**werden**
présent	ich wäre du wärest er / es / sie wäre wir wären ihr wäret sie wären Sie wären	ich hätte du hättest er / es / sie hätte wir hätten ihr hättet sie hätten Sie hätten	ich würde du würdest er / es / sie würde wir würden ihr würdet sie würden Sie würden
passé	ich wäre gewesen	ich hätte gehabt	ich wäre geworden

2 Les verbes de modalité et *wissen*

Les terminaisons des verbes de modalité sont toujours : **Ø / st / Ø / (e)n / t / e(n)**

	können (pouvoir, être capable de, savoir faire)	**dürfen** (pouvoir, avoir le droit)	**wollen** (vouloir)	**mögen** (avoir envie de, aimer bien)
présent	ich kann**Ø** du kann**st** er / es / sie kann**Ø** wir könn**en** ihr könn**t** sie könn**en** Sie könn**en**	ich darf**Ø** du darf**st** er / es / sie darf**Ø** wir dürf**en** ihr dürf**t** sie dürf**en** Sie dürf**en**	ich will**Ø** du will**st** er / es / sie will**Ø** wir woll**en** ihr woll**t** sie woll**en** Sie woll**en**	ich mag**Ø** du mag**st** er / es / sie mag**Ø** wir mög**en** ihr mög**t** sie mög**en** Sie mög**en**
prétérit	ich konnte**Ø** du konnte**st** er / es / sie konnte**Ø** wir konnt**en** ihr konnte**t** sie konnt**en** Sie konnt**en**	ich durfte**Ø** du durfte**st** er / es / sie durfte**Ø** wir durft**en** ihr durfte**t** sie durft**en** Sie durft**en**	ich wollte**Ø** du wollte**st** er / es / sie wollte**Ø** wir wollt**en** ihr wollte**t** sie wollt**en** Sie wollt**en**	ich mochte**Ø** du mochte**st** er / es / sie mochte**Ø** wir mocht**en** ihr mochte**t** sie mocht**en** Sie mocht**en**
parfait	ich habe gekonnt*	ich habe gedurft*	ich habe gewollt*	ich habe gemocht*
plus-que-parfait	ich hatte gekonnt*	ich hatte gedurft*	ich hatte gewollt*	ich hatte gemocht*
subjonctif II présent	ich könnte**Ø** du könnte**st** er / es / sie könnte**Ø** wir könnt**en** ihr könnte**t** sie könnt**en** Sie könnt**en**	ich dürfte**Ø** du dürfte**st** er / es / sie dürfte**Ø** wir dürft**en** ihr dürfte**t** sie dürft**en** Sie dürft**en**	ich wollte**Ø** du wollte**st** er / es / sie wollte**Ø** wir wollt**en** ihr wollte**t** sie wollt**en** Sie wollt**en**	ich möchte**Ø** du möchte**st** er / es / sie möchte**Ø** wir möcht**en** ihr möchte**t** sie möcht**en** Sie möcht**en**
subjonctif II passé	ich hätte gekonnt*	ich hätte gedurft*	ich hätte gewollt*	ich hätte gemocht*

	sollen (devoir)	**müssen** (être obligé)
présent	ich soll**Ø** du soll**st** er / es / sie soll**Ø** wir soll**en** ihr soll**t** sie soll**en** Sie soll**en**	ich muss**Ø** du muss**t** er / es / sie muss**Ø** wir müss**en** ihr müss**t** sie müss**en** Sie müss**en**
prétérit	ich sollte**Ø** du sollte**st** er / es / sie sollte**Ø** wir sollt**en** ihr sollte**t** sie sollt**en** Sie sollt**en**	ich musste**Ø** du musste**st** er / es / sie musste**Ø** wir musst**en** ihr musste**t** sie musst**en** Sie musst**en**
parfait	ich habe gesollt*	ich habe gemusst*
plus-que-parfait	ich hatte gesollt*	ich hatte gemusst*
subjonctif II présent	ich sollte**Ø** du sollte**st** er / es / sie sollte**Ø** wir sollt**en** ihr sollte**t** sie sollt**en** Sie sollt**en**	ich müsste**Ø** du müsste**st** er / es / sie müsste**Ø** wir müsst**en** ihr müsste**t** sie müsst**en** Sie müsst**en**
subjonctif II passé	ich hätte gesollt*	ich hätte gemusst*

*Après un infinitif, le participe II des verbes de modalité a une forme identique à celle de l'infinitif (*können, dürfen, wollen, mögen, sollen, müssen*). C'est aussi le cas des quatre verbes suivants : *lassen, brauchen, sehen, hören.*

→ *Ich habe den ganzen Tag arbeiten müssen.*

→ *Ich hätte kommen können.*

wissen* (savoir)	**indicatif**	**subjonctif II**
présent	ich weiß**Ø** du weiß**t** er / es / sie weiß**Ø** wir wiss**en** ihr wiss**t** sie wiss**en** Sie wiss**en**	ich wüsste**Ø** du wüsste**st** er / es / sie wüsste**Ø** wir wüsst**en** ihr wüsste**t** sie wüsst**en** Sie wüsst**en**
prétérit	ich wusste**Ø** du wusste**st** er / es / sie wusste**Ø** wir wusst**en** ihr wusste**t** sie wusst**en** Sie wusst**en**	**passé** ich hätte gewusst
parfait	ich habe gewusst	
plus-que-parfait	ich hatte gewusst	

**Wissen* suit les mêmes règles de conjugaison que les verbes de modalité.

3 Les autres verbes

Il y a trois types de verbes : les verbes faibles, les verbes forts, les verbes mixtes.
Il y a deux types de terminaisons verbales :
radical du verbe + ***e / st / t / (e)n / t / (e)n***
radical du verbe + ***Ø / st / Ø / (e)n / t / (e)n***

Les verbes faibles

Ils gardent toujours le même radical et se conjuguent tous de la même façon.
→ ***spielen****: ich spiele, ich spielte, ich habe gespielt.*
→ ***glauben****: ich glaube, ich glaubte, ich habe geglaubt.*
Pour certains verbes un **e** s'intercale entre le radical et la terminaison.
→ *er arbeitet* (il travaille), *er zeichnet* (il dessine)

Les verbes forts

La voyelle du radical change au prétérit, parfois au présent et au participe passé. Ces changements sont indiqués entre parenthèses dans les lexiques et les dictionnaires.
→ ***sehen*** *(ie, a, e)*. Au présent, le *e* du radical devient ***ie*** aux 2e et 3e personnes. Au prétérit, le *e* du radical devient ***a*** à toutes les personnes : *ich s**a**h* ; le participe passé retrouve le **e** : *ges**e**hen*.
→ ***kommen*** *(a, o): er kommt, er k**a**m, er ist gek**o**mmen*

Les verbes mixtes

Ils empruntent aux deux systèmes : ***denken*** *(er denkt, er dachte, er hat gedacht)*, ***kennen*** *(er kennt, er kannte, er hat gekannt)*, ***nennen***, ***brennen***, ***rennen***, ***bringen*** *(er bringt, er brachte, er hat gebracht)*

	verbes faibles	**verbes forts**	**verbes mixtes**
	suchen	**nehmen (i, a, o)**	**denken**
présent	ich such**e** du such**st** er / es / sie such**t** wir such**en** ihr such**t** sie such**en** Sie such**en**	ich nehm**e** du nimm**st** er / es / sie nimm**t** wir nehm**en** ihr nehm**t** sie nehm**en** Sie nehm**en**	ich denk**e** du denk**st** er / es / sie denk**t** wir denk**en** ihr denk**t** sie denk**en** Sie denk**en**
prétérit	ich **suchte**Ø du **suchte**st er / es / sie **suchte**Ø wir **sucht**en ihr **suchte**t sie **sucht**en Sie **sucht**en	ich **nahm**Ø du **nahm**st er / es / sie **nahm**Ø wir **nahm**en ihr **nahm**t sie **nahm**en Sie **nahm**en	ich **dachte**Ø du **dachte**st er / es / sie **dachte**Ø wir **dacht**en ihr **dachte**t sie **dacht**en Sie **dacht**en
parfait	ich habe gesucht	ich habe genommen	ich habe gedacht
plus-que-parfait	ich hatte gesucht	ich hatte genommen	ich hatte gedacht

	verbes faibles	verbes forts	verbes mixtes
	suchen	**nehmen (i, a, o)**	**denken**
subjonctif II présent	ich suchte	ich nähme	ich dächte
subjonctif II passé	ich hätte gesucht	ich hätte genommen	ich hätte gedacht

4 L'indicatif

Le présent

Pour tous les verbes (sauf les verbes de modalité et *wissen*) :
radical du verbe + ***e / st / t / (e)n / t / (e)n***

Certains verbes forts en *a* et *e* changent la voyelle du radical aux 2e et 3e personnes du singulier : le *a* devient *ä*, le *e* devient *i* ou *ie*. VOIR P. 254-256

Quelle que soit leur catégorie (faibles, forts ou mixtes), les verbes à préverbe séparable se conjuguent de la façon suivante :

- phrase interrogative ou impérative *: **Machst** du heute beim Wettrennen **mit**? **Mach** doch **mit**!*
- proposition indépendante : *Heute **mache** ich nicht **mit**.*
- proposition subordonnée : *Schade, dass du nicht **mitmachst**.*

Le prétérit

Temps du passé qui correspond à l'imparfait et au passé simple.

Pour les verbes faibles : radical + ***te*** + marque de personne ***Ø / st / Ø / (e)n / t / (e)n***
→ *spielen* (jouer): *ich spiel**te**Ø / du spiel**te**st / er spiel**te**Ø / wir spiel**te**n / ihr spiel**te**t / sie spiel**te**n*

Pour les verbes forts : radical à voyelle modifiée + marque de personne ***Ø / st / Ø / (e)n / t / (e)n***
→ *fahren* (aller en voiture): *ich f**u**hrØ ...* VOIR P. 254-256

Pour les verbes mixtes : radical à voyelle modifiée + ***te*** + marque de personne ***Ø / st / Ø / (e)n / t / (e)n***
→ *kennen* (connaître): *ich k**a**nn**te**Ø, du k**a**nn**te**st ...*

Le futur

Pour tous les verbes, il se compose de l'auxiliaire *werden* + infinitif.
→ *Nächstes Jahr **werde** ich ein Praktikum bei Bosch **machen**.*

Le présent accompagné d'un adverbe ou d'un groupe adverbial peut avoir valeur de futur :
morgen, bald, gleich ... : → *Morgen gehen wir ins Schwimmbad.*
Le verbe *wollen* exprime une intention : → *Nach dem Abitur will er Medizin studieren.*

Le parfait

Il correspond au passé composé, il est formé de l'auxiliaire *haben / sein* conjugué au présent + participe II.

Le plus-que-parfait

Il est formé de l'auxilaire *haben / sein* conjugué au prétérit + participe II.

Le choix de l'auxiliaire pour tous les verbes

- ***Sein*** quand le verbe exprime un état, un changement de lieu ou d'état.

→ *Sie ist ins Ausland gegangen. Sie ist groß geworden.*
→ *Ich bin glücklich gewesen* (j'ai été heureux). *Ich bin zu Hause geblieben* (je suis resté à la maison).

- ***Haben*** dans les autres cas.

→ *Sie hat gewonnen. Sie hat gespielt.*

Le participe II (participe passé)

Pour la plupart des verbes faibles : ***ge*** + radical du verbe + ***t***
→ *machen → gemacht, spielen → gespielt, sagen → gesagt*

Pour certains verbes s'intercale un *e* : *arbeiten → gearbeit**e**t, zeichnen → gezeichn**e**t*

Pour la plupart des verbes forts : ***ge*** + radical modifié ou non du verbe + ***en***
→ *fahren → gefahren, sehen → gesehen, nehmen → gen**o**mmen, bleiben → gebl**ie**ben*

Pour les verbes mixtes : ***ge*** + radical modifié + ***t***
→ *bringen → gebr**a**cht, denken → ged**a**cht, kennen → gek**a**nnt*

Pour les verbes comportant un préverbe séparable, le participe II se forme en insérant **ge** entre le préverbe et le radical.
➜ *auf/machen → aufgemacht, an/sehen → angesehen, mit/bringen → mitgebracht*

Ne prennent pas de *ge* :
- les verbes qui ne sont pas accentués sur la première syllabe.

➜ *wider**spre**chen → widersprochen, repa**rie**ren → repariert*
- les verbes qui commencent par les préverbes *be, emp, ent, er, ge, miss, ver, zer.*

➜ *zerbrechen → zerbrochen, besuchen → besucht*

Le parfait des verbes de modalité
Lorsque les verbes de modalité sont accompagnés d'un infinitif complément, le participe II prend la forme de l'infinitif, on parle alors de double infinitif.
➜ *Er **hat** leider nicht **kommen können**.* Il n'a malheureusement pas pu venir.
La règle est la même avec les verbes de perception : *hören, sehen, fühlen* et *lassen*.
➜ *Ich **habe** ihn nicht **kommen hören**.* Je ne l'ai pas entendu venir.

5 L'impératif

Il sert à exprimer un ordre, une injonction.
Sein et *haben* sont irréguliers.
Pour les autres verbes, à la 2e personne du singulier, l'impératif se forme à partir du radical du verbe à la 2e personne du présent de l'indicatif sans *st*.
➜ *du glaubst → glaub mir!* (crois-moi) – *du sprichst → sprich lauter!* (parle plus fort)

Les verbes en *a* ne prennent pas de *Umlaut*.
➜ *du fährst → fahr schneller* (roule plus vite)

sein	haben	verbe faible	verbe fort en *e*	verbe fort en *a*
Sei ruhig!	Hab keine Angst!	Engagiere dich!	Nimm dein Buch!	Schlag etwas vor!
Seid ruhig!	Habt keine Angst!	Engagiert euch!	Nehmt eure Bücher!	Schlagt etwas vor!
Seien Sie ruhig!	Haben Sie keine Angst!	Engagieren Sie sich!	Nehmen Sie Ihre Bücher!	Schlagen Sie etwas vor!

6 Le subjonctif II

Il sert à exprimer des rêves, des hypothèses, des souhaits, des regrets. C'est un mode, il existe donc à tous les temps : présent, passé, futur.
La forme *würde* + infinitif tend à s'imposer au présent pour tous les verbes, surtout à l'oral, **sauf pour** :
- les auxiliaires : *ich **wäre** (sein), ich **hätte** (haben), ich **würde** (werden)*
- les verbes de modalité : *ich könnte, ich dürfte, ich müsste, ich möchte, ich sollte, ich wollte*
- *wissen : ich wüsste*
- quelques verbes usuels : *ich käme (kommen)*

Les emplois du subjonctif II
- l'hypothèse : ***Wenn** ich an deiner Stelle **wäre**, **würde** ich kein Auto kaufen!* Si j'étais à ta place, je n'achèterais pas de voiture.
- la condition : ***Wenn** du Zeit **hättest**, **würden** wir ins Kino gehen.* Si tu avais le temps, nous irions au cinéma.
- le souhait : ***Wenn** ich nur Geld **hätte**! **Hätte** ich nur Geld!* Si seulement j'avais de l'argent !
- le regret : ***Wenn** ich nicht zu spät **gekommen wäre**! **Wäre** ich nicht zu spät **gekommen**!* Si seulement je n'étais pas arrivé en retard !
- ***Als ob … als wenn …*** : comme si…

➜ *Sie tut, **als ob** sie uns nicht **gesehen hätte** / sie tut, **als hätte** sie uns nicht **gesehen**.* Elle fait comme si elle ne nous avait pas vus.

7 Le subjonctif I

C'est le mode du discours rapporté.
Au présent, il se forme sur le radical de l'infinitif + **e** + **Ø / st / Ø / n / t / n**
Au passé, il se forme avec l'auxiliaire *haben* ou *sein* au subjonctif I + le participe passé du verbe.
➜ *In der Zeitung stand, der Sänger **sei** krank, die Aufführung **könne** nicht stattfinden.* Il est écrit dans le journal que le chanteur serait malade et la représentation annulée.

ich sei	ich habe	ich werde	ich müsse
du sei(e)st	du habest	du werdest	du müssest
er / es / sie sei	er / es / sie habe	er / es / sie werde	er / es / sie müsse
wir seien	wir haben	wir werden	wir müssen
ihr seiet	ihr habet	ihr werdet	ihr müsset
sie / Sie seien	sie / Sie haben	sie / Sie werden	sie / Sie müssen

8 Le passif

La perspective est portée sur l'action, ce n'est pas l'acteur qui est mis en relief. Quand l'acteur est cité, il devient complément d'agent, introduit par *von* (et donc au datif). Le passif comporte tous les temps, tous les modes.

→ *Ein Journalist der Süddeutschen Zeitung interviewte den Autor.*

sujet   COD

Der Autor ***wurde von*** *ein****em*** *Journalisten der Süddeutschen Zeitung* ***interviewt****.*

sujet   complément d'agent

On utilise l'auxiliaire *werden* (au temps voulu) + participe passé

temps	temps simples	temps composés
présent	Er **wird** interviewt.	Er **ist** interviewt **worden**.
passé	Er **wurde** interviewt.	Er **war** interviewt **worden**.
futur	Er **wird** interviewt **werden**.	
subjonctif II	Er **würde** interviewt.	Er **wäre** interviewt **worden**.

Le passif impersonnel (3e personne du singulier neutre) permet :

- d'exprimer une vérité générale.
- d'exprimer une injonction.

→ *Es wird um 12 gegessen! = Um 12 wird gegessen!* On mange à midi / C'est à midi qu'on mange !

→ *Hier wird deutsch gesprochen!* Ici, on parle allemand ! *Nun wird gefeiert!* Et maintenant, on fait la fête !

III La structure de la phrase

1 La partie conjuguée du verbe est en 2e position

– dans la phrase indépendante

Dorotheas und Gabis Eltern	**wohnten**	lange in Düsseldorf.
Sie	**sind**	vor ein paar Monaten **umgezogen**.
Jetzt	**wohnen**	ihre Eltern in Berlin.
Seit sie in Berlin wohnen,	**besuchen**	Dorothea und Gabi ihre Eltern sehr oft.
Die Stadt	**ist**	sehr attraktiv für junge Menschen.
Ihnen	**gefällt**	diese Stadt sehr.
Wie	**gefällt**	Ihnen diese Stadt?

Les conjonctions de coordination *aber, denn, oder* et *und* sont hors construction, elles ne comptent pas comme premier élément de la phrase.

– dans la phrase interrogative introduite par un pronom interrogatif VOIR P. 246

→ *Wer hat es dir gesagt? Wo wohnst du? Woran denkst du?*

2 La partie conjuguée du verbe est en 1re position

– dans une phrase interrogative globale appelant une réponse par « oui » ou « non »

→ ***Kommst*** *du mit?*   → ***Spielst*** *du gern Fußball?*

– dans une phrase injonctive, pour donner un ordre

→ ***Kommen*** *Sie schnell herein!*

– dans une conditionnelle, quand on supprime *wenn*

→ ***Wäre*** *er nur früher gekommen! (= Wenn er nur früher gekommen wäre!)*

3 La partie conjuguée du verbe est en dernière position

– dans la proposition subordonnée conjonctive VOIR P. 258

→ *Ich weiß, **dass** er jetzt im Ausland lebt.*

– dans les interrogatives indirectes

→ *Ich weiß nicht, **ob** er in den USA **lebt**.*

→ *Ich frage mich, **wann** er **zurückkommen** wird.*

– dans la proposition subordonnée relative

Une proposition subordonnée relative est introduite par un pronom relatif qui remplace l'antécédent dont elle dépend.

Le pronom relatif s'accorde en genre et en nombre avec son antécédent. Son cas est déterminé par sa fonction dans la subordonnée.

→ *Mein Cousin, **den** ich schon lange nicht **gesehen habe**, **lebt** jetzt in Berlin.*

	masculin	neutre	féminin	pluriel
nominatif	der Mann, d**er**	das Kind, d**as**	die Frau, d**ie**	die Leute, d**ie**
accusatif	der Mann, d**en**	das Kind, d**as**	die Frau, d**ie**	die Leute, d**ie**
datif	der Mann, d**em**	das Kind, d**em**	die Frau, d**er**	die Leute, d**enen**
génitif	der Mann, d**essen**	das Kind, d**essen**	die Frau, d**eren**	die Leute, d**eren**

À cinq exceptions près, les formes sont les mêmes que celles de l'article défini.

Le relatif au génitif : le groupe auquel il est intégré ne comporte **jamais** d'article :

→ *Aisha, **deren** Eltern 1970 nach Deutschland kamen, wuchs zweisprachig auf.*

Parfois, le pronom relatif est précédé d'une préposition. Il se met alors au cas exigé par cette préposition :

→ *Die Studenten, **mit denen** sie eine Wohnung teilt, kommen aus verschiedenen Ländern.*

– dans les autres relatives

→ *Alles, **was** sie sagt und schreibt, wird in der Presse kommentiert.*

→ *Diese glücklichen Tage in Berlin, **woran** ich mich sehr gern erinnere …*

→ *Der Mann, **über den** wir so wenig wissen, …*

– dans la proposition infinitive, sous forme d'infinitif

Um … zu + infinitif = pour + infinitif

→ *Sie beschloss, ihr Land zu verlassen, **um** in Amerika **zu leben**.*

Ohne … zu + infinitif = sans + infinitif

→ *Sie ging, **ohne** ein einziges Wort **zu sagen**.*

Anstatt … zu + infinitif = au lieu de + infinitif

→ ***Anstatt** in ihrem Land **zu bleiben**, zog sie nach Amerika.*

IV Annexes

Annexe 1 Les verbes (par séries d'alternances vocaliques)

Verbes forts

a, e

bitten	*er bat*	*hat gebeten*	prier, demander
liegen	*er lag*	*hat gelegen*	être allongé, posé
sitzen	*er saß*	*hat gesessen*	être assis

i, a, e

geben	*er gibt*	*er gab*	*hat gegeben*	donner
essen	*er isst*	*er aß*	*hat gegessen*	manger
fressen	*er frisst*	*er fraß*	*hat gefressen*	manger (pour les animaux)
vergessen	*er vergisst*	*er vergaß*	*hat vergessen*	oublier

ie, a, e

lesen	*er liest*	*er las*	*hat gelesen*	lire
sehen	*er sieht*	*er sah*	*hat gesehen*	voir
geschehen	*es geschieht*	*es geschah*	***ist** geschehen*	se passer, arriver

ä, u, a

fahren	*er fährt*	*er fuhr*	***ist** gefahren*	aller (véhicule), conduire (un véhicule)
laden	*er lädt*	*er lud*	*hat geladen*	charger
schlagen	*er schlägt*	*er schlug*	*hat geschlagen*	frapper
tragen	*er trägt*	*er trug*	*hat getragen*	porter
wachsen	*er wächst*	*er wuchs*	***ist** gewachsen*	grandir
waschen	*er wäscht*	*er wusch*	*hat gewaschen*	laver

i, a, o

brechen	*er bricht*	*er brach*	***ist** gebrochen*	casser
helfen	*er hilft*	*er half*	*hat geholfen*	aider
sprechen	*er spricht*	*er sprach*	*hat gesprochen*	parler
sterben	*er stirbt*	*er starb*	***ist** gestorben*	mourir
treffen	*er trifft*	*er traf*	*hat getroffen*	rencontrer
werfen	*er wirft*	*er warf*	*hat geworfen*	jeter
nehmen	*er nimmt*	*er nahm*	*hat genommen*	prendre

ie, a, o

befehlen	*er befiehlt*	*er befahl*	*hat befohlen*	ordonner
stehlen	*er stiehlt*	*er stahl*	*hat gestohlen*	voler, dérober

a, o

beginnen	*er begann*	*hat begonnen*	commencer
gewinnen	*er gewann*	*hat gewonnen*	gagner
kommen	*er kam*	***ist** gekommen*	venir
schwimmen	*er schwamm*	*hat / **ist** geschwommen*	nager

i, i

beißen	*er biss*	*hat gebissen*	mordre
greifen	*er griff*	*hat gegriffen*	saisir
reiten	*er ritt*	***ist** geritten*	faire du cheval
schreiten	*er schritt*	***ist** geschritten*	marcher, avancer
streiten (sich)	*er stritt (sich)*	*hat (sich) gestritten*	(se) disputer

ie, ie

bleiben	*er blieb*	***ist** geblieben*	rester
leihen	*er lieh*	*hat geliehen*	prêter
scheinen	*er schien*	*hat geschienen*	sembler, briller
schreiben	*er schrieb*	*hat geschrieben*	écrire
schreien	*er schrie*	*hat geschrien*	crier
schweigen	*er schwieg*	*hat geschwiegen*	se taire
steigen	*er stieg*	***ist** gestiegen*	monter

o, o

betrügen	*er betrog*	*hat betrogen*	tromper
biegen	*er bog*	*hat gebogen*	plier, courber
bieten	*er bot*	*hat geboten*	offrir
fliegen	*er flog*	***ist** geflogen*	voler (avion, oiseau)
fliehen	*er floh*	***ist** geflohen*	fuir
fließen	*er floss*	***ist** geflossen*	couler (eau)
frieren	*er fror*	*hat gefroren*	geler
lügen	*er log*	*hat gelogen*	mentir
riechen	*er roch*	*hat gerochen*	sentir
schließen	*er schloss*	*hat geschlossen*	fermer
verlieren	*er verlor*	*hat verloren*	perdre
ziehen	*er zog*	*hat gezogen*	tirer

a, u

binden	*er band*	*hat gebunden*	lier
finden	*er fand*	*hat gefunden*	trouver
gelingen	*es gelang*	***ist** gelungen*	réussir
singen	*er sang*	*hat gesungen*	chanter
springen	*er sprang*	***ist** gesprungen*	sauter
trinken	*er trank*	*hat getrunken*	boire
verschwinden	*er verschwand*	***ist** verschwunden*	disparaître
zwingen	*er zwang*	*hat gezwungen*	forcer, contraindre

ä, ie, a

fallen	*er fällt*	*er fiel*	***ist** gefallen*	tomber
gefallen	*er gefällt*	*er gefiel*	*hat gefallen*	plaire
halten	*er hält*	*er hielt*	*hat gehalten*	tenir
lassen	*er lässt*	*er ließ*	*hat gelassen*	laisser
raten	*er rät*	*er riet*	*hat geraten*	conseiller
schlafen	*er schläft*	*er schlief*	*hat geschlafen*	dormir

Verbes hors série

fangen	*er fängt*	*er fing*	*hat gefangen*	attraper
hängen		*er hing*	*hat gehangen*	être accroché
gehen		*er ging*	***ist** gegangen*	aller
heißen		*er hieß*	*hat geheißen*	s'appeler
laufen	*er läuft*	*er lief*	***ist** gelaufen*	marcher, courir
rufen		*er rief*	*hat gerufen*	appeler, crier
stehen		*er stand*	*hat gestanden*	être debout, se tenir
tun		*er tat*	*hat getan*	faire
verstehen		*er verstand*	*hat verstanden*	comprendre
wissen	*er weiß*	*er wusste*	*hat gewusst*	savoir

Verbes mixtes

bringen	*er brachte*	*hat gebracht*	apporter
denken	*er dachte*	*hat gedacht*	penser
kennen	*er kannte*	*hat gekannt*	connaître
nennen	*er nannte*	*hat genannt*	nommer
senden	*er sandte*	*hat gesandt*	envoyer

Annexe 2 Les verbes à régime prépositionnel

Un certain nombre de verbes ou d'adjectifs sont suivis d'un groupe nominal introduit par une préposition.

Attention :

Er denkt an dich. Il pense à toi. *An wen denkt er?* À qui pense-t-il ?

Er denkt daran. Il y pense. *Woran denkt er?* À quoi pense-t-il ?

Vous trouverez ci-dessous les plus usuels.

	verbes	adjectifs
an + A	*denken (a, a):* penser à *sich erinnern:* se souvenir de *sich gewöhnen:* s'habituer à *glauben:* croire à *sich wenden (a, a):* s'adresser à	*gewöhnt:* habitué à
an + D	*sich beteiligen:* participer à *leiden (i, i):* souffrir de (physiquement) *mangeln:* manquer de *sich rächen:* se venger de *teil/nehmen (i, a, o):* participer à *zweifeln:* douter de	*arm:* pauvre en *reich:* riche en *schuld:* responsable de

	verbes	adjectifs
auf + A	*achten:* prêter attention à *antworten:* répondre à *auf/passen:* faire attention à *aufmerksam machen:* attirer l'attention sur *bestehen (a, a):* insister sur *sich beziehen (o, o): se* rapporter à *sich freuen:* se réjouir à l'avance de *hin/weisen (ie, ie):* attirer l'attention sur *reagieren:* réagir à *Rücksicht nehmen (i, a, o):* tenir compte de, avoir des égards pour *schießen (o, o):* tirer (avec une arme) *verzichten:* renoncer à *sich vor/bereiten:* se préparer à *warten:* attendre *Wert legen:* attacher de l'importance à *zählen:* compter sur	*böse:* en colère contre *eifersüchtig:* jaloux de *gespannt:* impatient de, curieux de *neidisch:* jaloux de *stolz:* fier de *wütend:* furieux contre *zornig:* furieux contre
aus + D	*bestehen (a, a):* se composer de	
durch + A	*sich unterscheiden (ie, ie):* se différencier par	
für + A	*sich begeistern:* s'enthousiasmer pour *danken:* remercier pour *sich ein/setzen:* s'engager pour *sich entscheiden (ie, ie):* se décider pour *sich interessieren:* s'intéresser à *sorgen:* veiller à	*dankbar:* reconnaissant *verantwortlich:* responsable
in + A	*übersetzen:* traduire en *sich verlieben:* tomber amoureux de *sich verwandeln:* se transformer en	
mit + D	*an/fangen (ä, i, a):* commencer par *beginnen (a, o):* commencer par *vergleichen (i, i):* comparer à	*einverstanden:* d'accord avec *(ich bin) fertig:* j'en ai terminé avec *zufrieden:* satisfait de
nach + D	*fragen:* réclamer, demander	
über + A	*sich ärgern:* être fâché de *sich beklagen:* se plaindre de *berichten:* faire un reportage, informer sur *denken (a, a):* penser de *diskutieren:* discuter de *sich freuen:* se réjouir de *sich lustig machen:* se moquer de *lachen:* se moquer de *spotten:* se moquer de *sprechen (i, a, o):* parler de *sich wundern:* s'étonner de	*begeistert:* enthousiaste de *entsetzt:* épouvanté, choqué de *enttäuscht:* déçu de *erstaunt:* étonné de *glücklich:* heureux de *froh:* content de *traurig:* triste de *verzweifelt:* désespéré de
um + A	*bitten (a, e):* demander, prier *sich kümmern:* se soucier de, s'occuper de *es handelt sich:* il s'agit de *sich Sorgen machen:* se faire du souci pour *Angst haben:* avoir peur pour	
unter + D	*leiden (i, i):* souffrir de (moralement)	
von + D	*ab/hängen (i, a):* dépendre de *erzählen:* raconter, parler de *halten (ä, ie, a):* penser de *sprechen (i, a, o):* parler de *träumen:* rêver de *sich trennen:* se séparer	*abhängig:* dépendant de *weit:* loin de
vor + D	*Angst haben / (sich) fürchten:* avoir peur de *Respekt haben:* avoir du respect pour *schützen:* protéger de *warnen:* mettre en garde *fliehen (o, o):* fuir	
zu + D	*gehören:* faire partie de *gratulieren:* féliciter pour *passen:* convenir à *überreden:* convaincre de	*bereit:* prêt à *freundlich:* aimable envers

Annexe 3 Syntaxe

1. L'expression du temps

	Conjonctions de subordination	Prépositions suivies d'un nom / groupe nominal	Adverbes ou locutions adverbiales
Avant (que)	**Bevor** (*avant que*) du abreist, könntest du noch bei mir vorbeikommen.	**Vor** (*avant*) deiner Abreise könntest du noch bei mir vorbeikommen.	Ich komme bei dir vorbei. **Vorher** (*auparavant*) will ich noch meinen Koffer packen. **Früher** (*autrefois*) / **Damals** (*à cette époque*) war alles anders.
Après (que)	**Nachdem** (*après que*) sie zu Abend gegessen hat, geht sie ins Kino.	**Nach** (après) dem Abendessen ging sie ins Kino.	Sie aß zu Abend. **Dann** / **danach** / **anschließend** (*puis*, *après cela*, *ensuite*) ging sie ins Kino.
Quand, lorsque	**Wenn** (*quand*) er mich besucht, bringt er immer etwas mit. **Als** (*quand*, *lorsque*) er jünger war, kam er mit dem Fahrrad.		Er besucht mich oft. Er bringt **jedes Mal** (*à chaque fois*) / **immer** (*toujours*) etwas mit. Aber **an diesem Tag** brachte er nichts mit.
Depuis (que)	**Seit(dem)** (*depuis que*) er umgezogen ist, kommt er mit dem Auto.	**Seit** (*depuis*) seinem Umzug kommt er mit dem Auto.	Er ist umgezogen. **Seither** (*depuis*) kommt er mit dem Auto.

2. L'expression…

	Conjonctions de subordination	Prépositions suivies d'un nom	Adverbes ou locutions adverbiales	Conjonctions de coordination
du but	Sie joggt jeden Morgen, **um** fit **zu** bleiben. Ich helfe dir, **damit** du schneller fertig wirst.		Sie will fit bleiben. **Zu diesem Zweck** (*dans ce but*) joggt sie jeden Morgen.	
de la cause	Er kommt nicht mit, **weil** (*parce que*) er krank ist. **Da** (*comme*) er krank ist, kommt er nicht mit.	**Wegen** des hohen Fiebers konnte er nicht mitkommen. Er zittert **vor** Kälte.		Er kommt nicht mit, **denn** (*car*) er ist krank.
de la conséquence	Ihm ist **so** schlecht, **dass** er nicht mitkommen kann.		Ihm ist schlecht. **Deshalb** / **deswegen** (*c'est pourquoi*) kann er nicht mitkommen.	
de la concession	**Obwohl** (*bien que*) das Wetter sehr schlecht ist, wollen wir diese Wanderung machen.	**Trotz** (*malgré*) des schlechten Wetters wollen wir diese Wanderung machen.	Das Wetter ist schlecht. **Trotzdem** (*cependant*, *néanmoins*) wollen wir die Wanderung machen.	Das Wetter ist schlecht. **Aber** wir wollen die Wanderung machen.
de l'opposition	**Während** (*tandis que*) das Mädchen lieber draußen spielt, bleibt der Junge lieber zu Hause.		**Im Gegensatz zu** ihr bleibt er lieber zu Hause. Der Junge **hingegen** (*au contraire*) bleibt lieber zu Hause.	
de la condition	**Wenn** (*si*) ich Zeit hätte, würde ich dich begleiten. **Falls** (*au cas où*) du kommst, bring bitte etwas zu essen mit.	**An deiner Stelle** (*à ta place*) würde ich das nicht machen.	Ich kann leider nicht kommen. **Sonst** (*sinon*) hätte ich etwas mitgebracht.	

Repères chronologiques

1812 Die Gebrüder Grimm veröffentlichen den ersten Band ihrer *Kinder- und Hausmärchen*.

18. Januar 1871 Das Deutsche Reich wird im Spiegelsaal von Versailles gegründet.

1884/1885 Otto von Bismarck organisiert die „Kongo-Konferenz“ in Berlin: Beginn der staatlichen Kolonialpolitik.

1910/1911 Erste expressionistische Großstadtgedichte werden veröffentlicht.

August 1914 Der Erste Weltkrieg bricht aus.

1915/1916 Der Dadaismus wird ins Leben gerufen.

9. November 1918 Kaiser Wilhelm II. geht ins Exil. In Berlin wird die Republik ausgerufen.

11. November 1918 Der Waffenstillstand wird im Wald von Compiègne unterzeichnet.

Februar 1919 In Weimar wird die Nationalversammlung eröffnet. Unter den Abgeordneten befinden sich zum ersten Mal 37 Frauen.

28. Juni 1919 Unterzeichnung des Versailler Vertrags

1919 Das Bauhaus (Kunst- und Architekturschule) wird in Weimar gegründet, zieht 1925 nach Dessau und 1932 nach Berlin um.

November 1923 Hitler-Putsch in München

30. Januar 1933 Adolf Hitler wird zum deutschen Reichskanzler ernannt.

27. Februar 1933 Nach dem Reichstagsbrand beginnt die erste staatliche Terrorwelle des Nationalsozialismus gegen politische Gegner. Viele Intellektuelle verlassen Deutschland.

April 1933 Erste antisemitische Gesetze und Maßnahmen

20. August 1935 Die „Nürnberger Gesetze“ „zum Schutz des Deutschen Blutes und der Deutschen Ehre“ werden verabschiedet.

Sturmangriff aus dem Schützengraben 1915

Repères chronologiques

Die Ausstellung *Entartete Kunst* im Haus der Kunst, Berlin 1938

1937 Ausstellung *Entartete Kunst*

November 1938 Pogrom auf Synagogen und „jüdische Geschäfte" in Deutschland

1. September 1939 Der Zweite Weltkrieg bricht aus: Deutsche Truppen greifen Polen an.

Juni 1940 Einmarsch der deutschen Truppen in Paris

8. Mai 1945 Ende des Zweiten Weltkriegs in Europa

Juli/August 1945 Potsdamer Konferenz: Deutschland wird in 4 Besatzungszonen und Berlin in 4 Sektoren unterteilt. – Im November 1945 beschließt der Alliierte Kontrollrat die Umsiedlung von rund 6,7 Millionen Deutschen aus Ost- und Mitteleuropa.

Juni 1948 Blockade Westberlins durch die Sowjetunion: Die Alliierten organisieren eine Luftbrücke bis Mai 1949.

23. Mai 1949 Gründung der Bundesrepublik Deutschland (Westzonen). Die „vorläufige" Hauptstadt ist Bonn.

7. Oktober 1949 Gründung der DDR (Sowjetische Besatzungszone): Ost-Berlin wird Hauptstadt der DDR.

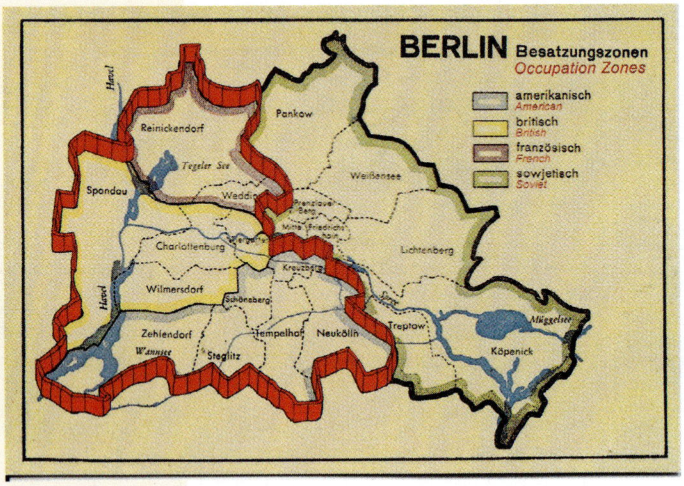

Berlin Besatzungszonen (1945-1949)

1951 Gründung der Europäischen Gemeinschaft für Kohle und Stahl (Montanunion): Die Bundesrepublik Deutschland ist eines der 6 Gründungsmitglieder.

Juni 1953 Der Arbeiteraufstand in Ost-Berlin und in der DDR wird von sowjetischen Truppen niedergeschlagen.

1957 Unterzeichnung der Römischen Verträge: Gründung der Europäischen Wirtschaftsgemeinschaft (EWG)

13. August 1961 Die Grenzen nach West-Berlin werden durch den Bau der Mauer geschlossen.

22. Januar 1963 Élysée-Vertrag: Bundeskanzler Adenauer und Staatspräsident de Gaulle unterzeichnen den Freundschaftsvertrag zwischen Frankreich und Deutschland.

1964 In Deutschland leben nun mehr als 1.000.000 „Gastarbeiter".

1968 Studentenrevolte in West-Deutschland

1969 Willy Brandt wird Bundeskanzler: Die Beziehungen zwischen den beiden deutschen Staaten beginnen sich zu normalisieren. 1971 erhält W. Brandt den Friedensnobelpreis.

1973 Aufnahme der Bundesrepublik Deutschland und der DDR in die Vereinten Nationen (UNO)

Sommer 1989 Massenflucht von DDR-Bürgern über Ungarn und Österreich

September 1989 Erste Demonstrationen in Leipzig

9. November 1989 Fall der Berliner Mauer, Öffnung der Grenze der DDR

Die East Side Gallery, Berlin

3. Oktober 1990 Tag der deutschen Einheit: Wiedervereinigung der beiden deutschen Staaten

1991 Berlin wird Sitz des deutschen Bundestags und der Regierung.

1993 Maastricht-Vertrag: Entstehung der Europäischen Union (EU)

2000 Das Erneuerbare-Energien-Gesetz (EEG) wird verabschiedet: Es soll eine nachhaltige Entwicklung der Energieressourcen ermöglichen.

2002 Der Euro wird als europäische Währung eingeführt.

2005 Angela Merkel wird zur ersten Bundeskanzlerin gewählt.

2007 Internationale Finanzkrise: In der EU werden in den folgenden Jahren Finanzhilfen als Rettungsschirme für Krisenländer beschlossen.

2013 Gründung der rechtsextremen Partei AfD (Alternative für Deutschland), die seit 2017 im Bundestag vertreten ist.

2015 Aufnahme von rund 1,1 Millionen Migranten.

Das Foto der Bundeskanzlerin Angela Merkel wird 2005 in Berlin aufgehängt.

10. Juli 2015 Der Völkermord an den Herero und Nama im ehemaligen „Deutsch-Südwestafrika“ wird offiziell anerkannt.

22. Januar 2019 Unterzeichnung des Aachener Vertrags zwischen Deutschland und Frankreich

31. Januar 2020 Brexit: Großbritannien verlässt die EU, die nunmehr aus 27 Staaten besteht.

Berliner Innenstadt

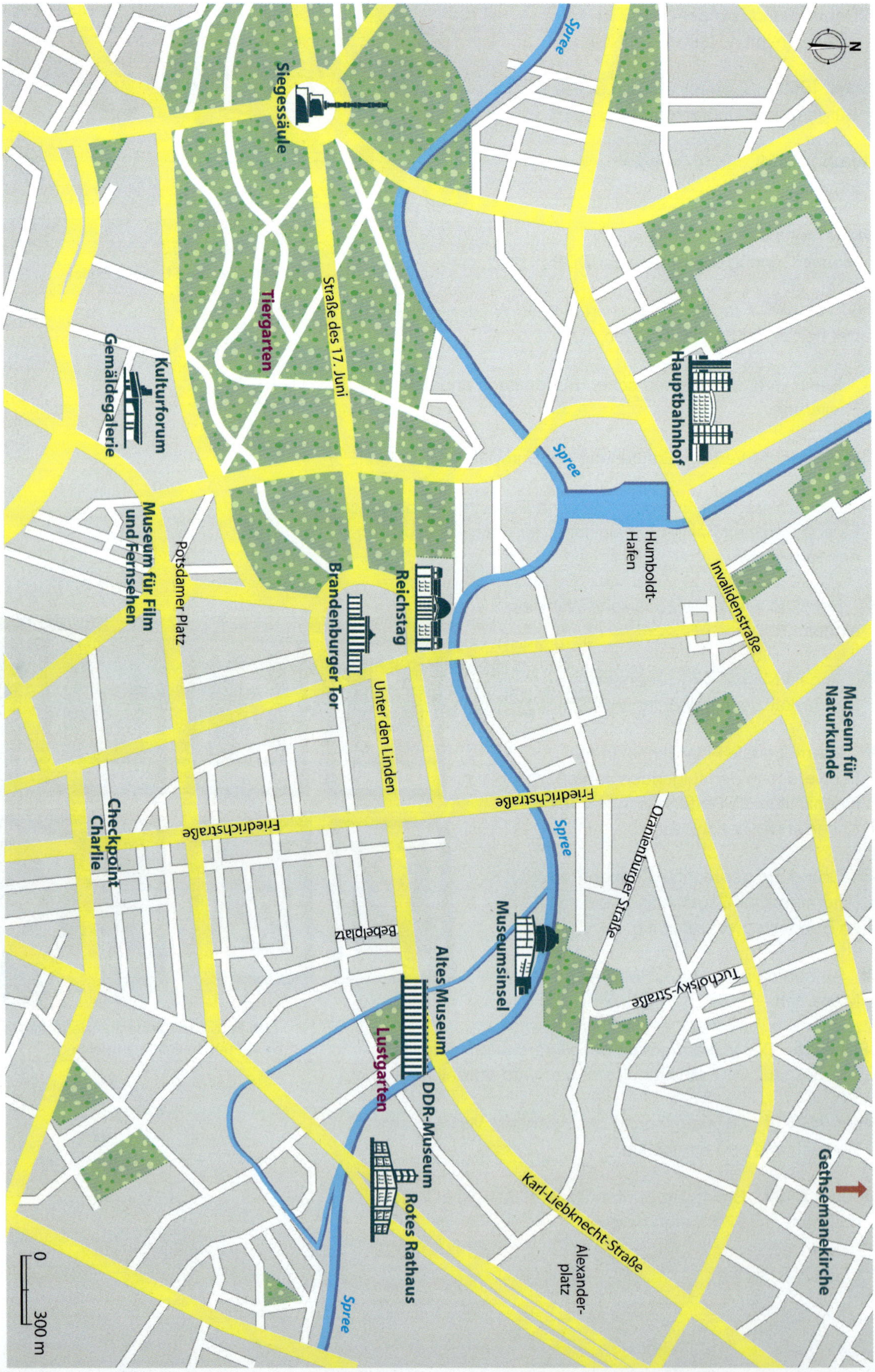

500 km
NORWEGEN
Oslo
Helsinki
Sankt Petersburg
Tallinn
ESTLAND
Stockholm
SCHWEDEN
Riga
LETTLAND
DÄNEMARK
Kopenhagen
NORDSEE
OSTSEE
LITAUEN
Moskau
RUSSLAND
Kaliningrad
Wilna
Minsk
RUSSLAND
Dublin
IRLAND
GROSSBRITANNIEN
London
NIEDERLANDE
Amsterdam
Den Haag
Berlin
Warschau
WEISSRUSSLAND
POLEN
Brüssel
BELGIEN
BUNDESREPUBLIK DEUTSCHLAND
LUXEMBURG
Kiew
Prag
TSCHECHISCHE REPUBLIK
UKRAINE
Paris
SLOWAKEI
Wien
Bratislava
Budapest
MOLDAWIEN
Bern
SCHWEIZ
ÖSTERREICH
Kischinjow
ATLANTISCHER OZEAN
FRANKREICH
UNGARN
SLOWENIEN
Ljubljana
Zagreb
KROATIEN
RUMÄNIEN
BOSNIEN-HERZEGOWINA
Belgrad
Bukarest
ITALIEN
Sarajewo
SERBIEN
SCHWARZES MEER
MONTENEGRO
Podgorica
Sofia
BULGARIEN
Rom
Tirana
ALBANIEN
Madrid
PORTUGAL
Ankara
SPANIEN
Lissabon
MITTELMEER
Athen
TÜRKEI
GRIECHENLAND

Crédits photographiques

Couverture H Shutterstock/Roman Belogorodov ; Shutterstock/Vladimir Sviracevic ; **B** Photo12/Alamy/Dominic Blewett
6h reprise de **25** ; **6m** reprise de **36h** ; **6b** reprise de **37d** et **37g** ; **7h** reprise de **51** ; **7b** reprise de **59** ; **8h** reprise de **73** ; **8m** reprise de **84b** ; **8b** reprise de **85** ; **9h** reprise de **99** ; **9b** reprise de **107** ; **10h** reprise de **121** ; **10m** reprise de **131b** ; **10b** reprise de **133** ; **11h** reprise de **147** ; **11b** reprise de **155** ; **12h** reprise de **169** ; **12m** reprise de **180** ; **12b** reprise de **181** ; **13h** reprise de **195** ; **13m** reprise de **203** ; **13b** reprise de **207** ; **25** Getty Images/Westend61 ; **26** Franziska Schuster/DR ; **27h** Nina Weymann-Schulz ; **27b** Photo12/Alamy/Cultura Creative ; **28** © Miguel Fernandez ; **29** Dirk Rohrbach: Yukon © 2011 Piper Verlag GmbH, München ; **32** Ican Germany im ARD Morgenmagazin CC by-NC-SA 2.0 ; **34h** Kabel Eins Doku/DR ; **34b** Photononstop/picture alliance/Presse-Bild-Poss ; 35 Collection ChristopheL ; **36h** Photo12/Alamy/Ryan Rahman ; **36b** zazle.fr/German World/DR ; **37g** Cosmos/Pierre Boulat ; **37d** akg-images ; **38hg** La Collection/Artothek ; **38hd** akg-images/Ullstein Bild ; **38bg** Photo12/Alamy/dpa picture alliance ; **39** Prod DB © Marble Arch-ITC/DR ; **40** Photo12/Gilles Targat ; **41h** © Deutsche Welle ; **41b** Zweierpasch ; **44** © Office franco-allemand pour la Jeunesse (OFAJ) ; **45** eAD/DR ; **48** DRK Soziale Freiwilligendienste Mecklenburg-Vorpommern GmbH/DR ; **50h** © weg.de ; **50b** Brot für die Welt ; **51** Photononstop/dpa/picture alliance/Jens Büttner ; **52h** Verdi TV/DR ; **52b** Wikimedia Commons/domaine public **53h** akg-images/Interfoto/TV-Yesterday ; **53b** akg-images/Ullstein Bild ; **54** WELT/DR ; **55** Photononstop/picture alliance/Jörg Lange ; **58** akg-images/Ullstein Bild/snapshot-photography ; **59** © Marianne Hovdan ; **60** Marcus Lieberenz/bildbuehne.de ; **61h** Collection ChristopheL © Wiedemann & Berg Filmproduktion/Bayerischer Rundfunk ; **61b** bpb/DR ; **62h** Photo12/Alamy/360b ; **62b** Photo12/Alamy/dpa picture alliance ; **63** © Thomas Plaßmann ; **66** Konstantin von Notz/Deutscher Bundestag ; **67** quer/BR/DR ; **70** ARD Mittagsmagazin/DR ; **72h** Wilhelm Busch–Deutsches Museum für Karikatur und Zeichenkunst ; **72b** Pfohlmann/toonpool.com ; **73** Photo12/Alamy/Peter Brobst ; **74h** akg-images/Straube ; **74b** Bernhard Fleischer Moving Images/DR ; **75** akg-images/picture alliance/ZB/Erich Schutt ; **76** © DER SPIEGEL 5/1988 ; **77h** Photononstop/dpa/picture alliance/Wilhelm Bertram ; **77b** Beta Film/DR ; **81** akg-images/Erich Lessing © Adagp, Paris, 2020 ; **82h** Photo © BPK, Berlin, Dist. RMN-Grand Palais/Ruth Schacht © Adagp, Paris, 2020 ; **82b** Swissinfo/DR ; **83** akg-images/SMB, National Gallery, Berlin © The Estate of G. Grosz, Princeton, N.J./Adagp, Paris, 2020 ; **84h** akg-images/Sprengel Museum, Hanovre ; **84b** © SRF ; **85** akg-images/Ullstein Bild ; **86g** Photo © BPK, Berlin, Dist. RMN-Grand Palais/Ewald Gnilka ; **86d** Photo © BPK, Berlin, Dist. RMN-Grand Palais/Bayerische Staatsbibliothek ; **86b** MV1/DR ; **87h** akg-images/Fotoarchiv Thomas Gade ; **87b** History Vision/DR ; **88h** Diaphana Films ; **88b** Leemage/Lebrecht/Bayes © Fondation Oskar Kokoschka/Adagp, Paris, 2020 ; **89** Sipa Press/AP/Markus Schreiber © Nolde Stiftung, Seebüll ; **92** détail de *Brennende Landschaft*, Nolde Stiftung, Seebüll, conception Nils Schekorr et typographie de Adso von Bruno Bernard © Nolde Stiftung, Seebüll, photo Dirk Dunkelberg ; **93** rbb ; **96** AFP/DR ; **98h** Stiftung Haus der Geschichte, EB-Nr 1991/10/500.00102 ; **98b** Bridgeman Images/Granger Collection ; **99** Nico Roicke ; **100h** Aktion Deutschland Hilft ; **100b** münchen.tv/DR ; **101** Photononstop/dpa/picture alliance/Marijan Murat ; **102** Imago Images/Ralph Peters ; **103h** Photononstop/dpa/picture alliance/Frank Rumpenhorst ; **103b** Staatskanzlei ; **106** Photononstop/picture alliance/Schroewig/Bernd Oertwig ; **107** Shutterstock/Song-about-summer ; **108** Photononstop/dpa/Report/Martin Schutt ; **109h** Foto: Deutsches Museum ; **109b** NDR/ Face2Face: Real-time Facial Reenactment, J. Thies et al. Technical University Munich / University of Erlangen-Nuremberg ; **110h** © Roger Schmidt ; **110b** Vodafone Stiftung Deutschland/ Initiative „Klickwinkel" ; **111** Photo12/Alamy/Olaf Doering ; **114** www.gutes-aufwachsen-mit-medien.de ; **115** Portal jugendnetz-berlin/DR ; **118** © Deutsche Welle ; **120h** dessin paru dans *Edito, le magazine suisse des médias,* 2/2019 © Vincent l'Epée 2019 ; **120b** © Henning Studte ; **121** Aliaa Abou Khaddour/GRIMMWELT Kassel ; **122h** akg-images ; **122b** © Deutsche Welle ; **123** akg-images ; **124h** Film AG/Stephen Schemann ; **124b** Julien Bam/DR ; **125** Collection ChristopheL/Walt Disney Productions ; **128** Photononstop/picture alliance/dieKLEINERT.de/Martin Zak ; **129** Bridgeman Images/Humboldt-Universitaet, Berlin ; **130h** Robert Löhr, *Der Schachautomat* © 2005 Piper Verlag GmbH, München ; **130b** BR/DR ; **131h** Getty Images/Corbis/Robbie Jack ; **131b** Prod DB © J. Paulin-Sveriges Television-Matador Film AB/DR ; **132** ZR Media/DR ; **133** akg-images © Ludwig Meidner-Archiv, Jüdisches Museum Frankfurt ; **134** Photo © BPK, Berlin, Dist. RMN-Grand Palais/Heinrich Lichte ; **135** Coll. part. © Ludwig Meidner-Archiv, Jüdisches Museum Frankfurt ; **136** Coll. Kharbine-Tapabor ; **137h** © Leopold Museum, Wien © Eberhard Spangenberg Adagp, Paris, 2020 ; **137b** Lona Media/DR ; **140** akg-images © Adagp, Paris, 2020 ; **141** © Deutsche Welle ; **143** La Collection/Artothek ; **144** Y-Kollektiv/Funk/DR ; **146h** Sammlung Peter Weiss/DR ; **146b** © Machandel Verlag ; **147** Photononstop/dpa/picture alliance/Bernd Weissbrot ; **148h** Photononstop/dpa/picture alliance/Marcel Kusch ; **148b** BR/DR ; **149** © CloudScience/Toonpool ; **150** obs/Deutscher Mobilitätspreis/Geber86 ; **151h** Verkehrsverbund Rhein-Sieg/DR ; **151b** Reuters/DR ; **154** deutscher-mobilitätpreis.de ; **155** Jörg Farys/WWF CC by 2.0 ; **156** Heinrich-Böll-Stiftung ; **157h** Cleaner Production Germany/DR ; **157b** Photononstop/dpa/picture alliance/Karl-Joseph Hildenbrand ; **158h** © Deutsche Welle ; **158b** Photo12/Alamy/Falkensteinfoto ; **159** © Luchterhand Literaturverlag, 2016 ; **162** SFV ; **165** © Schwarwel/toonpool.com ; **166** MDR/DR ; **168h** SFV/Gerhard Mester ; **168b** © Jeanne Kloepfer ; **169** Photononstop/dpa/picture alliance/Daniel Bockwoldt ; **170** © Deutsche Welle ; **171** Koufogiorgos/Toonpool ; **172h** ichduwir.nrw ; **172b** LZ Play/DR ; **173** Photononstop/dpa/picture alliance/Marijan Murat ; **176** DPJW/Institute für Kunstpädagogik, Universität Leipzig ; **177** Photononstop/dpa/picture alliance/Daniel Reinhardt ; **178** Coll. Saša Stanišic/DR ; **179** Photononstop/picture alliance/ZB/Thomas Lehrmann ; **180** Photononstop/dpa/picture alliance/Andreas Arnold ; **181** Andi Weiland/gesellschaftsbilder.de ; **182g** © Phil Hubbe ; **182d** BARMER/DR ; **183h** mittendrin e.V., Köln/eine-schule-fuer-alle.info ; **183b** Sozialverband VdK Deutschland e. V. ; **184h** Zeit Online/DR ; **184b** zeichensetzen/Pletz ; **185** Andi Weiland ; **188** Inklusion Muss Laut Sein ; **189h** bb/DR ; **189b** facebook.com/startwithafriend ; **194h** © Phil Hubbe ; **194b** festderbegegnung.dsp.at /Diözese St. Pölten ; **195** Mulackstrasse 37: Slide projection of former Jewish residents, ca. 1932, Berlin, Shimon Attie, chromogenic photograph and on-location installation, 1992 © The Museum of Modern Art, New York/Scala, Florence © Adagp, Paris 2020 ; **196** WDR ; **197h** Ariane Steiner ; **197b** shutterstock/Sergio Foto ; **198** Photononstop/dpa/picture alliance/Andreas Altwein ; **199h** © digitalphat @ Youtube ; **199b** Euronews/DR ; **200** Photo12/Alamy/Zoonar/Uwe Norkus ; **202** Coll. part./DR ; **203** Coll. ChristopheL © Detailfilm ; **203, 204b, 205hb, 206** TELEPOOL GmbH ; **204h** Photononstop/dpa/picture alliance/Paul Zinken ; **207** Photo12/Alamy/Bert de Ruiter ; **209h** Das Erste/DR ; **209b** Gesellschaft für bedrohte Völker e. V., Göttingen ; **210h** Photononstop/zb/picture alliance/Matthias Tödt ; **210b** © Deutsche Welle ; **211** Imago Images/Photothek ; **215** Rea-Panos/Stefan Boness ; **218** Getty/E+ ; **219** Photo12/Alamy/Gerrit de Heus ; **220h** Helgoland01/Flickr ; **220b** Photo12/Alamy/travelstock44 ; **221h** reprise de **25** ; **221m** reprise de **40** ; **221b** reprise de **27b** ; **222h** reprise de **72b** ; **222m** reprise de **61h** ; **222b** reprise de **58** ; **223h** reprise de **74h** ; **223m** reprise de **86g** ; **223b** reprise de **76** ; **224h** reprise de **109h** ; **224m** reprise de **103h** ; **224b** reprise de **101** ; **225h** reprise de **140** ; **225m** reprise de **122h** ; **225b** reprise de **136** ; **226h** reprise de **157b** ; **226m** reprise de **168h** ; **226b** reprise de **155** ; **227h** reprise de **171** ; **227m** reprise de **182g** ; **227b** reprise de **176** ; **228h** reprise de **209b** ; **228m** reprise de **200** ; **228b** reprise de **211** ; **259h** reprise de **122h** ; **259b** reprise de **38bg** ; **260h** reprise de **85** ; **260b** reprise de **202** ; **261h** reprise de **220b** ; **261b** reprise de **51**.

Crédits textes

14-17 contenus éditoriaux fournis par l'ONISEP : coordination : Emmanuel Percq ; édition : Isabelle Dussouet ; **20-21** Caroline Normand ; **22-23** Olivier Jaoui/Directeur de Mission-Admission/Spécialiste de la préparation des étudiants à l'oral et aux entretiens.

Édition : Petra Treuer, Julie Bachmann
Iconographie : Any-Claude Medioni
Illustrateur : Philippe Chauvet
Conception de la maquette : Frédéric Jély
Mise en page : La papaye verte
Conception de la couverture : Grégoire Bourdin
Cartographie : Philippe Chauvet

Achevé d'imprimer en juin 2021
par l'imprimerie Vincenzo Bona à Turin, Italie
N° de projet : 10275296 - Dépot Légal : Avril 2020

MIXTE
Papier issu de sources responsables
FSC® C022030

Nathan est un éditeur qui s'engage pour la préservation de son environnement et qui utilise du papier fabriqué à partir de bois provenant de forêts gérées de manière responsable et contrôlée.